AF372312

Richard Wilhelm

Die Seele Chinas - Geburtswehen einer neuen Zeit

e-artnow 2018

Manfred von Richthofen
Der rote Kampfflieger (Der Rote Baron): Die Autobiografie

Hermann Hirschfeld
Wahre Verbrechen: Mörder, Kriminal-Prozesse & Historische Kriminalfälle

Wilhelm Cremer
Die Entdeckung des Erdballs - Die Reisen des Marco Polo, Christoph Kolumbus, Vasco da Gama, Fernando Cortez, Francis Drake, James Cook, Die Eroberung des Nordpols und viel mehr

Robert Louis Stevenson
In der Südsee

Charles Dickens
Bilder aus Italien (Historischer Reisebericht)

Mark Twain
Im Gold-und Silberland: Lehr-und Wanderjahre

Johanna Schopenhauer
Reise durch England und Schottland

Fridtjof Nansen
Auf Schneeschuhen übers Gebirge

Karl Emil Franzos
Deutsche Fahrten: Reise- und Kulturbilder aus Anhalt und Thüringen

James Fenimore Cooper
England - Reiseberichte mit Skizzen aus den Gesellschaften der Hauptstadt

Richard Wilhelm

Die Seele Chinas - Geburtswehen einer neuen Zeit

e-artnow, 2018
ISBN 978-80-273-1018-0

Inhaltsverzeichnis

Vorwort

»In China rechnet man nach Jahrhunderten.« Das war in der Vergangenheit stets die Losung der alten Kolonisten im Fernen Osten. Aber diese Losung ist längst zur Unwahrheit geworden. Heute entwickelt sich das Leben in China in fieberhafter Eile. Jeder Tag bringt neue Ereignisse und Entwicklungen, und hinter den lauten Tagesereignissen und Kämpfen vollzieht sich etwas ganz Großes: das Auftauchen einer neuen Welt. Ganz langsam und allmählich fing es an, aber mit immer wachsender Beschleunigung rollt das Rad des Geschehens weiter, dieses Rad der Wiedergeburt, das Altes, Überlebtes mit sich hinunter nimmt in die Unterwelt des Vergessens und Neues, nie Dagewesenes aus dem Nichts emporhebt. Aber das Neue ist nicht etwas, das ganz unvermittelt entstünde. Seine Keime und Anknüpfungspunkte liegen in der Vergangenheit. Wer die Keime des Werdens zu deuten versteht, vermag aus ihnen die Zukunft zu lesen.

Ich habe das große Glück gehabt, fünfundzwanzig Jahre meines Lebens in China zu verbringen. Ich habe Land und Volk lieben gelernt wie jeder, der lange dort weilte. Aber gerade die jetzt vergangenen fünfundzwanzig Jahre waren besonders wichtig, weil sie es waren, in denen Altes und Neues sich trafen. Ich habe noch das Alte China gesehen, das für die Jahrtausende zu dauern schien. Ich habe seinen Zusammenbruch miterlebt und habe erlebt, wie aus den Trümmern neues Leben blühte. Im Alten wie im Neuen war doch etwas Verwandtes: eben die Seele Chinas, die sich entwickelte, aber die ihre Milde und Ruhe nicht verloren hat und hoffentlich nie verlieren wird. Wenn etwas von dieser Seele Chinas dem Leser offenbar wird, dann ist der Zweck dieses Buches erfüllt.

Frankfurt, Herbst 1925

Richard Wilhelm
   Herrn Tsai Yüan Pei,
dem Kämpfer für Recht und Freiheit,
dem Gelehrten,
dem Freund

Erstes Kapitel. Meine Ankunft im Osten

Die Nebel Mitteleuropas waren am Horizont zurückgesunken. Das Lachen und die Gesänge Italiens, der blaue Himmel und die silbernen Mondnächte bereiteten auf die schöne Welt des Ostens vor. Ich machte die Reise nach China auf einem der alten Lloyddampfer, die wegen ihrer soliden Bequemlichkeit berühmt waren. Die Seefahrt brachte die gewöhnlichen Abwechslungen: fliegende Fische, vorüberkommende Schiffe, ein wenig Meerleuchten, die fern heraufblinkenden Sterne des südlichen Himmels, die weite Gleichförmigkeit des Meeres und kurze Besuche in südlichen Häfen mit üppiger Tropenvegetation.

Der Lärm Schanghais war der erste chinesische Eindruck. Und doch war es nicht China, was man hier erlebte. Es war ein Kompromiß zwischen den festen Regeln des Lebens, die der Engländer an jeden Ort, wo er den Fuß zur Erde setzt, mitbringt, und dem Gewühl der chinesischen wurzellosen Hafenstadtbevölkerung, ein Kompromiß nicht unähnlich der Sprache, die man damals auf den Straßen hörte: Pidgin-Englisch (business Englisch, Geschäfts-Englisch), jener fürchterlichen Mißgeburt aus verdorbenem englischen Slang und chinesischer Syntax, die aus der gegenseitigen Verachtung der handeltreibenden Bevölkerungen des Ostens und des Westens geboren war. Dieses Pidgin-Englisch ist ja inzwischen in China beinahe ausgestorben. Der Chinese hat es längst gelernt, die lingua franca der europäischen Welt, das Englische, beziehungsweise Amerikanische, idiomatisch richtig auszusprechen, und sieht mitleidig auf den rückständigen Europäer herab, der sich auf die alte barbarische Weise verständlich machen möchte.

Aus dem Gewühl der Handelsstadt an den Ufern des Whangpoo ging es dann in einer weiteren Seefahrt an Bord der »Knivsberg«, eines kleinen Küstendampfers der Firma Jebsen, nach Norden weiter. Aus dem Meer traten die nebelduftigen Laoschanberge hervor, und bald darauf machte der Dampfer auf der Außenreede von Tsingtau fest, von wo die Passagiere in Sampans, kleinen flachen Ruderbooten, die in der Brandung auf- und niederschwankten, an Land gebracht wurden.

Es war damals die erste Zeit der kleinen Kolonie am Gelben Meer, die dazu bestimmt war, ein Einfallstor für Deutschland zu bilden, wenn die große Melone China aufgeschnitten und unter die Nachbarn verteilt werden sollte. Diese Sorge um den Beuteanteil hat sich späterhin als recht unnötig erwiesen, da China sich doch als bedeutend widerstandsfähiger herausstellte, als man nach dem japanischen Sieg vermutet hatte. Der Platz war ja als Sanktion besetzt worden, nachdem einige Missionare der Steyler Mission als Märtyrer von Räuberhand im Innern der Provinz Schantung gefallen waren; nicht ohne daß zuvor von sachverständiger Seite die Brauchbarkeit des Platzes für eine großzügige Hafenanlage festgestellt worden wäre. Es kam auf die seltsamste Art in deutschen Besitz. Wie Beteiligte erzählten, ganz im Gegensatz zu den Wünschen des Auswärtigen Amtes, das Komplikationen mit Rußland fürchtete, nur dadurch, daß eine Depesche, die die Besetzung verhindern sollte, irgendwie zu spät dechiffriert wurde. Vielleicht hing es damit zusammen, daß Tsingtau keine Kolonie wurde, sondern ein Pachtgebiet, und daß es nicht dem Kolonialamt unterstellt wurde, sondern dem Reichsmarineamt.

Das Leben in der neuen Niederlassung war voll von Abenteuern und Tatendrang. Die paar Deutschen, die sich am Südrand der Kiautschoubucht in dem kleinen Fischerdorf Tsingtau niedergelassen hatten, bildeten eine große Familie, mit allen Zwistigkeiten freilich, die in großen Familien zu herrschen pflegen. Noch war kein europäisches Haus errichtet. Das Hotel war zwar im Bau, ebenso wie einige andere Gebäude, aber man lebte in notdürftig eingerichteten chinesischen Fischerhütten. Da meine Wohnung noch nicht fertig war, wurde ich fürs erste im Hotel Ägir untergebracht. Hier saßen die Kolonen des Abends beisammen unter reichlichem Alkoholgenuß, schmiedeten Pläne und besprachen die Neuankömmlinge, die im schwarzen Rock und festlichen Handschuhen durch den Schlamm der grundlosen Wege hüpften oder, wenn schönes Wetter war, unter dauerndem Umsichschlagen sich von Staub und Fliegen zu reinigen suchten, während sie ihre Antrittsbesuche machten, bei denen man gefragt wurde, ob man zur See gekommen sei und ob man eine gute Überfahrt gehabt.

Das Hotel Ägir war ungenügend auf Logiergäste eingerichtet. Als ich am Abend des ersten Tages mein Zimmer betrat, dessen Ziegelboden notdürftig mit Strohmatten bedeckt war, raschelten die Ratten unter dem Bett und über der Zimmerdecke, die nur aus Papier zusammengeklebt war. Dennoch schlief ich bald ein, obwohl das Zimmer nicht verschließbar war. Ein heller Hahnenruf weckte mich. Als ich die Augen rieb, saß ein chinesischer Hahn am unteren Ende meines Bettes und krähte, während seine Hennen emsig auf dem Boden umherscharrten. Es war nicht die schlechteste Zimmergenossenschaft, die man in jenen Zeiten in Tsingtau finden konnte.

Die Straßen waren erst im Bau; von den Hügeln herunter zogen sich breite und tiefe Sandravinen und nicht gar selten kam es vor, daß ein heimkehrender Kolone, der den Kopf etwas voll hatte von Plänen und Entwürfen, in eine solche Ravine hinunterrutschte und der Einfachheit halber dort unten gleich sein Nachtquartier aufschlug; wobei es dann abermals vorkam, daß er sich im besten Schlaf gestört fand durch einen Nachkömmling, der an derselben Stelle in die Tiefe gesunken war und auch auf die stärksten Proteste wegen Hausfriedensbruchs nicht hören wollte.

Endlich war mein Wohnhaus fertig. Es war eine Chinesenhütte, die von einem deutschen Kaufmann bewohnt worden war, der sich darin erschossen hatte. Von da ab war das Haus gemieden, weil der Verblichene gelegentlich spukte. Darum wurde es mir überwiesen, denn man nahm an, daß der Pfarrer auch mit spukenden Nachtgespenstern fertig würde, was denn auch der Fall war. Weit schlimmer als die Gespenster war die Regenzeit; denn das Dach war weit entfernt davon, dicht zu sein, so daß man schließlich nach vergeblichen Versuchen, das Bett in einen trockenen Winkel zu schieben, doch zum Regenschirm greifen mußte. Aber man fand sich mit dem Schicksal ab, namentlich wenn man sah, wie es andern ging. Als ich nämlich am Morgen nach dem ersten Regen zu meinem väterlichen Freund, dem Missionar D. Faber, hinüberging, der gerade mit einer großen literarischen Arbeit – einer Übersicht über die gesamte chinesische Geschichte – beschäftigt war, da fand ich ihn auf dem Tische sitzend, der als Insel im Teich der Stube stand, und mühsam nach Manuskripten und Büchern fischend, die munter als Fischlein im bräunlichen Gewässer umherschwammen. Mir kam die Sache sehr heiter vor, aber er war zu alt dafür und beklagte sich bitter über das Zwecklose, daß er vom Missionsverein in eine Wüste geschickt worden sei, wo ihm jede wissenschaftliche Arbeit unmöglich war. Er ist dann auch kurz darauf an Dysenterie gestorben, enttäuscht und verbittert über die Sinnlosigkeit des Schicksals. Aber seine letzten Momente waren verklärt von einer großen Überwindung, und im Nachtsturm nahm seine Seele Abschied, nachdem er bis zuletzt in seinen Phantasien mit chinesischen Geistern verkehrt hatte.

Meine Aufgabe bestand zunächst darin, die Seelsorge und die Schularbeit unter den Deutschen der Kolonie auszuüben. Die Gottesdienste wurden in der Reitbahn der Matrosenartilleriekaserne abgehalten, ohne daß man der Mehrzahl der Beteiligten eine größere Begeisterung angemerkt hätte. Die Schule bestand aus drei deutschen Knaben, von denen jeder eine Klasse bildete, einem Deutsch sprechenden, einem Englisch sprechenden und einem Chinesisch sprechenden Mädchen und außerdem einem amerikanischen Missionarssöhnchen, so daß wenigstens eine gewisse Mannigfaltigkeit nicht zu vermissen war. Es dauerte allerdings ziemlich lange, bis der Unterricht beginnen konnte, denn in dem Chinesendorf Ober-Tsingtau herrschte Flecktyphus und Dysenterie, und die Eltern fürchteten die Ansteckung, was ihnen nicht zu verdenken war, da gerade in jenen Zeiten ein großer Prozentsatz namentlich unter den Seesoldaten diesen Krankheiten zum Opfer fiel.

So blieb mir genügende Zeit, mich auf die andere Seite meines Berufes vorzubilden, indem ich mich dem Studium der chinesischen Sprache widmete. Ich kann wohl sagen, daß ich im Schlaf Chinesisch gelernt habe. Irgendwelche vorgebildete Lehrer gab es damals nicht. Man mietete sich einen chinesischen Dorfschullehrer oder einen etwas heruntergekommenen Schreiber, setzte ihn vor das Lehrbuch und ließ ihn lesen, während man selber nachsprach. Als Lehrbuch war damals allgemein das Buch des amerikanischen Missionars Mateer: Mandarin Lessons, im Gebrauch. Es fing an mit den Sätzen: I Go Jen, Liang Go Nan Jen, San Go Nü Jen, Si Go Men, zu deutsch: Ein Mensch, zwei Männer, drei Frauen, vier Türen. Der Tiefsinn dieser Sätze wirkte überwältigend, zumal da die Stunden am frühen Nachmittag bei 25-28 Grad Wärme abgehalten wurden. Anfangs wurden Lehrer und Schüler durch die Fliegen munter gehalten, von denen es zwei Arten gab, eine gewöhnliche graue Sorte, die sich nur durch träge Klebrigkeit auszeichnete, und die sogenannten Grünebohnenfliegen, grünschillernde Tiere mit großen roten Augen, die in ihrem stumpfen Trotz die ganze Bosheit rücksichtsloser Bestialität zeigten. Das einzig Gute an den Tieren war, daß sie nicht Tigergröße hatten. Aber auch so haben sie genug Menschen unter die Erde gebracht. An den Wänden klackte hier und da ein Gecko, der ein schlafendes Moskito erschnappte, die sonst gegen Abend die Fliegen abzulösen pflegten. So ging das Lernen in plätscherndem Takt weiter: »I Go Jen, Liang Go Nan Jen« der Lehrer, »I Go Jen, Liang Go Nan Jen« der Schüler. Einmal fuhr ich auf, wie man in einer Mühle erwacht, wenn das Räderwerk stille steht. Ich hatte aufgehört zu reden und war eingenickt; als ich aber zu mir gekommen war, schlief auch der Lehrer fest in seiner Ecke, und nur langsam und undeutlich entströmten ihm schnarchende Laute: »I … Go … Jen…« Diese Art, Chinesisch zu lernen, die mehr von der Beeinflussung des Unterbewußtseins ausgeht als von intelligenter Geistestätigkeit, war übrigens jahrtausendelang auch von den Chinesen selbst geübt worden. Wenn man einer chinesischen Schule sich näherte, so klang es in der Ferne wie ein Bienenschwarm und in der Nähe wie das Getöse eines Jahrmarkts, und die kleinen Knaben sagten jeder für sich sein Sprüchlein her, von dessen Bedeutung keiner eine Ahnung hatte, während der aufsichtführende Lehrer auch meist in tiefer Selbstbeschauung in seiner Ecke saß. Das waren selige Zeiten. Schließlich hat man auch so Chinesisch gelernt. Die Hauptsache war, daß man etwas zu sagen hatte, dann stellte sich der richtige Ausdruck irgendwie schon ein. Chinesisch [1] ist die leichteste Sprache, wenn sie unbefangen gelernt wird, vom Sinn her eher als vom Einzelausdruck. Aber für neugierige Frager bietet die Sprache eitel Tücken. Da hilft auch die modernste Methode nichts. In Peking ist jetzt eine Language School mit reichlichem Aufwand amerikanischer Millionen erbaut. Da hängen Tafeln lautphysiologischer Art, Zunge, Zähne und Kehlkopf sind abgebildet, wie sie bei den verschiedenen Lauten stehen müssen, und schließlich machen die Schüler die Zunge krumm und hängen sie zum Mund heraus, und ihr Chinesisch klingt darum doch nicht besser. Auch die Berlitzsche Unterrichtsmethode hilft solchen Menschen nichts; denn als ein chinesischer Lehrer auf sich deutend »wo« und auf die amerikanische Schülerin deutend »ni« gesagt und dies eine halbe Stunde wiederholt hatte, begann die Schülerin endlich zu begreifen, und sie ging aus der Stunde weg mit der Überzeugung, daß »wo« die Nase heiße und »ni« der Zeigefinger.

Zuweilen gab es übrigens doch auch Unterbrechungen in dem chinesischen Sprachbetrieb. An einem schönen Sommerabend, als ich gerade hinter den Büchern saß, gingen vor dem Fenster ein paar Pferde vorüber. Die chinesischen Pferde sind, wie alles Chinesische, ein wenig anders als die entsprechenden europäischen Dinge, aber doch wieder so ähnlich, daß man merkt, es handelt sich schließlich um dasselbe Wesen. Die chinesischen Pferde sind zum Beispiel viel kleiner als die europäischen, weniger zart und edel, unglaublich genügsam und ausdauernd. Sie sind nur um der Menschen willen da, zum Reiten und Ziehen. Was der Reiter aushält, halten sie auch aus. Sie verlangen auch keine besondere Kunst, um sich reiten zu lassen. Man muß einfach oben bleiben, energisch vorwärts wollen und darf keine Angst haben. Wenn sie merken, daß dem Reiter etwas von den entsprechenden Eigenschaften fehlt, so spielen sie mit ihm, sind faul und eigensinnig und werfen auch ab. Die Psychologie des chinesischen Pferdes lernte ich aber erst später. Damals sah ich die Tiere wehmütig vorüberziehen ins ungewisse Land, hinein in den goldnen Abendsonnenschein. Da stieg mir der Wunsch nach Abenteuern auf. Ich schickte meinen chinesischen Diener hinaus, ob die Pferde für ein paar Tage zu mieten seien, und er kam mit der freudigen Nachricht zurück, daß alles in Ordnung sei. Über das Reiseziel war man sich bald einig. Der chinesische Diener schlug die Stadt Tsimo vor, und ich war's zufrieden. Ich glaube, er tat es, weil er dort zu Hause war und die Gelegenheit zu einem Urlaub benutzen wollte. Denn an sich war es nicht besonders weise, für den ersten Ritt ein Ziel zu wählen, das 90 chinesische Li – etwa 45 km – entfernt war, zumal da die Sonne doch schon recht tief stand. Aber jeder Europäer hält seinen Boy – so nennt man ganz unabhängig von ihrem Alter die Diener im Osten – in gewissen Stücken für ein höheres Wesen, der nicht nur weiß, ob es morgen regnet oder schön ist, sondern der auch beim Einkauf chinesischer Kunstgegenstände zu Rate gezogen wird und in allen schwierigen Situationen Bescheid weiß. So hatte mein Boy gesagt, daß man gut nach Tsimo reiten könne, also mußte es auch möglich sein. Die bissige Antwort D. Fabers, den ich pro forma über die Sache befragte, daß ich meine Wunder erleben werde, kam demgegenüber nicht in Betracht, denn ich wollte ja meine Wunder erleben. Und erlebte sie auch. Das Reiten lernte ich merkwürdig schnell. Wir hatten wohlgezogene, kräftige Tiere, die nicht mit irgendwelcher Wildheit kokettierten, sondern schlecht und recht mit ihren Lasten in gemessenem Trab voranmachten. Sie wußten alles ganz genau. Schwache Versuche, einmal Schritt zu reiten oder Galopp, prallten an der überlegenen Entschlossenheit meines Pferdes ab, das auf den fremden Reiter ebensowenig reagierte, wie auf die Schwankungen der Warenpacken, die es sonst zu tragen gewohnt war. So fügte ich mich denn ins Notwendige und genoß den Ritt ins Unbekannte mit vollen Zügen. Bald waren die höchsten Felshügel überstiegen, und die fruchtbare Ebene dehnte sich bis fern an die Gipfel des Laoschan, der purpurgolden im Schein der untergehenden Sonne zu leuchten begann. Auf den Feldern stand Hirse und Kaoliang (Sorghum). Dieser Kaoliang wächst in fruchtbaren Sommern so hoch, daß selbst ein Reiter kaum darüber wegsehen kann. Auch verschiedene Arten von Sojabohnen, Erdnüsse, Bataten und sonstige Nutzpflanzen waren heimisch. Dazwischen standen Obstbäume in großer Zahl, von denen besonders die süßen und dauerhaften Schantungbirnen und die rotglänzenden Kakifeigen (Persimona Kaki), die im Unterschied zu den Tomaten wirklich so gut schmecken wie sie aussehen, in der Gegend gedeihen. Rings am Horizont reihten sich die Dörfchen, alle von dichten, hohen Bäumen umgeben. Die Häuser in der Tsingtauer Gegend sind meist aus Granit gebaut, der den Hauptbestandteil der Gebirge in der Nähe bildet. Es ist ein ziemlich weicher, feldspatreicher Granit, der leicht verwittert und vom Regen stark mitgenommen wird und dann die Ravinen mit ihren seltsam steilen Wänden bildet, deren Hänge oft auf weite Strecken von den grünen Ranken der Puerariapflanze bedeckt sind. Dieser Granit läßt sich verhältnismäßig leicht bearbeiten, so daß es ein einfaches Geschäft ist, die Mauern zyklopisch aufeinanderzuschichten. Der Fußboden besteht aus gestampftem Lehm. Die Türen haben hölzerne Riegel, und die Gitterfenster werden mit Papier beklebt, das im Sommer allmählich zerreißt und luftdurchlässig wird, während man zum nächsten Winter alles wieder frisch bezieht. Vor dem Haus, das mit Kaoliangstengeln und Lehm gedeckt wird und meist aus drei ineinandergehenden Räumen besteht, ist ein ummauerter Hof, mit lehmgestampfter Tenne, auf der das Getreide mit Walzen oder Flegeln gedroschen und mit geflochtenen, schaukelähnlichen Körben geworfelt wird. An der einen Seite des Hofes stehen die Stallungen mit den kleinen, rötlichen Rindern, die weder geschlachtet noch gemolken werden, sondern nur dem Menschen bei der Feldarbeit helfen, daneben ein paar Eselchen, die zwar eigensinnig sein können, aber nicht als dumm gelten. Die Frau und die Töchter sind vielleicht an der Walzenmühle beschäftigt mit Mahlen. Ein Eselchen mit verbundenen Augen zieht im Kreise trottend die Walze herum. Ein Schweinekoben mit fetten, runzligen, schwarzborstigen Schweinen steht in der Ecke neben dem Behälter, in dem alle Reste gesammelt werden, um mit Erde gehörig vermischt, dem Boden wieder zugeführt zu werden, der sie zur Nahrung von Mensch und Tier hat wachsen lassen. Ein Hund unedler Rasse mit gerolltem Schwanz bellt nach dem Wanderer und wird, wenn man im Hause höflich ist, von irgendeinem Familienmitglied durch einen Steinwurf zur Ruhe gebracht. Hühner gackern und scharren. Im Dorfteich schwimmen auch wohl ein paar Gänse, sogenannte Singgänse, mit merkwürdigen Höckern auf ihren gelben Schnäbeln. Katzen kommen vor, nicht sehr zahlreich zwar, und gelten fast als etwas Heiliges, so daß zum Beispiel nicht leicht jemand sich bereit finden wird, eine Katze zu töten. Unter dem Hoftor spielen die Kinder, die kleinen Knaben im Sommer meist völlig nackt – zur gerechten Entrüstung gewisser Missionare und zum Entzücken eines jeden Menschen, der Natur, Unschuld und Freiheit schätzt –, die Mädchen haben meist ihre roten Höschen an. Die Frauen tragen ja in China auf dem Land Hosen, und nur in den Städten werden darüber Röcke getragen. Der Kleiderstoff ist aus Baumwolle gewoben und in der Regel mit Indigoblau gefärbt, jenem gleichmäßigen Blau des Himmels, das mit dem Gelb der Erde und dem Grün der Pflanzen die großen kosmischen Grundakkorde der chinesischen Landschaft bildet. Die Männer tragen meist solche heller oder dunkler blau gefärbte Stoffe, während die Frauen und Mädchen in bunten Farben strahlen. Nur wo Trauer eingekehrt ist in einem Haus, trägt man den fahlen, ungefärbten Sack und läßt die Haare wachsen, ohne sie zu ordnen. Die Frauen und Mädchen sitzen des Abends unter den Toren ihrer Höfe, plaudern und lachen und haben sich viel zu erzählen, während die älteren Männer am Tempelchen des heiligen Schützergenius, des Kuanti, oder unter dem großen Sophorabaum beieinandersitzen, ihre dünnen, geraden Pfeifchen rauchen und über die Ereignisse in Dorf und Welt reden, über die man sich eine Meinung bilden muß.

So war der Ritt durch den Abend recht vergnüglich. Aber der Weg führte immer weiter. Schon sank die Sonne hinter den feingezackten Spitzen der Perlberge jenseits der Kiautschoubucht. Die Dämmerung brach herein. Der blaue Rauch stieg aus den Dörfern in die Höhe, und weiße Nebel legten sich auf Felder und Haine. Aber das Ziel war noch nicht wesentlich näher gerückt. Die Pferde trotteten immer weiter auf den stiller werdenden Wegen. Endlich wurde es Nacht, und eine gewisse Ermüdung kam infolge des ungewohnten Aufenthalts im Sattel. Schon begann ich an die Abenteuer zu denken, die D. Faber versprochen hatte. Ein breiter Sandstreif leuchtete durch die Nacht. Es war einer der nordchinesischen Flüsse, die im Sommer mehr oder weniger trocken liegen und nur in der Regenzeit ihr breites Bett mit Wasser füllen. Die Pferde suchten sich die schmalen Wege heraus, die durch Sand und Geröll gebahnt waren, und weiter ging es in die Nacht hinein. Immer fremder und dunkler reckten sich am Horizont die Felsen, immer seltsamer bogen sich die Äste. Steile Malsteine tauchten an der Seite des Weges auf. Es waren Ehrenzeichen für treue Witwen und pietätvolle Töchter. Die wildverschlungenen Drachen, von denen die Steintafeln gekrönt waren, hoben sich phantastisch von der letzten Helle des rasch dunkelnden Himmels ab. Schließlich begann auch der Diener unsicher zu werden. Doch die Pferde trabten ruhig durch den Sternenschein voran. Das Geräusch des Tages war verklungen, nur die Grillen und Heimchen schrillten noch durch die Stille. Die Nacht in China ist nicht eine einfache Abwesenheit des Lichts. Sie ist etwas Wesenhaftes besonderer Art. Alles Leben hat sich verkrochen hinter Mauern und Tore. Die Sterne glühen groß und fremd. Seltsame Schatten huschen durch die Luft, bald zirpende Fledermäuse, bald unhörbare Eulen. Die vielen Grabhügel auf den Feldern drängen sich wirr durcheinander, unheimlich streichen Füchse und Iltisse durch das Gras und gehen ihren gespenstischen Zielen nach. Jetzt ist die Stunde, wo das Irrlicht hervorkommt und das Gespensterfeuer über dem Boden schwebt und um die Hügel der Gräber streicht. Um diese Stunde ist man gern zu Haus. Gar mancher grausige Geist geht um und zieht seine magischen Kreise. Mit leiser Stimme sprach der Diener von Sagen und Geschichten, die man sich erzählte von Räubern und Nachtmahren. Schließlich fürchtete er sich fast ein wenig.

Da ging es wie im Märchen. Endlich schimmerte ein Lichtchen durch die Bäume. Wir trieben die müden Pferde an und ritten darauf zu. Wir hatten es gerade richtig getroffen. Es war die Zollstation K'out'apu an der Grenze des deutschen Schutzgebietes, eine Station des chinesischen Seezolls, aber von Beamten deutscher Nationalität besetzt, wie ja der ganze chinesische Seezoll merkwürdigerweise von Europäern in chinesischem Dienst besorgt wird. Die Zollbeamten nahmen uns freundlich auf. Einer stellte mir sogar sein Bett mit Moskitonetz zur Verfügung, während er im Freien die Nacht zubrachte. Ich schlief fast traumlos bis in den Morgen hinein. Da brauchte ich eine geraume Zeit, bis ich mich besonnen hatte, wo ich war und wozu ich hier war. Das ganze Abenteuer kam mir plötzlich so albern vor. Der Gedanke, wieder ein Pferd zu besteigen, schien mir absurd. Mühsam, mit gespreizten Beinen, bewegte ich mich vom Fleck. Die Zollwächter ließen ein kräftiges Frühstück aufwarten und erkundigten sich teilnahmsvoll nach meinem Befinden. Sie verbargen ihre Heiterkeit und zeigten nur Güte, legten auch die Heimkehr nahe. Aber nun konnte ich nicht mehr zurück. Ich dankte für die Gastfreundschaft, biß die Zähne zusammen und schwang mich auf mein Roß, das ich zu möglichster Eile antrieb. Nach einer schmerzlichen Stunde begann ich mich im Sattel wohler zu fühlen, und unvermerkt hatte ich auf diese Weise reiten gelernt.

Im frischen Morgen kamen nun die Ausläufer des Laoschan näher an die Straße heran. Der Verkehr mit Schubkarren und Markteseln erwachte, und bald erblickten wir die Mauerzinnen der Kreisstadt Tsimo, zu deren Markung früher das deutsche Pachtgebiet zum größten Teil gehört hatte. Mauern, Tore und Stadtgräben sind das Wahrzeichen aller chinesischen Landstädte. Sie sind bis auf den heutigen Tag keineswegs überflüssig, sondern leisten in Zeiten, da Diebe und Räuber das Land beunruhigen, gar oft sehr nützliche Dienste. Vor der Stadt Tsimo ist das sandige Bett eines Flusses. Diesseits des Flusses liegt eine Vorstadt, in der sich Herbergen für die Reisenden befinden. Wir stiegen in einer dieser Herbergen ab. Die Pferde wurden abgesattelt und bekamen im Hof ihr Futter vorgeschüttet. Ich wurde in den Mittelraum geführt und bekam zum Empfang eine Tasse Tee vorgesetzt. Man darf bei den chinesischen Landherbergen auch nicht den leisesten Gedanken an ein Hotel aufkommen lassen. Die Räume sind schwarz geraucht; primitive Tische und Stühle und im Innenraum ein hölzernes Brettergestell, auf dem man sein Bettzeug ausbreiten kann, wenn man welches mitgenommen hat, bilden das gesamte Mobiliar. Eine rauchende Bohnenöllampe, die an pompejanische Formen erinnert, steht in einer Wandnische. Die Wände sind beschrieben und bemalt von früheren Wandergästen. Oft klebt auch ein altes chinesisches Heiligenbild in einer Ecke, vor dem ein frommer Reisender seine Gebete verrichten kann. Mein Diener war verschwunden. Bald aber prasselte in der Ecke des Hofes ein Feuer auf, und stolz brachte er ein gesottenes Huhn, drei gekochte Eier und etwas Kohlgemüse herein. So wurde ein sehr frugales Mittagsmahl gehalten – mit chinesischen Eßstäbchen, da ich keinerlei Reisebesteck mitgenommen hatte.

Nachmittags sah ich mir die Stadt an. Durch das dunkle Stadttor ging es eine Straße entlang, auf der in großer Zahl steinerne Ehrenbogen standen. Die Häuser der Vornehmen hatten zwei hohe rote Flaggenmaste vor dem Eingang, und geheimnisvoll dehnte sich Hof hinter Hof, aus denen Blumen und blühende Bäume hervornickten. Es war gerade Markttag, wie er alle fünf Tage abgehalten zu werden pflegt. Ein starkes Menschengewühl in den Straßen, beladene Esel, quietschende Schubkarren, Menschen mit Tragstangen, ein Rudel Schweine, alles drängte sich friedlich voran. Dann wieder kam ein zweirädriger Reisekarren mit rundem Plandach dazwischen. Aber alles wickelte sich ab ganz ohne Polizei: in aller Ruhe, unter gegenseitiger Geduld und mit gelegentlichen Witzworten. Diese glatte Abwicklung des Verkehrs mitten im größten Gewühl ist eines der Zeichen für die Höhe der chinesischen Kultur, die dem Neuling auffallen. Es gibt so gut wie keine Verbote. Man darf hier beinahe alles, und doch geht alles in Ordnung und Ruhe.

Natürlich fiel ich als Fremder auf, denn Fremde gehörten zu den Seltenheiten in diesen Gegenden, die nur von einem alten Missionar besucht wurden, der sich über Einbruch in seine Rechte beklagte, als eine andere Mission 200 Kilometer von seinem Wohnort entfernt sich niederlassen wollte. Aber trotz der allgemeinen Neugier und trotz der keineswegs fremdenfreundlichen Stimmung nach der Besetzung von Tsingtau wurde ich nicht im geringsten belästigt. Man kann es ruhig aussprechen, daß in jenen Zeiten ein Europäer im innersten China ungestörter sich bewegen konnte, als ein Chinese in einer deutschen Mittelstadt.

Von dem Versuch, den Kreismandarin zu besuchen, stand ich glücklicherweise wieder ab, als mir gemeldet wurde, daß er krank sei. Derselbe Mandarin hat später auch einer militärischen Expedition aus Tsingtau, die über verschiedene Streitfragen mit ihm verhandeln wollte, nicht nur das Tor seines Namens (Amtsgebäudes), sondern selbst die Stadttore vor der Nase zuschließen lassen und wich nur der Gewalt, so daß ich mich nicht beklagen konnte.

Den Abend verbrachte ich in meiner Herberge, wo sich eine Menge Kinder um mich versammelten, mit denen ich spielte und denen ich allerlei Figuren aus Papier ausschnitt. Hinter den Kindern saßen und hockten die Alten. Sie rauchten behaglich ihre Pfeifchen und fragten dies und jenes über die Verhältnisse in dem fernen Land, aus dem ich kam. Es gibt wenig Länder, in denen die Kinder so ungehemmt und natürlich sich entwickeln dürfen und wo sie mit soviel Rücksicht und Liebe behandelt werden wie in China. Es spricht für diese freie Erziehungsmethode nicht wenig, daß aus all den ungebundenen Kindern doch recht brauchbare und anständige Menschen werden. Durch die Kinder hatte ich bald Fühlung bekommen mit den Alten, und trotz mangelhafter Sprachkenntnisse unterhielten wir uns sehr angenehm.

Die Nacht war unruhig. Erst störten unzählige Moskiten, die wie ein scharfer Trompetenton die Luft erfüllten. Als sie zu den Fenstern und Türen hinausgeräuchert waren, blieben noch genug andere Insekten üblerer Art, die sich nicht wegräuchern ließen. Im Hof stampften die Pferde, und die sentimentalen Esel machten mit langem Geschrei, in dem der ganze Jammer der Welt zu hegen schien, ihren Liebesgefühlen Luft. Und immer, wenn einer anfing, fiel die ganze Gesellschaft mit ihren Klagen ein. Schließlich band man ihnen Steine an die Schwänze, denn der Esel hebt stets den Schwanz, wenn er in seinen Jammer ausbricht. Da wurde es etwas ruhiger. Aber dann kamen die Hunde, die sich aus allen Straßen zubellten, und schließlich die Hähne, die mit Geschrei den Morgen begrüßten. Aber auch dieser Lärm der Nacht in einer chinesischen Herberge hat etwas romantisch Eindrucksvolles, bis schließlich die Ketten rasseln und in Eimern Wasser aus dem runden Brunnenloch geschöpft wird. Der Tag graute, und überall brachen die Reisenden auf, nachdem sie noch ein leichtes Frühstück sich bereitet hatten.

Der Rückweg verlief rasch und ohne Zwischenfälle. Nur D. Faber war verwundert, daß mir nichts Ernstliches passiert war.

Kurz darauf machte ich in Tsingtau meine erste grundlegende Entdeckung, die von so überraschender Einfachheit war, daß man sich wundern muß, daß so wenig Europäer sie zu machen pflegen. Man sieht in den europäischen Handelsplätzen in China große Scharen von Kulis, die an ihre Arbeit gehen. Sie gelten für einen ganz besonderen Menschenschlag. Man hält sie für arbeitsscheu, frech, renitent und betrügerisch und glaubt mit Püffen und Schlägen ihnen gegenüber anzukommen. Diese Weisheit wird jedem Ankömmling von den erfahrenen Kennern rechtzeitig beigebracht. Dies war der Grund, daß in Kanton und Schanghai Europäer und Chinesen Jahrzehnte nebeneinander wohnen konnten, ohne sich zu verstehen, nur aus der Sucht nach Gewinn getrieben und einander gegenseitig verachtend. Was ich nun entdeckte, war nichts weiter, als daß es gar keine Kulis gab: das waren alles Menschen, Menschen mit ihren Freuden und Leiden, Menschen, die den Kampf des Lebens zu kämpfen hatten, die sich durchschlagen mußten mit List und Dulden auf geraden oder krummen Wegen. Sie hatten bestimmte Lebensformen angenommen im Anschluß an die europäische Behandlungsweise, waren kalt und starr geworden, wichen aus, wo sie auf Gewalt stießen; den Zornausbrüchen der Bedrücker setzten sie ein stumpfes Lachen entgegen; im übrigen behielten sie ihre Gefühle bei sich. Nun aber merkte ich, daß es Väter, Brüder und Söhne waren, die an ihren Verwandten hingen, die oft unter großer Selbstverleugnung Geld verdienten und ersparten, um ihre alten Eltern zu ernähren, und das alles mit Fröhlichkeit und Harmlosigkeit, wenn sie unter sich waren, und mit viel Geduld und Tragsamkeit ihren Feinden gegenüber. Diese Entdeckung öffnete mir den Weg zu den Herzen des chinesischen Volkes. Denn kein Volk ist freundlicher, treuer und liebevoller, wenn man ihm auf menschlichem Boden gegenübertritt, ohne etwas für sich zu wollen, weder Geld noch Arbeitsausbeutung oder, was noch peinlicher empfunden wird, daß sie sich bekehren sollen und irgendeiner fremden Institution beitreten zum Zweck der ewigen Seligkeit.

Es war freilich nicht ganz leicht, diese Erkenntnis Europäern gegenüber zu vertreten; denn damals herrschten noch andere Anschauungsweisen. Lange Zeit traf ich nur auf heftige Gereiztheit, wenn ich meinen Standpunkt zu vertreten suchte. Man war überzeugt von der höheren Kultur Europas, die es zu wahren galt gegen die gelbe Gefahr, ohne zu bemerken, daß man sich im Gegenteil selbst in der Offensive befand und alles tat, um die große Kultur Ostasiens so gründlich wie möglich im Keim zu vergiften; denn auch Kulturen können vergiftet werden durch für sie tödliche Verhältnisse und Suggestionen.

Selbst unter den Missionaren, die doch am ehesten die Interessen der Eingeborenen zu vertreten pflegen, fand ich nicht immer Verständnis; denn auch sie schieden zwischen den menschgewordenen Kulis, die in die Kirche eingetreten waren, und der Masse der armen Heiden, die im Schmutz der Sünde dem ewigen Verderben entgegenreisten. Wiewohl es gar keine Heiden an sich gibt; denn ein Heide ist nur etwas, wofür man einen anders gearteten Menschen hält, damit man ihn entweder bekehren oder zur Hölle verdammen kann.

Zur Ehre der deutschen Sinnesart muß es übrigens gesagt werden, daß, obwohl wir in Tsingtau mit denselben Grundsätzen begannen wie die übrigen Völker Europas in ihren Kolonien, doch ganz von selbst sich eine Art von Verständnis und Interesse gegenüber der chinesischen Bevölkerung entwickelte. Man bekam ein gewisses Wohlwollen füreinander, und die gegenseitigen Beziehungen wurden entgiftet. Das kommt zum Teil auch daher, daß doch auch viele Beamte und Kaufleute Chinesisch lernten, was außer den Missionaren die Fremden sonst nicht in dem Umfang zu tun pflegten. Wenn man aber mit jemand erst in seiner Muttersprache reden kann, so klären sich viele der völkertrennenden Mißverständnisse ganz von selber auf.

Zweites Kapitel. Geburtswehen einer neuen Zeit

Im Innern von Schantung steht der heilige Berg Taischan. Er ist in der chinesischen Geschichte immer wieder hervorgetreten als der Geheimnisvoll-Offenbare, von dem Leben und Tod ihren Ursprung nehmen. In seiner Nähe ist ein kleiner Hügel, Zypressen wachsen auf ihm, und eine Pagode steht auf seiner Höhe. Hier war der Ort, wo alte Herrscher dem Geist des heiligen Berges ihre Opfer darbrachten. Ein kleiner Tempel ist hier geheimnisvollen Göttern geweiht. In diesem Tempel nahm die Bewegung ihren Anfang, die um die Jahrhundertwende China bis in seine Grundfesten erschüttern sollte und die der Anfang war zu einer neuen Zeit, die freilich ganz anders wurde, als die Menschen, die damals in dem Tempel dunkler Geister ihre Zusammenkünfte hatten, planten.

Was war der Grund zu ihrem geheimen Treiben? In China hat es zu allen Zeiten, wenn die Verhältnisse unerträglich wurden, wenn die Regierungsmaschine versagte, wenn Mißwachs und teure Zeit durchs Land schlich, wenn Pest und Überschwemmung das Leben bedrohten, wenn Räuber das Land unsicher machten, geheime Gesellschaften gegeben, die mit der Götter Hilfe das Alte vernichten und eine neue Ordnung ans Licht bringen wollten. So fängt das Buch von der Geschichte der drei Reiche, das der klassische Roman für alle Arten von ritterlichen Kämpfen in China ist, mit dem Aufstand der gelben Turbane an, deren Führer auf geheime Weise in den Besitz von Zauberkräften gekommen war, so daß er Sturm und Regen machen konnte und Zauberwasser aussprengte, das die Menschen von der Pest heilte. Auch das Zaubermittel, aus Papier Soldaten und Pferde zu schneiden, die dann künstliches Leben bekommen, wird häufig bei solchen Gelegenheiten erwähnt. Natürlich gibt es auch alle Arten von Waffensegen, die gegen Stich, Hieb und Schuß unverwundbar machen, und dergleichen Zauber mehr.

Um die Jahrhundertwende waren in China die Zustände wieder reif für solche Umtriebe. Der Taipingaufstand war vor einem halben Jahrhundert zusammengebrochen, aber die Verhältnisse waren nicht besser geworden. Immer mehr hatten sich die Fremden im Land ausgebreitet. Sie waren mit Gewalt und Unrecht eingedrungen. Sie hatten den märchenhaft schönen Sommerpalast Yuan Ming Yuan bei Peking niedergebrannt, um ihre überlegene Kultur zu beweisen. Sie hatten fremde Lehren verbreitet, denen sich Verbrecher und allerlei Gesindel angeschlossen hatte. Wenn es zu Streitigkeiten gekommen war, waren Kanonenboote erschienen und hatten Brandschatzungen eingetrieben, und immer mehr wurde das Volk von den Fremden und ihren Anhängern bedrückt. War nicht erst vor kurzem die Kiautschoubucht weggenommen worden, angeblich, weil einige Missionare von Räubern ermordet worden waren? Und hatten nicht darauf die anderen europäischen Mächte, statt den Raub zu verhindern, dieses Beispiel nachgeahmt? Wurde nicht immer wieder davon gesprochen, daß man China aufteilen wollte wie eine Melone? Und dies alles vermochte die mandschurische Dynastie nicht zu verhindern. Ja, der Kaiser selbst war in den Händen der Reformer, die China zu einem Staat nach fremdem Muster machen wollten. Darum hinweg mit den fremden Herrschern! Nieder mit dem Mandschus, Schutz den Chinesen!

Nicht lange hatte die Bewegung diese Spitze. Die alte Kaiserin-Witwe hatte ihrem Neffen die Zügel der Regierung wieder aus der Hand genommen, und reaktionärer, fremdenfeindlicher Geist machte sich bei Hofe geltend. So änderte sich denn die Devise: »Nieder mit den Fremden, Schutz dem Kaiserhaus!«

Es gab auf dem Lande allenthalben Selbstschutzvereinigungen gegen das Räuberwesen, das Wege und Stege unsicher machte. Diese Selbstschutzverbände nannten sich I Ho T'uan (Vereinigungen zum Schutz der öffentlichen Ruhe). Es heißt, daß kurz nachdem in Deutschland das Wort von der gepanzerten Faust gefallen war, dieser Titel umgewandelt wurde in I Ho K'üan (Faust zum Schutz der öffentlichen Ruhe). Das wurde dann fälschlich mit dem Wort Boxer übersetzt, obwohl von Boxen bei der ganzen Sache nicht die Rede war.

Abergläubische Stimmungen bemächtigten sich der Bewegung und peitschten sie zu offenem Fanatismus auf. In Tempeln und an geheimen Orten kam man nächtlicherweile zusammen unter dem Zeichen des geheimnisvollen Gottes alles Zaubers, Tschen Wu. Dieser Gott, der am Nordpol thront mit aufgelöstem, langem Haar und einem Zauberschwert, beherrscht die Dämonen und Geister, die als Schlangen und Schildkröten zu seinen Füßen liegen. Außer ihm kamen auch die Begleiter des Schützergottes Kuanti mit ihrer Wehr und Waffen herbei. Medien redeten im Namen der Götter. Die jungen Männer wurden unter geheimnisvollen Zaubersprüchen eingeweiht. Sie verloren das Bewußtsein und fielen zur Erde wie tot, dann standen sie wieder auf, von wildem Mut beseelt, und nun waren sie die Glieder der Vereinigung vom großen Messer, die unverwundbar waren für Kugel und Schwert. Wie eine Epidemie breitete sich diese Massenpsychose aus. Allenthalben in Stadt und Dorf wurden die Versammlungen abgehalten, und die Geister tobten. Da die Spitze der Bewegung umgebogen war und gegen die Fremden ging, nicht mehr gegen den Thron, so ließ man von seiten der Regierung der Sache ihren Lauf. Man scheute sich, ins Feuer zu greifen.

In Schantung wuchs die Bewegung zuerst ins Große. Man machte sich allmählich feste Ziele. Noch waren die Zeiten in Erinnerung, da China frei war von der Bedrückung der Fremden. China, das große Reich der Mitte, sollte nun Schmach dulden von den fernen Inselbewohnern, sei es vom Osten her oder vom Westen! Diese Inseln waren ja alle fern und ohne Bedeutung. Es genügte, wenn man die Fremden, die sich im Mittelreich eingenistet, tötete oder ins Meer warf, dann würde der kleine Rest der Daheimgebliebenen sicher nicht wagen, wieder zu kommen. Dies waren die Vorstellungen, die man hatte. Es schien alles ganz einfach. Eine starke Tat des Volksunwillens genügte, um alles in Ordnung zu bringen.

Man kann nicht leugnen, daß damals auch ein Teil der Beamten in ihren Vorstellungen nicht sehr viel weiter reichte. Berichte von chinesischen Gesandten im Ausland, die anders lauteten, waren vor nicht gar zu langer Zeit selbst bei Hofe recht ungnädig aufgenommen worden. Dennoch gab es auch viele weiterblickende Männer. Dazu gehörte gerade der Gouverneur von Schantung, Yüan Schï K'ai. Er ließ die Hauptvertreter der gegen Verwundungen Festgewordenen vor sich kommen, und man sagt, nachdem er sich eingehend über ihre übernatürlichen Fähigkeiten erkundigt hatte, habe er sie von bereitstehendem Militär zusammenschießen lassen. Jedenfalls verstand er weiterhin keinen Spaß, sondern drängte die ganzen Massen, die der Bewegung anhingen, zu seiner Provinz hinaus. Sie wandten sich darauf der Hauptstadt zu, wo sie in dem alten Haudegen Tung Fu Hsiang und in dem Prinzen Tuan Schutz und Führung fanden. Außer Yüan Schï K'ai sorgten auch die beiden Generale am Yangtse, Liu K'un Yi und Tschang Tschï Tung, für Ruhe, und auch Kanton hielt sich stille.

So blieb die Bewegung im wesentlichen auf den Norden und Nordwesten Chinas beschränkt. Fremde, namentlich die Missionare von Schensi, und Christen wurden zum Teil auf grausame Weise getötet, und ein Schrei der Entrüstung ging durch die Welt. Wie im Weltkrieg die Deutschen, so wurden damals die Chinesen zum Abschaum des menschlichen Geschlechts gestempelt. In Wirklichkeit kann man wohl sagen, daß der Bewegung eine ehrliche nationale Begeisterung zugrunde lag. Grausamkeiten kommen immer vor, wo die bestialischen Triebe der Menschen durch Haß entfesselt werden. Vielleicht sind die Methoden verschieden je nach der Phantasie der einzelnen Menschen, aber Grausamkeit und Schrecken kann nur vom selbstbeherrschten, nicht vom entfesselten Menschen vermieden werden. Angesichts des Weltkrieges verblaßt das Bild der Boxerzeit zu harmloser Bedeutungslosigkeit.

Das schließt aber nicht aus, daß man damals lebhafte Angst hatte. Die fremden Gesandtschaften in Peking wurden belagert. Die schlecht angesetzten Entsatzversuche des Admirals Seymour schlugen fehl und hätten beinahe mit der vollständigen Aufreibung der Entsatztruppen geendet. Anläßlich der Märsche ereignete sich der Vorfall, der dann nachher von deutscher Seite stark aufgebauscht wurde: die verschiedenen Kontingente der Schiffsbesatzungen, die den Vormarsch auf Peking angetreten hatten, standen unter dem Kommando des englischen Admirals. Als gerade die Engländer, die an der Spitze marschierten, durch feindliche Angriffe besonders stark mitgenommen waren, ließ er sie durch die Deutschen ablösen. Darin lag nur eine ganz selbstverständliche Maßregel. Die Deutschen haben sich ebenso tapfer benommen wie die übrigen Nationen, aber es wirkte natürlich unangenehm auf ganz Europa, daß dieser Vorfall in

Deutschland durch Bild und Wort so aufgebauscht wurde, als ob die Deutschen so ungefähr an die Spitze der ganzen Menschheit kommandiert worden wären. Solche Taktlosigkeiten schadeten Deutschland enorm, und sie trugen viel bei zu dem allgemeinen Haß, der uns dann im Weltkrieg zu unserer Verwunderung allseitig entgegengebracht wurde.

In der deutschen Kolonie Tsingtau herrschte in jener Zeit auch große Aufregung, zumal da der größere Teil des Seebataillons nach Tientsin abgerückt war. Der kleine Rest der Soldaten machte von Zeit zu Zeit Umzüge durch die Straßen, um sich zu zeigen. Die Bevölkerung versah sich mit Waffen bis an die Zähne. Ich glaube, unser Haus war das einzige, in dem sich tatsächlich keine Waffe befand. Daß es dabei zu mancherlei Mißverständnissen kam, liegt in der Natur der Dinge. So wurde einmal in der Frühe der Signalberg längere Zeit beschossen von einer Gesellschaft, die sich den größeren Teil der Nacht hindurch Mut zugetrunken hatte und bei der nächtlichen Heimkehr sich keine genaue Rechenschaft mehr von dem Feinde geben konnte, der zu vernichten war.

Militärische Übungen auch der gesetztesten Bürger wurden in die Wege geleitet, und jedes rauschende Blatt erweckte bei Nacht die schwärzesten Befürchtungen. Es ist aber nichts Übles geschehen. Das damals noch gänzlich unbefestigte Tsingtau durchlebte die ganze Boxerzeit ohne Angriff.

In Peking vergingen unterdessen Wochen voll dramatischer Spannung. Wenn die chinesische Regierung einheitlich mit der Boxerbewegung gegangen wäre, so wären die ganzen Gesandtschaften vernichtet worden. Aber in der chinesischen Regierung selbst herrschten verschiedene Strömungen. Darum war kein System im Angriff, und die Gesandtschaften konnten sich, wenn auch einige Menschenleben zum Opfer fielen, so lange halten, bis Rettung kam. Vieles, was man als Hinterlist ansah, wie die Zusendung von Melonen an die Gesandtschaften durch die Kaiserin-Witwe, war wirklich gute Absicht gewesen. Die Kaiserin-Witwe hatte nämlich, als einzelne Boxer selbst in ihren Palast eindrangen, doch die Gefahr der Bewegung erkannt und hatte energische Stellung gegen sie genommen.

Schließlich kam der Entsatz. Japanische Truppen waren es, die zuerst in Peking einrückten, und ihnen folgten andere auf dem Fuß. Wenn der Boxeraufstand als Beweis gelten konnte, daß China nicht auf der Höhe der Zeit stand, so gaben sich die nun siegreich eindringenden Massen redliche Mühe, zu zeigen, daß Roheit und Grausamkeit auf Seiten der »Kulturnationen« nicht hinter dem zurückblieb, was man an China mit Abscheu verdammte. Die Deutschen haben im Weltkrieg den Titel Hunnen von ihren damaligen Verbündeten erhalten, weil in der Aufregung des Augenblicks den ausziehenden Chinakämpfern die Hunnen als Vorbild mitgegeben worden waren. Diese Beschimpfung war unverdient. Alle Beteiligten zeigten damals aufs unzweideutigste, daß sie solcher Vorbilder nicht bedurften. Was damals an Menschenleben, schuldigen und unschuldigen, vernichtet wurde, was an unersetzlichen Kunstwerken im Unverstand zugrunde ging, läßt sich nur annäherungsweise abschätzen. Von deutscher Seite wurden damals bekanntlich unter anderem die berühmten astronomischen Instrumente von der Pekinger Stadtmauer entfernt und als Siegesbeute mitgeführt. Sie mußten nach dem Versailler Vertrag zurückgegeben werden. Aber man darf daraus nicht schließen, daß von anderer Seite weniger gestohlen worden wäre. Man stahl vielleicht mit mehr Sachkenntnis. Das war alles. Die großen Sammlungen Europas und Amerikas enthalten so manches Stück, dessen Herkunft aus der Boxerbeute keinem Zweifel unterliegt.

Als man nach dem siegreichen Einzug in Peking allmählich sich auf sich selbst besann, bemerkte man, daß die Kaiserin-Witwe weg war. Während schon die fremden Truppen die Straßen durchzogen, verließ sie auf einem chinesischen Reisewagen als chinesische Bäuerin verkleidet die Stadt. Ihr Begleiter, der nachmalige Generalgouverneur Schong Yün, hat mir später manches erzählt von den Beschwerden und Mühsalen dieser Flucht nach Hsianfu.

Für die siegreichen Mächte entstand durch diese Flucht eine große Verlegenheit. Wohl rüstete man unter großem Aufwand Strafexpeditionskorps aus. Wohl ernannte der deutsche Kaiser, der die Sache mit großer Lebhaftigkeit betrieb, Graf Waldersee zum »Weltmarschall«. Aber die Verhältnisse wurden immer schwieriger. Die verschiedenen Expeditionen siegten zwar dauernd im Land umher, zumal da nirgends ernstliche Feinde standen, denn die Boxer waren nach ihrem Zusammenbruch wieder unter der Masse der Bevölkerung verschwunden. Aber immer ernster wurden die inneren Reibungen der Besatzungsarmee. Namentlich der französische Befehlshaber begann die Befehle des Grafen mit geflissentlicher Offenheit zu mißachten. Allerlei Unglücksfälle, wie der Brand des feuerfesten Asbesthauses des Grafen Waldersee, bei dem der unersetzliche York von Wartenberg ums Leben kam, machten die Stimmung noch ungemütlicher, und schließlich war man froh, als der greise Li Hung Tschang sich opferte, indem er im Namen der chinesischen Regierung sich an den Verhandlungstisch setzte.

Der Friede, der dann zustande kam, ist in allem das getreue Vorbild des Diktats von Versailles gewesen. Man hatte die Einzelheiten in Deutschland nur vergessen, sonst hätte man sich über Versailles nicht so sehr verwundert. In China wunderte sich kein Mensch darüber. Ohne daß man Deutschland für schuldig am Weltkrieg hielt, wußte man doch aus eigener Erfahrung, wie die Friedensschlüsse beschaffen sind, die Kulturnationen besiegten Gegnern zu diktieren pflegen. Auch im chinesischen Krieg spielte die Schuldfrage eine Rolle. Obwohl man während der ganzen Expeditionszeit die Fiktion aufrechterhalten hatte, daß man nicht gegen China, sondern nur gegen die Räuber kämpfe, weil sonst der Krieg unmögliche Dimensionen angenommen hätte, so mußte nun doch die Regierung sich für alles verantwortlich halten. Statt daß man gemeinsam mit China Maßregeln beraten hätte, die eine Rückkehr ähnlicher Konvulsionen verhüteten, statt daß man daran gegangen wäre, eine Erschließung der ungeahnten Hilfsquellen Chinas durch sachgemäße Untersuchung zu ermöglichen, wobei alle Teile auf ihre Rechnung gekommen wären, begann zunächst ein widerliches Feilschen um die Köpfe von Großwürdenträgern und Prinzen, die man als Sühnopfer brauchte, wobei denn die groteske Situation sich ergab, daß man oft sogar die falschen Köpfe begehrte, Köpfe von Leuten, die sich für Schutz der Fremden und Mäßigung eingesetzt hatten: so schlecht war man informiert. Ungeheure Entschädigungen mußten bezahlt werden, die zu ihrer Amortisation phantastische Zeiträume brauchten und auf unabsehbare Zeit das große Reich unter die Finanzkontrolle der siegreichen Mächte stellten. Ein kaiserlicher Prinz mußte persönlich nach Europa kommen, um sich wegen der Ermordung des deutschen Gesandten zu entschuldigen. Ein Ehrentor mußte in der großen Hatamenstraße errichtet werden, auf dem in chinesischer und lateinischer Schrift der Frevel an dem deutschen Gesandten und seine Sühne verzeichnet stand – zum ewigen Andenken.

An der englischen Gesandtschaft aber ließ man ein Stück der von Kugeln durchlöcherten Mauer unberührt stehen und schrieb daran: »Lest we forget!« Diese Worte sind jedoch längst verblaßt, und die Mauer ist mit Moos überzogen. Der Weltkrieg hat andere Feinde geschaffen, und man ließ nicht nach, bis man China in diesen Krieg der Zivilisation gegen die deutschen Barbaren hineingezogen hatte. Bei der Friedensfeier versuchten betrunkene französische Soldaten den Kettelerbogen umzureißen, was ihnen jedoch mißlang. Die chinesische Regierung hat ihn dann an sich genommen. Heute steht er am Eingang des Zentralparks, in dem sich die Jugend Pekings amüsiert, und trägt wieder eine lateinische und eine chinesische Inschrift: »Dem Sieg des Rechts«. Man fragt sich im Grunde vergebens, was mit dem Recht gemeint ist, das gesiegt hat. Ist es der Gesandtenmord, der nun nachträglich unter allgemeiner Zustimmung der Alliierten sanktioniert werden soll? Oder sind es die Versprechungen, die man China beim Eintritt in den Krieg gemacht hat und die man bis auf den heutigen Tag nicht zu erfüllen gewillt ist? In Wirklichkeit wäre es im eigentlichen Interesse Chinas, wenn man diese volltönende Inschrift, die von den Tatsachen längst überholt ist, in aller Stille entfernen würde. Aber wie dem auch sei, auch diese Inschrift wird nicht ewig dauern.

Jene Zeit hatte auch in Schantung kleinere Störungen im Gefolge. Der Bau der Bahn von Tsingtau nach Tsinanfu war begonnen worden. Allein verschiedene Umstände wirkten mit, den Bahnbau in der chinesischen Bevölkerung sehr unbeliebt zu machen. Zum Teil herrschte noch der Aberglaube, der eine Störung der Ahnengeister fürchtete, zum Teil hatte man – wie sich später herausstellte – sehr berechtigte Befürchtungen, daß die Überschwemmungsgefahr für gewisse tiefliegende Landstriche durch den Bahndamm vermehrt werde, zum Teil gab es

Mißverständnisse zwischen Bahnangestellten und Bevölkerung. Kurz, es kam zu Störungen des Bahnbaus, in deren Folge eine militärische Expedition ins Hinterland Tsingtaus nach Kaumi ausgerüstet wurde.

Hier kam es nun zu äußerst bedauerlichen Konflikten zwischen europäischer und asiatischer Denkweise. Als die deutschen Truppen anrückten, schlossen die Dörfer ihre Tore zu und begannen mit ihren vorsintflutlichen Kanonen in die Luft zu schießen, wie sie das gewohnt waren, wenn Räuber um den Weg waren. Wie erstaunten sie jedoch, als die deutsche Artillerie sich davon nicht erschrecken ließ, sondern wiederschoß, und mit welch vernichtendem Erfolg! Die Frauen und Kinder wollten nun zu einem Seitentor hinaus entfliehen. Aber von deutscher Seite hielt man die Frauen in ihren roten Hosen für Boxer und nahm sie unter Maschinengewehrfeuer. Unterdessen begann auch ein entferntes Dorf seine Böller zu lösen. Die Deutschen zogen ab, um jenes Dorf in Brand zu schießen. Als sie zurückkamen, waren die Boxer, die im ersten Dorf den Widerstand organisiert hatten, entkommen, und die eingesessene Bevölkerung hatte die Not des Krieges zu erdulden.

Ich hörte in Tsingtau von diesen Dingen. Ich war überzeugt, daß es sich um gegenseitige Mißverständnisse handle. Und trotz Abreden bedenklicher Freunde entschloß ich mich, in die Gegend zu reisen, um zu versuchen, durch Vermittlung Menschenleben zu retten.

Es gab nun viel zu tun und zu besprechen. Da alle Verhandlungen auf chinesisch geführt werden mußten, so lernte ich in jenen Wochen ganz von selbst die chinesische Sprache meistern. Besonders aufregend war die Geschichte eines entfernten Dorfes, das der Aufforderung, die Waffen abzuliefern, nicht Folge zu leisten gewagt hatte. Schon war ein Strafzug geplant. Mit Mühe erreichte ich Aufschub bis zum nächsten Morgen. Ich ging zum Ortsbeamten und teilte ihm die Lage mit. »Dem dummen Volk, das noch immer nichts gelernt hat, ist nicht zu helfen«, war seine Antwort. Da mußte ich ihn recht ernst an seine Verantwortung erinnern. Noch in derselben Nacht wurden reitende Boten abgesandt. Am nächsten Morgen zählte ich mit Aufregung die Stunden. Schon war die Strafabteilung zum Aufbruch fertig. Ich hatte Nachricht, daß die Waffen kommen, und konnte sie noch einige Minuten zurückhalten. Endlich verlor der Offizier die Geduld und wollte eben den Befehl zum Abmarsch geben. Da tauchten die Leute auf dem nächsten Hügel auf. Sie hatten ihre Waffen getreulich mitgebracht. Verrostete Schwerter und Donnerbüchsen und ein paar alte Mörser, aus denen man steinerne Kugeln ein paar hundert Meter weit schleudern konnte. Man war aber damals sehr scharf darauf aus, die Entwaffnung wirksam durchzuführen.

Schließlich gelang es mir, die Vertreter aller Dörfer des Kreises zusammenzubringen. Sie hatten ihre Waffen abgeliefert, und ich konnte ihnen die Beruhigung geben, daß sie künftig geschont werden sollten. Noch lange hatte ich mit meinen Gehilfen zu tun, die Verwundeten, namentlich Frauen und Kinder, zu verbinden und zu versorgen. Eine rührende Dankbarkeit der Bevölkerung war die Folge. Eine Menge von seidenen Ehrenbehängen wurden mir überreicht, in denen die Leute für ihre Rettung dankten, und schließlich wurde mir auf Antrag des Provinzialgouverneurs von der chinesischen Regierung sogar der Rangknopf eines Mandarins verliehen.

Auf die Boxerzeit folgte eine Zeit sehr starker Gegenströmung. Waren früher die Christen verfolgt worden, so suchten sie sich jetzt an ihren Feinden mit Hilfe der Missionare zu rächen. Ja, gar mancher schloß sich an eine Kirche an, um auf diese Weise einen Prozeß, den er mit seinen Nachbarn hatte, wirksam unterstützen zu lassen. Denn wenn es gelang, den Nachbarn als früheren Boxer zur Anzeige zu bringen, so war sehr viel zu hoffen.

Solche Erfahrungen ließen mich eine ganz neue Missionsmethode für China bevorzugen. In einem Land wie China wird es dem Europäer selten gelingen, die moralische Höhenlage eines Christen, den er taufen soll, vollkommen zu durchschauen. Dennoch übernimmt die Kirche die Verantwortung für ihre Mitglieder, und nichts schadet dem Christentum in China mehr als ein zweifelhafter Lebenswandel seiner Bekenner. Denn nicht die Lehre macht den Menschen groß, sondern der Mensch macht die Lehre groß. Die katholische Kirche, der die einzelne Generation nichts ist, rechnet mit diesen Faktoren. Sie nimmt unbedenklich auch zweifelhafte Elemente auf in der festen Zuversicht, daß die Kinder und Enkel solcher Konvertiten einst gute Christen werden. Der Individualismus der Protestanten läßt solche langfristigen Wechsel nicht zu.

Aber eben deshalb schien es mir richtiger, mich auf das einfache Leben nach christlichen Grundsätzen zu beschränken, durch Schule und Hospital zu wirken, mit den Menschen zusammenzuleben und ihnen innerlich nahe zu kommen, indem ich es dem Wirken des Geistes überließ, was sich daraus gestalten würde. Eine Kirche in einer Kulturnation kann sich nur von selbst konstituieren, sie kann nicht unter der Leitung von Fremden – oft solchen von niedriger gesellschaftlicher Bildung und ohne Takt – stehen, ohne selbst zur Inferiorität verdammt zu sein. So habe ich denn niemand in China getauft und bin dem Wesen des chinesischen Volkes vielleicht eben dadurch um so näher gekommen. Und ich habe nie Konflikte gehabt wegen eines Anhangs unerwünschter Konvertiten.

Zum Schluß sei noch eine Frage beantwortet, die gegenwärtig häufig gestellt wird. Weil nämlich um die Jahrhundertwende viele Kenner einen Ausbruch vorausgesagt hatten, der von den leitenden Kreisen nicht geglaubt wurde, dünken sich auch heute manche Menschen besonders klug, wenn sie einen neuen Boxeraufstand für die nächste Zukunft weissagen. Der Nachtmahr von der gelben Gefahr gehört ebenfalls in dieses Gebiet. In Wirklichkeit aber darf man ziemlich beruhigt sein. Der Boxerkrieg beruhte einerseits auf nationaler Begeisterung und religiösem Fanatismus; aber um solche Dimensionen annehmen zu können, wie er es getan hat, gehörte auch die ganze geographische Unwissenheit jener Zeit dazu. Heute aber kennt man in China etwas von der Welt. Man weiß, daß die Fremden nicht spärliche Bewohner ferner Inseln sind, sondern reale Mächte, mit denen man rechnen und sich auseinandersetzen muß. Diese Auseinandersetzungen können vielleicht noch manche Überraschung bringen, aber einen Ausbruch der »Faust zum Schutz der öffentlichen Ruhe« wird es nicht mehr geben.

Drittes Kapitel. Die chinesischen Reformen

Die Boxerzeit war der Anfang des Neuen in China. In einem heftigen Fieberparoxismus war die chinesische Reaktion zusammengebrochen. Gegen die europäischen Kanonen halfen keine geheimen Waffensegen. Das war vor aller Augen sichtbar geworden. Nun kam der große Umschwung. Die Kaiserin-Witwe Tsi Hsi kam aus ihrer Zuflucht im fernen Westen wieder nach ihrer Hauptstadt Peking zurück. Es war ein Triumphzug. Die Damen der Gesandtschaften hatten es sich nicht nehmen lassen, das Schauspiel mit anzusehen. Noch vor kurzem gehaßt als schlimmster aller Teufel, der die Europäer ausrotten wollte, wurde sie nun zum Gegenstand der allgemeinen Neugier. Auf dem Tsiänmen, dem großen Südtor der inneren Kaiserstadt Peking, standen die Damen versammelt, als die alte Frau die meilenlange, kerzengerade Südstraße der äußeren Chinesenstadt in ihrer gelben Sänfte in kaiserlichem Pomp herangetragen wurde. Sie wurde nicht einmal böse über diesen Verstoß gegen die altheiligen Gesetze, die vorschrieben, daß alles Volk sich in den Häusern verbergen mußte, wenn die Sänfte des Herrschers durch die Straßen getragen wurde. Sie brachte ihre Opfer dar in den beiden kleinen roten Tempelchen mit den gelbglasierten Dächern, die das Südtor flankieren, von denen das eine der Kuanyin, der Mutter der Barmherzigkeit, und das andere dem Schutzgenius der Dynastie, Kuanti, geweiht ist. Ja, sie winkte freundlich nach oben, als sie die fremde Versammlung dort sah, und die Gesandtschaftsdamen winkten begeistert mit den Taschentüchern.

Aber die alte Herrscherin hatte aus den Erlebnissen gelernt. Sie, die früher der Schrecken auch der mächtigsten Satrapen gewesen war, von denen keiner ohne Zittern vor dem Throne kniete, gefiel sich nun in der Rolle der gütigen Mutter. Der alte Bodhisatva Kuanyin wurde sie genannt. Sie trug bei einem Hoffest die Gewänder der Gottheit Kuanyin, die ihrem Herzen so nahe stand, und ließ sich auch so mit ihren Hofdamen und ihrem Lieblingseunuchen photographieren. Miß Carl, die amerikanische Malerin, die noch jetzt die Gesellschaft Pekings ziert, wurde berufen, ein Ölgemälde von der betagten neuen Heiligen anzufertigen. Die ganze Zeit über wurde ihr ein Schloß in einem prächtigen Park angewiesen mit Hunderten von Dienern in der Nähe des Altersaufenthaltes der Herrin, des Sommerpalastes I Ho Yüan (Park der öffentlichen Ruhe), der wegen des fatalen Anklangs an die Boxerzeit nun Wan Schou Schan (Berg der zehntausendjährigen Lebensdauer) genannt wurde. Für die fremden Damen wurden Teegesellschaften veranstaltet. Ferne lagen die Zeiten, in den darum gekämpft wurde, ob die fremden Barbaren von der Kniebeugung, mit der jeder Chinese seinen Herrscher ehrte, befreit werden könnten in Anbetracht ihrer verstockten Unwissenheit, oder ob die geheiligten Formen des Altertums auch von den Fremden zu wahren seien. Jetzt konnten alle kommen, groß und klein, alt und jung. Lächelnd übersah die gütige Mutter die Unzulänglichkeiten ihrer fremden Gäste in Beziehung auf Ordnung und Sitte, und diese waren für ihr Leben lang beglückt, wenn sie die goldenen Schutzhülsen der prächtigen langen Fingernägel der zierlichen Frauenhand küssen durften, deren Wink schon so vielen Hunderten den Kopf gekostet hatte.

Aber die Fürstin ließ es nicht bei Äußerlichkeiten bewenden. Sie nahm die Reform, die sie so heiß bekämpft hatte, nun selber in die Hand.

Der Übergang Chinas aus der alten in die neue Zeit vollzog sich in mehreren Stufen, die sich über mehr als ein halbes Jahrhundert hin erstreckten. Um die Mitte des 19. Jahrhunderts hatte der Kriegeradel der Mandschus, der bis dahin an den entscheidenden Stellen des Reichs gesessen hatte, seine alte Kraft und Ursprünglichkeit verloren. Er war versunken in den Genuß der Macht und üppiges Wohlleben, wie das gegen Ende der verschiedenen Herrschergeschlechter in China zu geschehen pflegt. Im Süden, in Kanton, war ein durchgefallener Examenskandidat, der viel mit christlichen Missionaren verkehrt hatte, aufgetreten, um das Reich des großen Friedens zu begründen. Gleichzeitig mit der Änderung der Dynastie sollte eine Änderung der Religion erfolgen; das Christentum sollte von nun an über China herrschen. Er hatte himmlische Offenbarungen und wußte, daß er der jüngere Bruder Christi sei. Wie ein Sturmwind fegte der Aufruhr durch die morschen Wälder. In einem immer mehr durch Raub und Verwüstung gezeichneten Siegeszug durchtobte er das Land. Die südliche Hauptstadt, Nanking, fiel in die

Hände der Aufständischen, die dort die Hauptstadt ihres neuen Reichs Tai fing, des großen Friedens, einrichteten. Der Mandschu-Adel hatte vollständig den Kopf verloren und stand wehrlos diesem Ungewitter gegenüber. Und als sei die Natur selbst gegen das Herrscherhaus, so trat die Sorge Chinas, der Gelbe Fluß, aus seinen Ufern und überschwemmte einmal wieder die weite Tiefebene, die sich um die Halbinsel Schantung im Westen herumlegt. Jahrelang dauerte es, bis die Wasser sich verlaufen hatten. Da ward auch das Bett des großen Flusses trocken, und erst allmählich gelang es, ihn in dem stark angeschwollenen Tatsin-Ho wiederzuerkennen. Während er früher südlich der Halbinsel Schantung ins Gelbe Meer sich ergossen hatte, fließt er nun seit siebzig Jahren nördlich davon in den Golf von Tschili. – Es ist eine Umwälzung, wie wenn etwa die Elbe von da ab, wo sie aus Böhmen nach Deutschland eintritt, die ganze norddeutsche Tiefebene überschwemmen und dann nachher im Bett der Memel sich ins Kurische Haff ergießen würde. Das Herrscherhaus schien vor dem Ende zu stehen.

Da erhob sich ein Retter aus der Klasse der Literaten: Tsong Kuo Fan. Er erzählt, wie sie ihre langen Literatengewänder ausgezogen und Kriegerkleidung angelegt. »Ich ließ durch unsere jungen Gelehrten die Bauern befeligen, um den Frieden des Reichs herzustellen«, sagt er einmal. So gelang es, des Aufstandes Herr zu werden, und außer ihm noch andere gefährliche Bewegungen niederzuwerfen, die im Norden, Westen und Süden sich erhoben hatten. Bekanntlich waren bei der Niederwerfung dieses Aufstandes auch einige europäische und amerikanische Bandenführer in chinesischen Diensten tätig, über die der edle Gordon sowohl an Tüchtigkeit als auch an Charakter weit hervorragte. Die Taiping-Rebellen wurden von Position zu Position zurückgetrieben. Schließlich waren sie in Nanking eingeschlossen, und es entspann sich nun das Schauspiel eines ausgehungerten religiösen Fanatismus, das in allen Stücken auf das merkwürdigste an das Los der Wiedertäufer in Münster erinnert.

Nun galt es, einmal die Trümmer des Reichs neu zu organisieren und andererseits Mittel und Wege zu finden zur Anpassung der chinesischen Welt an die neue Zeit und ihre Anforderungen. Das erste gelang mit bewundernswürdiger Schnelligkeit. Als die chinesischen Literaten in die Bresche getreten waren, taten sie es keineswegs aus sklavischer Unterwürfigkeit unter das landesfremde Geschlecht der Mandschus. Sie taten es, weil die Herrscher dieses Geschlechts sich mit der alten chinesischen Kultur identifiziert hatten. Man findet in der chinesischen Geschichte wenige Herrscher, die so groß und rein die wesentlichen Ideen des Konfuzianismus vertreten haben, wie z. B. der Mandschuherrscher, der unter der Devise Kanghsi von 1662 bis 1723 das Reich regierte. Daß die Mandschus von diesen Grundsätzen einer hohen und strengen Staatsmoral abgewichen waren, hatte zum Zusammenbruch geführt. Nun galt es, das Reich nach diesen Grundsätzen neu zu organisieren. So ging der wesentliche Einfluß aus den Händen der vornehmen Mandschugeschlechter auf die Klasse der chinesischen Gelehrten über, die in Tsong Kuo Fan ihr geistiges Haupt verehrten. Die Größe der Kaiserin-Witwe war es, daß sie diese Bewegung stützte und förderte. Tsong Kuo Fan hatte in Tso Tsung T'ang, Li Hung Tschang u. a. Gehilfen, die mit bemerkenswerter Fähigkeit die schwere Aufgabe der Reorganisation des Reichs durchführten. Damals sind Dinge erreicht worden, die in der ganzen vieltausendjährigen Geschichte vergebens erstrebt worden waren. Durch das Wirken dieser Männer ist die Gefahr der Mohammedaneraufstände, die zu verschiedenen Malen den Bestand des Reichs bedrohten, endgültig beseitigt worden. Das große und zukunftsreiche Gebiet von Chinesisch-Turkestan kam unter dem Titel Sinkiang (das neue Gebiet) unter die unmittelbare Verwaltung der Zentralregierung. Die Ureinwohner im Süden wurden endgültig zur Ruhe gebracht. Eine Zeit des inneren Friedens folgte, während der die Bevölkerung des chinesischen Reiches nach den besten zugänglichen Quellen auf eine bisher ungeahnte Höhe stieg. Man darf diese positiven Seiten nicht vergessen, wenn man sich von dem China des 19. Jahrhunderts, das den Europäern gegenüber immer wieder versagte, ein richtiges Bild machen will.

Die andere Aufgabe freilich, vor die die chinesische Regierung gestellt war, mißlang. Tsong Kuo Fan lebte in den konfuzianischen Vorstellungen des chinesischen Mittelalters. Für ihn und die Seinen waren die westlichen Ideen, die im Taipingaufstand so unerwünschte Früchte gezeitigt hatten, etwas zu Meidendes. So fand er kein Verhältnis zu diesen Problemen. Li Hung

Tschang, der ihm als Senior der Gelehrten folgte, hatte läßlichere Anschauungen. Er hatte schon während der Taipingrebellion Europäer kennengelernt, schätzte sie aber nicht hoch. Die Söldner waren geldgierig und roh gewesen. Der einzige, der moralisch ganz auf der Höhe stand, war Gordon. Aber der schien ihm andererseits zu doktrinär, indem er kategorisch verlangt hatte, daß man auch einem Rebellen gegenüber unbedingt sein Wort halten müsse. Li Hung Tschang war in diesen Dingen eher ein Renaissancemensch und hatte die gefangenen Rebellen, die Gordons Ehrenwort hatten, ohne Zögern hinrichten lassen. Alles in allem war er der Meinung, daß das Problem der Anpassung an den Westen leicht zu lösen sei. Die europäischen Waffen hatten in den Kriegen der Westmächte gegen China und im Taipingaufstand ihre Überlegenheit gezeigt; es handelte sich also nur darum, europäische Waffen einzuführen, um die Bedürfnisse der Regierung zu decken. Es kam die Zeit der großen Waffenankäufe Chinas und der Anstellung fremder Militärinstruktoren, von denen mancher, wie z. B. Faltenhayn, sich später einen Namen gemacht hat. In jener Zeit wurde die Marineschule in Futschou und das Arsenal in Schanghai [2] gegründet. Damals wurden von seiten des Schanghaier Arsenals auch die ersten Bücher über westliche Wissenschaften ins Chinesische übersetzt. Diese Übersetzungen lassen freilich sehr viel zu wünschen übrig, ganz ähnlich wie die ersten Übersetzungen von Missionaren, aber sie waren wenigstens ein – wenn auch zunächst noch recht wenig beachteter – Anfang einer Umgestaltung des chinesischen Geisteslebens.

Dann kam der japanische Krieg, durch den klar erwiesen wurde, daß die Waffen allein nicht ausreichen, sondern daß hinter den Waffen der entsprechende Geist stehen müsse. So begann denn nach Li Hung Tschangs Niederlage die zweite Periode in der Umgestaltung der chinesischen Kultur. Diese Periode zeigt bedeutende Schwankungen, und von den Führern der Bewegung sind manche später wieder in andere Richtungen übergegangen oder wurden in der Welt zerstreut.

Während dieser zweiten Periode lag ein Mittelpunkt der Reform am Yangtse in der alten Stadt Wutsch'ang, die mit Hank'ou und Hanyang zusammen die große Millionenstadt Chinas bildet. Hier saß der Generalgouverneur Tschang Tschï Tung, vielleicht neben Li Hung Tschang der bedeutendste der alten chinesischen Beamten. Aber während Li Hung Tschang mehr ein Mann der Praxis war, der weniger Wert auf Feinheit und Schönheit legte als auf das, was von unmittelbarem Nutzen war, lebte in Tschang Tschï Tung der Geist des mittelalterlichen Konfuzianismus mit seinem Bedürfnis nach Feinheit und Form.

Darum war die Reformbewegung, die von Tschang Tschi Tung ausging, ganz anderer Art. Erst gehörte er zu einer reaktionären Bewegung, der sogenannten Ts'ing Liu Tang, die den alten chinesischen Geist gegen die neue Zeit verteidigen wollte. Ku Hung Ming, der lange Jahre Sekretär bei Tschang Tschï Tung war und trotz seiner europäischen Erziehung sich durch fanatische Anhänglichkeit an das Alte und grimmige Feindschaft gegen alles Fremde auszeichnet, erzählt von dieser Bewegung, die er mit der Oxford-Bewegung in England vergleicht [3]. Er überschätzt ihre Bedeutung. Eine Handvoll literarischer Ideologen suchte eine Reaktion in die Wege zu leiten, ohne der Sache gewachsen zu sein. Die ganze Bewegung scheiterte kläglich und bedeutet kaum eine Episode in der Geschichte der chinesischen Reformen.

Tschang Tschï Tung wandte sich denn auch rechtzeitig von diesen Versuchen ab und wandte sich den jungen aufstrebenden Kantonesen K'ang Yu We, Liang K'i Tsch'ao u. a. zu, die, ohne selbst im Westen gewesen zu sein oder eine europäische Sprache zu sprechen, dennoch davon durchdrungen waren, daß ein Geist strenger Kritik die eigene Kultur zu prüfen habe und daß unter allen Umständen eine Europäisierung der ganzen Gesetze und der Staatsverwaltung notwendig sei. Durch seine Empfehlung erlangten die jungen Reformer das Ohr des Kaisers Kuanghsü, der seit 1889 die Zügel der Regierung in der Hand hatte und seit kurzem sich auch von dem moralischen Einfluß seiner Tante, der Kaiserin-Witwe Tsi Hsi, loszumachen im Begriff war. Und nun beginnt, nachdem das alte System Li Hung Tschangs zusammengebrochen war, die Reformära von 1898. Edikt folgte auf Edikt. Die alten Prüfungen, die seit Jahrtausenden das Sieb waren, durch das die Beamten aus der Masse der Bevölkerung herausgesiebt worden waren, wurden abgeschafft. Schulen nach westlichem Muster sollten allenthalben gegründet, das ganze Staatswesen sollte nach westlichem Muster reformiert werden. Eine allgemeine Bestürzung war die Folge.

Tschang Tschï Tung war in der größten Verlegenheit. Er schrieb die berühmte Abhandlung über die Notwendigkeit des Lernens. Hier suchte er ein Kompromiß zwischen dem Alten und dem Neuen. Die altheiligen Lehren des Konfuzianismus sollten nach wie vor das unverbrüchliche Heiligtum der Seele bleiben. Hier sollte kein Geist der Kritik, kein Utilitarismus und Positivismus Eingang finden. Aber in einer Welt der Häßlichkeit, da die Gemeinheit mit Macht verbunden war, sei es nötig, daß man die Methoden, die Macht verliehen, sich aneigne, um staatlich seinen Platz auf Erden zu wahren. Im Zentrum konfuzianisch und moralisch, im Äußeren europäisch und mächtig, das war die Auskunft, die der greise Gelehrte in seiner Verlegenheit fand.

Von anderer Seite kam eine andere Gegenwirkung. Der junge Monarch hatte sich von der Last der auf ihn drückenden Tante befreien wollen. Er hatte Yüan Schï K'ai dazu ausersehen, im Schutz tiefsten Geheimnisses, die Kaiserin-Witwe und ihren Anhang beiseite zu bringen. Er hatte nicht in Rechnung gezogen, daß Yüan Schï K'ai zu dem Vertrauten der Kaiserin-Witwe, Yung Lu, im Verhältnis der Wahlverwandtschaft stand. So verriet denn Yüan Schï K'ai den ganzen Anschlag. Die alte Kaiserin wurde rasend. Die Reformer mußten schleunigst die Hauptstadt verlassen, und wer nicht floh, war des Todes. – Die Reformära war außenpolitisch nicht glücklich gewesen. Stück für Stück, von Kiautschou bis Kuangtschouwan, von Port Arthur bis Kowloong war eine ganze Anzahl der wichtigsten Hafenplätze von China losgerissen worden, und noch war kein Ende abzusehen. So war es denn kein Wunder, daß die Kaiserin-Witwe die volle Sympathie der einheimischen Bevölkerung für sich hatte, als sie mit starker Hand das Rad wieder rückwärts wandte. Das war die Stimmung gewesen, aus der der Boxeraufstand hervorwuchs.

Wie schon erwähnt, begann mit dem Zusammenbruch dieses letzten Versuches der Reaktion eine neue Periode der Reformen, oder genauer gesagt, eine neue Etappe der schon gekennzeichneten zweiten Periode. Denn es waren keine neuen Gedanken grundlegender Art, die aufgekommen wären. Das einzige Prinzip war, daß ein langsames Tempo der Reformen eingeschlagen werden sollte. Es wurden Termine festgesetzt, innerhalb derer die einzelnen Reformen vorgenommen werden sollten, so daß dann nach einer Reihe von Jahren aus dem antiken chinesischen Staat eine moderne konstitutionelle Monarchie geworden wäre.

In Wirklichkeit hat ja die Bewegung einen wesentlich anderen Ausgang genommen. Um den Verlauf der Dinge zu verstehen, müssen wir uns über das politische Kräfteverhältnis in China klar werden. Seit langer Zeit schon gruppierte sich die chinesische Politik um drei Zentren. Einmal ist von Bedeutung der Norden. Dort liegt Peking am Rand der großen, fruchtbaren, hauptsächlich weizentragenden Ebene, die das Flußgebiet des Gelben Flusses ist. Hier ist der Sitz der ältesten chinesischen Kultur. Ein nüchterner, strenger, starker Geist herrscht hier. Der Konfuzianismus in seiner ernsten Einfachheit gibt dem Ganzen das Gepräge. Dieses Zentrum gewann naturgemäß an Einfluß, seit die Mandschus China beherrschten, da sie ja auch aus dem Norden stammten und in gewissen Zügen eine Verwandtschaft mit diesem Charakter zeigten. Als mächtigster Mann im Norden stand in dieser Zeit Yüan Schï K'ai da. Er hatte in entscheidender Stunde die Kaiserin-Witwe gerettet. Während der Boxerzeit war er allerdings in Schantung neutral geblieben. Aber diese Haltung hatte sich durch die Verhältnisse später gerechtfertigt. So war es denn nur natürlich, daß er in der neuen Ära an Einfluß gewann, wenn auch die Kaiserin-Witwe ihm vielleicht doch nicht ganz traute, worauf manches in den späteren Jahren hinweist. Seine Politik war nach einfachen Gesichtspunkten gestaltet. Für ihn kam in erster Linie die Konzentration einer entsprechenden Macht in Frage. So waren seine Reformen denn hauptsächlich darauf gerichtet, ein gut geschultes, diszipliniertes Heer zur Verfügung zu haben. Um die Mittel hierfür zu schaffen, war er bestrebt, Handelsunternehmungen und industrielle Anlagen, Bergbau, Hüttenwesen usw. zu fördern. Man kann wohl sagen, daß er in Nordchina in dieser Hinsicht entschieden Bedeutendes geleistet hat.

Was das Gebiet der Kultur und Erziehung anlangt, so geschah unter ihm, was vorgesehen war in dem allgemeinen Reformplan, ohne daß er ein besonderes Interesse für diese Dinge an den Tag gelegt hätte. Wodurch Yüan Schï K'ai mächtig war, das waren die Beziehungen, die er überallhin anzuknüpfen wußte. Er hatte durch seine zahlreichen Nachkommen Familienbeziehungen zu fast allen bedeutenden und mächtigen Familien. Auch sonst ging das System seiner Freundschaften sehr weit. Und zwar war es immer das persönliche Interesse, durch das er die Leute an sich zu fesseln verstand. Durch diese gut auserwählte Anhängerschaft war es ihm denn auch stets möglich, seine Ansichten von anderen aussprechen zu lassen und scheinbar widerwillig sich zu dem nötigen zu lassen, was er von Anfang an bezweckte.

Ein anderes Zentrum des politischen Einflusses lag am Yangtse. Hier saß in Wutsch'ang Tschang Tschï Tung, der von Kanton aus dorthin versetzt war. In Nanking saß Liu K'un Yi, der sich in entscheidenden Momenten seiner Politik anschloß. Tschang Tschï Tung stammte aus der Nähe von Tientsin, aber in seiner Politik verfolgte er wesentlich andere Linien als der Realpolitiker Yuan Schï K'ai. Sein Hauptinteresse war das konfuzianisch Literarische. Er war keine ganz einheitliche Natur, die bis in die letzten Gründe der Realität hinabreichte. »Tigerkopf und Schlangenschwanz« war eine Bezeichnung, die unter den Gelehrten über ihn im Schwange ging. Auch er hat industrielle Unternehmungen großen Stils ins Leben gerufen. Er hat auch eine Mustertruppe ausgebildet. Aber sein Hauptinteresse galt den Fragen der Bildung. Er war überzeugt, daß eine Modernisierung der chinesischen Erziehung notwendig sei. Er ist es schließlich gewesen, der, als er in seinem Alter nach Peking berufen worden war, die Einrichtung der Deutsch-Chinesischen Hochschule mit dem von deutscher Seite abgeordneten Professor O. Franke zustande brachte. Aber diese Reformen waren nur die eine Seite seiner Ziele. Worauf es ihm vor allem anderen ankam, war, daß unter dieser modernen Schale der alte konfuzianische Geist gewahrt werden sollte. So hat er in Wutsch'ang eine große klassische Akademie gegründet, die seine Lieblingseinrichtung war, und von der noch jetzt malerische Ruinen inmitten eines Teichs in Wutsch'ang die Revolution überdauert haben. Freilich, der alte Glanz ist dahin. Die Truppen, die darin nach der Revolution gehaust haben, haben die Spuren ihrer Rücksichtslosigkeit in den einst so schönen und malerischen Gebäuden hinterlassen.

Tschang Tschï Tung war ein Mann des Kompromisses. Er war freilich von weit stärkerem Kaliber als sein langjähriger Sekretär Ku Hung Ming, den er trotz dessen fanatischer Fremdenfeindlichkeit lange duldete, ohne ihm jedoch Einfluß auf die Geschäfte zu gestatten. Aber weil er nicht ganz tief und original war, ist er schließlich doch gescheitert. Immerhin sind der Klang seines Namens und die Überreste seines Werkes in Wutsch'ang, wo jetzt ein Militärgouverneur herrscht, noch auffallend lebendig.

Welch seltsames Gemisch von Geschmack in chinesischen Dingen und absoluter Richtungslosigkeit in europäischen Dingen unmittelbar zusammenstehen konnte, davon kann man gerade in Wutsch'ang noch manches Beispiel sehen. Wutsch'ang ist einer der Orte mit großer historischer Vergangenheit. Der Roman von den drei Reichen hat einen seiner Schauplätze in jener Gegend. Dort in der Nähe ist die rote Wand, eine Felswand, die jäh in den Fluß abstürzt und die der Sage nach rot gebrannt wurde von dem Feuer, in dem eine große Flotte eines der streitenden Reiche zugrunde ging, die in der chinesischen Poesie durch die Jahrhunderte hin ihre Schatten wirft. In Wutsch'ang stand auf einer Höhe über dem majestätisch sich ausbreitenden Strom der Turm der gelben Kraniche, ein Gebäude, das die schönste Aussicht stromauf und stromab bot und das selbst als Wahrzeichen der Stadt in seiner architektonischen Schönheit zu den berühmten Orten Chinas gehörte. Wie so manches berühmte Gebäude brannte es vor einigen Jahrzehnten ab. An seiner Stelle wurde nun ein modern europäisches Backsteingebäude im Stil einer Garnisonskirche gebaut, das zum Empfang von fremden Gästen dienen sollte und dessen groteske Häßlichkeit die ganze Gegend verdirbt. Dabei war der Erbauer dieser Scheußlichkeit ein Mann, der ein feines Kunstverständnis besaß in allem, was chinesische Dinge anlangte. Das ist das Entsetzliche an dieser Kulturkombination, daß die europäische Zivilisation immer in ihren häßlichsten und gemeinsten Erscheinungen, billig und schlecht, sich ausbreitet und die einheimische Kultur im Keim vergiftet. Von hier aus kann man die Feindschaft gerade der feinsinnigen und gebildeten Gelehrten, wie der Mitglieder jener Ts'ing Liu Tang, die sich dem Eindringen europäischer Kultur vergeblich entgegengestellt hatten, verstehen.

Dieses mittelchinesische Zentrum hat übrigens weiter unten am Yangtse, in Nanking, noch eine Stadt, die ebenfalls der Sitz eines Generalgouverneurs war. Nanking, die südliche Hauptstad, die einst der Sitz der Regierung des großen Ts'in Huang Ti war, umgibt mit seinen Mauern ein ungeheures Areal, in dem Hügel und Flächen sich abwechseln. Aber es ist seit den schrecklichen Zerstörungen, die im Gefolge der Taipingrebellion über die Stadt hereinbrachen, ein verödeter Platz. Eigentlich war ihm schon das Urteil gesprochen, seit Yunglo, der dritte Herrscher der Mingdynastie, aus strategischen Gründen die Hauptstadt nach Norden, Peking, verlegt hatte. Aber zu dem Bezirk von Nanking gehört Schanghai, die Weltstadt, in der Nähe der Yangtsemündung, und diese Stadt gibt der ganzen Gegend ihr Gepräge. Es ist selbstverständlich, daß hier, wo die ungeheuren Aktienunternehmungen wie die Commercial Press, eine Druckerei, die zu den umfangreichsten der ganzen Welt gehört, und alle die vielen teils chinesischen, teils europäischen Handels-, Schiffahrts- und Industrieunternehmungen sich befinden, die ganze Reformfrage ein wesentlich akuteres Aussehen von Anfang an hatte als in den mehr im Innern gelegenen Zentren. Schanghai ist sozusagen das Laboratorium, in dem auf wirtschaftlichem und industriellem Gebiet die Synthesen ausprobiert werden zwischen östlichen und westlichen Kulturformen. Wenn Peking auch stets der intellektuelle Mittelpunkt ist, so ist Schanghai in praktischer Hinsicht dem übrigen China immer um einen Schritt voraus.

Das dritte Zentrum der Reformbewegung ist Kanton. Die Südprovinzen liegen von den alten Mittelpunkten chinesischer Kultur abseits. Sie sind erst verhältnismäßig spät in den Umkreis des chinesischen Geistes einbezogen worden. Auch rassenmäßig findet sich ein gewisser Unterschied. Obwohl die meisten der Familiennamen auf chinesischen Ursprung hinweisen und auch der Dialekt eine sogar ursprünglichere, weniger abgeschliffene Form des chinesischen Sprachstammes darstellt, so sind die Menschen doch viel südlicher, heißblütiger, radikaler, abergläubischer als im Norden. Es ist daher kein Zufall, daß der chinesische Kulturzusammenhang sich hier am lockersten erweist und gerade von hier aus der Hauptstrom der Auswanderer nach dem Süden und Osten sich ergießt, der die Inselwelt Südasiens mehr und mehr unter wirtschaftliche Kontrolle bringt, ganz einerlei, wer die politischen Herrscher sind. In Niederländisch-Indien, ebenso wie in den englischen Straits-Settlements, dehnt sich der Einfluß der chinesischen Ansiedler auf wirtschaftlichem Gebiet immer mehr aus, und seit nun in Schanghai eine große Unterrichtsanstalt für Auslandschinesen gegründet ist, werden diese Kreise auch immer mehr kulturell zusammengefaßt.

Aber diese Südprovinzen sind zugleich der Sitz radikaler Bewegungen. Hier hatte der Taipingaufstand seinen Anfang, und von hier aus waren die radikalen Reformer K'ang Yu We und Liang K'i Tsch'ao nach Norden gekommen. Hier bildete sich nun auch ein Auslandsstudententum aus, das nicht für den Bestand der chinesischen Kultur, sondern für die Dynastie selbst gefährlich werden sollte.

Die von der Kaiserin-Witwe und ihren Ratgebern eingeleiteten Bildungsreformen litten nämlich an Systemlosigkeit. Während die Reform in Japan, ausgehend von einer Handvoll festentschlossener, zielbewußter und vollkommen geheim arbeitender Männer, nach einem beinahe mathematisch ausgezirkelten Plane, Schritt für Schritt zur Ausführung kam, waren die Verhältnisse in China viel chaotischer. Es gab in China unter den großen Führern der Nation niemand, der die nötigen Detailkenntnisse für die einheitliche Durchführung einer so ungeheuren Aufgabe gehabt hätte. Man darf ja nicht vergessen, daß die Aufgabe in China weit schwieriger war als in Japan, dessen übersichtliche Verhältnisse höchstens einer bis zwei der einzelnen chinesischen Provinzen gleichkamen. Außerdem handelte es sich in China nicht wie in Japan einfach um einen Wechsel des Gewandes, sondern um eine Neugestaltung aus der Tiefe heraus. Man hätte denken sollen, daß China, wenn es selbst die Männer noch nicht besaß, die die positiven Kenntnisse für eine solche Reform hatten, zu der Auskunft Japans hätte greifen können und ausländische Berater in umfangreichem Ausmaß hätte anstellen können, die dann die Verantwortung für die richtige Durchführung der Reformen gehabt hätten.

Auch dies ist nur bis zu einem gewissen Grad geschehen. Da und dort wurden wohl Ratgeber für die Reformen beigezogen, aber man gab ihnen nie volle Gewalt, so daß sie doch ziemlich gehemmt waren. Verschiedene Gründe lassen sich dafür angeben. Einmal war die Fühlung zwischen China und den anderen Ländern noch nicht so weit hergestellt, daß die Möglichkeit vorhanden gewesen wäre, die geeigneten Leute unmittelbar auszuwählen. Zudem gab es in diesen Ländern ja wohl Fachkenner, aber keine solchen, die zugleich mit den chinesischen Verhältnissen und Bedürfnissen so vertraut waren, daß sie vor groben Mißgriffen absolut sicher gewesen wären. Man mußte also die heranzuziehenden Ratgeber den in China anwesenden Fremden entnehmen. Hierfür kamen in erster Linie die Zollbeamten und die Missionare in Betracht.

Der chinesische Seezoll ist eine Einrichtung von Sir Robert Hart, die jahrzehntelang als Verwaltungskörper geradezu musterhaft funktioniert hat. Auch die Postverwaltung und später die Salzverwaltung haben sich in dieser Hinsicht recht gut bewährt. Man kann auch nicht sagen, daß diese Körperschaften infolge ihrer fremden Beamten die Politik der fremden Nationen mehr als die Chinas betrieben hätten. Dafür war schon durch die bunte Zusammensetzung des Stabes gesorgt, der eine starke Einheit außerhalb der nationalen Schranken bilden mußte, wenn er überhaupt bestehen wollte. Diese Solidarität hat sich auch recht gut bewährt. Erst im Weltkrieg ist sie in die Brüche gegangen, und die deutschen Angehörigen dieser Behörden wurden brutal entfernt. Das ist natürlich aufs tiefste zu beklagen, wenn auch hier gewiß ist, daß die Nemesis ihren Lauf nehmen wird: Was mit den Deutschen zuerst geschah, wird mit den anderen fremden Staatsangehörigen über kurz oder lang auch geschehen. Man kann wohl sagen, daß der chinesische Seezoll in seiner bisherigen Form im Weltkrieg prinzipiell den Todesstoß bekommen hat.

Wenn nun aber der Seezoll als wirtschaftliche Behörde in China sehr gut gewirkt hat, so kann man doch, von einzelnen Ausnahmen abgesehen, nicht sagen, daß er als Keimzelle für die übrigen Reformeinrichtungen in Betracht gekommen wäre. Als wirtschaftliche, verhältnismäßig wohlbegrenzte Einrichtung vertrug er wohl zur Not die starke Selbständigkeit der fremden Beamten, die der chinesischen Regierung gegenüber sehr souverän mit den von ihnen eingezogenen Geldern verfuhren. Auf anderen Gebieten hätte ein solcher Staat im Staate den Tod der chinesischen Unabhängigkeit bedeutet. Sir Robert Hart hat auch die Gelegenheit, die ihm bei der Begründung der Hochschule T'ung Wen Kuan in Peking gegeben war, nicht so benützt, daß daraus wirklich eine musterhafte Anstalt geworden wäre. Erst nach langen, schwierigen Arbeiten ist unter chinesischer Leitung allmählich die jetzige Peking-Universität an ihre Stelle getreten. Auch die Missionare konnten sich bei allem guten Willen häufig von den christlichen Beschränkungen nicht ganz los machen. Die von ihnen geleiteten Universitäten hatten alle die Tendenz, den Christen irgendwelche Prärogativen zu geben. Wo ein einzelner weitsichtiger gewesen wäre, wurde er von den übrigen aufs gehässigste angegriffen. So war der alte, ehrwürdige D. Martin, der ein gutes Wort für den Ahnendienst einzulegen wagte – der nebenbei bemerkt in Japan keine Missionsschwierigkeit gemacht hat –, lange Jahre hindurch verfemt und geschmäht.

Man mußte irgendwie seinen Weg im Ungewissen vorantasten. Es entstanden Schnellpressen, um das nötige Lehrermaterial auszubilden. Ein Raritätenkabinett und Panoptikum unter Leitung eines englischen Missionars in Tsinanfu genoß allgemeine Hochachtung, und man nahm sogar die Predigten in Kauf, die man über sich ergehen lassen mußte, ehe man zugelassen wurde zum Anblick der Wunder des Westens.

Daneben wurden Studenten ins Ausland geschickt, um dort die neue Wissenschaft an der Quelle zu trinken. Aber auch hierin herrschte kein System. Erst als Amerika den Überschuß der Boxerindemnität an China zurückgab, damit jährlich eine Anzahl chinesischer Studenten nach amerikanischen Universitäten geschickt werden, begann eine wirklich wissenschaftliche Ausbildung der chinesischen Jugend. Das aber war erst später. Zunächst wandte sich der große Strom der Lernbegierigen nach Japan. Man kann nicht sagen, daß Japan der ihm hieraus entstehenden Aufgabe gewachsen gewesen wäre. Allerdings muß man zugunsten Japans anführen, daß der Andrang die ordentliche Aufnahmefähigkeit der japanischen höheren Schulen bei weitem überstieg. So mischte sich private Tätigkeit oft recht zweifelhafter Art in den Betrieb. Gleichzeitig waren die Sendboten der chinesischen Revolution unter den jungen Leuten tätig. Es gab mancherlei Konflikte, und schließlich kamen die meisten wieder zurück, nicht sehr wesentlich gefördert an Kenntnissen, aber reif für die Revolution.

Viertes Kapitel. Die Revolution

Während die Dinge in China immer mehr chaotisch wurden, starb mit der Kaiserin-Witwe Tsi Hsi die einzige starke Persönlichkeit, die imstande gewesen war, die Verhältnisse nach einheitlichen Gesichtspunkten zu regeln und den Ehrgeiz einzelner Satrapen so weit zu dämpfen, daß keine Gefahr für die Gesamtheit erwuchs. Sie war es auch gewesen, die die Reformen gegen die sehr widerstrebenden Mandschukreise und ihren Anhang in der Hauptstadt mit großer Energie vertreten hatte. Bei dem ungeheuren passiven Widerstand dieser Leute, die naturgemäß ihre ganze Drohnenexistenz aufs Spiel gesetzt sahen, wenn die Reformen nicht wirksam sabotiert werden konnten, war ohne eine solche Persönlichkeit von ganz überragender Kraft nicht daran zu denken, daß etwas wirklich Gründliches sich durchsetzen werde.

Der Tod der Kaiserin-Witwe trat nach einer längeren Krankheit ein. Unmittelbar vorher starb ihr schwacher Neffe auf dem Thron. Man hat viel davon gesprochen, daß sie ihn, als sie ihren Tod herannahen fühlte, habe ermorden lassen. Beweise dafür sind nicht vorhanden. Der Kaiser war schon lange vorher gesundheitlich sehr herunter, und selbst wenn er ermordet worden ist, kann es von seinen Feinden und den Eunuchen geschehen sein, ohne daß sie Auftrag dazu hatten. Schon zu Lebzeiten haben sie ihn reichlich schlecht behandelt, und oft lange vor dem Tor knien lassen, wenn er seine Tante besuchen wollte. So wäre es durchaus verständlich, daß sie nicht wünschten, nach dem Tod ihrer Herrin in seine Hände zu geraten, und daß sie darum der Abwendung dieses Ereignisses künstlich nachhalfen. Jedenfalls aber schien die alte Herrscherin bei Erhalt der Nachricht eher erleichtert zu sein. Sie ging nun unverzüglich daran, ihren zweijährigen Großneffen, den Sohn des Prinzen Tschun, der als Sühneprinz in Deutschland bekannt ist, zum Kaiser ausrufen zu lassen, obwohl in dem Prinzen P'u Lun und dem Prinzen Kung zwei nähere Aspiranten vorhanden waren. Aber energisch bis zuletzt setzte sie ihren Willen gegen allen Widerstand durch, dann starb sie.

Man kann nicht sagen, daß dem Prinzen Tschun, der für seinen unmündigen Sohn zunächst die Regentschaft führen mußte, eine leichte Aufgabe zugefallen war. Was der Energie der verstorbenen Fürstin schon schwer geworden war, wurde für ihn doppelt erschwert, da er nicht in der durch Jahrzehnte lange Gewohnheit befestigten Stellung war, die sie eingenommen hatte, vielmehr mitten im Streit der Intrigen drin stand, die namentlich im Prinzen P'u Lun einen Mittelpunkt hatten, der sich als eine Art von Citoyen Orléans aufspielte [4].

Wenn das aber auch in Betracht gezogen werden muß, so kann man doch wohl sagen, daß ihm auch die Kräfte fehlten, die zu einer so heroischen Aufgabe gehörten. Der mächtigste Mann in China war damals Yüan Schï K'ai. Zwischen ihm und dem Throne aber stand der Schatten des verstorbenen Kaisers. Es heißt, daß dieser ein Schriftstück hinterlassen habe, das, fast unleserlich geschrieben, mit folgenden Worten begonnen habe:

»Ich war der zweite Sohn des Prinzen Tschun [5], als die Kaiserin-Witwe mich für den Thron erwählte. Sie hat mich stets gehaßt, aber an meinem Elend während der letzten zehn Jahre ist Yüan Schï K'ai schuld. Wenn die Zeit kommt, wünsche ich, daß er unnachsichtlich enthauptet wird.«

Dieses Schriftstück wurde zwar später von der Gemahlin des Kaisers beiseite gebracht, jedoch nicht, ohne daß es vorher von unabhängigen Zeugen gesehen worden war [6]. Dem Prinzregenten blieb also nur die Wahl, entweder diesen letzten Wunsch seines toten Bruders auszuführen und Yüan Schï K'ai unschädlich zu machen, oder über den Toten hinwegzugehen und Yüan Schï K'ai sein volles Vertrauen offen anzubieten. Er tat das einzige, was unmöglich war: er reizte den Löwen aufs äußerste, ohne ihn wehrlos zu machen. Durch ein Edikt übertrug er Yüan Schï K'ai die Beerdigung des verstorbenen Kaisers. Natürlich fand sich niemand, der ihn des Mangels an Sorgfalt dabei anklagte. Infolge davon jagte der Prinzregent Yüan Schï K'ai schimpflich aus Amt und Würden, wie man etwa einen Hausknecht wegschickt. Yüan Schï' K'ai verbiß den Groll. Er zog sich in seine Heimat in Honan zurück, hielt sich still und ließ Photographien anfertigen, wie er im Strohmantel in ländlicher Umgebung den Freuden des Angelns sich hingab, fern von der großen Welt und ihrem Treiben. Die Photographien verschenkte er an seine Freunde. Im

Stillen aber hielt er seine Fäden in der Hand. Bei Hofe hatte er einen guten Freund im Senior des Kaiserhauses, dem Prinzen K'ing, mit dem er lange Hand in Hand gearbeitet hatte, und auch sonst hatte er an allen entscheidenden Posten seine Leute sitzen. So wartete er, bis seine Zeit gekommen war. Und diese Zeit kam.

Die Mandschu-Aristokratie benützte die neuen chaotischen Verhältnisse, um ihre Schäfchen ins trockene zu bringen. Die Reformen drängten sich. Es wurde eine Menge Geld ausgegeben und doch nichts Wirkliches erreicht. Diese Zustände führten zu einer weitgehenden Mißstimmung im ganzen Reich. Die Beamten, die einer klaren und einheitlichen Leitung von oben her entbehrten, kamen unter all den verschiedenen sich drängenden Reformedikten, für deren Durchführung sie an Ort und Stelle Gelder aufbringen sollten, in die größte Verlegenheit. Die Bande der Autorität lösten sich immer mehr. Es ist kein Wunder, daß unter diesen Umständen, da die Regierungsmaschine versagte, die Vertreter des Volkes die Neugestaltung der Verhältnisse selbst in die Hand nehmen wollten. Man wollte selbst die Mittel aufbringen, die zum Bau von Eisenbahnen und Bergwerken notwendig waren, um auf diese Weise von fremden Kapitalien unabhängig zu werden und den drückenden Verpflichtungen zu entgehen, die mit einer Finanzkontrolle des Auslandes verbunden waren.

In Peking war ein Reichsausschuß zusammenberufen worden, der als vorbereitendes Parlament dienen sollte. Aber dieser Reichsausschuß, der unter dem Präsidium des Prinzen P'u Lun stand, hatte sich sehr bald recht oppositionell gebärdet: Beschleunigte Einführung der Verfassung, verantwortliches Ministerkabinett, Kontrolle der Staatsfinanzen durch die Volksvertretung und anderes waren Forderungen, die der Regierung manche schwere Stunde bereiteten, und nur durch die Vertagung des Reichsausschusses zunächst zum Schweigen gebracht werden konnten.

Wenn durch Vertagung des Reichsausschusses eine rückläufige Bewegung einzusetzen schien, so war dasselbe der Fall mit der Finanzierung der industriellen Unternehmungen durch innere nationale Anleihen. Man traute diesen Unternehmungen nicht, und so kam das nötige Geld nicht zusammen. Die Regierung ihrerseits wollte so wichtige Dinge wie die großen zentralen Bahnlinien auch nicht gern in private Hände übergehen lassen. So suchte man nach einem energischen Mann, der den verfahrenen Wagen wieder ins Geleise bringen sollte. Ein solcher Mann fand sich in dem »Eisenbahnkönig« Schong Hsüan Huai, einem früheren Mitglied des Kreises um Li Hung Tschang. Als dieser seinen Einzug in Peking gehalten hatte, schienen mit einem Male die alten Zeiten wiedergekommen zu sein. Es kam zu großen Anleihen mit den Vertretern der fremden Banken. Die zentrale Bahn von Hankou nach Kanton, die das ganze Reich von Norden nach Süden durchschneiden sollte, und die Bahn von Hankou nach Setschuan, die als Querlinie von jenem Zentrum aus in die westlichen Gebiete vordringen sollte, waren im Begriff, von diesen Anleihen gebaut zu werden.

Die Sache hatte nur einen Haken. Der Betrag der nationalen Anleihe, die für den Bau der Bahn zusammengekommen war, sollte wieder zurückgegeben werden. Dabei zeigte es sich, daß bedeutende Veruntreuungen vorgekommen waren und die Geldgeber lange nicht den einbezahlten Betrag zurück erhielten. So gärte es in der Tiefe weiter.

Dazu kam noch ein anderer Umstand. Schon seit Jahren war eine Revolutionspartei am Werk, die das, was dem Taipingaufstand mißlungen war, die Beseitigung der Mandschudynastie, vollenden wollte. Es waren meist junge Studenten, die in Japan und Amerika moderne und republikanische Ideen in sich aufgenommen hatten. Abermals ein Kantonese Sun Wen (Sun Yat Sen), ursprünglich in einer Missionsanstalt als Arzt ausgebildet, war der Leiter dieser Bewegung. Vom Schicksal auf die mannigfaltigste Weise umhergetrieben, hatte er durch seinen Idealismus und den starken persönlichen Einfluß, der von ihm ausging, namentlich in der Jugend einen großen Anhang gewonnen, und bis zu seinem Tode hat er trotz aller Mißerfolge und Rückschläge diesen Einfluß in den Herzen der Jugend nicht verloren. Denn er war der einzige unter den öffentlichen Männern Chinas, der, wenn er auch nicht immer ganz auf der Höhe seiner Prinzipien stand, doch im großen und ganzen eine Idee bis zu seinem Tode vertreten hat. Diese Idee war einmal die nationalistische: China für die Chinesen, nicht für einen Kaiser, am wenigsten für einen aus fremdem Stamm wie die Mandschuherrscher, nicht für die Fremden zur Ausbeutung, sondern frei und selbständig. Auch innerhalb Chinas sollte nicht ein Teil über den anderen herrschen – bisher hatte doch stets der Norden das Übergewicht gehabt –, sondern gleichberechtigt sollten die verschiedenen Provinzen und Stämme einander gegenüberstehen, mit vollem Recht lokaler Selbstverwaltung, nur zusammengeschlossen zu einem Staatenbund, etwa nach amerikanischem Muster. Mit diesen politischen Gedanken verband er auch soziale. Eine Industrialisierung Chinas im großen Stil gehört zu seinem Programm, aber diese Industrialisierung soll so vor sich gehen, daß die Gedanken des Sozialismus dabei voll zu ihrem Recht kommen.

Diese revolutionären Ideen waren an sich dem chinesischen Wesen ganz fremd. Der nationale Gedanke war in China im Lauf der Geschichte längst überwunden worden. Im Altertum hatte es auf chinesischem Boden auch Nationalstaaten gegeben, die sich aus dem großen Feudalgebilde des heiligen chinesischen Reichs der Tschoudynastie heraus entwickelt hatten. Während der Jahrhunderte der »kämpfenden Reiche«, die der Zusammenfassung Chinas in eine Beamtenmornarchie unter Ts'in Schï Huang Ti (etwa 250 v. Chr.) vorangingen, hatte es nicht an nationaler Gesinnung und nationalen Kämpfen gefehlt. Aber das lag weit zurück. Längst war der Orbis terrarum, die Welt, als höchste Einheit an die Stelle der Nation getreten. Das hatte sich zunächst auch nicht geändert, als Europa in den Gesichtskreis Chinas eintrat. Man hatte von jeher gewußt, daß China nur das Mittelreich war, daß außen herum mehr oder weniger widerspenstige Barbarengebiete und Inseln lagen. Japan war als Seeräubernation schon lange bekannt, nun kamen noch andere dazu. Das war unangenehm, aber nichts Unerhörtes. Erst der Boxerkrieg hat mit diesen Vorstellungen aufgeräumt. Die jungen Studenten hatten entdeckt, daß es außer der alten chinesischen Welt noch eine andere, größere gebe. In dieser Welt war China eben eine Nation unter vielen, eine Nation groß an Gebiet und reich an Menschen, versehen mit fruchtbarem Land und Schätzen des Bodens mehr als irgendeine andere, und doch mißhandelt und gequält von allen Seiten, verachtet und beiseite geschoben und an politischem Einfluß noch nicht einmal so mächtig wie die Schweiz. Alle diese Mißstände wurden der Regierung zugeschrieben, die in den Händen eines ungebildeten, fremden Volksstammes sich befand, der in trägem Wohlleben am Mark des chinesischen Volkes zehrte. Daher kam jene Haßstimmung unter den jungen Leuten, die sich gleichmäßig gegen die Fremden wie gegen die eigene Regierung richtete. Die chinesischen Christen standen der Revolution durchaus sympathisch gegenüber. Viele der revolutionären Führer sind selber Christen, denn die christliche, besonders die evangelische Kirche, die unter sehr starkem amerikanischem Einfluß steht, stand dem Gedanken der Demokratie an sich nahe. Auch hatten die Christen soviel unter dem Druck der alten Regierung zu leiden gehabt, daß eine Umwälzung für sie Befreiung bedeutete.

In der Masse der Bevölkerung dagegen hatten die revolutionären Gedanken zunächst wenig Anklang gefunden. Der gute Bürger hielt sich fern von ihnen. Sie untergruben ja nicht nur die Autorität des Staates, sondern auch der Familie.

Aber die Revolutionäre gingen sehr aktiv vor. Gelegentlich veranstalteten sie lokale Unruhen. Sie fanden immer mehr Anklang bei der studierenden Jugend, auch mancher mißvergnügte Beamte, der sich ungerecht behandelt fühlte, neigte im stillen ihnen zu. Besonders unter dem Militär fanden sie Eingang. Dennoch verhielt sich die Regierung ihnen gegenüber zurückhaltend. Ihre ausgesprochene Fremdenfeindlichkeit war manchem Beamten in der Stille vielleicht gar nicht so unangenehm. Andere wieder wollten sich die Finger nicht verbrennen, da der Terrorismus, den sie ausübten, seinen Eindruck nicht verfehlte. Diese zögernde Haltung der Regierung vermehrte natürlich nur den Mut der Revolutionäre.

Zwei Umstände waren es, die ihnen schließlich in einer Weise, die selbst ein gesteigerter Optimismus nicht voraussehen konnte, Einfluß verschafften. Die Mißernten der vorhergehenden Jahre hatten schwere Not über weite Gebiete Chinas gebracht. Mißernten sind immer etwas Schlimmes. Die Masse der Bevölkerung, die nur eben existieren kann, wenn alles gut geht, kommt durch Mißernten stets in Not. Viele gehen zugrunde. Andere suchen als Räuber ihr Leben zu fristen. Und es entsteht ein Murren gegen den Kaiser, der als Himmelssohn dafür verantwortlich ist, daß das Volk seinen Lebensunterhalt findet.

Das alles wirkte nun zusammen. In Setschuan brach ein Aufstand los. In Wutsch'ang erhob sich das Militär. Ein Offizier, Li Yüan Hung, wurde von seinen Truppen zum Führer der Bewegung erhoben [7]. Der Aufstand verbreitete sich wie ein Flugfeuer [8]. Die Luft war voll von Revolution, und ihre Gegner verloren die Besinnung. Die kaiserlichen Beamten haben zum größten Teil, soweit sie nicht offen ins revolutionäre Lager übergingen, ihre Stellungen fluchtartig verlassen. Sie wandten sich nach Hongkong, Schanghai, Tientsin und ganz besonders nach Tsingtau: überall dahin, wo sie vor dem Ansturm der Revolutionäre sicher sein konnten. Dieser fluchtartige Rückzug der Großwürdenträger ist eine sehr außerordentliche Erscheinung und ist ihnen von europäischer Seite vielfach als Feigheit ausgelegt worden. In Wirklichkeit lagen die Dinge anders. Ganz ähnlich wie die deutsche Revolution war die chinesische nicht nur ein Sieg der revolutionären Partei, sondern ein Zusammenbruch der Monarchie in sich selbst. Wo von oben her die klaren Direktiven fehlen, ist es den Beamten unmöglich, stark zu sein, weil sie keinen Augenblick sicher sind, wie weit sie in ihren Handlungen von der kopflos gewordenen Zentralregierung überhaupt noch gedeckt werden. Die chinesischen Beamten haben sich während der Revolution zurückgezogen, und die konsequenteren unter ihnen verharren bis an ihr Ende in selbstgewählter Verbannung. Aber keiner von ihnen hat Memoiren veröffentlicht.

Allein die Sache der Dynastie war keineswegs verloren. Die Nordtruppen waren im allgemeinen treu geblieben und begannen auf der ganzen Linie siegreich vorzurücken. Aber das lag nicht im Interesse des stillen Anglers Yüan Schï K'ai, dessen Weizen nun zu reifen begann. Er hatte nämlich bei Hofe seine Beziehungen. Als die Dinge nun gefährlich wurden, trat der alte Prinz K'ing, sein Freund, auf und sagte: »Wir brauchen einen starken Mann, und der einzige, der es kann, ist Yüan Schï K'ai.«

Diese Behauptung blieb nicht unwidersprochen. Man fürchtete sich vor ihm. Aber schließlich wurde er zurückberufen und sollte in Gemeinschaft mit den Generalen, die schon die ersten Waffenerfolge errungen hatten, das Weitere in die Hand nehmen. Er blieb zu Hause. Darauf wurde ihm die militärische Oberleitung im Aufstandsgebiet und der Posten eines Generalgouverneurs übertragen. Er versprach zu kommen. Gleichzeitig nahm er unter der Hand Fühlung mit den Führern des Aufstandes. Er wurde nach Peking berufen und zum Chef des neu zu bildenden Kabinetts ernannt. Da kam er.

Mit ein paar energischen Maßregeln brachte er den Norden, wohin die Revolution sich auch auszudehnen begonnen hatte, wieder in seine Hand. Er konstituierte ein Ministerkabinett aus den disparatesten Elementen, das nie zusammen getreten ist. Er berief eine konstituierende Versammlung, nachdem ein Waffenstillstand mit den Revolutionären abgeschlossen war. Diese Versammlung kam nicht zustande, da die Volksregierung ihrerseits in Schanghai tagte. Er rief die siegreich vordringenden Truppen zurück und begann mit der revolutionären Regierung zu verhandeln.

Was jetzt folgt, ist ein überlegenes Ränkespiel, wodurch bewirkt wurde, daß das Mandschuhaus schrittweise zum freiwilligen Verzicht auf den Thron bewogen wurde zugunsten Yuan Schï K'ais, während auf der anderen Seite der neugewählte Präsident der Republik China, Sun Yat Sen, auf den Präsidentenposten verzichtete, ebenfalls zugunsten von Yüan Schï K'ai. Dabei halfen ein englischer Gesandter und ein amerikanischer Missionar lebhaft mit. Denn die Stimmung des Auslandes war schließlich ausschlaggebend gewesen für die Entscheidungen des Hofes. Der Grund für diese Haltung lag darin, daß Yuan Schï K'ai einerseits der typische starke Mann und andererseits ehrgeizig und verräterisch war, so daß er alle Eigenschaften hatte, die dem Europäer die Größe des Staatsmanns auszumachen scheinen. Auf chinesischer Seite wurde er wesentlich anders beurteilt. In China gehört zu einem wirklich großen Staatsmann nicht nur überlegene diplomatische Geschicklichkeit, sondern vor allem eine großzügige, klar erkennbare moralische Persönlichkeit. Dafür war Yüan Schï K'ai zu zweideutig. Er hat, wie ein Chinese damals sagte, die Fahne, die ihm die Mandschudynastie anvertraut hatte, und die er hochzuhalten versprochen hatte, weggeworfen mit der Begründung, daß auf diese Weise das Fahnentuch erhalten bleibe.

Yüan Schï K'ai ließ sich nun den Zopf [9] abschneiden, hißte die neue fünffarbige [10] Flagge der Republik an seinem Palast, und China wurde feierlich zur Republik erklärt. Man muß, wenn man gerecht sein will, zu seinen Gunsten sagen, daß sein Verrat nicht so schwer ins Gewicht fällt, als es scheinen könnte. Der regierende Prinzregent hatte sich wirklich den Dank Yüan Schï K'ais nicht verdient, und daß er ihn schließlich im letzten Moment als Retter gesucht hat, geschah nicht aus Vertrauen zu ihm, sondern infolge der gänzlichen Ratlosigkeit. Yüan Schï K'ai hat immerhin »das Fahnentuch gerettet«. Er hat der regierenden Familie ein Otium cum dignitate, einen Ruheaufenthalt mit dem nötigen Einkommen verschafft, das solange ausbezahlt wurde, als die Mittel dazu da waren. Die Witwe des Kaisers Kuanghsü freilich, die von ihrer Tante keineswegs die Klugheit geerbt hatte, hat erst später gemerkt, um was es sich bei ihrem Verzicht auf den Thron eigentlich handelte. Sie hat sich dann tagelang unter heftigem Weinen vom Verkehr mit der Außenwelt abgeschlossen. Die Prinzen haben alle ihre Zustimmung gegeben, außer dem Prinzen Su, der später in Dalny starb, und dem Prinzen Kung, der sich nach Tsingtau zurückzog.

Außerdem muß anerkannt werden, daß Yüan tatsächlich damals der einzige Mann war, der Ordnung schaffen konnte und auch Ordnung geschaffen hat. Freilich hat er seine zuverlässigen Truppen bei Schanghai bei einer zweiten Revolution, die kurz danach ausbrach, dadurch ganz besonders in ihrer Treue gestärkt, daß er ihnen den zehnfachen Betrag der Bestechungsgelder bezahlte, der ihnen von gegnerischer Seite angeboten worden war. Er hat es zeitlebens verstanden, sich Freunde zu schaffen mit dem ungerechten Mammon. Auch Sun Yat Sen hat er durch Ernennung zum Fürsten und ein Monatsgehalt von 30 000 Silberdollar mit dem Auftrag, für die Organisation des chinesischen Eisenbahnwesens zu sorgen, für längere Zeit zur Ruhe gesetzt. Seine Kunst bestand nicht weniger darin, daß er diese Gelder richtig verwandte, als darin, daß er sie stets in der nötigen Höhe zur Verfügung hatte. Dabei war er nicht kleinlich. Zu seinen erbittertsten Feinden gehörte Ku Hung Ming. Auf chinesisch und englisch hat er ihn in der Öffentlichkeit bekämpft und hat kein gutes Haar an ihm gelassen. Aber Ku Hung Ming gehört ein wenig zu der Gelehrtenbohême. Mit der Fähigkeit begabt, viel Geld auszugeben, hat er es doch verschmäht, auf schmutzige Weise Bestechungsgelder anzunehmen. So kam es, daß er in chronischen Geldnöten lebte. Yüan Schï K'ai hörte davon und ernannte ihn zum Erzieher seines Sohnes mit 500 Dollar Monatsgehalt. Er durfte nach wie vor gegen ihn schimpfen, und nichts geschah, um ihm eine gemäßigte Sprache nahezulegen. Aber sein Schimpfen machte keinen Eindruck mehr, seit bekannt war, daß er im Dienste Yüan Schï K'ais stand.

Es wäre wohl alles gut gegangen, und Yüan Schï K'ai hätte wohl die Fähigkeit gehabt, das alte China in eine wohlorganisierte moderne Republik überzuführen, wenn er sich damit begnügt hätte, Präsident zu bleiben. Denn solange er das tat, stand er – wie man auch im übrigen seine Handlungsweise beurteilen mag – auf legalem Boden. Allein er ging einen Schritt weiter und wollte Kaiser werden. Inwieweit das sein eigener Gedanke war, ob er sich nicht durch andere Einflüsse dahin hat treiben lassen, mag dahingestellt bleiben. Er ging auch dabei sehr klug vor, indem er die Initiative seinen Freunden zuschob und selber gleichsam nur gezwungen ihren Forderungen sich anbequemte.

Die Zeit für das Unternehmen schien nicht ungünstig zu sein. Der Weltkrieg war hereingebrochen, der auch in Ostasien seine Wellen warf. Yüan Schï K'ai ließ sich zwar nicht bewegen, in den Krieg aktiv einzugreifen – er war zu klug, um solchen uferlosen Gedanken sich hinzugeben –, aber auf der anderen Seite fand er auf seiten der fremden Mächte ein geneigtes Ohr, und schon wurde sein Sohn bei einem Empfang in der englischen Gesandtschaft als Kronprinz geehrt. Schritt für Schritt ging er dazu über, die Herrschaft in seine Hände zu bekommen. Eine neue Devise wurde geschaffen. Das Jahr 1915 sollte das erste der Periode »Hung Hsiän« sein. Yüan Schï K'ai selbst vollbrachte das kaiserliche Opfer am Himmelsaltar in Peking nach einem eigens für diesen Zweck zusammengestellten Zeremoniell, das sich an gewisse Vorbilder aus der Hanzeit anlehnte. Freilich der Gedanke des Opfers wurde sehr stark in positivistischem Sinne abgewandelt. Während früher auf drei hohen Masten drei rote Laternen brannten in der Winternacht des Opfers, durch die das Göttliche im Himmel, auf Erden und im Menschen symbolisiert werden sollte, wurden die Lampen für den Himmel und die Erde beseitigt. Die kosmische Beziehung fiel weg aus dem Gottesdienst. Gott war nur noch ein symbolischer Ausdruck für den Genius der Menschheit, dem Yüan Schï K'ai seine Huldigung darbrachte. Wie sehr die Opfer ihren Sinn gewechselt hatten, geht auch schon daraus hervor, daß Yüan Schï K'ai im Panzerauto – aus Furcht vor Attentaten – unmittelbar vor dem Opfer ankam und auch ebenso verschwand, während früher die Herrscher zu dreitägigem Fasten in der Sänfte sich nach der Halle des Fastens begaben.

Am schwierigsten war das Verhältnis zu Japan. Japan hatte durch die Bindung der Großmächte im Weltkrieg in Ostasien freie Hand bekommen, die es auch weidlich auszunützen suchte. Unter dem Vorwand, Tsingtau den Deutschen zu entreißen, marschierten die japanischen Truppen raubend und plündernd von Norden her quer durch die Schantunghalbinsel auf Tsingtau zu, stießen dann aber die Schantungbahn entlang nach der Provinzialhauptstadt von Schantung, Tsinanfu, vor, ehe sie daran dachten, Tsingtau ernstlich zu bekämpfen. Sie führten den Krieg gegen Deutschland lässig und ohne jede Begeisterung, stets darauf bedacht, sich eine Hintertür offen zu lassen für den Fall, daß Deutschland siege. Um so ungenierter suchte Japan dagegen China unter seine Herrschaft zu bringen. Yüan Schï K'ai war nie der Freund Japans gewesen und mußte die Duldung für seine Pläne durch die 21 Bedingungen teuer bezahlen, die Japan dem chinesischen Staat auferlegte. Durch diese Bedingungen wollte sich Japan nicht nur in den Besitz der wichtigen Kohlenminen von P'ing Hsiang, der ungeheuer ausgiebigen Eisenminen von Taye am Yangtse und der Eisenwerke von Hanyang setzen, sondern China sollte auch auf allen anderen Gebieten, besonders dem militärischen, dem japanischen Staat rettungslos ausgeliefert werden. So übel waren die Machenschaften, daß die Japaner sie sogar ihren englischen Bundesgenossen in ihren wesentlichen Punkten zu verheimlichen für gut befanden. Noch bis auf den heutigen Tag wird der Tag, da die 21 Bedingungen oktroyiert wurden, als Tag nationaler Schmach in China begangen.

Dennoch gelang es Yüan Schï K'ai nicht, sein Ziel zu erreichen. In Yünnan entstand ein Aufruhr, der sich sehr rasch über das ganze Reich verbreitete. Provinz nach Provinz fiel ab, und schließlich blieb nichts übrig, als nach ein paar Monaten die Devise »Hung Hsiän« wieder abzuschaffen, und den Schritt vom Kaiser zum Präsidenten wieder zurück zu tun. Aber solche weltgeschichtlichen Schritte werden nicht ungeschehen gemacht. Wie um Wallenstein alles unsicher wurde und mißlang, nachdem er offen sich seinem Kaiser entgegengestellt hatte, so wich nun der Erfolg von den Fahnen Yüan Schï K'ais, der ja in mehr als einer Hinsicht mit Wallenstein verglichen werden kann. Er starb schließlich, wie die Sage meldet, beunruhigt und gequält von den Geistern, die ihn nicht mehr losließen: ein Mann mit gebrochenem Herzen.

Fünftes Kapitel. Die Kämpfe der Diadochen

Yüan Schï K'ai schon hatte es nicht ganz leicht gehabt, die verschiedenen Generale mit fester Hand zusammenzuhalten. Doch hat er zum mindesten im Norden die Macht unbedingt besessen. Er hatte immer kluge Männer zur Seite, die dem Militär die Waage zu halten vermochten. Er versammelte sie in Peking als seine Freunde, die von jedem Untergebenenverhältnis dispensiert waren und ihm nur mit ihrem Rat zur Verfügung standen. Unter ihnen ragte an geistiger Bedeutung hervor Hsü Schï Tsch'ang, der den Titel eines Erziehers des Kaisers bekommen hatte und sich von seiner Ruhe in den Tsingtauer Hügeln am Meer wenn auch schweren Herzens löste, um seinem Freunde zu Diensten zu sein.

Nach dem Tode Yüan Schï K'ais regten sich die antagonistischen Kräfte. Auf dem Präsidentenstuhl saß Li Yüan Hung, ein Mann voll von rechtschaffenen Gesinnungen, der auch das Parlament wieder berief und mit der Ausarbeitung einer ständigen Verfassung betraute. Ministerpräsident war Tuan K'i Jui, der fähigste unter Yüan Schï K'ais früheren Generalen. Er hatte eine Partei oder richtiger einen Klub von Generalen, Staatsmännern und Finanzleuten um sich versammelt. Nach dem Lokal, in dem sie zusammenzukommen pflegten, wurden sie der Anfuklub genannt. Sie bestanden zum großen Teil aus Elementen von der Yangtsegegend. Ihnen gegenüber bildete sich ein anderer Teil der Militärführer als Tschïlipartei aus, die ihr Haupt in den Generalen der Nordarmee Ts'ao K'un und Wu P'e Fu hatten. Ts'ao K'un war an sich ein unbedeutender Mensch, der weiter nichts erstrebte als Genuß der Annehmlichkeiten, wie sie die Macht verleiht. Aber er war in den Händen ehrgeiziger und gemeiner Menschen. Wu P'e Fu überragte ihn weit an Bildung und persönlichem Kaliber. Wu P'e Fus Grundsatz war die Einigung Chinas durch Blut und Eisen. Er war aber ständig in Not, die zur Unterhaltung seines Heeres nötigen Mittel aufzubringen, da die Familie T'sao K'uns in schamloser Weise die öffentlichen Gelder stahl. Das bildet überhaupt ein charakteristisches Merkmal der Zeit der Diadochenkämpfe in China, daß die meisten von den Leuten, die auf kürzere oder längere Zeit zur Macht kamen, in ganz großzügiger Weise sich aus öffentlichen Mitteln bereicherten. Man hat vielfach in Europa über die Korruption gesprochen, die unter den Beamten während der letzten Zeiten des Kaisertums geherrscht habe, und es läßt sich in der Tat nicht leugnen, daß wenigstens einige – längst nicht die Mehrzahl – der höheren Beamten im Lauf ihres Lebens eine oder mehrere Millionen zusammenbrachten. Aber diese Beträge verschwinden gegenüber den Beträgen, die im modernen China auf die Seite gebracht wurden. Man ging jetzt mit wahrhaft amerikanischer Großzügigkeit vor. Der zehn- und mehrfache Betrag der Summen, die früher in Jahrzehnten aufgesammelt wurden, kam jetzt in Jahren und Monaten zusammen. Der Unterschied zwischen China und Amerika ist nur der, daß der amerikanische Staat so ungeheure Einkünfte hat, daß Skandal auf Skandal folgen kann, ohne daß die Staatskassen sich leeren, während in China das Geld so knapp ist, daß vom Universitätsprofessor bis zum Polizisten die Beamten monate- und jahrelang mit ihren Gehältern im Rückstand bleiben müssen, wenn die Machthaber ihre Beutel füllen.

Außer diesen Epigonen Yüan Schï K'ais kam noch eine dritte Gruppe in Betracht: das kleine Häufchen der Kaisertreuen. Unter ihnen war General Tschang Hsün die ausgesprochenste Persönlichkeit. Er war vollkommen ungebildet und eine absolut unkomplizierte Natur. Angeblich soll er vom Roßknecht an allmählich sich emporgearbeitet haben unter persönlicher Förderung der Kaiserin-Witwe. Das vergaß er der Dynastie nicht. Er hatte die Achtung vor dem konservativen konfuzianischen Ideal nicht verloren. Er behielt noch jahrelang seinen Zopf, und auch seine Soldaten gingen noch stolz mit ihren dicken gepflegten Zöpfen umher zu einer Zeit, da in Schanghai und Peking die Zöpfe als reaktionär schon den Leuten auf der Straße von eigens dazu bestellten Polizisten abgeschnitten wurden. Er kannte weder die Gesetze der Taktik noch der Strategie, aber er war ein alter Haudegen und hatte Mut, und wenn es aufs Kämpfen ankam, dann stellte er sich wirklich zum Kampf.

Ihm stand eine Zeitlang zum mindesten nicht fern der Gouverneur und Befehlshaber der Mandschurei, Tschang Tso Lin. Er hat die Räuberkarriere hinter sich. Eigentlich heißt er gar nicht Tschang Tso Lin. Aber als sein Räuberhauptmann, der wirklich Tschang Tso Lin hieß, von dem Regierungsgeneral aufgefordert wurde, sich zu melden unter Zusicherung von freiem Geleit, wagte er es an Stelle des ängstlich gewordenen Hauptmannes und unter dessen Namen sich zu stellen. Er erhielt nun, da die Sache tatsächlich gut ablief, den diesem zugedachten Posten und blieb von da ab Tschang Tso Lin.

Das waren die hauptsächlichsten Vertreter der verschiedenen einander entgegengesetzten Parteien. In diese Verhältnisse griff zunächst der Weltkrieg ein. Der amerikanische Gesandte Paul Reinsch, ein Deutscher von Geburt, der diesen Makel durch vermehrte Deutschfeindlichkeit gutzumachen suchte, agitierte in Übereinstimmung mit der Politik Präsident Wilsons in der Richtung, China erst zum Abbruch der Beziehungen mit Deutschland und dann zum Eintritt in den Krieg zu bewegen. Dabei mußte er China möglichst weitgehende Hoffnungen machen, ohne positiv etwas zu versprechen. Denn die ganze Sache war auf einen großzügigen Betrug Chinas angelegt, da man schon längst vorher die Treue Japans durch geheime Verträge erkauft hatte, die auf Kosten von Chinas Integrität und Souveränität gingen. England, Frankreich, Rußland hatten alle Geheimverträge mit Japan geschlossen, alle auf Kosten Chinas und zum Teil so geheim, daß die verschiedenen Partner Japans und Japan selbst den Inhalt der Verträge vor den übrigen Partnern geheim hielten. Eben deshalb mußte Amerika an die Front, das durch keinen solchen Vertrag gebunden war, und daher China gegenüber mit besserem Gewissen Hoffnungen erwecken konnte.

So kam es, daß Tuan K'i Jui, der Ministerpräsident, der für den Krieg war, im Parlament zunächst eine Mehrheit kaufte – das Parlament wurde immer mehr zu einer Gesellschaft m. b. H., die aus dem Verkauf ihrer Stimmen ein gutes Einkommen bezog, ohne irgendwen zu »vertreten« als sich selbst –, die den Abbruch der Beziehungen mit Deutschland beschloß. Li Yüan Hung, der dagegen war, sah sich als Präsident der Republik genötigt, dem Parlamentsbeschluß Folge zu leisten.

Der nächste Schritt war der Beschluß des Parlaments, in den Krieg gegen Deutschland einzutreten. Der Süden unter Sun Yat Sen war dagegen. Im Parlament fand sich diesmal keine Mehrheit. Man übte einen Druck auf den Präsidenten aus, das Parlament aufzulösen. Die Parlamentarier zogen sich nach Süden zurück. Li Yüan Hung verschwand von der Bildfläche.

Dies war der Moment des chinesischen Kapp-Putsches, der von Tschang Hsün veranstaltet war. Tschang Hsün sah sich dabei von anderer Seite gedrängt. Es blieb ihm schließlich nichts anderes übrig, als den jungen Kaiser auf den Thron zu erheben. Aber nur fünf Tage dauerte die neue Monarchie. Sie war zu schlecht organisiert. Vor allem hatte man versäumt, mit dem mächtigen Mann Tuan K'i Jui sich ins Benehmen zu setzen. Dieser aber war keineswegs gewillt, die über Nacht geschaffene Tatsache anzuerkennen. Es kam zu Straßenkämpfen in Peking. Tschang Hsün zog sich in den Schutz des Gesandtschaftsviertels zurück [11]. Der Kaiser trat ungefährdet – er hatte ja nichts dafür gekonnt – in seine bisherige Stellung zurück, und Hsü Schï Tsch'ang, der alte Freund des verstorbenen Yüan Schï K'ai, wurde Präsident. Der Krieg gegen Deutschland wurde auf den Druck der Alliierten erklärt. Dennoch blieb die Stimmung in China im allgemeinen durchaus freundlich gegen Deutschland, und die Behandlung der internierten Deutschen war die denkbar beste. Auch als später nach dem Abschluß des Waffenstillstandes die Deutschen auf englischen Schiffen gewaltsam aus China abtransportiert wurden in der Absicht, dadurch den deutschen Handel endgültig zu vernichten, nahmen sich die Chinesen der Deutschen nach Möglichkeit an und verhinderten manche unmenschlichen Härten der christlichen Europäer. Im übrigen hat diese Rückbeförderung der deutschen Kaufleute einen Erfolg gehabt, der dem beabsichtigten entgegengesetzt war. In jener Zeit nämlich trat der Sturz des während des Krieges auf mehr als das Doppelte seines Wertes gestiegenen chinesischen Silberdollars ein. Alle ausländischen Firmen, die damals in China Geschäfte machten, hatten enorme Verluste. Viele machten Bankrott. Vor dem allem wurden die Deutschen gewaltsam behütet, und als sie nach China zurückkamen, was nach sehr kurzer Zeit der Fall war, konnten sie mit frischer Kraft in das Geschäft eintreten.

Die Regierung in Peking war in den Jahren 1919 und 1920 in den Händen der Partei Tuan K'i Juis, der sogenannten Anfupartei, die den Japanern sehr nahe stand. Der Präsident suchte zwischen der Anfu- und der Tschïlipartei zu lavieren, um durch das Gleichgewicht der Kräfte seine Autorität herzustellen. Aber es gelang ihm nicht. Schließlich kam es zu offenen Kämpfen zwischen der Anfu- und der Tschïligruppe, deren Feldherr Wu P'e Fu war. Wu P'e Fu siegte, obwohl Tuan K'i Jui von japanischer Seite bedeutenden Zuzug erhalten hatte. Tuan K'i Jui zog sich in die Fremdenniederlassung von Tientsin ins Privatleben zurück, um seine Zeit abzuwarten. Es ist eines der größten Hindernisse der Gesundung der chinesischen Verhältnisse, daß diese Fremdenniederlassungen, die der chinesischen Jurisdiktion entnommen sind, bestehen. Auf diese Weise wird eine Entscheidung der politischen Verhältnisse nahezu unmöglich gemacht. Wenn ein Beamter oder Parlamentarier sich seine Summe Geldes zusammengebracht hat und sich nicht mehr sicher fühlt, so flieht er mit seinem Geld nach Tientsin oder Schanghai und genießt sein Leben dort in Frieden, ohne daß die Möglichkeit vorhanden wäre, daß er von China aus zur Rechenschaft gezogen werden könnte. Ebenso zieht sich die in den Kämpfen jeweils unterliegende Partei nach den Fremdenniederlassungen ins Asyl zurück, nur um zu geeigneter Zeit aufs neue wieder aufzutauchen.

Nach dem Siege Wu P'e Fus trat ein starker Rückgang der bisher so mächtigen Anfupartei ein. Der Hauptgrund war ihre Unbeliebtheit namentlich bei der Jugend, der ihre Japanfreundlichkeit ein Dorn im Auge war. Noch aber stand als nicht zu verachtender Gegner der Einigung mit Blut und Eisen in der Mandschurei Tschang Tso Lin. Im Frühjahr 1922 rückte er in Tschïli ein. In der Nähe von Peking kam es zur Schlacht. Tschang Tso Lin wurde besiegt. Große Teile seines Heeres gerieten in Gefangenschaft und wurden später auf Staatskosten nach der Mandschurei zurücktransportiert. Aber Wu P'e Fu unterschätzte den Gegner. Er begnügte sich damit, daß er Tschang Tso Lin nach der Mandschurei zurückdrängte. Englische Missionare haben sich damals eingemischt und eine Konferenz der feindlichen Führer auf einem englischen Kriegsschiff in der Nähe von Schanhaikuan bewirkt, durch die das Spiel abgebrochen wurde.

Wu P'e Fu, und durch ihn Ts'ao K'un, hatte gesiegt, und seine Herrschaft umfaßte damit den Norden von der mandschurischen Grenze bis zum Yangtse ziemlich unbestritten. Weitere Kämpfe in Fukiän und Setschuan sollten das Gebiet nach Süden und Westen ausdehnen, während die schwachen Versuche Sun Yat Sens, eine »Strafexpedition« nach Norden zu unternehmen, kläglich scheiterten, da er mit seinem General Tsch'en K'iung Min in einen sehr unliebsamen Kampf geriet, der den Süden für lange Zeit hemmte.

Hsü Schï Tsch'ang legte die Präsidentschaft nieder, da er keine Möglichkeit für eine Durchführung seiner Gedanken mehr sah. Auf den verlassenen Präsidentenstuhl setzte man dann auf die weiter oben beschriebene Art den schon einmal vertriebenen Li Yüan Hung, den man solange auf dem Posten ließ, bis dieser Platz reif zu sein schien für Ts'ao K'un selbst, worauf denn Li Yüan Hung abermals vertrieben wurde.

Nur das eine war nicht zu verhindern, daß die Südprovinzen sich formell von der Zentralregierung lösten. Die tatsächlichen Verhältnisse wurden dadurch freilich nur wenig berührt, da auch von den übrigen Provinzen keine Einnahmen oder Steuern an die Zentralregierung abgeführt wurden. Vielmehr ist die Zentralregierung ziemlich ausschließlich auf die Einnahmen, die das Seezollamt ihr auszuzahlen für gut befindet, angewiesen. Diese Einnahmen stehen aber weitgehend unter der Kontrolle der alliierten Gesandten, von deren gutem Willen somit letztes Endes abhängt, ob die chinesische Regierung die ihr zustehenden Gelder ausbezahlt bekommt oder nicht. Immerhin lag es im Interesse dieser Gesandten, eine Zentralregierung in China zu haben, schon damit sie bei ihr eventuelle Beschwerden anbringen konnten.

Man kann nicht sagen, daß das Schauspiel, das von den fremden Gesandtschaften in China aufgeführt wird, besonders erbaulich ist. Es besteht in einem dauernden Druck auf die chinesische Regierung, um alle möglichen Wünsche durchzusetzen, und einem ebenso starken passiven Widerstand von chinesischer Seite, die nur nachgibt, wenn es absolut nicht anders geht. Die chinesische Regierung hat bei dieser Haltung die Sympathie des ganzen chinesischen Volkes auf ihrer Seite. Denn die verschiedenen chinesischen Parteien mögen untereinander noch so sehr entzweit sein und einander noch so heftig bekämpfen: in dem Moment, da eine ausländische Macht sich einmischen wollte, findet man sie sofort einig. Als z. B. England einmal den Schutz der von Nanking nach Tientsin führenden Bahnstrecke übernehmen wollte, um dem chinesischen Handel gegen unvorhergesehene Angriffe von militaristischer Seite beizustehen, traf es auf glatte Ablehnung der chinesischen Handelskammern, obwohl sie die erbittertsten Feinde der Militaristen sind. Dieselbe Haltung des Volkes hat sich auch bei dem Boykott und dem passiven Widerstand im Sommer 1925 gezeigt.

Auf diese Weise haben die europäischen Mächte sehr viel von ihrem Prestige verloren. England, das früher maßgebend in China war, sieht sich immer mehr in den Hintergrund geschoben. Eine Zeitlang trat Amerika sehr stark in den Vordergrund. Amerika hatte nie Landerwerbungen in China erstrebt und hatte häufig eine großzügige und entgegenkommende Haltung namentlich in Geldangelegenheiten gezeigt. Es hatte, ebenso wie China, sich geweigert, den Vertrag von Versailles zu unterschreiben, durch den China als Lohn für seine Teilnahme am Krieg gegen Deutschland zum Verlust der Provinz Schantung verurteilt wurde, die an Japan ausgeliefert werden sollte. Amerika hatte dann die Washington-Konferenz einberufen, um den Frieden der Welt zu befestigen. Diese Konferenz beendete de facto das englisch-japanische Bündnis, indem Amerika und Frankreich in den Verband eintraten, woraus sich dann bald die Kombination England-Amerika gegen Frankreich-Japan ergab. In Washington wurde auch zwischen China und Japan verhandelt, und mit einiger Hilfe von England und Amerika gelang es den Chinesen, das besetzte Tsingtau, die Schantungbahn und die Souveränität in Schantung von Japan wiederzubekommen. Heute befinden sich zwar noch eine Menge Japaner in Schantung, aber ihr gewaltsamer Einfluß ist gebrochen. Langsam, aber sicher bekommen die Chinesen die Zügel wieder in die Hand.

Dennoch blieb der amerikanische Einfluß nicht ungeschwächt. Es waren eben lange nicht alle Hoffnungen erfüllt worden, die Amerika erweckt hatte. Die Aufhebung der Konsulargerichtsbarkeit, die in Aussicht genommen war, ist ihrer Verwirklichung noch keinen Schritt näher gekommen. Die Revision der Zollverträge wurde noch immer verschoben. Auch in den mongolischen Fragen und der Frage der südmandschurischen Bahn hat Amerika vollkommen versagt. Überall sah man sich der japanischen Vergewaltigung hilflos preisgegeben.

Dazu kam, daß nach Anschluß der fernöstlichen Republik an Sowjetrußland von Rußland aus erneut eine zwar manchmal etwas laute, aber doch geschickte und entgegenkommende Politik getrieben wurde. Karachan kam nach Peking mit der Fiktion des von allen Seiten schwerbedrückten China, das in Rußland seinen einzigen guten Freund habe, und nach einigem Poltern, das von chinesischer Seite sehr ruhig aufgenommen wurde, kam ein sehr günstiges russisch-chinesisches Abkommen zustande. China wird durch Rußland in absehbarer Zeit nicht bolschewisiert werden, aber es hat durch Rußland Rückgrat und Selbständigkeit gewonnen.

Die Politik Japans machte in den letzten Jahren eine entschiedene Wendung durch. Den Krieg benützte Japan aufs ungenierteste, um China zu knebeln und militärisch zu unterwerfen. Selbstverständlich gab es auch damals in Japan vernünftige Leute, die diese Politik mißbilligten. Aber sie kamen nicht zu Wort. Die Gelegenheit, daß Japan freie Hand in Ostasien hatte, schien den damaligen Machthabern doch zu günstig. Allein die Lage Japans blieb nicht so vorteilhaft. Zu seinem Unglück siegte im Weltkrieg die Partei, auf deren Seite es gekämpft hatte, viel zu unbedingt für die japanischen Wünsche. Mit einem siegreichen, aber stark geschwächten Deutschland hätte man günstiger abschließen können. Denn das ließ sich trotz aller Bundesgenossenschaft nicht leugnen, daß man das Vertrauen der Alliierten verloren hatte. Es kam dazu, daß sich die Folgen des Krieges schwerer fühlbar machten, als man gedacht hatte. Das sibirische Abenteuer, das als Zug gegen den Bolschewismus von den Alliierten geplant, aber schließlich nur noch von Japan fortgesetzt worden war, mußte liquidiert werden. Schließlich kam das Erdbeben dazu, das auf die japanische Mentalität weit tiefer und deprimierender wirkte, als das für europäische Begriffe faßbar ist. Es war in den Augen der Japaner nicht weniger als in denen der Chinesen ein Gottesurteil. So schlug denn in Japan die Stimmung um, besonders da die

Verwicklungen mit Amerika und Australien immer ernster wurden. An Stelle der kriegerischen Unterwerfung Chinas faßte man eine friedliche Verständigung ins Auge.

Trotz gelegentlicher Festessen mit diesen Tendenzen ist das japanische Kultur-Liebeswerben in China zunächst auf ziemliche Kühle gestoßen. Es war ein zu ungewohntes Bild: dieser neue Bruder, der die Friedensschalmei blies. Immerhin ergeben sich neue Perspektiven aus den letzten Ereignissen. Japan hat ja auch versucht, sich aus dem Konflikt von 1925, der durch rohe Behandlung chinesischer Arbeiter allererst entstanden war, rechtzeitig wieder herauszuziehen und England isoliert in der unangenehmen Position, boykottiert zu werden, sitzen zu lassen.

Deutschland nimmt in allen diesen Entwicklungen eine Sonderstellung ein. Es ist vollkommen desinteressiert. Das einzige Interesse besteht in der Förderung und Ausgestaltung wirtschaftlicher und kultureller Beziehungen. Es hat sich entschlossen auf den Boden der Gleichberechtigung gestellt und die Konsulargerichtsbarkeit aufgegeben. Man kann ruhig sagen, daß die gemachten Erfahrungen im Ganzen genommen durchaus nicht unbefriedigend sind. Man erkennt in China die deutsche Wissenschaft und die deutsche Tüchtigkeit an und ist gerne bereit, von beiden bei der Ausgestaltung der Zukunft Gebrauch zu machen. So hat denn die deutsche Politik dank der ruhig-zurückhaltenden und überlegenen Persönlichkeit des Gesandten Dr. Boyé in der letzten Zeit entschiedene Fortschritte zu verzeichnen. Selbstverständlich kann man nicht erwarten, daß auf chinesischer Seite ein über die genannten Punkte hinausgehendes Interesse für Deutschland vorhanden wäre. Ein solches Interesse könnte erst in Betracht kommen, wenn die wiederangesponnenen Fäden zwischen Deutschland und China sehr viel fester und zahlreicher geworden sind. Die deutsche Position ist insofern günstig, als sie ein Vorangehen auf einem Weg bedeutet, auf dem die übrigen Mächte früher oder später folgen müssen; denn daran ist kein Zweifel, daß trotz allem entgegengesetzten Anschein China sich als selbständige und gleichberechtigte Macht durchsetzen wird.

Ehe wir die neueste Phase der politischen Verhältnisse behandeln, müssen wir noch einen Blick werfen auf das, was im Norden von China und in der Mongolei vor sich ging.

Als die bolschewistische Revolution in Rußland ausbrach, kam es in Ostsibirien zu Kämpfen zwischen den roten und weißen Russen. Zur Unterstützung der weißen Partei griffen die Alliierten ein, anfangs Amerikaner und Japaner gemeinsam, schließlich blieben die Japaner allein übrig. Sie waren durch die Bluttat von Nikolajewsk, wo sämtliche Japaner von den Bolschewiken getötet worden waren, besonders angereizt worden. Daß sie aber schließlich sich doch zurückziehen mußten, nachdem die roten Russen immer unwiderstehlicher vordrangen und die fernöstliche Republik mit der Hauptstadt Tschita begründeten, die sich später mit Sowjetrußland vereinigte, lag zum großen Teil daran, daß der Bolschewismus auf die japanischen Truppen überzugehen drohte und man in Japan nicht sicher war, was für Konsequenzen sich daraus noch ergeben könnten. Immerhin taten die Japaner alles, was sie konnten, um die weißen Russen wie Koltschak oder Horwart zu stützen, die dort noch kämpften.

Dasselbe geschah mit der Mongolei. Sie hatte sich von China unabhängig gemacht. Die Mongolenhäuptlinge standen der Mandschudynastie nahe und wären auch bereit gewesen, sich an einer Bewegung zu beteiligen, die zu einer Wiedereinsetzung des Mandschus geführt hätte. Aber in jenen Gegenden stand von Weißrussen der Kosakenhäuptling Semionoff mit seinem »Berater«, dem Baron Ungern-Sternberg. Diese versuchten die Mongolen für ihre Zwecke auszunutzen und manövrierten deshalb mit Vertretern der Mandschudynastie, durch die sie die Autorität über die Mongolen zu erlangen hofften – alles unter dem Segen der Japaner. Wie wenig es ihnen dabei aber um die chinesische Sache zu tun war, geht daraus hervor, daß ein Mongolenfürst, der persönlich Fühlung mit den Mandschukreisen nehmen wollte, auf grausame Weise umgebracht wurde. Man schoß ihn samt seinem ganzen Anwesen und allem, was darin war, einfach mit Artillerie in Grund und Boden, so daß nur ein Trümmerhaufen übrig blieb. Nachher entschuldigte man sich den Mandschus gegenüber mit einem Mißverständnis, man habe ihn für einen Verräter und Revolutionär gehalten.

Damals sind die chinesischen Truppen der Anfupartei, die in der Mongolei die chinesischen Interessen vertreten wollten, niedergemacht worden. Ungern-Sternberg, der vielleicht weniger grausam war als pathologisch veranlagt, war bedeutender als Semionoff, dessen Gehilfe er anfangs gewesen. Vielleicht gerade infolge seiner pathologischen Veranlagung besaß er etwas Dämonisch-Machtvolles, das auf seine Umgebung faszinierend wirkte. Er glaubte sich zum Herrscher Asiens berufen wie Tschingiskhan, mit dem er das Horoskop gemein hatte. Er glaubte streng an das Schicksal, und mit einer gewissen großartigen Schwermut ging er diesem Schicksal auch dann noch nach, als es zum Untergang sich wandte. In seiner Umgebung waren einige Teufel von bestialischer Grausamkeit, die er aus Aberglauben oder Gleichgültigkeit gewähren ließ, die ihn aber schließlich ins Unglück stürzten. Semionoff hatte eine feinere Witterung für die eigene Sicherheit, und als die Sache anfing, gefährlich zu werden, schickte er zuerst seine Frau mit Kisten voll Gold über die Grenze. Von diesem Gold wurde zwar einiges vom chinesischen Seezoll beschlagnahmt, der größere Teil aber kam ungestört durch. Er wollte sich dann in Amerika niederlassen, wurde aber dort in keiner Weise gewünscht. Komisch wirkte die Begründung. Semionoff hat Hunderte, vielleicht Tausende von Menschen auf die bestialischste Weise morden lassen. Er war einer der gefährlichsten Räuber gewesen, die sich in jenen Gegenden herumgetrieben. Das alles fiel nicht weiter ins Gewicht. Selbstverständlich! Lief doch auch der General Howart unter alliiertem Schutz jahrelang in Peking umher und imponierte bei diplomatischen Empfängen durch seinen langen Bart. Aber Semionoff konnte keinen Trauschein beibringen, aus dem hervorging, daß er mit der Frau, mit der er zusammenlebte, einer schönen und klugen Abenteurerin, amtlich verheiratet war. So konnte man ihm, wahrscheinlich mit Recht, den Vorwurf der Bigamie machen. Damit war er natürlich in den Vereinigten Staaten unmöglich.

Schließlich gelang es den Sowjets, trotz all dieser Charakterköpfe in der Mongolei festen Fuß zu fassen, und nun geschah etwas, das als grandioser Witz der Weltgeschichte bezeichnet werden muß. Die Mongolen, deren Kulturstufe die nomadische ist, die noch unterhalb des Ackerbaus stehen, konstituierten sich als Sowjetrepublik. Und der lebende Buddha wurde Ministerpräsident! Selbstverständlich standen russische Ratgeber den einzelnen Ministerien zur Seite. Seit Rußland mit China sich geeinigt hat, soll auch die Selbständigkeit der Mongolei wieder aufhören, ebenso wie die der nordmandschurischen Eisenbahn, denn Rußland liegt nur daran, daß beide Gebiete nicht von einer feindlichen Macht als Angriffsbasis benützt werden.

Während durch diese Ereignisse die Mongolei immer mehr ins Licht des allgemeinen Interesses der Welt gerückt wurde und regelmäßige Autoverbindungen durch die Wüste Gobi [12]eingerichtet wurden, näherten die Verhältnisse in China sich einem neuen Konflikt. Nachdem Ts'ao K'un Präsident geworden war, sammelten sich seine Gegner, die ja an sich einander ebenso feindlich gegenüberstanden, zu gemeinsamem Angriff. Tschang Tso Lin hatte Zeit gehabt, die reichen Hilfsmittel der Mandschurei, die er als fast unumschränkter Herrscher zur Verfügung hatte, zur Reorganisation seines geschlagenen Heeres zu verwenden. Mit Japan stand er in freundnachbarlicher Verbindung, und auch mit Rußland gelang in letzter Zeit eine Annäherung. Er hatte mit Sun Yat Sen und Tuan K'i Jui Fühlung genommen, und auch der Truppenführer Lu von Hangtschou bei Schanghai war mit im Bunde. Auf der anderen Seite verfügte aber Wu P'e Fu ebenfalls über recht beträchtliche Hilfsmittel: Der Norden Chinas war in seiner Hand. Die Truppenführer am Yangtse hielten zu ihm. Sein bekanntester Feldherr aber war der christliche General Feng Yü Hsiang. Feng Yü Hsiang machte viel von sich reden durch seine Christlichkeit und seine stoische Einfachheit und machte damit namentlich auf seine amerikanischen Freunde großen Eindruck. Er hielt straffe Manneszucht und zeigte etwas Biederes in seinem Wesen.

Der Krieg brach in Schanghai aus, das der General Lu für sich beanspruchte, während es eigentlich zu dem Bezirk des Freundes von Wu P'e Fu, Ts'i Hsiä Yüan, gehörte. Ohne große Schwierigkeit wurde Lu besiegt, da Tschang Tso Lin versäumt hatte, rechtzeitig einzugreifen. So konnte denn Wu P'e Fu diesmal bis nach der Grenze der Mandschurei, Schanhaikuan, vorrücken, und seine Aussichten Tschang Tso Lin gegenüber waren nicht ungünstig, zumal da ja von Sun Yat Sen kaum etwas zu fürchten war.

In diesem Moment erklärte sich der christliche General Feng Yü Hsiang, der sich im Besitz von Peking befand, für neutral und ging darauf offen zu den Feinden seines Oberfeldherrn Wu

P'e Fu über. Wu P'e Fu wurde nun mit leichter Mühe geschlagen und entkam nur mit genauer Not. Der christliche General vertrieb darauf den jungen Kaiser aus seinem Palast. Der Kaiser begab sich in den Schutz der japanischen Gesandtschaft. Ferner wurden auf die Ergreifung Wu P'e Fus Prämien ausgesetzt. Der Präsident Ts'ao K'un wurde verhaftet. Sein Bruder, der leitende Geist der Familie, starb plötzlich. Der Hauptmann der Leibwache Ts'ao K'uns, der zu diesem in einem anrüchigen Verhältnis stand, wurde erst seines Geldes beraubt und dann erschossen. Kurz, der Christ schaltete, als wenn er schon Kaiser von China wäre. Da kam Tuan K'i Jui, von Tschang Tso Lin mit seinen Truppen begleitet, nach Peking und übernahm ruhig und selbstverständlich die Zügel der Regierung. Der christliche General aber hielt es für geratener, sich in die Westberge zurückzuziehen und das Buch der Wandlungen zu studieren.

Nun steht Tuan K'i Jui wieder an der Spitze. An sich ein durchaus fähiger Kopf, wird sein Erfolg davon abhängen, was für Gehilfen er für das Werk der Neuorganisation Chinas gewinnt. Ein neues Kapitel der chinesischen Geschichte hat begonnen, und mit Spannung kann man seine Entwicklung erwarten.

Sechstes Kapitel. Das neue China

Wenn man das neue China, das im Verlauf der letzten Jahrzehnte sich gebildet hat, wirklich verstehen will, so genügt es nicht, die nach außen hervortretenden politischen Verhältnisse und die zum Teil recht verwickelten Kämpfe der Militärführer zu verfolgen. In China spielt sich zur Zeit eine doppelte Geschichte ab: die Geschichte des von Europa importierten, in gegenseitigen Kämpfen sich erschöpfenden Militarismus und die Geschichte der im stillen heranwachsenden und immer mehr Selbstbewußtsein bekommenden chinesischen Kultur. Die Führer dieser geistigen Bewegung Jung-Chinas haben sie wohl gelegentlich mit der europäischen Renaissancezeit verglichen. Jedenfalls ist sie auch eine Neugeburt auf geistigem Gebiet.

Man hatte sich in Europa eine Zeitlang daran gewöhnt, in China einen Riesenkomplex zu sehen, der in Jahrtausende langer Erstarrung unbeweglich daliege, von allem Fortschritt der Welt durch eine »chinesische Mauer« getrennt. Dieses kurzsichtige Urteil rührt von der Unkenntnis der innerchinesischen Verhältnisse her und von der Oberflächlichkeit der Betrachtung, auf die eine fremde Massenerscheinung immer einen gleichförmigen Eindruck macht, weil man die unterscheidenden Merkmale sowohl der einzelnen Menschen als auch ganzer Geschichtsepochen später entdeckt als die gemeinsamen Züge.

Dennoch ist die chinesische Kultur von jeher weit entfernt von monotoner Gleichartigkeit gewesen. Auf die klassische Zeit der Tschoukultur folgten immer wieder neue Epochen mit neuen selbständigen Kulturwerten, und noch die letzten Jahrhunderte haben eine durchaus eigenartige Kulturausprägung im Aufkommen einer streng wissenschaftlichen, kritischen Philologie gehabt. Man wußte nur nichts davon in Europa, weil man sich nicht die Mühe nahm, von den alten festgetretenen Urteilsbahnen abzugehen und das neuere chinesische Geistesleben selbständig zu durchforschen.

Zu den Vertretern der älteren wissenschaftlichen Generation gehört Tschang T'ai Yän, der nicht nur die klassische Literatur vollkommen beherrscht, sondern auch auf dem Gebiete des Mahayana-Buddhismus ein bedeutender Gelehrter ist, der aber, da er keine europäische Sprache spricht und wenig Verkehr mit Ausländern pflegt, im Westen so gut wie unbekannt ist. Er vertritt die mittelchinesische wissenschaftliche Tradition. Er gilt in China heute als der unbestrittene Führer auf dem Gebiet der literarischen Wissenschaft. Seine strenge, demokratische Gesinnung hat ihn auch der aufkommenden Jugend verehrungswürdig gemacht. Dennoch hat er auf das praktische Leben weniger Einfluß als auf das wissenschaftliche, wodurch er in eine gewisse aristokratische Vereinsamung gekommen ist.

In Südchina sind von Gelehrten, die im letzten Jahrhundert auftraten und bis in die Gegenwart hinein tätig sind, zu nennen die beiden als Reformer schon erwähnten Männer K'ang Yu We und Liang K'i Tsch'ao. Der ältere von ihnen, K'ang Yu We, ist heute ein freundlicher Greis, der da und dort in China auftritt und wieder verschwindet. Man redet lächelnd von ihm als von dem »neuen Heiligen«, womit man auf sein Verhältnis zu Konfuzius anspielt. Aber kein Mensch ahnt, welcher Vulkan hinter dem freundlich lächelnden weißhaarigen Gesicht getost hat. Wenn man im Konfuziustempel in Peking umhergeht, so findet man einen Wald von Gedenktafeln, auf denen die Namen aller derer in Stein gegraben sind, die die höchsten Prüfungen mit höchster Auszeichnung bestanden haben und dadurch aufgenommen wurden in den heiligen Bezirk der Weisen, die durch alle Jahrtausende hindurch die Lehre des Meisters Konfuzius zu verbreiten für würdig befunden sind. Einer der Namen auf der letzten Tafel ist ausgemeißelt und zur Vergessenheit verurteilt. Es ist der Name des Reformers K'ang Yu We. Er selbst war dem Zorn der alten Kaiserin entgangen, aber sein Name wenigstens sollte sterben. Er hat es sicher vom Standpunkt der alten Dame aus vollkommen verdient, nicht nur durch seine Reformtätigkeit, sondern vielmehr noch durch das, was er geschrieben hat. Er war ein arger Ketzer, dessen Lehren von denen von Marx und Lenin nicht eben sehr abweichen, wenn er sie auch als Geheimnis vor der Mitwelt, die dafür nicht reif sei, bewahrt hat.

Seine erste Revolution war eine literarische. Man hatte in den letzten Jahrhunderten sich bemüht, die alten heiligen Schriften kritisch zu sichten. Die Überlieferung besagte, daß Konfuzius diese Schriften, die dem höchsten Altertum entstammen, geordnet und herausgegeben habe als heiliges Erbe für die Zukunft. Bei den genannten Untersuchungen war man immer weiter gekommen in der Kritik. Man fand spätere Zusätze und Fälschungen, die man zunächst damit erklärte, daß durch die Bücherverbrennung des Ts'in Schï Huang Ti die ganze konfuzianische Literatur im wesentlichen zugrunde gegangen und später erst wieder kümmerlich zusammengestellt worden sei, wobei es denn nicht fehlen konnte, daß die kaiserlichen Belohnungen, die auf das Auffinden alter Schriften gesetzt waren, auch solche Schriften ans Licht brachten, die eigens zu diesem Zweck hergestellt und künstlich alt gemacht worden waren. Diese Fälschungen galt es zu entdecken und auszusondern. K'ang Yu We wagte die Aufsehen erregende Behauptung, daß die ganzen Texte, die unter dem Namen »alte Texte« gingen, weil sie in der Hanzeit (etwa um die Wende unserer Zeitrechnung) auftauchten, bewußte Fälschungen seien, daß durch die Bücherverbrennung des Ts'in Schï Huang Ti die konfuzianischen Schriften gar nicht vernichtet worden seien, und daß der Zweck der Fälschungen gewesen sei, dem Usurpator Wang Mang auf den Thron zu verhelfen. Noch hatte sich die Aufregung in der chinesischen Gelehrtenwelt über diese Lösung des gordischen Knotens nicht gelegt, da erschien ein neues Buch, das noch umstürzlerischer wirkte: »Die Reform des Konfuzius«. Darin wird versucht zu zeigen, daß die alten Schriften von Konfuzius nicht etwa überliefert und redigiert seien, sondern daß er sie alle selbständig verfaßt habe, um seinen für die damalige Zeit revolutionären Lehren einen historischen Hintergrund zu verleihen. Ob jene Heroen der alten Zeit gelebt haben oder nicht, das könne man nicht wissen. Jedenfalls seien die Überlieferungen, die durch Konfuzius auf uns gekommen sind, freie Erfindungen des Meisters. Er habe sich seine Heroen Yao und Schun ebenso geschaffen, wie Laotse den Huangti, Moti den großen Yü, Hsü Hsing den Schen Nung und wie alle Philosophen der damaligen Zeit ihre Vorbilder in die Vergangenheit projizierten. Aus dem antiquarischen Gelehrten, als den viele Konfuzius anzusehen gewohnt waren, wurde nun ein kühner Neuerer, der mit genialer Schöpferkraft eine Kultur für die Jahrtausende schuf. Die Gestalt gewann eine wunderbare mystische Tiefe. Rätselhaft blickte er aus dem Geheimnis hervor, das er mit kluger Hand um sich gewoben, und nicht mehr nur als ein Weiser der Vorzeit verdiente er Verehrung, sondern als göttlicher Heiland verdiente er Anbetung, wie Jesus sie von den Seinen erhielt. K'ang Yu We war von da ab bestrebt, eine konfuzianische Kirche zu gründen nach der Art der christlichen. Damit hat er freilich kein Glück gehabt. Die konfuzianische Kirche in Peking, von der später noch die Rede sein wird, bietet heute einen ziemlich traurigen Anblick.

Trotz seiner Verehrung für Konfuzius hat K'ang Yu We durch diese Arbeit, die noch aufregender wirkte, als die erste, die in ihrer ganzen Auflage von der Kaiserin-Witwe vernichtet worden war, den Heiligen aus seiner einzigartigen Stellung herausgelöst und ihn gewissermaßen in Parallele gebracht zu den anderen bedeutenden Männern seiner Zeit, die ja auch alle sich irgendwie eine Vergangenheit zurechtgemacht hatten. Er hat damit den Weg eröffnet, der alten Geschichte viel unabhängiger und objektiver gegenüberzutreten als dies bisher in Jahrtausenden der Fall gewesen war, K'ang Yu We selbst war freilich von jeder Objektivität sehr fern. Er war eine sehr eigenwillige Natur. Das zeigt sich nicht nur in seinem Verhältnis zur alten Literatur und ihren Quellen, sondern auch in seinem Benehmen zu lebenden Menschen, namentlich zu seinen Schülern, von denen er sich viele entfremdet hat. Er könnte heute der unumstrittene Führer Jung-Chinas sein, wenn er sich nicht auf allerlei Eigenheiten verbissen hätte.

Am revolutionärsten ist sein drittes Werk, in dem er dazu übergeht, selbständige Theorien für die Gestaltung der menschlichen Gesellschaft aufzustellen. Dieses Werk »Das Buch von der großen Gemeinsamkeit« ist freilich nur in wenigen als Manuskript gedruckten Exemplaren verbreitet, weil er der Überzeugung ist, daß seine Zeit noch nicht gekommen sei. Er geht darin zurück auf eine Stelle im alten Buch der Sitten, wo eine dreifache Menschheitszeit in Aussicht genommen ist: eine Zeit der Unordnung, eine Zeit der kleinen Kräftigung und eine Zeit der großen Gemeinsamkeit. Die Grundsätze für die Zeit der großen Gemeinsamkeit führt er in seinem Buch aus. Es ist nicht nur als Utopie gedacht, sondern als ganz ernsthafte Grundlage für die künftige Gestaltung der menschlichen Gesellschaft. Die Hauptgedanken dieses Werkes sind:

1. Abschaffung des Staats. Die ganze Welt hat eine gemeinsame Regierung, die sich in einzelne Unterabteilungen nach Nationen gliedert.
2. Die Gesamtregierung und die Unterregierungen werden vom Volk gewählt.
3. Abschaffung der Familie. Mann und Frau leben nicht länger als ein Jahr zusammen. Nach Ablauf der Zeit findet Wechsel statt.
4. Frauen, die schwanger sind, gehen in eine Mutterschaftsschule; die Neugeborenen kommen in ein Säuglingsheim.
5. Die Kinder kommen ihrem Alter entsprechend in Kindergärten, später in die Schule.
6. Die Erwachsenen erhalten von der Regierung das Gebiet ihrer Berufstätigkeit zugewiesen.
7. Für die Kranken sind Krankenhäuser, für die Alten Altersheime da.
8. Die Mutterschaftsschulen, Säuglingsheime, Kindergärten, Schulen, Krankenhäuser, Altersheime sind alle sorgfältig ausgestattet, so daß die Insassen sich wirklich wohl darin fühlen.
9. Erwachsene Männer und Frauen müssen dem jetzigen Militärdienst entsprechend an diesen Anstalten eine bestimmte Anzahl von Dienstjahren verbringen.
10. Wohnungen und Speiseräume sind öffentlich. Jedem bleibt die freie Verfügung über den Ertrag seiner Arbeit.
11. Alle Faulheit wird durch strenge Strafen verhindert.
12. Förderer der Wissenschaft und solche, die in den öffentlichen Anstalten besondere Dienste geleistet, werden besonders ausgezeichnet.
13. Die Toten werden verbrannt. Neben den Verbrennungsanstalten befinden sich die Fabriken für Kunstdünger.

Man muß bedenken, daß diese Gedanken, die sicher so radikal sind, daß sie nichts zu wünschen übrig lassen, durchaus selbständig gefunden sind. Sie liegen dreißig Jahre zurück und sind in einer Zeit gedacht, da K'ang Yu We noch keinerlei Fühlung mit sozialistischen und kommunistischen Ideen im Westen haben konnte. Das Zentrum seines Systems liegt in der Abschaffung der Familie, wodurch der Buddhismus, der sich durch Flucht aus der Familie den Bitternissen des Lebens entziehen will, ganz von selbst überflüssig wird, ebenso wie aller Streit und Kampf um das Eigentum ganz von selbst gegenstandslos wird, wenn eine Vererbung des Eigentums nicht mehr möglich ist. Daß in dem System einige Härten sich finden, entspricht ganz dem Feuerkopf, der es erdacht hat.

Freilich, eine Sache ist sehr merkwürdig: er hat diese Gesellschaftsordnung fix und fertig ausgedacht, aber er hat sie immer geheim gehalten. Nur ausgewählten Schülern gewährte er Zugang zu diesen Lehren, und wenn sie begeistert an ihre Verwirklichung gehen wollten, hielt er sie zurück. Er hat, auch als er die Macht in Händen hatte, nie versucht, die Gedanken in Wirklichkeit umzusetzen, da er der Überzeugung war, daß man zunächst über die Methoden der »kleinen Kräftigung« noch nicht hinausgehen dürfe. So ist er denn bis zuletzt ein Anhänger der Mandschudynastie geblieben. Erst seit ganz kurzem hat er erlaubt, daß dieses Zukunftsvermächtnis gedruckt wurde. Bei meinem Abschied aus China hat er mir auch einige Exemplare davon sowie von seinen übrigen Werken geschenkt. Es gehört zu den merkwürdigen Erinnerungen meines Lebens, wie der alte Mann mit sichtlicher Rührung Abschied nahm und mir seine guten Wünsche mit über das Meer gab. – Ich bin auf ihn etwas näher eingegangen, weil er ein Beweis dafür ist, wie in China oft unbekannt und ganz verborgen weltstürzende Ideen ausgesprochen werden, ohne daß man in Europa eine Ahnung davon hat. Ruhig spricht man weiterhin von dem stagnierenden Geistesleben der Chinesen. – Nun liegt der Fall K'ang Yu We allerdings etwas eigenartig. Er ist auch mit der chinesischen Welt des Neuen ganz auseinandergekommen durch den merkwürdigen Zwiespalt in seinem Leben.

Unter den Schülern K'ang Yu Wes ragt bei weitem Liang K'i Tsch'ao am meisten hervor, wohl der fruchtbarste Schriftsteller, den das moderne China besitzt. Die Veröffentlichungen des heute in den Anfängen der fünfziger Jahre stehenden Mannes gehen schon ziemlich weit zurück. Er hat mit K'ang Yu We zusammen sich für die Aufnahme westlicher Bildung und westlicher

Methoden eingesetzt und hat mit ihm zusammen den neuen literarischen Stil geschaffen, dessen Gewalt die öffentliche Meinung Chinas in der Zeit des großen Übergangs vom Alten zum Neuen beeinflußte. Liang K'i Tsch'ao ist von Anfang an viel radikaler in seinen Gesinnungen gewesen als K'ang Yu We. Er machte mit den Gedanken seines Lehrers, die dieser halb schüchtern vor der Welt versteckte, ernst. Von Japan aus, wohin er nach dem Mißerfolg des gemeinsamen Reformversuchs unter Kaiser Kuanghsü geflüchtet war, arbeitete er aktiv am Umsturz des Alten und an der Vorbereitung des Neuen mit. Nach der Revolution von 1911 kam er nach China zurück und hat eine Zeitlang verschiedene Ämter in der Regierung der jungen Republik innegehabt. Er hat sich dann wieder von der amtlichen Laufbahn zurückgezogen, da sie zu viele Kompromisse notwendig machte, und lebt nun das Leben eines Gelehrten und Schriftstellers. Er ist von ungemein beweglichem und anpassungsfähigem Geiste und gehört noch heute zu den meistgehörten Führern der Jugend. Er steht in seinen religiösen Ansichten dem Buddhismus nahe, den er für die Religion Chinas hält, nachdem er durch eine eingehende Reformation seine Schlacken abgestreift haben würde. Volkswirtschaftlich steht er sozialistischen Überzeugungen nahe, was ja auch bei der ganzen klassischen Literatur der Chinesen der Fall ist. Wenn man neuerdings soviel von der bolschewistischen Gefahr für China redet, so liegt dem ein großer Irrtum zugrunde. China wird nicht gewaltsam bolschewisiert werden, weil viele der lebendigen Gedanken, die dem Bolschewismus seine Triebkraft geben, in China schon längst an der Arbeit sind und zum Teil sogar die realen Verhältnisse gestaltet haben. Daher findet man im neuen China ja auch trotz aller Kämpfe und Parteiunterschiede ein durchaus einheitliches Volksempfinden, das sich neuerdings immer mehr in einer geschlossenen öffentlichen Meinung ausdrückt. Liang K'i Tsch'ao hat einmal den Inhalt dieser öffentlichen Meinung in zwei grundlegenden Sätzen zusammengefaßt:

1. Alle, die keine Chinesen sind, haben kein Recht, sich in chinesische Angelegenheiten einzumischen.
2. Alle, die Chinesen sind, haben das Recht, in chinesischen Angelegenheiten mitzubestimmen.

Er führt diese Punkte dann noch folgendermaßen weiter aus: »Der erste Satz spricht den Geist des nationalen Staates aus, der zweite den Geist der Republik. Diese doppelte Gesinnung war früher keineswegs vollständig abwesend, doch die öffentliche Meinung schlief und träumte und fand keinen klaren Ausdruck. Aber im Verlauf dieser letzten 50 Jahre, oder noch genauer der letzten 30 Jahre, hat sie einen ganz deutlichen Ausdruck gefunden. Ich wage zu behaupten, daß, wenn nach dem Sturz der Mandschus wieder ein fremder Stamm dem Beispiel der Wu Hu, Toba, Liao, Kin, Mongolen oder Mandschus folgen und das alte Lied von der Invasion und Beherrschung Chinas von neuem beginnen wollte, eher das Meer austrocknen und die Felsen verfaulen könnten, als daß sie noch einmal Erfolg hätten. Ich wage zu behaupten, daß das Schild der Republik, das jetzt über uns hängt, auch nicht in Jahrtausenden wieder herabgerissen werden kann. Ganz einerlei, ob einer so heilig wäre wie Yao und Schun oder so mächtig wie Ts'in Schï Huang oder der Ahn der Ming oder so listig wie Ts'ao Ts'ao oder Sï-Ma I: wenn er Kaiser von China werden wollte, würde kein Mensch es dulden. Diese Tatsache darf man nicht leicht nehmen, man darf nicht sagen, daß es sich hier nur um Worte, nicht um Wirklichkeiten handle. Ein altes Wort sagt sehr richtig: ›Der Name ist der Gast der Wirklichkeit.‹ Alles, was in der Gesellschaft den festen Platz eines korrekten Namens einnimmt, wird sicher, indem sich dem Namen entsprechend die Wirklichkeit verdichtet, immer mehr im Volksbewußtsein sich festigen. Kurz, was wir Chinesen in den letzten 30 Jahren getan haben, ist einmal, daß wir dem mehr als tausendjährigen Zustand, da immer wieder fremde Stämme von außen her uns zu beherrschen unternahmen, ein für allemal gründlich ein Ende gemacht haben, und zweitens, daß wir die Willkürherrschaft des Absolutismus, die seit den zwei Jahrtausenden von Ts'in Schï Huang auf uns lastet, für alle Ewigkeiten beseitigt haben. Diese beiden Dinge sind auch keineswegs die Frucht eines unbewußten Zufalls, sondern sie sind durch ein ganz tiefes Erwachen und große Anstrengung zustande gekommen. Von hier aus betrachtet, ist dieses Ergebnis entschieden als Fortschritt zu bezeichnen.

Was nun allerdings unsere staatlichen Verhältnisse während des Jahrzehnts der Republik anlangt, so begegnen sie allgemeinem Hohn des Auslandes. Dennoch glaube ich, daß kein Grund da ist zum Verzweifeln, denn diese Zustände sind durch zwei außergewöhnliche Ursachen bestimmt, die beide in kurzem beseitigt sein werden. Die eine Ursache ist, daß man sich während der Revolution, weil die eigene Kraft des Volkes noch nicht stark genug war, genötigt sah, äußere Macht [13]zu Hilfe zu nehmen. Die Machtpolitik ist ein Gespenst der alten Zeit. Da dieses Gespenst eine zweitausendjährige Geschichte hinter sich hat und sehr klug ist in der Anwendung seiner Mittel, so konnte man nicht verhindern, daß es noch ein paar Jahrzehnte weiterspukte, aber seine Zeit ist zum größten Teil abgelaufen, und in kurzem wird es zu Ende mit ihm sein. Wenn erst diese Zeit vorüber ist, wird ganz von selbst eine neue politische Atmosphäre sich bilden.

Die zweite Ursache liegt in den naturgemäßen Vorgängen bei der Ausdehnung einer Bewegung. Die einzelnen Etappen der Umwandlung wurden von einer Reihe von wirklichen Helden unter Einsetzung ihrer ganzen Kraft erreicht. Da ist es nur natürlich, daß im Lauf der Zeit ein vorübergehender Ermattungszustand eintritt, und außerdem sind leider eine ganze Anzahl der entschlossenen Kämpfer als Opfer der Zeit gefallen. Die Nachfolger fanden nicht sofort den Anschluß an ihre Höhe, so entstand ein Zwischenraum von einer gewissen Leere. Aber ich denke, daß diese Zeit nun auch vorüber ist. Die alten Führer haben ein wenig ausgeruht und können aufs neue erwachen zu neuem Kampfeseifer. Und da auch die neu in die Reihen Einrückenden von Tag zu Tag zahlreicher werden, so ist die Lage so, daß eine neue Zeit erwartet werden kann.«

Alle die drei genannten Führerpersönlichkeiten stehen wie gesagt irgendwie dem Buddhismus nahe, denn auch K'ang Yu We erwähnt ihn gelegentlich in seinen Schriften. Daß der Buddhismus, der eine Zeitlang daniederlag und in Aberglauben niedriger Art versunken war, wieder hochkam und heute in China wieder regelrecht unter den Gebildeten Mode zu werden beginnt, hängt natürlich mit den historischen Verhältnissen zusammen. Ein Sekretär des bekannten Staatsmannes Tsong Kuo Fan, namens Yang Wen Hui, der später auch mit dem Sohn von Tsong Kuo Fan, dem bekannten Marquis Tsong, als dieser Gesandter in London wurde, nach Europa ging, war es, der in dieser Hinsicht großen Einfluß auf die Gelehrten der neuen Schule ausübte. Er hatte eine überaus gründliche und tiefe Bildung und ließ sich in späteren Jahren in Nanking nieder, wo er sich der Erforschung des Buddhismus und dem Unterricht von Jüngern in den Geheimnissen der buddhistischen Gedankenwelt widmete. Er starb einen Tag vor dem Ausbruch der Revolution. Der von ihm gegründete Kreis ist noch heute in seinen Ausläufern in Nanking vorhanden.

Sicher hat der Buddhismus Gefahren für manche der oberflächlicheren seiner Anhänger gehabt. Manche wurden aus einem gewissen Weltüberdruß in seine Arme geführt, um sich zu retten vor dem Getriebe des Lebens. Diese pessimistische Stimmung, die jedoch nicht mit Notwendigkeit im Mahayana-Buddhismus begründet ist, bedeutet natürlich eine Senkung des Niveaus, ähnlich wie das im Christentum der Fall war in den Zeiten, da man sich durch Weltflucht aus diesem irdischen Jammertal zu retten suchte. Aber die sehr verbreitete Sekte vom »Reinen Land«, die in mancher Hinsicht an den Protestantismus erinnert, indem sie Erlösung nicht aus Werken, sondern allein durch den Glauben erhofft, hat fast noch mehr geschadet. Diese Sekte verzichtet von vornherein auf die Möglichkeit, in diesem Leben schon Vollendung zu erreichen. Man vertraut auf Amida und ruft ihn an (Chinesisch: »Amit'ofo«), dadurch erlangt man die Kraft seiner stellvertretenden Verdienste, durch die man nach dem Tod in das »Reine Land«, das Paradies, eingeht, wo man noch einmal wiedergeboren wird, um das Nirwana zu erlangen. Dieser Glaube bedeutet eine starke Erleichterung. Man kann ihn unter Menschen von recht zweifelhafter Art finden. Sie beten und meditieren, dann gehen sie wieder hin und sündigen fröhlich weiter, denn sie wissen ja, daß der einfache Ausruf Amit'ofo wieder alle Seligkeiten herbeiruft. In dieselbe Richtung gehört es, daß die Vertreter des Buddhismus die verschiedenen spiritistischen und sonstigen okkultistischen Geheimsekten gefördert haben in ihrem oft sehr lichtscheuen Treiben. In diesen Beziehungen ist eine Reform des Buddhismus am Werk. Daß man dabei auch Anleihen beim Christentum macht, Jubiläumsfeiern christlicher Art abhält, Zeitschriften herausgibt, buddhistische Jünglingsvereine (Y. M. B. A.!) gründet, ist eine Auskunft, die wohl nicht sehr geschmackvoll ist, aber auch nicht zum eigentlichen Wesen der Sache gehört. Ganz ernsthafte Männer unter den Führern der Jugend sind der Meinung, daß, wie die Wiedergeburt Europas von der Wiederbelebung des Griechentums durch die Renaissance und die Wiederbelebung des Christentums durch die Reformation bewirkt worden sei, so auch das chinesische Rinascimento, von dem die heutige chinesische Jugend so viel redet, ebenfalls diese doppelte Wurzel haben müsse: auf ästhetischem Gebiet die Erneuerung der Literatur und Kunst und auf dem Gebiet der Weltanschauung eine Erneuerung des Buddhismus. Das Christentum liegt diesen Kreisen offenbar zu fern. Man bekämpft es nicht weiter, man hält es für eine in Europa selbst im Absterben begriffene Kraft, man ist der vielen Streitigkeiten müde, man hält seinen Standpunkt gegenüber den vielen neuen Fragen, die das geistige Leben beschäftigen, für veraltet. Man fällt nach Abwägen des Für und Wider das Urteil: »Weder Lob noch Tadel« [14].

Unter den Führern des neuen China muß hier auch der kürzlich verstorbene Sun Wen (Sun Yat Sen) genannt werden, der ebenfalls aus der Kantonprovinz, also dem äußersten Süden Chinas, stammt. Es ist anläßlich der chinesischen Revolution schon von ihm die Rede gewesen. Hier sei nur noch erwähnt, daß er in einem Werk großartige Pläne für die wirtschaftliche Ausgestaltung Chinas hinterlassen hat. Ein Netz von Eisenbahnen sollte ganz China überziehen. Große weltstädtische Hafenplätze sollten an der Küste geschaffen werden. [15] Alles ist phantasievoll und großzügig, in Zahlen gedacht, die nur in Amerika ihre Parallele haben. Das Suggestive der Persönlichkeit Sun Yat Sens hat aber im allgemeinen nicht in seiner literarischen Arbeit gelegen. Sein wild bewegtes Leben voll Gefahr und Verfolgung schenkte ihm keine Zeit zu literarischer Vertiefung. Aber er war bedeutend als Sammlungsmittelpunkt. Er hat das Banner der Revolution hochgehalten, bis die Republik die Regierungsform Chinas geworden war. Nach dieser politischen Revolution wandte er sich dem Gedanken der sozialen Umbildung zu, je mehr er sah, daß mit der Umwandlung der Staatsform allein noch recht wenig getan war. Aber daß er es war, der auch den neuen Weg einschlug, bewirkte, daß die dem Neuen zustrebenden Kräfte einheitlich blieben. Er hat das soziale Empfinden des Bürgertums geweckt und es zum großen Teil mitgerissen auf die Bahn der sozialen Reformen. Daß heute Kaufleute, Studenten und Arbeiter eine einheitliche Masse bilden, daß auch die Soldaten im entscheidenden Moment mit dem Volk zusammengehen, ist die große Kraft des neuen China. Dieser ganz starke, einheitliche Geist hat die Gewißheit des Sieges in sich. So bedeutet der Name Sun Yat Sens für weite Kreise des chinesischen Volkes ein einigendes Symbol. Vielleicht wird diese Kraft nun, da er gestorben ist, noch größer werden, weil er zu Lebzeiten gerade in Kanton eine Menge parteimäßiger Gegner hatte und weil er während der dauernden Kämpfe, in denen er stand, und die zwischen Sieg und Niederlage schwankten, doch manchmal zu Maßregeln gezwungen war, um sich Geld für seine Zwecke zu verschaffen, die nicht immer seine Beliebtheit bei den davon betroffenen Kreisen vermehrten.

Namentlich bei der studierenden Jugend spielt eine große Rolle der Präsident der Pekinger Reichsuniversität, Ts'ai Yüan P'e. Ts'ai Yüan P'e stammt noch aus der alten Schule. Er war Mitglied der alten Hanlin-Akademie und beherrscht die alte chinesische Wissenschaft und den alten Stil vollkommen. Er hat sich jedoch von Anfang an mit Überzeugung der neuen Bewegung angeschlossen, in der er sehr bald eine führende Stelle einnahm. Er ist der einzige der literarischen Führer aus der älteren Generation, der längere Zeit an europäischen, besonders an deutschen Universitäten verbrachte. Zurückgekehrt nach China war er als Unterrichtsminister tätig und wurde schließlich mit der Präsidentschaft der Pekinger Reichsuniversität betraut. Sein Werk ist der Neuaufbau des gesamten chinesischen Erziehungs- und Bildungswesens. Wir haben gesehen, daß die chinesische Reformarbeit lange schwankte, wieviel von der westlichen Zivilisation zu übernehmen sei, ohne daß es nötig würde, die altüberlieferte Kultur zu beschränken oder aufzugeben. Das mußte natürlich ein Versuch bleiben, der notwendig zum Scheitern verurteilt war. Denn die Beherrschung der altchinesischen Schrift, des alten Stils, der alten Philosophie, der alten Geschichte war eine Aufgabe gewesen, die bisher die Kräfte eines normalen Studierenden vollkommen ausgefüllt hatte. Wollte man nun noch fremde Sprachen, Mathematik oder Realien hinzufügen, so mußte eine Halbheit entstehen, die je nach der Orientierung entweder auf die »neuen« Fächer oder auf die »alten« Fächer besonders drückte. In Wirklichkeit waren die bisherigen Versuche ein Übergang von der einen Art zur anderen gewesen.

Die erste Einführung der westlichen Wissenschaften unter den Jesuiten bleibt außer Betracht, insofern als die von ihnen gebrachten westlichen Kenntnisse nicht als Bestandteil der Allgemeinbildung eingeführt wurden, die ruhig in ihren alten Bahnen blieb, sondern nur von einem Teil der damaligen Gelehrten aufgenommen und verarbeitet wurden. Die damaligen Einwirkungen auf die chinesischen Wissenschaften hätten noch fruchtbarer sein können, wenn die Jesuiten die damals neueste Wissenschaft von Europa importiert hätten. Allein sie schleppten sich – aus religiösen Gründen – noch immer mit der Astronomie Tycho de Brahes herum, so daß sie zwar leichter in der chinesischen Weltanschauung Eingang fanden – denn der Standpunkt, auf dem sie standen, war nicht prinzipiell von dem antik chinesischen verschieden – aber sie revolutionierten die chinesische Wissenschaft nicht. Die chinesischen Arbeiten, die auf der Grundlage des von ihnen Gebrachten standen, waren notwendig dazu verurteilt, veraltet zu sein, schon als sie entstanden.

Die Aufnahme der modernen europäischen Wissenschaft geschah, wie schon gezeigt, äußerst zögernd. Nur für die praktische Anwendung schienen die westlichen Kenntnisse, in denen man mehr bloße Technik als Wissenschaft sah, geeignet. Noch Tschang Tschi Tung stand mit seinem bekannten Manifest, das die Reform der Bildung fordert, auf dem Standpunkt, daß der Kern der Bildung altchinesisch und nur die Praxis europäisch sein sollte. Diese Unterscheidung beherrschte jahrzehntelang die Diskussion, sie löste die Schwierigkeit mit einer eleganten Phrase. In Wirklichkeit sah man sich natürlich genötigt, den Kern immer mehr zusammenschrumpfen zu lassen, da die praktische »Schale« immer mehr an Ausdehnung gewann. Dadurch bildete sich ein Zustand der Wurzellosigkeit bei der Jugend heraus, der wirklich bedauerlich war. Namentlich in Missionsschulen konnte man es erleben, daß die Zöglinge zwar ganz leidlich in englisch sich ausdrücken konnten, aber ihre eigene Muttersprache nicht mehr so weit beherrschten, daß sie auch nur einen einfachen Brief hätten schreiben können. Damit sank natürlich der Wert ihrer fremden Ausbildung innerhalb des chinesischen Kulturgebietes auf die Bedeutung der Sprachenkenntnis eines Oberkellners herab. Die Absolventen solcher christlichen Universitäten brachten es daher auch vielfach nicht weiter als zu Dolmetschern, Schreibern oder Büroangestellten in fremden Diensten, was andere Leute mit ein wenig Mutterwitz in weit kürzerer Zeit ohne »Universitätsstudium« auch erreichten.

Auf der anderen Seite zeigte sich der Mißstand, daß gerade die Vertreter des Neuen, die Reformatoren wie K'ang Yu We oder Liang K'i Tsch'ao keine fremde Sprache verstanden und deshalb für ihre Kenntnis des Westens im wesentlichen auf Übersetzungen angewiesen waren. Diese Übersetzungen waren teils oberflächlich und ungenau, wie die meisten der in älterer Zeit von Missionaren angefertigten, teils waren sie in elegantem Chinesisch geschrieben, wie die berühmten Übersetzungen von Yän Fu. Aber diese Werke waren so glatt übersetzt oder eigentlich umgeschrieben, daß sie sich lasen wie alte chinesische Schriften und das Neue der Gedanken sozusagen eingewickelt und zugedeckt war durch den alten literarischen Stil. Es war, wie wenn wir etwa die Darwinschen Werke durch eine Aneinanderreihung von Bibelstellen übersetzen wollten. Daneben kam auch in Betracht, daß die übersetzten Werke keineswegs die wichtigsten waren, sondern Werke zweiten Ranges, Sachen von Huxley, Spencer, St. Mill, Montesquieu. Diese Dinge bildeten nun eine Zeitlang in China die Quintessenz der modernen Wissenschaft.

Diesen unvollkommenen Versuchen, Ost und West einander nahezubringen und eine einheitliche Volksbildung wieder zu gewinnen, konnte nur durch einen kühnen Entschluß ein Ende gemacht werden. Man mußte den Ballast des Alten, der nur beschwerte, ohne zu bereichern, energisch beseitigen, um Zeit zu gewinnen für eine Ausbildung in der chinesischen Schriftsprache und den Realien. Bisher hatten die klassischen Werke der alten Philosophen zugleich dem Unterricht im Lesen und Schreiben gedient. Ein Kompendium der konfuzianischen Moral, Philosophie und Geschichte diente als erste Fibel, es war das sogenannte Dreizeichenbuch, das seinen Namen davon hat, daß es in dreifüßigen Versen geschrieben ist. Es begann mit den tiefen Worten:

>>Der Menschen Anfang
Ist in der Wurzel ihrer Natur gut.
Von Natur sind sie einander nahe,
Durch Gewöhnung kommen sie einander fern.<<

Diese Schriften wurden Wort für Wort auswendig gelernt – nur dem Ton nach, ohne daß der Schüler zunächst verstand, was er las. Erst wenn er die ganzen Werke memoriert hatte, wurden sie in einem zweiten Kurs, oft recht oberflächlich, ihrem Sinne nach erklärt. Man kann sich denken, daß die tiefen Weisheitslehren der größten Denker der alten Zeit für kleine Abc-Schützen nicht eben die am leichtesten verdauliche Kost waren, und daß sie – namentlich bei dem veräußerlichten Lehrbetrieb der letztvergangenen Zeit – nicht eben viel zur lebendigen moralischen Erziehung der mit ihnen überfütterten Knaben dienten.

Ts'ai Yüan P'e tat nun, als er Unterrichtsminister war, den entscheidenden Schritt, der durch seine Vorgänger in mancher Hinsicht vorbereitet war, er beseitigte die alten klassischen Schriften aus dem Elementarunterricht und wies ihnen den Platz zu, der ihnen gebührte: die Universität. Hier sollten die alten Schriften philologisch, historisch und philosophisch bearbeitet und für die Gegenwart fruchtbar gemacht werden. In den Schulen aber wurden Lesebücher eingeführt, die nicht mehr in der hieroglyphisch schweren Sprache vergangener Jahrtausende geschrieben waren, sondern die, dem Gedankenkreis der Gegenwart entnommen, die Schüler bekanntmachen sollten mit dem Gebrauch ihrer Muttersprache in Wort und Schrift.

Man kann die Bedeutung dieser Reform kaum überschätzen. Denn nicht nur wurde der ganze Bildungsgang, die ganze Art des Lernens von Grund aus nach den Prinzipien der Pädagogik umgestaltet; auch der Konfuzianismus hörte damit auf, die religiöse Grundlage der Bildung zu sein. Literarische Bildung hatte man im alten China in der Schulgemeinschaft erlangt, die letzten Endes auf den Meister der zehntausend Generationen, Konfuzius, zurückging. Wenn diese Schulgemeinschaft auch nicht die straffe Organisation einer Kirche hatte, so bildete sie doch einen festen Lebens- und Weltanschauungshintergrund. Der »Meister« schwebte unsichtbar über allen Schulen. Wissenschaft war zugleich Religion und Moral. Die Schrift war heilig. Beschriebene Papiere wegzuwerfen, galt als Frevel. Man hatte in den Schulen Kasten aufgehängt, in denen sie gesammelt wurden, um von Zeit zu Zeit feierlich verbrannt zu werden. Mit dem Lernen ging praktischer Dienst im Hause des Lehrers häufig Hand in Hand. Der Schüler wuchs hinein in die große, die Jahrhunderte umspannende Kulturgemeinschaft. Damit daß die konfuzianischen klassischen Schriften Gegenstand des Universitätsstudiums geworden sind und ihre Grundsätze – zum Teil stark modifiziert – nur noch im Unterrichtsfach der Ethik gelehrt werden, ist eine neue Einstellung von selbst gegeben. Konfuzius wird zwar noch mit Achtung und Verehrung genannt als Weiser des Altertums, aber die lebendige Beziehung ist unterbrochen. Die Schule ist entkirchlicht.

Als Ts'ai Yüan P'e dann die Leitung der Pekinger Reichsuniversität übernahm, schuf er sie um zu einer umfassenden Bildungs- und Forschungsanstalt. Er gliederte sie in Fakultäten und Abteilungen. Der Lehrkörper bekam dadurch, daß er die Dekane und den Prorektor wählte, selbständigen Anteil an der Leitung des Ganzen. Es gelang Ts'ai Yüan P'e, die bedeutendsten jüngeren Kräfte heranzuziehen. Ein unglaublich produktives wissenschaftliches Leben begann. Trotz geringer Bezahlung, die infolge der trostlosen Finanzverhältnisse oft monatelang im Rückstand bleibt, herrscht eine beispiellose Schaffensfreudigkeit unter den Professoren und ein enger Kontakt zwischen Lehrern und Studenten. Ts'ai Yüan P'e hat die unbedingte Freiheit der Wissenschaft zum Prinzip gemacht. Auch die kühnste, revolutionärste Weltansicht kam zu Wort, aber auch stark konservativ gerichtete Lehrkräfte konnten sich unbehindert beteiligen. Selbst der Reaktionär Ku Hung Ming war eine Zeitlang Dozent an der Universität.

Im allgemeinen kann man sagen, daß die Pekinger Universität an der Spitze aller geistigen Bewegungen Chinas steht und daß sie eine lebendige Kraft in unmittelbarem Kontakt mit dem Volksleben ist. Die Professoren halten es alle für eine Ehre, dieser Gemeinschaft anzugehören. Die Studenten suchen und finden Berührung mit den breitesten Schichten des Volkes. Sie sind freiwillig tätig an Abendschulen für das Volk. Alles, was an wissenschaftlichen, ästhetischen, sozialen Fragen auftaucht, findet Interesse, und eine Menge freier Vereinigungen bildeten sich, in denen Dozenten und Studenten sich an die Bearbeitung neu auftauchender Fragen machen. So hat denn die Pekinger Universität, wie sie durch Ts'ai Yüan P'e und seine Mitarbeiter geschaffen wurde, einen überaus wichtigen Platz im geistigen Leben des neuen China.

Eine der bedeutendsten Taten dieses Kreises um die Pekinger Reichsuniversität ist die Schöpfung einer neuen chinesischen Umgangssprache. Die alte chinesische Schriftsprache geht im wesentlichen zurück auf die Sprache der letzten vorchristlichen Jahrhunderte. Damals hatte sich aus der manchmal noch etwas unbeholfenen vorklassischen Sprache und Schrift eine äußerst elegante, biegsame und doch klare Schriftsprache herausgebildet, die in den bekannteren Werken jener Zeit niedergelegt ist. Diese Schriftsprache hatte sich im wesentlichen durch die Jahrhunderte hindurch erhalten und wurde immer wieder bei neuen Kompositionen nachgebildet, auch dann noch, als die gesprochene Sprache längst eigene Wege gegangen war, und zwar so weit von der Schriftsprache abweichende, daß diese nicht mehr verstanden wurde, wenn man sie gelesen hörte, vielmehr das Schriftbild zum Verständnis unbedingt notwendig war. Schon seit der Zeit der Auseinanderentwicklung von Wort und Schrift gab es neben der Schriftsprache auch eine Literatur in der jeweils gesprochenen Sprache. Der berühmte Gelehrte Tschu Hsi in der Sungzeit hat z. B. seine Gespräche mit seinen Jüngern in der Umgangssprache herausgegeben. Außerdem kam eine volkstümliche Literatur von Dramen, Novellen und Romanen auf, die alle mehr oder weniger der Umgangssprache sich näherten. Aber diese ganze Literatur führte nur ein Dasein zweiten Ranges und galt nie als vollwertig.

Nun kamen mit der neuen Zeit auch neue Bedürfnisse. Eine literarische Revolution fand statt, die mit den großen Bewegungen der Renaissance zu vergleichen ist, durch die die europäischen Nationalsprachen zu Schriftsprachen wurden. Man wollte eine Sprache, die wirklich den neuen Gedanken sich anpassen konnte und die leicht und allgemein verständlich war. Diese literarische Revolution fand ihren ersten Ausdruck in der Zeitschrift »Die neue Jugend«, die von dem Dekan der literarischen Fakultät an der Pekinger Reichsuniversität, Tsch'en Tu Hsiu, begründet worden war. Diese Zeitschrift vertrat politisch und sozial einen sehr weit links stehenden Standpunkt und in der Literatur den Standpunkt des Naturalismus. Ein hochbegabter junger Professor, Hu Schi, der von einem längeren Studienaufenthalt aus Amerika zurückgekehrt war und nicht nur geläufig englisch sprach und schrieb, sondern auch die pragmatische Philosophie Amerikas in sich aufgenommen hatte, entwarf in der Zeitschrift sein neues Programm und machte auch in einer ganzen Reihe von Publikationen wirklich Ernst mit dem Gebrauch dieser neuen Volkssprache. Eine Menge anderer Zeitschriften schloß sich an. Vorübergehend gab es über 400 Zeitschriften und Zeitungen, die in der Volkssprache geschrieben waren und die ihren Stoff hauptsächlich durch Übersetzungen aus fremden Sprachen bezogen. Selbstverständlich konnte sich eine so große Zahl auf die Dauer nicht halten. Ein großer Teil ging später wieder ein. Hu Schi veröffentlichte eine Aufsehen erregende Geschichte der chinesischen Philosophie, von der zunächst der erste Teil in der neuen Sprache erschien und so den Beweis erbrachte, daß diese Sprache auch für wissenschaftliche Werke ein biegsames und brauchbares Verständigungsmittel war.

Ein Sturm des Widerspruchs erhob sich gegen diese Revolution. Man fühlte sich im Lager der Alten verletzt durch die rücksichtslose Volkstümlichkeit der neuen Sprache – wo war die Feinheit, wo der abgewogene Rhythmus, wo der versteckte Schillerglanz der zitatenreichen Sprache der Vergangenheit? Es war alles so klar, so unmittelbar, so offen, so gemein. Natürlich spielte bei dieser Opposition auch der Umstand eine Rolle, daß die literarische Revolution, ganz ähnlich wie die literarische Revolution in Europa am Ende des vorigen Jahrhunderts, mit großen sozialen und politischen Strömungen verbunden war. Tsch'en Tu Hsiu mußte aus Peking fliehen. Er begab sich in die Fremdenniederlassung von Schanghai, wo er eine Anzahl ziemlich radikaler Oppositionsblätter herausgab.

Das literarische Haupt der Gegner der neuen Bewegung war eine Zeitlang Lin Schu, der durch seine Übersetzungstätigkeit eine gute Stellung gehabt hatte, die durch die neue Sprache in Frage gestellt war. Zudem war er auch in politischer Verbindung mit der Anfupartei, die er gegen die radikale Jugend zu verteidigen suchte.

Inzwischen hat die neue Bewegung sich abgeklärt und ist zur festbegründeten Tatsache geworden. Nicht nur die aufstrebende Jugend wie Hu Schi und Liang Schu Ming oder der moderne Dichter Hsu Tschi Mou und viele andere haben wertvolle Werke in der neuen Sprache geschaffen; auch Liang K'i Tsch'ao und Ts'ai Yüan P'e haben sich der Bewegung angeschlossen und haben sie dadurch auf eine unbestreitbare Ebene emporgehoben.

Mit dieser literarischen Bewegung hängt eine große Lebendigkeit des ganzen geistigen Lebens zusammen. Die Schranken gegen das Ausland sind gefallen. Offene und rückhaltslose Auseinandersetzung mit allen Gedanken des Westens hat begonnen. Man hat kein sonderchinesisches Reservat mehr, an das man sich zu klammern sucht, wie Tschang Tschi Tung das noch getan hatte. Eine philosophische Gesellschaft wurde begründet unter dem Vorsitz von Liang K'i Tsch'ao, Tsiang Po Li und dem besonders auch in Deutschland bekannten Dr. Carsun Chang, die fremde Professoren nach China einlud. Bertrand Russell von England, Dewey von Amerika, Hans Driesch von Deutschland und Rabindranath Tagore aus Indien haben dem Ruf bis jetzt Folge geleistet. Andere werden folgen.

Eine Zeitlang schien es, als ob die kulturelle Selbständigkeit Chinas im Zustrom der neuen Gedanken rettungslos verloren sein würde. Der Krieg hat da Wandel geschaffen. Die westlichen, europäisch-amerikanischen Staaten zeigten doch zu deutlich in diesem Krieg die furchtbar gefährlichen Seiten ihrer Kultur. China erwachte aus dem Kosmopolitismus, in den es schwärmend eingetreten war und der sich in den Schriften K'ang Yu We's und anderer Zeitgenossen zeigte, zu einem bewußten Nationalgefühl. In dieser Richtung wirkten dann auch ganz besonders die neu sich zeigenden russischen Einflüsse. Das neue Rußland, das von Europa vielfach mit dem gedankenlosen Schlagwort »Bolschewismus« erledigt werden möchte, ist eine viel mehr zusammengesetzte Erscheinung, als wir hier sehen. Außer dem Prinzip des Kommunismus ist der Sowjetgedanke sehr mächtig, der die freie Zusammenarbeit vollkommen selbständiger, gesellschaftlicher oder nationaler Bildungen bedeutet. Dieser Sowjetgedanke stärkt in Asien überall das nationale Element. So auch in China. Keine »gelbe Gefahr«, das inhaltsleere Gespensterphantom des europäischen schlechten Gewissens, kein blutiger Agrar-Kommunismus, kein »Bolschewismus« in diesem Sinne ist von China zu erwarten, wohl aber die feste Entschlossenheit, Herr im eigenen Hause zu werden, die jahrhundertelange Knechtung durch europäische Anmaßung zurückzuweisen, eine gleichberechtigte Nation unter anderen zu sein und gemeinsam mit ihnen an der großen Menschheitssache mitzuarbeiten. Das sind die Ziele von Jung-China. Deutschland und Rußland haben China dieses Recht freiwillig zugestanden. Die anderen Nationen, die von den Chinesen als Unterdrücker empfunden werden, sehen sich einem sehr starken passiven Widerstand gegenüber, der die ganze chinesische Nation einigt. Sie kämpfen mit Tanks und Maschinengewehren und reden in ihrer Presse von chinesischen Aufständen, wenn sie wieder einige hundert Chinesen niedergeschossen haben – ohne daß ein einziger Europäer getötet worden wäre. [16] China hat demgegenüber nur die neue Waffe der Entschlossenheit. So spielen sich dort vor unseren Augen entscheidende Kämpfe einer neuen Weltgestaltung ab.

Siebentes Kapitel. Eine Reise nach dem Grab des Konfuzius und die Hochzeit seines Enkels

Mit einigen chinesischen Schülern hatte ich mich auf den Weg gemacht, um chinesische Vergangenheit zu erleben. Damals war die Schantungbahn, die Tsingtau mit der Hauptstadt Schantungs, Tsinanfu, verbindet, noch nicht fertig gebaut. Es war noch altes China in der Provinz. Die Einwohner hatten sich erst gegen den Bahnbau gestemmt. Sie fürchteten, daß die Geister des Telegraphen, die durch die Luft summten, das Schnauben und Rasseln des »Feuerwagens« die Ruhe der Ahnengräber stören könnten. Sie hatten richtig geahnt. Die Eisenbahn hat die Ahnen aus ihren Gräbern aufgeschreckt. Ganz buchstäblich. Die Erde hat ihren Mund aufgetan und speit empor, was in heiliger Verborgenheit Jahrtausende in ihr geruht. Aus den Gräbern kommen hervor geheimnisvolle Zauberspiegel mit einer Patina wie schwarzglänzender Lack. Es kommen hervor schwere, malachitgrüne Bronzen von strengen alten Formen mit Inschriften, die über Zeit und Ort ihrer Entstehung erzählen. Urälteste Orakelknochen werden emporgewälzt, die in geheimnisvolle Tiefen chinesischer Urzeit schauen lassen, alte Runen decken ihre glatten Flächen, und vieles, was wie alter Mythos klang, ist mit bildhaften Zeichen auf ihnen eingegraben. Jene ungezählten Grabbeigaben kommen hervor: Frauen und Diener, Pferde und Kamele und seltsam verschwiegene Totengötter, alle jene Begleiter ins rätselvolle Jenseits, die lange Jahrhunderte den Toten mitgegeben wurden und die der europäische Sammler unter dem Namen der Tangplastik zusammenfaßt. Die aufgestörten Ahnengeister haben noch vieles andere gebracht. Die Ruhe fester Gewohnheiten, die seit Jahrtausenden über China lag, wurde unterbrochen, und ein Chaos neuen Werdens breitete sich über das Land.

Aber damals in den ersten Jahren des Jahrhunderts wußte man auf dem Lande noch wenig von dieser Zukunft. Der Bahnbau hatte Schwierigkeiten gemacht – nicht größere übrigens als seinerzeit in Europa. Die Esel der Bauern waren weggelaufen, wenn das Dampfroß anschnaubte, und die Bauern waren feindlich gewesen. In kurzem aber kamen sie herbei und benützten die neue Beförderungsgelegenheit und wunderten sich schließlich nur darüber, daß es nicht noch viel schneller ging.

Wir benützten die Bahn bis Wehsiän. Diese Stadt liegt ungefähr in der Mitte der Schantunghalbinsel. Sie ist seit alter Zeit ein Sitz von Gelehrtenfamilien. Von hohen Mauern mit Zinnen umgeben, liegt sie unmittelbar an einem breiten Fluß, dessen sandiges Bett als Ort für die regelmäßigen Lebensmittelmärkte benutzt wird, da er meist bis auf eine schmale Rinne trocken ist. Wir nahmen in einer Herberge Wohnung. Der Beamte hatte von meiner Ankunft [17]gehört und hatte einige Diener mit Erfrischungen gesandt. Auch wurde der Herbergsraum festlich für mich hergerichtet. Der Jahrhunderte alte Staub des Lehmfußbodens wurde durch heftiges Kehren mit dem kurzen Handbesen durcheinandergewirbelt, die Stühle wurden mit roten Polstern versehen, und an den Türen wurden rote Seidenstreifen und Vorhänge befestigt.

Ich schickte meine chinesische Visitenkarte [18]ins Yamen (Regierungsgebäude), um meinen Besuch beim Ortsbeamten anmelden zu lassen. Es war dunkel geworden, ehe ich mich auf den Weg machen konnte. Ich wurde in einer Sänfte durch die dämmerigen Straßen getragen. Voran gingen Amtsdiener mit Papierlaternen im Geschwindschritt, um den Weg frei zu machen. Ehrfurchtsvoll wich die Menge, die sich durch die engen Gassen schob, zur Seite. Es ging durch das hohe Tonnengewölbe des Stadttores, in dem die Schritte der Träger dröhnten. Die riesigen, eisenbeschlagenen Torflügel waren noch offen. Erst nach Einbruch der Nacht wird durch einen hellen Hornstoß und dumpfes Trommeln das Zeichen gegeben, worauf die Tore sich knarrend schließen. Diese Stadttore mit ihrem trotzigen Aussehen, oft überragt von kleinen Tempelchen, haben meist eine lange Geschichte von Krieg und Frieden erlebt, und unheimlich sind sie umwittert von den Ereignissen. In ihrer Tiefe hängt etwa ein vergittertes Kästchen, in dem ein Paar Schuhe stehen. Es sind die Schuhe eines gerechten und beliebten Beamten, die ihm beim Abschied von der dankbaren Bevölkerung als Andenken abgenommen wurden, während ihm ein Paar neue überreicht wurden, die ihm den Aufstieg ebnen helfen sollten. Aber man konnte auch andere Dinge sehen, etwa den Kopf eines berüchtigten Räubers, der in einem kleinen

Käfig hier zur Abschreckung oft wochenlang aufgehängt wurde. In Wehsiän hing übrigens damals kein Kopf im Tor, und ruhig ging es durch die gepflasterten Straßen weiter, vorbei an matt erleuchteten Läden und Werkstätten, bis die Träger endlich durch das hohe Torgebäude ins Yamen einbogen. Der Beamte empfing mich in einem kleinen Privatraum und war sehr freundlich, ordnete auch alles für die Weiterreise, die für den nächsten Morgen geplant war, an.

Am nächsten Morgen in der grauen Frühe kam eine Reisesänfte mit zwei Abteilungen von Trägern für mich und ein Reisewagen für die Schüler und das Gepäck. Die chinesischen Reisewagen sind zweirädrige Vehikel ohne Federn mit einem tonnenförmigen Aufbau, der in der Regel mit blauem Tuch bespannt ist. Der Wagen ruht auf zwei Deichseln, die direkt dem Pferd angeschirrt werden. In der Ebene genügt ein Pferd. Bei schwierigen Wegen wird ein zweites davor gespannt. Die Wagen sind noch ganz wie sie vor Jahrtausenden waren, sehr stabil gebaut, so daß sie auch auf den schlechtesten Wegen, wo sie oft gefährlich schief stehen, sich doch immer wieder auf den beiden Rädern aufrichten und ein Umkippen zu den Seltenheiten gehört. Die Chinesen stopfen sich den Wagen mit Gepäck und Decken so voll, daß sie selbst zwischen den weichen Gegenständen eingeklemmt sind und so das Schütteln des federlosen Wagengestells mit Ruhe ertragen können. Ich habe später auch die Vorzüge eines chinesischen Reisewagens schätzen gelernt, aber ehe man sich daran gewöhnt hat, sieht man in ihm nur ein Marterinstrument. Die Reitpferde, die man unterwegs gestellt bekommt, sind meist alte abgemagerte Mähren, die nur auf dauerndes Schlagen mit ein paar Schritten Trab antworten, weil dann der zu Fuß mitgehende Pferdeknecht den Schwanz des Tieres um seine Hand wickelt und sich auch noch mitziehen läßt. Daher blieb als einziges bequemes Reisemittel die Sänfte. Das regelmäßige Schwanken ist man bald gewöhnt. Man hat einen Teetopf bei sich stehen, aus dem man nach Belieben in eine Tasse, die auf dem Querbrett vor der Sänfte steht, eingießen kann. Man kann dazu Melonenkerne knacken und die Gegend betrachten oder lesen. Ich las damals, solange wir durch ebene Gegenden kamen, den chinesischen Roman von der treuen Ehegefährtin, jene Geschichte von den beiden jungen Leuten, die so tugendhaft sind, daß sie schließlich vom Kaiser zusammengetan werden, nachdem sie alle Anfechtungen glänzend bestanden haben. Es ist das der Roman, den Goethe in seinen Gesprächen mehrfach erwähnte und den Schiller einmal bearbeiten wollte. In der chinesischen Literaturgeschichte spielt er kaum eine Rolle, da er im Stil trocken und in der Handlung marionettenhaft ist, aber im Europa des 18. Jahrhunderts wurde er viel übersetzt, da er so recht zu den Chinoiserien der damaligen Zeit paßte.

Die nächste größere Station nach Wehsiän war die Stadt Tsingtschoufu. In der Nähe der Stadt sind eine Reihe von Erdpyramiden, Gräber früherer Könige. Hier war die Hauptstadt der alten Fürsten von Ts'i, an deren Hof Konfuzius einst geweilt und die berühmte Schaomusik gehört hatte, die ihn so ergriff, daß er drei Monate lang den Geschmack des Fleisches vergaß. Hier war der Schneepalast, in dem Mongtse jenes denkwürdige Gespräch mit dem König von Ts'i hatte über die wahre Freude eines Fürsten, die darin bestehe, daß er alle Schönheit der Musik und der Gärten und Schlösser mit seinem Volk gemeinsam genieße. Noch wird die Stelle gezeigt, wo einst dieser marmorne Palast gestanden. Ein paar steinerne Löwen aus weit späterer Zeit stehen auf einer öden Fläche, auf der im Hintergrund irgendwo ein zerfallenes Gebäude ist, das als Unterkunft für die Bettler der Stadt dient. Die Reste eines uralten Stadttores ragen wie ein Hügel aus der Ebene hervor. Im Volksmund heißt dieser Hügel der Ameisenberg.

In Tsingtschoufu lag damals, getrennt von der chinesischen Stadt durch eine besondere Ummauerung, ein befestigtes Mandschulager unter einem Kommandanten, der mich halb aus Höflichkeit, halb aus Neugier auch empfing. Die Mandschubevölkerung, bei der sich hauptsächlich die Frauen durch ihre unverkrüppelten Füße mit den dicksohligen Stiefeln, durch ihre langen ungeteilten Gewänder und durch den seltsamen Aufbau des Kopfputzes von den chinesischen Frauen unterschieden, während die Männer für die Fremden nur schwer sich unterscheiden lassen, war schon damals in recht dürftigen Verhältnissen, da sie ganz von den Tributanteilen des Hofes lebte und selber sich von jeder Arbeit fernhielt.

Auch eine starke mohammedanische Bevölkerung lebt in der Stadt. Die chinesischen Mohammedaner sind zum ganz überwiegenden Teil Abkömmlinge von Turkvölkern, deren Vorfahren als Soldaten ins Land gekommen waren. Der häufigste Familienname unter ihnen ist Ma – eine Chinesifizierung des Namens Mohammed. Da und dort findet man noch einen arabischen Koran oder sonst ein arabisches Werk, das aber selbst die Mollahs nur auswendig wissen, nicht eigentlich lesen können. Im übrigen zeichnen sie sich dadurch aus, daß sie kein Schweinefleisch, sondern hauptsächlich nur Hammelfleisch essen, das in ausdrücklich als Hui Hui, d. h. mohammedanisch bezeichneten Schlachtereien verkauft wird. Auch Wein trinken sie nicht – nur Beamte lassen sich von diesem Verbot dispensieren, um in der Erfüllung ihrer Amtspflichten, die auch einen gewissen gesellschaftlichen Verkehr einschließen, nicht gehemmt zu sein. Moscheen, die sich im Stil aber sehr eng an chinesische Gebäude anlehnen, finden sich auch an den meisten Orten mit mohammedanischer Bevölkerung.

Von Tsingtschoufu aus ging dann der Weg in mehreren Tagereisen vorbei an dem Eisenberg bei Kinlingtschen nach der Provinzialhauptstadt Tsinanfu. Tsinanfu war damals noch eine alte chinesische Stadt ohne die staubige und lärmende Fremdenniederlassung, die außerhalb der Mauern sich inzwischen angesiedelt hat. Die Stadt liegt am Fuß des Tausendbuddhaberges, der sich mit seinen Tempeln und Klöstern im Süden erhebt. Sie ist überaus quellenreich. Die Quellen sprudeln an einigen Orten in perlender Klarheit aus dem Boden. Tempelanlagen und Teehäuser umgeben den Ort. Ein Markt mit seinen Buden und Menschengewühlen belebt die Ufer. Von den Quellen aus durchziehen Wasseradern die ganzen Straßen, weshalb Tsinanfu zu den reinlichsten Städten Chinas gehört. Ein alter unscheinbarer Pavillon liegt an einer Biegung des Wasserlaufs. Dort ist Frühmarkt. Morgens, lange vor Tagesanbruch werden meist ganz im geheimen Altertümer und sonstige Wertgegenstände von Dienern verarmter vornehmer Familien, Händlern oder gelegentlich auch wohl Dieben dorthin gebracht und von Kaufleuten aufgekauft. Das Feilschen und Drängen in der Morgenkühle ist überaus romantisch. Man kann, wenn man sich auf den Handel versteht, gelegentlich ganz gute Stücke erwerben, man kann aber auch – und dies ist wohl die Regel für den harmlosen Europäer – gewaltig betrogen werden. Denn sowie ein Europäer auftaucht, kommen aus den umhegenden Geschäften die Leute mit ihren Schätzen hervor und zeigen sie in geheimnisvoller Weise verstohlen vor, um dadurch Neugier und Kauflust zu wecken. Und da in Wehsiän z. B. eine ausgedehnte Fabrikation von Bronzealtertümern ist, kann man sich vorstellen, daß da im ungewissen Flackern der nächtlichen Laternen manche Enttäuschung für den lichten Tag sich vorbereitet.

Die vielen Wasser der Stadt sammeln sich im Norden in einem Lotossee, dem Taming-Hu. Dieser See ist das Ziel der müßigen Jugend der vornehmen Häuser. Breite Boote mit glaswandigen Aufbauten, in denen an gedeckten Tischen Tee und Melonenkerne serviert werden, fahren durch die freien Wasserrinnen zwischen den großen Lotosblättern und den duftigen, großen, zartroten Blumen hin und verschwinden wieder im Grünen. Da und dort hört man fröhliches Lachen oder sieht die bunten Gewänder einer Sängerin durchs Gebüsch schimmern. Oder es klimpert jemand auf der Laute, zu der irgendeine Arie aus einem Theaterstück gesungen wird. Der See hat Stationen, die auf kleinen Inseln liegen. Da sind Pavillons unter hohen Weidenbäumen versteckt. Gedächtnishallen und Ahnentempel erheben sich, die für berühmte Männer der Vorzeit erbaut sind und Anlagen und Räume enthalten, in denen man plaudern kann und Tee trinken und in die Gegend träumen – ja selbst Theater hören, und die auf diese Weise ganz anders dazu beitragen, die Namen, zu deren Gedächtnis sie gegründet sind, im Volk lebendig zu halten, als europäische Denkmäler, die nach ein paar Jahren höchstens noch der durchreisende Fremde besieht. Im Norden reicht der Teich bis zur Stadtmauer, wo ein Tempel des Nordpols auf hoher Terrasse sich erhebt. Dort kann man alles übersehen, was auf dem Teich sich abspielt, vom Horizont her schaut durch den blauen Himmel der Tausendbuddhaberg aus zartem Duft herüber, und all die Häuser der Stadt, die sich zusammendrängen, sind umsponnen und beschattet vom zarten Grün der hohen Weidenbäume. –

Von Tsinanfu aus wendet sich der Weg dem Gebirge zu. Man merkt, daß man durch uraltes Kulturland kommt. Die Straßen sind im Lauf der Jahrhunderte in dem weichen Lößboden so ausgefahren worden, daß sie tief unterhalb der Ebene gehen. Oft wurde ein Straßenzug, wenn er allzu tief einschnitt, verlassen und liegt dann als tiefe Schlucht da, während daneben eine neue Straße begonnen wurde. An manchen Stellen liegen drei und vier Straßenrinnen nebeneinander. Die Form der Gebirge ist seltsam. Es ist, als ob sich auf den Gipfeln steile Mauern erheben würden, am Fuß der Felsen finden sich häufig Höhlen, und es macht einen ganz seltsamen Eindruck, wenn man ganz tief unterhalb der Spitze durch eine solche Höhle den Himmel durchschimmern sieht.

In Ningyang, einer Kreisstadt in der Nähe der Heimat des Konfuzius, machte ich noch einmal Rast. Der dortige Beamte war von früher her mit mir befreundet und freute sich sehr, mich in seinem Yamen beherbergen zu können. Die Landstraßen waren mit Akazien bepflanzt, die von Tsingtau aus ihren Weg ins Innere gefunden haben. Alles war gut im Stand und reinlich.

Als wir kamen, war der Beamte noch in der Gerichtshalle beschäftigt. Das ist ein großer, offener Raum, in dem die Zivil- und Strafprozesse entschieden werden. Die Büttel stehen mit Prügeln umher. Angeklagte, Kläger und Zeugen knien vor dem Tisch, auf dem das große Amtssiegel steht und hinter dem der Beamte sitzt. Er verbreitet Furcht und Schrecken um sich. Wenn einer etwas sagt, das ihm nicht zu stimmen scheint, so schlägt er mit einem Brett auf den Tisch, was allgemeines Zittern hervorruft, da es immer vorkommen kann, daß dieser Drohung eine Bastonade folgt, um der Wahrheit auf die Spur zu kommen. Das Verfahren war im allgemeinen summarisch, weniger nach spitzfindigen juristischen Regeln, als nach dem gesunden Volksempfinden. Man kann wohl sagen, daß ein Prozeß immer für die Betroffenen etwas Schreckliches war wegen der Büttel und Schergen, die bei der Sache beteiligt waren, und die sich bei solchen Gelegenheiten schadlos zu halten wußten. Hat doch der Kaiser Kanghsi in seinem Heiligen Edikt selbst seine Untertanen vor den kaiserlichen Gerichten gewarnt! Aber trotzdem muß man anerkennen, daß ein tüchtiger Beamter im allgemeinen den Tatbestand sehr richtig feststellte und daß auch seine Urteile durchaus dem chinesischen Volksempfinden entsprachen. [19]

Die Gerichtsverhandlung meines Bekannten war bald beendet, und im gemütlich eingerichteten Privatgemach, wo wir die Beendigung der Gerichtsverhandlung abgewartet hatten, begrüßte er uns.

Wir wurden freundlich bewirtet und plauderten von früheren Zeiten. Es ist ganz unglaublich, was für ein Gedächtnis chinesische Beamte haben. Sie erinnern sich an jahrelang zurückliegende Gespräche mit allen Nebenumständen, wo wir Europäer höchstens noch verschwommene Allgemeinvorstellungen haben. Mein Freund fühlte sich an dem Ort nicht recht wohl. Er war etwas abgelegen, machte viel Arbeit und hatte wenig Einnahmen. Ich wußte schon, daß er nicht zufrieden war, denn beim Eintritt ins Yamen hatte ich an der Tür gegenüber der sogenannten Geistermauer, die sich vor dem Eingang als Schutzwand aufbaut, einen Spiegel hängen sehen. Das ist ein magischer Brauch, der bewirken soll, daß der Bewohner in seiner Laufbahn weiterkommt.

Für meine Weiterreise war er mir von großer Hilfe. Er war mit dem Herzog K'ung in K'üfou, dem 73. Nachkommen des Meisters Konfuzius, persönlich befreundet. Er erzählte mir, daß dort eben ein großes Hochzeitsfest gefeiert werde, und sandte Briefe voraus, die mir eine Einladung zu dieser Hochzeit sicherstellten.

Als am anderen Morgen vor Tagesanbruch die Hornrufe der Wächter durch die graue Luft tönten und ein dumpfer Trommelwirbel andeutete, daß die Stadttore sich öffneten, ging die Reise weiter durch die fruchtbaren Gefilde jenes alten Kulturlandes.

Bald kamen wir in K'üsou an. Die Stadt, die jetzt eine Bahnstation und ein Hotel in fremdem Stil hat, war damals noch ganz unberührt von allem Ausländischen. Sie ist fast ausschließlich bewohnt von den Nachkommen des Meisters K'ung, die sich jetzt zu einem großen Stamm vermehrt haben. Hier haben wir wohl den ältesten Adel auf der ganzen Welt. Nicht nur kann die Familie ihren Stammbaum einwandfrei zurückführen auf den Meister K'ung, der um die Wende des sechsten und fünften vorchristlichen Jahrhunderts gelebt hat, sondern darüber hinaus mit großer Zuverlässigkeit bis über das Jahr 1000 v. Chr. und mit immerhin recht bedeutender Wahrscheinlichkeit bis zur Mitte des dritten vorchristlichen Jahrtausends. Aber nur ein Glied der Familie trägt jeweils den Titel des »Herzogs, der den Heiligen fortsetzt«, der inzwischen in den Königstitel erhöht wurde. Die anderen Familienmitglieder sinken gradweise, wie das überhaupt bei chinesischen Adelsfamilien der Fall ist, wieder auf die Ebene des Volkes herab. Es muß übrigens erwähnt werden, daß die Familie im ganzen Verlauf ihrer Geschichte eine beträchtliche Anzahl von recht bedeutenden Männern aufzuweisen hatte.

Inmitten dieser Bevölkerung, die durch ihre Menge den Segen der Kindesehrfurcht sichtbar verkörpert, die Kungtse zur Grundlage seiner Lehre von der Organisation der Menschheit gemacht hat, steht der Ahnentempel, in dem der Meister verehrt wird. Konfuziustempel stehen im ganzen chinesischen Reich in jeder Kreisstadt. Aber jene Tempel und die Opfer, die dort an festgesetzten Tagen dargebracht werden, ehren ihn als den Repräsentanten der chinesischen Gesellschaftsidee. Hier wird er verehrt als Ahnvater des Geschlechtes, das sich um ihn versammelt hat. Während daher die übrigen Konfuziustempel korrekterweise am Ort der Verehrung kein Bildnis haben, sondern nur eine aufrechtstehende Holztafel, auf der seine Ehrentitel verzeichnet sind, und ringsumher die Tafeln seiner Getreuen stehen, thront hier im Tempel auf dem Herrschersitz, mit dem Blick nach Süden, eine sitzende Statue des Heiligen. Er ist naturalistisch dargestellt in den Formen, die man nach der Tradition als naturwahr ansieht: mit dunklem Gesicht, langem, weißem Bart, leicht geöffnetem Mund und gütigen Blicken. In der Hand hält er ein Zepter, und auf dem Kopf trägt er die Tiara, von der eine Reihe von Perlenschnüren über das Gesicht herabfallen. Auf dem Altar stehen kostbare Opfergefäße – die Spenden verschwundener Herrschergeschlechter. Nach chinesischer Sitte ist es üblich, daß ein Mann begraben wird nach dem Ritus, der seinem Rang entspricht. Geopfert wird ihm aber von seinen Nachkommen nach den Formen, die deren Rang entsprechen. Um also den Meister zu ehren mit immer prächtigeren Ahnenopfern, mußte seinen Nachkommen ein immer höherer Rang verliehen werden. Die verflossene Mandschudynastie wollte sich zuletzt noch an den großen Meister der Äonen gleichsam anklammern. Sie verlieh seinen Nachkommen den Titel eines königlichen Prinzen, weshalb denn seither dem Kungtse das Ahnenopfer in königlichen Nephritgefäßen dargebracht wird, womit er der Gottheit gleichgesetzt ist. Leider hat diese Ehrung wenig geholfen, und mit dem Herrscherhaus hat auch der göttlich verehrte Meister an Anbetung verloren.

Der Tempel mit seinen prächtigen von Drachen umschlungenen Marmorsäulen und seiner edel ernsten Stimmung steht inmitten von uralten Zypressen, die durch Jahrhunderte und Jahrtausende hier Wacht halten. Manche stehen noch als dürre Stämme, immer mehr zusammensinkend und niederbrechend, da. Bei anderen ist aus der Wurzel ein neuer Schoß hervorgekommen; seltsame Lebensbildungen finden sich in Form und Wachstum unter diesen heiligen Baumriesen. Hier ist heiliger Boden. Jede Stätte ist voll von Erinnerungen an das Leben des Meisters, und jeder heilige Ort trägt seinen Denkstein, auf dem aus alter Zeit Zeichen eingegraben sind, die seine Bedeutung verkünden.

Noch eindrucksvoller ist der heilige Hain, die Begräbnisstelle der Familie. Durch eine lange Zypressenstraße führt der Weg in immer geheimnisvollere Räume, bis wir schließlich vor dem Grab des Meisters stehen. Ganz schlicht ist es, ein einfacher Erdhügel, von Gras bewachsen, von Bäumen beschattet, die sich darüber breiten, von uralter Weisheit voll. In ihrem Geäst wohnen Vögel, alte dunkle Vögel mit seltsamen Stimmen. Es ist, als redeten sie in ihrer Sprache von dem, der hier unten ruht. Selbst die Kräuter, die auf seinem Grab wachsen, haben Wunderkräfte. Es sind die heiligen Schafgarben, die gepflückt werden und dann als Orakelstäbe dienen zur Erforschung des alten Weisheitsbuchs der Wandlungen. Ein einfacher Stein steht vor dem Grab und verkündet, wer hier ruht.

In dieser heiligen Stille, die noch tiefer wird durch den Zypressenschatten und die seltsamen Stimmen der dunklen Vögel, da wird das Herz von Ewigkeit berührt. Die Zeit und das kleine Getriebe der Menschen schrumpft zusammen, und ganz groß wie ferne Gipfelriesen tauchen die Gestalten der Menschenbildner auf, die formend und schaffend die Menschheit zu dem gemacht, was sie heute ist. Und unter ihnen nimmt der Mann, der dem größten Volk der Erde auf Jahrtausende hin den Weg gewiesen, der zu Ruhe und Frieden führt, eine ehrfurchtgebietende Stelle ein.

Unsere Zeit hat etwas Furchtbares. Alles Ehrwürdige, Festgefügte, das die Jahrtausende überdauert hat, beginnt zu weichen und zu stürzen. Neue Fragen und Probleme tauchen auf, die ihre Lösung verlangen, für die die Mittel der Vergangenheit unzulänglich sind. So hat vor dem Ansturm des Neuen auch die geistige Welt, die Kungtse aufgebaut hat, nachgeben müssen. Er hat sie aufgebaut auf einer großartigen Harmonie mit den Naturgegebenheiten seiner Zeit. Er sah den Menschen verwurzelt im gefühlsmäßigen Familienzusammenhang. Auf diesen Zusammenhang begründete er seine Ordnung der Welt. Die Anhänglichkeit, die in der Familie das Naturgegebene ist, die Liebe der Eltern zu den Kindern, die Ehrfurcht der Kinder vor den Eltern sind Gefühle, die von selbst, ohne erzwungen zu werden, beim natürlichen Menschen sich einstellen. Diese Gefühle waren das Material, das Kungtse für seine Schöpfung benützte. Auf der einen Seite war er bestrebt, die richtige Form, den richtigen Ausdruck für diese Gefühle zu finden. Denn die Gefühle verkümmern oder verkehren sich, wenn sie nicht den wahren, naturgemäßen Ausdruck finden. So war Kungtse bestrebt, den wahren Ausdruck der zentralen Harmonie der Gefühle zu finden. Das hat er durch feste Sitten des äußeren Betragens und musikalische Beeinflussung der innerlichen Gesinnung zu erreichen gesucht. Von der Familie dehnte er die Wirkungen aus. Was in der Familie Natur ist, das sollte im Staatszusammenhang, der eine Erweiterung der Familie darstellt, Kultur werden. Als Gipfel über allen nationalen Staaten hatte er die Vision der Menschheit: »Innerhalb der vier Meere sind alle Brüder« und als Vater der Menschen die Gottheit, die ewiger Weisheit voll ohne Laut und ohne Geruch das Rechte schafft für alles Leben, und die die einzige Quelle ist für alles, was an höchsten Gedanken und Schicksalen im Menschen lebt.

Diese Gedanken sind niedergelegt in Urkunden des Altertums, die er redigiert hat und die er erfüllt hat mit der Tiefe dieses Sinns. Er gab zu den schriftlichen Texten, die so konzis und lapidar wie möglich waren, die Erklärung ihrer Bedeutung in mündlicher Tradition. So hat er in einer wildbewegten Zeit, da der Bau der damaligen Kultur ins Wanken gekommen war, den Plan gerettet, nach dem unter veränderten Verhältnissen und dennoch in voller Übereinstimmung mit dem Geist seines Erbes die chinesische Kultur wieder aufgebaut wurde. Es ist wohl keinem der großen Menschheitsschöpfer gelungen, seine wesentlichen Gedanken so restlos in der großen Öffentlichkeit zu gestalten wie Kungtse.

Aber heute steht auch China vor neuen Problemen. Nicht nur der Feudalstaat ist zusammengebrochen. Diesen Zusammenbruch hat das konfuzianische System überwunden. Es ist ja gerade maßgebend geworden, als aus China ein zentralisierter Beamtenstaat geworden war. Aber heute wankt die Familie, die eigentliche Naturbasis seines Systems. Selbstverständlich nicht in den Millionen der chinesischen Landbevölkerung; hier werden seine Lehren noch jahrhundertelang ihre Bedeutung behalten. Wohl aber bei den Fortgeschrittensten unter den Menschen. Die Zellen der Individuen lösen sich immer mehr los aus ihren Zusammenhängen. Familie und Staat hören auf, die Gefäße zu sein, in denen sich das wesentliche Leben der Menschheit bewegt. Neue Bildungen und Bindungen müssen aus dem Chaos auftauchen, wenn die Menschheit sich nicht atomistisch zerfasern soll. Damit ist der Wortlaut des konfuzianischen Systems aufgehoben. Es ist kein Zufall, daß die heiligen Schriften des Konfuzianismus, die bisher die Muttermilch waren, mit der der Knabe Bildung, Wissen und Moral gleichzeitig in sich aufnahm, aus den Elementarschulen verbannt und Gegenstand des gelehrten Studiums an den Universitäten geworden sind.

Aber wenn auch das Sterbliche an Kungtse in dieser neuen Welt sich auflösen wird: das Ewige an ihm, die große Wahrheit von der Harmonie zwischen Natur und Kultur, wird bleiben und wird der neuen Weltanschauung und Menschengestaltung einen starken Antrieb geben. Hierin ist er ewig.

Man hat in den letzten Jahren manche Versuche gemacht, auch äußerlich die Wirkungen des großen Heiligen zu stützen. Man versuchte in K'üfou eine große Universität der chinesischen Klassiker zu begründen. Aber die Mittel fehlten. Selbst der Tempel beginnt da und dort schon die Spuren des Verfalls zu zeigen. Die Familie des Heiligen hat viel Unglück. Feuersbrünste haben hin und wieder viele wichtige Schätze zerstört, und der Geist des Heiligen weilt nicht mehr über seinem Vertreter auf Erden. [20]

Als ich vom Besuch der Grabstätte des Meisters zurückgekehrt war, fand ich in der Herberge einen Boten des Herzogs K'ung, der mich zur Teilnahme an seiner Hochzeit einlud. Er war damals im Begriff, sich zum zweiten Mal zu verheiraten. Obwohl noch ziemlich jung, war er nach kinderloser Ehe Witwer geworden.

Ein chinesisches Hochzeitsfest ist immer eine »hohe Zeit«. Ein günstiger Tag wird im Kalender ausgewählt, nachdem die monatelangen Vorbereitungen und Verlobungsbräuche alle vollzogen sind. Dann zieht der Bräutigam aus in prächtiger Sänfte, mit einer leeren Sänfte hinter sich, um die Braut in das Haus seiner Eltern abzuholen. Denn im Gegensatz zu der Sitte bei uns in Europa wird die Hochzeit nicht in der Familie der Braut, sondern in der des Bräutigams gefeiert, wie denn auch die Aussteuergeschenke vom Bräutigam an die Braut gemacht werden. Und wo Kauf üblich ist, kaufen die Eltern des Bräutigams ihm eine passende Frau – ebenfalls im Gegensatz zu europäischen Bräuchen.

In dem Hof des Herzogs war große Festfreude. Die Braut war schon angekommen und in die hinteren Gemächer geführt worden, wo sie nach Vollzug der Trauung ihren roten Schleier abgelegt hatte und von den Gästen besichtigt werden konnte. Denn das gehört auch zu einer chinesischen Hochzeit: wenn der Bräutigam die Braut abholt, trägt sie einen rotseidenen Kopfumhang, so daß sie für den Bräutigam vollkommen unerkennbar ist, sie wird von Dienerinnen in die Sänfte geleitet, und dann geht es fort ? der neuen, unbekannten Heimat entgegen. Die Trauung findet mit großem Zeremoniell statt in Anwesenheit von Vertretern der beiden Familien. Das Brautpaar trinkt aus zwei mit einem seidenen Faden verbundenen Tassen Wein, kniet nieder, um dem Gott des Himmels und der Erde seine Verehrung darzubringen, dann werden die Eltern des Bräutigams, denen die junge Frau nun untertan sein muß, verehrt. Der Schleier fällt, und nun erblickt der junge Mann zum erstenmal [21] seine Frau und kann seine Entschlüsse fassen über die Gestaltung des Zusammenlebens. Die junge Frau muß nun aber den ganzen Rest des Tages zur Schau sitzen, und während sie in der Folgezeit vom Anblick der Außenwelt streng abgeschlossen wird, muß sie am Hochzeitstag sich von allen Gästen begutachten lassen ? was nicht immer eine leichte Aufgabe ist. Natürlich ging bei der Gattin des Herzogs die Sache sehr viel dezenter zu. Außer den näheren Anverwandten hat sie niemand gesehen.

Als ich ankam, erschien der Herzog, um mich zu begrüßen und meine Glückwünsche entgegenzunehmen. Er sagte mir einige freundliche Worte wegen des Interesses, das ich an seinen Vorfahren nehme, und lud mich dann ein, an einer der Tafeln Platz zu nehmen. Auf zahllosen Tischen waren alle Arten von chinesischen Leckerbissen aufgebaut. Die Wände der Räume und der durch Strohmattenverschläge zu Hallen umgebauten Höfe waren mit rotseidenen Ehrenvorhängen und Glückwunschsprüchen ganz voll behängt. Von überall her waren Geschenke und Glückwünsche eingegangen.

Während der Mahlzeit wurde auf einer eigens aufgeschlagenen Bühne von den berühmtesten Schauspielern Theater gespielt. Bei solchen Gelegenheiten werden selten ganze Stücke gegeben, sondern nur ausgewählte Akte, da ja der Inhalt der Stücke jedem der chinesischen Zuschauer ohne weiteres geläufig ist, so daß er sich mit Leichtigkeit in den Gang der Handlung auch eines abgebrochenen Stückes versetzen kann. Das Theaterspiel war besonders dadurch ausgezeichnet, daß die Kostüme der historischen Stücke lauter echte, alte seidene Gewänder aus den Truhen der Familie K'ung waren, wie sie sonst nur noch am Kaiserhof in Peking zu sehen waren.

Kurz nachdem ich mich gesetzt hatte, trat einer der Schauspieler auf mich zu mit einer Elfenbeintafel, auf der die Stücke verzeichnet waren, die sie in ihrem Repertoire hatten. Die Gelehrten der Gäste durften nämlich ihr Lieblingsstück auswählen, das dann gegeben wurde. Da galt es mit raschem Blick etwas Passendes zu finden. Denn naturgemäß wenden sich alle Augen auf einen, und jedermann ist gespannt, welches Stück der Fremde wählt. Nach dem Stück gab man den Schauspielern ein Trinkgeld, einige Stränge der durchlochten Käschmünzen, wie sie damals noch üblich waren. Zum Glück hatte ich aus einem instinktiven Gefühl heraus das Trinkgeld nicht zu knapp bemessen, denn wer beschreibt mein Erstaunen, als nach dem Stück der T'iän Kuan (Himmelsbeamte) auftrat und einen pantomimischen Zaubertanz aufführte, der damit endete, daß mir auf einer seidenen Fahne der Beschluß des Himmelsgottes, mir Glück zu gewähren, vorgehalten wurde. Darauf kamen vier Träger mit einem Tischchen, auf dem die Käschstränge lagen, setzten es auf die Mitte der Bühne und verkündeten mit lauter Stimme: »Wir danken dem großen Manne We für seine Belohnung.« Natürlich wurde ich abermals der Gegenstand allgemeiner Aufmerksamkeit, was keineswegs zu den Annehmlichkeiten gehört. Ich konnte aber von Glück sagen, denn kurz nach mir wurde ein anderer Gast abgeschlachtet. Es trat ebenfalls der T'iän Kuan hervor und machte seinen Tanz, sehr kurz und nicht ohne boshafte Grotesken. Dann kamen die Diener mit dem Tisch, vier Mann hoch, und auf dem Tischchen lagen ein paar kümmerliche Kupfermünzen. Aber unnachsichtig wurde es ausgerufen: »Wir danken dem großen Manne Wang für seine Belohnung.« Allgemeine Heiterkeit. Ich habe damals zum erstenmal einen Chinesen abrupt erröten sehen; dann hielt er sich den langen Ärmel vors Gesicht und verschwand sehr bald aus der Gesellschaft. Ob er kein Geld bei sich hatte, oder nur im stillen ein wenig sparen wollte, ist mir nie bekannt geworden.

Die Festlichkeiten dauerten bis tief in den Abend hinein, um an den nächsten Tagen fortgesetzt zu werden. Ich verabschiedete mich aber, dankend für das eindrucksvolle Erlebnis. Die Ehe des Herzogs ist übrigens leider trotz des schönen Festes keine glückliche gewesen. Er ist ohne Nachkommen vor einigen Jahren verstorben, und heute sitzt ein kleines Kind, sein Neffe, den er adoptiert hatte, auf dem Thron der Enkel des Meisters der zehntausend Geschlechter.

Auf der Heimreise hatte ich noch ein merkwürdiges Erlebnis. Bis nach Tsinanfu machten wir – die chinesischen Schüler und ich – die Reise zusammen. Von dort aus wollte ich aber nach Rücksprache mit dem Kreisbeamten einen anderen Weg für mich einschlagen. Es geht nämlich von Tsinanfu aus ein Kanal, der sogenannte Hsiaotf'ing-Ho, parallel zum Gelben Fluß nach Norden, in den Golf von Tschili, in den er bei dem Ort »Widderhornravine« (Yang Küo Kou) mündet. Von da wollte ich über Land nach Wehsiän fahren, um dort wieder Anschluß an die Bahn zu finden.

Der Kanal geht zwischen hohen Dämmen durch die weite Ebene. Kleine, flache Segelboote befahren ihn mit großer Geschwindigkeit, wenn Wind und Wetter günstig sind. So war die Fahrt denn sehr erfreulich. An einigen Inlandzollstationen machte das Boot halt, man konnte auf den Deichen spazierengehen und die Gegend übersehen. Je näher man dem Meere kommt, desto häufiger bemerkt man seltsame, querstehende Windräder. Sie stehen in flachen Salzpfannen und sind Pumpvorrichtungen, um aus dem Meerwasser durch Verdunstung Salz zu gewinnen. Da es in China keine Salzbergwerke gibt, ist alles Salz entweder Seesalz oder aus den Salinen im Westen gewonnen.

Endlich kam das Boot im Hafen an. Wie mir in Tsinanfu mitgeteilt worden war, hatte der Bootsführer in amtlichem Dienst gestanden, und es handelte sich nur darum, ihm ein kleines Trinkgeld zu geben. Wie erstaunte ich aber, als ich an Land stieg und mein Geld – etwa noch 100 Stränge Käsch – mitnehmen wollte. Der Bootsführer erklärte rund heraus, daß das Geld an Bord bleiben müsse, weil so viel der Fahrpreis betrage. Ich machte ihm das Ungehörige seiner Forderung ruhig und sachlich klar, so daß er schließlich tatsächlich keine Gegengründe mehr hatte und bereit schien, wenigstens einen Teil des Geldes herauszugeben, damit ich die Weiterreise antreten konnte. Aber ich hatte nicht mit der chinesischen Frauenseele gerechnet. Man kann in China so ziemlich mit jedem Mann vernünftig zum Ziel kommen, da es als Schande für einen Mann gilt, wenn er Vernunft gründen unzugänglich ist. Allein für die Frau besteht in China merkwürdigerweise eine ähnliche Verpflichtung nicht. Sie handelt nicht logisch, sondern aus der Tiefe des Gemüts. Nun hatte der Schiffer eine Mutter, ein scheußliches altes Weib. Deren Gemüt war nicht dafür zu gewinnen, daß man Geld, das man – rechtmäßig oder unrechtmäßig – in Händen hatte, wieder herausgeben könnte. Nichts in der Welt besitzt eine größere Gewalt im Schimpfen als ein erbostes chinesisches altes Weib. Der Gedanke aber, daß sie von dem Geld etwas herausgeben sollte, erboste sie. So stellte sie sich denn vor mir auf und begann mit gellender Stimme, die nur manchmal von Wuttränen erstickt schien, aber sich immer zu neuer Frische erhob, zu schimpfen. Einfach zu schimpfen auf die Gewalttaten der fremden Teufel gegen arme, verlassene Frauen. Ich stand erstaunt und beobachtete das psychologische Wunder, daß sie scheinbar ohne Atempause – sie schimpfte offenbar während des Einatmens weiter –

ununterbrochen schimpfen konnte, so daß nicht der kleinste Raum für eine Erwiderung blieb. Ihr Wortvorrat war zwar reich, aber doch lange nicht genügend für ihre Bedürfnisse, weshalb sie auch Wiederholungen nicht im mindesten scheute. Erregtes Reden wirkt immer ansteckend, und schon sammelte sich allerlei Volk, darunter recht bedenkliche Gestalten – solche Küstenorte sind die Heimat von Schmugglern und Dieben – in immer engerem Kreise. Schon wurde dumpfes Murren hörbar, und der eine und andere bückte sich nach einem passenden Stein ... da kam aus dem Boot hinter mir, das eine amtliche Flagge trug, ein Diener und fragte, was der Lärm bedeute. Ich gab ihm meine Visitenkarte und erklärte kurz die Umstände. Er sprach ein paar Worte ganz leise und bestimmt, und im Nu zerstreute sich der Kreis. Er rief den Schiffer und sagte etwas zu ihm. Die Alte verschwand, der Mann kam wieder und warf sich vor mir auf die Erde. Er brachte mein ganzes Geld und wollte nichts haben, da die Ehre, die ich seinem Schiff durch meine Anwesenheit erwiesen habe, genug sei. Ich gab ihm dann sein Trinkgeld und wandte mich ab. Der Inhaber des anderen Bootes ließ mich hereinbitten, und wie erstaunte ich, als ich in ihm einen guten Bekannten, den Taotai Fang Yän Niän traf, der mich auf diese Weise gerettet hatte. Wir verbrachten noch den Abend plaudernd. Unterdessen war ein Lastwagen gemietet worden, auf dem ich die Weiterreise antreten konnte. Ich mußte unterwegs noch einmal übernachten, in einer kleinen, unscheinbaren Herberge am Wege. Da es hier keine großen Landstraßen gab, auf denen Beamte reisten, gab es auch keine ordentlichen Herbergen. Der gemeinsame Raum war ein Viehstall. Ich durfte auf einer Leiter in einen Mattenverschlag nach oben klettern, der allerdings bedenklich schwankte. Die Tiere dampften unter mir. Die Leute saßen noch lange wach und erzählten alle möglichen Räubergeschichten, die kürzlich in der Gegend sich ereignet hatten. Auch eine gruselige Geschichte von einem toten Mädchen, die einen schlafenden Gast ermorden wollte, wurde erzählt. Allmählich schlief ich unter dem unruhigen Stampfen der Tiere und dem gleichförmigen Gespräch der Menschen ein. Es kamen weder Räuber noch Gespenster, und wohlbehalten kam ich nach Tsingtau zurück.

Achtes Kapitel. Vom heiligen Berg

Nicht weit von dem Geburtsort des Konfuzius entfernt ist der heilige Berg Taischan, der chinesische Olymp. Aus den ältesten Zeiten der chinesischen Geschichte ragt er auf, inmitten eines umfangreichen Gebirgsmassivs der höchste Gipfel. Er legt sich in breit majestätischer Ruhe in die Gegend, an seinem Fuß treffen sich die Wasseradern von verschiedenen Richtungen. Um seinen Gipfel brauen die Wolken. Weithin spendet er Regen und Sonnenschein. Denn wenn sein Haupt sich mit Wolken bedeckt, die über ihm brüten, wenn er immer mehr Nebel an sich zieht und die feuchten Winde die Wolken in Spalten und Höhlen treiben, so kommt Regen übers Land. Wenn er die Dünste wieder entläßt, in zarten Flöckchen sie ausatmend, daß sie leise und schwebend sich von den Spitzen lösen und im Blau verschwinden, dann weiß man im Volk: nun sind die trüben Tage vorüber. Die Sonne kommt wieder über die Felder und des Nachts vom schwarzen, tiefen Himmel her die großen, flackernden Sterne.

Seit uralten Zeiten wurde dies geheimnisvolle Brauen beobachtet, und so kam es, daß der Geist dieses Berges heilig gehalten wurde, und Fürsten und Könige von weitem herkamen, um am Fuße des Gebirges ihre Opfer darzubringen. Das Lebenweckende dieser Vorgänge, das geheimnisvoll Offenbare dieser Mächte hat seit uralten Zeiten die Menschen angezogen. So stehen denn an allen Orten in China Tempel, in denen der Geist des mächtigen Gipfels verehrt wird als Hüter des Lebens und des Todes. In jenen Tempeln ist für den Volksglauben der Zugang zur Unterwelt. In Peking z. B. steht vor dem Osttor ein Tempel des Taischan, in dem namentlich zur Neujahrszeit Tag für Tag die Opferflammen brennen und Weihrauchwolken zum Himmel steigen. In großen Höfen sind die verschiedenen Gebiete der Unterwelt mit ihren Herrschern dargestellt, Gebiete der Qualen, Flammen, Messer, Eiszonen. Die Wanderung ins Jenseits tritt in grausigen Bildern vors Auge. Hinüber über den traurigen Fluß der Unterwelt geht der Weg, in dessen trüben Fluten die Unglücklichen bald auf-, bald untertauchen, die durch ihre Taten sich nicht den Weg über die Brücke geöffnet haben. Der Weg führt weiter durch das Dorf der bösen Hunde, für die man den Toten Brot mitgibt, auf den Vorsprung, wo die armen Seelen noch einmal zurückblicken können in die alte Heimat, die sie verlassen mußten.

In jenen Gebieten ist dann auch das große Rad, in das die Seelen, nachdem sie ihre Strafen abgebüßt und das Wasser der Vergessenheit getrunken haben, hineingetrieben werden zu neuem Werden und neuer Geburt auf einem der verschiedenen Pfade vom glücklichen Menschen bis herunter zum Insekt.

So werden denn Geburt und Tod dem Geist des östlichen Gipfels, wie der Taischan auch heißt, feierlich unter Opfern angezeigt. Es sind das Reste der uralten chinesischen Naturreligion, die unter mancherlei Fortbildungen und Abweichungen sich bis heute erhalten haben.

Am Fuß des Berges liegt die Stadt T'aianfu, ein Landstädtchen, das seine ganze Bedeutung der Nachbarschaft des Berges verdankt. Hier steht der große und heilige Tempel Tai Miao, welcher der Gottheit des Berges geweiht ist. Ein mystisches Geheimnis umwittert ihn, große, weite Höfe dehnen sich zwischen mächtigen Hallen, die von einer zinnengekrönten Mauer umgeben sind, deren mehrstöckige Eckpavillons an die verbotene Stadt in Peking erinnern. Viele Denkmale aus uralter Zeit stehen als verwitternde Trümmer umher. Kaiser, die hier geweilt, um dem heiligen Berg ihre Opfer zu bringen, haben mächtige Tafeln errichten lassen, auf denen lange Inschriften eingegraben sind. Auf einem Stein ist das Bild einer uralten Zypresse eingeschnitten, das Kaiser Kienlung persönlich gemalt hat, auf einem anderen seltsam geformte Zauberzeichen, die zur Abwehr dämonischer Einflüsse dienen. In den Tempelhallen sind an den Wänden hinter den Götterbildern uralte Freskogemälde, die freilich immer von Zeit zu Zeit wieder erneuert werden. In verborgenen inneren Höfen, in denen blühende Büsche Farben und Schatten spenden, wohnt der Abt. Er hat Weihgeschenke aus alten Zeiten in seiner Wohnung aufgehäuft; am merkwürdigsten ist eine alte Nephritplatte, die am einen Ende kühl, am anderen Ende warm ist. Der Unterschied läßt sich ganz deutlich fühlen. Auch Amulette und kräftige Zauber hat er in Verwahrung.

Heute ist alles in unaufhaltsamem Verfall begriffen. Die Mauern verwittern, die Dächer bröckeln ab, und manche Gebäude und Baumgerippe ragen als Ruinen auf. Die Tore des Tempels sind das Jahr über geschlossen. Nur zur Zeit der großen Wallfahrt im Frühling werden sie aufgetan. Da strömen die Pilger herbei und opfern ihre Gaben. Ein buntes Gewühl drängt sich über die weiten Plätze. Ein Jahrmarkt, auf dem Papierabklatsche der Steinskulpturen und allerlei Erinnerungen an die heilige Stätte neben den sonstigen Jahrmarktsdingen feilgeboten werden, belebt die Szene. Wahrsager haben ihre Tische aufgestellt, an denen sie sitzen wie Spinnen im Netz. Bald sehen sie den Vorübergehenden an, wer Zweifel oder Bedenken hat. Sie winken ihn geheimnisvoll heran: »Der Gott hat einen Rat für dich.« Sie manipulieren ihre Zahlen und Zeichen, und in den meisten Fällen kommt irgend etwas heraus, das in Beziehung zu dem Leben des Fragenden steht, und aus dem er irgend etwas für sich entnehmen kann. Diese Wahrsager finden sich in ganz China. Nicht alle sind gleich mächtig. Aber es gibt einige, die tatsächlich mediale Begabung zu haben scheinen. In Japan gibt es z. B. einen, der im Jahre 1915 einwandfrei, im wesentlichen richtig, den Ausgang des Weltkrieges vorausgesagt hat bis auf die Entthronung des Deutschen Kaisers hinaus, an die damals kein Mensch im Ernst glaubte. Am berühmtesten in China sind die Wahrsager am Heiligtum des taoistischen Magiers Lü Tung Pin in Wutsch'ang in der Nähe des Turms der gelben Kraniche, die zum Teil in wahrhaft erschreckender Weise die Zukunft treffen.

Auf dem Weg zum Berg sind viele Stationen, die manches Wunderbare zeigen. Ein Heiligtum in der Nähe der Stadt enthält in einem geheimen Höfchen einen Schrein, in dem die sterblichen Überreste eines Taoisten sind, der die Unsterblichkeit erlangt hat. So stark war die Kraft seiner inneren Konzentration, daß er auch sein Körperliches vor der Verwesung gerettet hat. Lange saß er da, ohne Nahrung zu sich zu nehmen. Er sprach nicht mehr und kümmerte sich nicht mehr um den Lauf der Welt, nur lauschend auf die Erlebnisse des inneren Lichtes. So blieb er sitzen und sitzt noch immer da, zur Mumie vertrocknet, aber unverwest. Man hat sein Gesicht später vergoldet. Aber trotz der Vergoldung sieht man noch immer den Zug tiefer Versunkenheit. Der Körper ist ganz klein geworden und in sich zusammengesunken. Die Haut hat ein tiefes Dunkelbraun. Sehnen und Knochen schimmern mit anatomischer Genauigkeit durch. [22]

Der Berg ist bis zum Gipfel mit Wegen und Stufen versehen, die aber zum Teil sehr mühsam und steil sind. Wer die Mühe scheut, kann sich in einem Tragstuhl hinauftragen lassen. Diese Tragstühle sind ganz leicht gefügt und mit dünnen Lederstricken zusammengehalten. Die Träger, die aus bestimmten Familien hervorgehen, sind ungemein stark gebaut. Sie gehen in einem festen Rhythmus, und immer nach einer gewissen Zeit schwingen sie den Tragstuhl von einer Schulter auf die andere, was, solange man es nicht gewöhnt ist, für den Insassen, der durch die Luft fliegt, ein etwas bängliches Gefühl ist. Aber mit großer Sicherheit fangen die Träger das Tragband mit der anderen Schulter auf und gehen mit festen, regelmäßigen Schritten weiter. Das Mieten von Trägern ist immer ein Ereignis. Man muß erst ganz genau den Preis ausmachen und die Zahl der Träger, die man braucht. Obwohl nämlich jeder Stuhl nur von zwei Trägern getragen wird, muß man doch, je nach dem Körpergewicht, drei bis fünf mieten, die sich dann von Station zu Station abwechseln. Durch die Vorebene von der Stadt bis zum Berg geht es mit schnellen Schritten. Wenn die Steigung beginnt, werden die Schritte langsam.

Der Berg ist ganz eingetaucht in eine Luft von historischen Erinnerungen. Sein von merkwürdigem Geäder durchzogenes Gestein gilt als mit Zauberkräften begabt. In ganz Schantung, aber auch sonst weit umher in China, findet man an Häusergiebeln oder Straßenecken, auf die ein Weg zuführt, dessen Richtung so streicht, daß er für Spukgespenster günstig ist, Taischansteine eingemauert, mit der Inschrift: »Taischan Schï Kan Tang«, d. h. »der Stein von Taischan wagt entgegenzutreten«. Man hat sich viel über diese merkwürdigen Steine – die in Wirklichkeit keineswegs alle vom Taischan stammen, sondern durch die Inschrift allein zu Taischansteinen geworden sind – besonnen, die sicher ein Überbleibsel eines alten Steinkultes sind. Schließlich kann man auch auf die Erklärung, daß es sich bei dieser Inschrift gar nicht um den Stein als solchen handle, sondern daß der heilige Schï Kan Tang vom Taischan als Schutzgeist angerufen werde. Tatsache ist, daß es einen solchen Schi Kan Tang am Taischan gegeben hat, der mit

Zauberkräften ausgerüstet gewesen sein soll, und daß gelegentlich auch andere Schutzheilige genannt werden. Aber es ist auf der anderen Seite kein Zweifel, daß im Volksbewußtsein es eben der Taischanstein ist, dem diese Zauber- und Schutzkräfte innewohnen.

Der Berg ist nicht ganz kahl, wie sonst die Berge in Nordchina es meistens sind, seit die Könige und Fürsten des Altertums mit ihren Feuerjagden die Urwälder zerstört, der Bedarf der stets sich mehrenden Bevölkerung die nachwachsenden Bäume ausgerottet, und weidende Ziegen und Schafe dafür sorgen, daß kein neuer Wuchs mehr aufkommt. Am Hang des Taischan aber stehen bis weit hinauf heilige Bäume, Kiefern und Zypressen, die sich in den unteren Gegenden, namentlich in der Nähe der Klöster zu Hainen und Wäldchen zusammenschließen, oben an der Baumgrenze aber als einzelne Helden entweder allein oder zu dreien und fünfen im Kampf mit Wind und Wetter stehen, manche von ihnen mit persönlichen Titeln bezeichnet, die ihnen frühere Fürsten verliehen, denen sie Schatten und Schutz gewährt hatten.

Zur Zeit der Wallfahrten sind alle Straßen mit Pilgern belebt. Diese Pilger kommen oft von weit her, um Gelübde zu bezahlen oder Wünsche den Göttern auszusprechen, und der Taischan ist von vielen Göttern bewohnt. Neben den männlichen Gottheiten sind auch weibliche vertreten. Ziemlich weit unten ist Tou Mu Kung, der Tempel der Mutter des Nordsterns. Dieses Heiligtum wird von buddhistischen Nonnen gehütet. Nicht immer wahrten im Strom der Gäste diese Nonnen den ganzen Ernst ihres Berufs. Ihr Kloster ist zwar von einer festen Mauer umgeben und Stachelzweige auf den Mauern wehren jedem, der leichtsinnig die Mauern übersteigen wollte. Aber wozu das? Hat das Kloster doch Tür und Tor, durch die fromme Pilger auf dem geraden Wege eintreten können. Die alte Mutter des Nordsterns ist eine gütige Göttin, und ihr Heiligtum hat lauschige Plätzchen mit entzückender Aussicht auf den Berg und rauschende Bächlein, und die Nonnen haben ein mitleidiges Herz für müde Pilger. Aber manchmal kam es wohl vor, daß die Grenzen zwischen buddhistischem Mitleid für alle lebenden Wesen und weltlichere Gefühle sich verwischten. Das Nonnenkloster wurde zum Anziehungspunkt für Amateurpilger und zum Skandalon für alle frommen Seelen. Da kam denn einmal ein tüchtiger Beamter, der aufräumte. Die Nonnen wurden in die Ehe geschickt, und im Kloster wurde eine Schule eingerichtet. Aber die Zeiten ändern sich wieder. Heutzutage ist die Schule zwar noch da, aber Nonnen sind auch wieder eingezogen und lassen ihr Heiligtum wieder schön herrichten. –

Der Berg hat auch andere Seiten. In Sommernächten, wenn die Gewitter tosen und die Wasser von den Bergwänden rauschen, dann wird er fürchterlich. Nächtelang folgt Blitz auf Blitz, und die gähnend schwarze Nacht wird noch unheimlich schwärzer durch den Wechsel der violetten Schlangen, die den Himmel durchzucken oder krachend in die Felsen fahren. Gar mancher Sommergast hat den Zorn der Götter zu fühlen gehabt, wenn das Gebälk des Hauses, in dem er zur Nacht Schutz gesucht, wankend zu weichen begann und er im donnernden Sturz von ungeheuren Balken, Schutt und Ziegeln mit seinem Bett zerschmettert wurde, während draußen vor der Tür sein Hündlein winselte und zu seinem Herrn wollte, weil es Angst hatte im Toben der Elemente, dessen schreiendes Echo von allen Felsen hereingeworfen wurde in die Hütte, die Menschen sich einrichteten auf dem Spielplatz der Drachen und Wolkengeister.

Oft steigen die Wolken nieder von den Gipfeln und brauen in Schluchten und Tälern. Sprühregen fällt, und der Wind pfeift durch die Felslöcher und macht die alten Kiefern ächzen, wenn er durch ihre haarigen Zweige fährt und sie rüttelt. Das wirkt wie ein Gespenstertanz. Bald breitet sich ein nasser, weißer Schleier vor die Landschaft und dringt durch Mäntel und Decken, bald löst er sich in Fetzen auf, die dort an Felsenzacken sich anhängen, während dazwischen plötzlich tiefe Täler sich öffnen. Dann gehen die Täler plötzlich wieder zu, und ein schmaler Sonnenstreif läßt irgendwo in der Luft ganz unwahrscheinlich ferne grüne Ebenen und silberne Flußwindungen sehen. So wallen die Wolken auf und ab. Sie kochen und brauen das Wetter zurecht. Ein Adler zieht durch einen Spalt, oder ein krächzender Rabe schwimmt trägen Fluges in die Nebelwand hinein.

Manchmal wird auch der Nebel aufgesogen, und hoch und steil treten die Felsen an den Weg heran. Glitzernd von Feuchtigkeit und tropfend von rieselnden Wassern steigt der Weg bergan. Bald kommt man an ein Tor, das Tor, wo man »die Pferde zurücklassen muß«. Man sieht noch einmal hinunter ins weite Land. Es ist ein kleiner, ebener Platz, von Ruhehütten umgeben. Hier, heißt es, habe Konfuzius haltgemacht, als er mit seinen Jüngern den Berg erstiegen. Von dieser Höhe aus sei die Welt ihm klein erschienen.

Nun wendet sich der Weg. Ernst und streng führen die Stufen weiter empor ins Gebirge hinein. An einer Ecke steht ein Pavillon bei einer Brücke. Man kann hier ruhen und Ausschau halten. Ein Wassersturz rinnt über Felsen unter der Brücke durch. Inschriften und Gedichte, die in den Stein gemeißelt worden, singen das Lob der Landschaft. Aus allen Zeiten haben berühmte Männer hier ihre Spur in Schrift und Wort zurückgelassen und bilden eine Versammlung von Dichtern und Weisen über Zeit und Raum hinweg.

Bezeichnend für die neue, pietätlose Zeit ist es, daß ein Apotheker aus Peking auch Einlaß suchte in diese vornehme Welt. In schönen Zeichen ließ er eine lange Inschrift eingraben in einen Felsen, die eine Empfehlung war für sein Arzneigeschäft. Zum Glück blieb sie nicht lange stehen. Sie wurde bald entdeckt von dem Beamten, dem die Aufsicht zusteht über dieses heilige Naturschutzgebiet, und auf eigene Kosten mußte der pietätlose Geschäftsmann sie wieder auslöschen lassen aus dem Felsengrund. Diese Strenge wirkt wohltuend. Hier endlich ist einmal ein Platz, wo man Natur und Geschichte ungestört gegenübersteht, wo die häßlichen Reklameschilder amerikanischer Zigarettenfabriken oder japanischer Lebenselixierschwindler nicht die Gegend ruinieren, die sonst ganz China überzogen haben mit einer eklen Pilzschicht gemeiner Reklame.

Freilich auch die alten Zeiten hatten ihre Lasten. Besonders zur Pilgerzeit, da wimmelte der Berg von Bettlern aller Art, die hier ihren Anteil begehrten am Mahl des Lebens. Scheußliche Gestalten mit ekelhaften Krankheiten drängen sich herzu, blasse Kinder und widrige Krüppel kriechen umher. Manche werfen sich zu Boden, so daß man über sie hinweg muß. Manche haben sich an Felsenecken mit aufgeschichteten Steinen Winkel zurechtgebaut, in denen sie ihre Wohnung aufschlagen. Manche wimmern mit gebrochener Stimme. Andere schlagen grimmig rücksichtslos mit dem Kopf auf den Stein, bis man ihnen etwas gibt. Verstümmelte Glieder werden emporgereckt. Ein Blinder tastet sich heran. Lahme Kinder weinen. Uralte, versteinerte Alte raunen dumpf. Und alle, alle wollen Geld, wollen Mitleid, und wo das Mitleid nicht mehr wirkt, da nehmen sie den Abscheu ihres Anblicks zu Hilfe, von dem man sich durch eine Gabe loskaufen muß.

Es ist ein entsetzliches Erlebnis, diese Schar von Elend, die den Pilgerweg säumt. Wüßte man nicht, daß auch dies Elend ein Gewerbe ist, wohl organisiert und geordnet, daß Krüppel vermietet werden und günstige Ecken verpachtet, so wäre es noch unerträglicher. So mäßigt der Eindruck des Grotesken dieser seltsamsten aller Gewerbearten die innere Empörung über die Möglichkeit so vielen Menschenleids. Denn es zeigt sich, daß das Leben überall, auch in der gräßlichsten Hölle, sich noch Anpassungen schafft, die es erträglich machen. Man muß sich genügend mit kleinem Geld versehen, daß man jedem Bettelnden ein Geldstück reichen kann. Denn wehe, wenn einem unterwegs das Geld ausgeht! Man kann als tüchtiger Europäer durch die Reihe der Bettler hindurchdringen, fremd, ohne etwas zu geben. Nach ein paar Versuchen gewöhnen sie sich daran und nehmen einen solchen Europäer hin, wie ein Naturereignis, das man an sich vorübergehen läßt. Wenn ein Tiger des Wegs käme, würde er ja auch keine Almosen spenden. Aber wenn man erst einmal den Weg des Mitleids beschritten und angefangen hat, Almosen zu spenden, und wollte dann aufhören in der Mitte, so kommt nicht nur die Begehrlichkeit, sondern auch das empörte Gerechtigkeitsgefühl, das keine ungleiche Behandlung duldet, in Betracht, und man wird verfolgt von stöhnenden, heulenden, brüllenden Gestalten, die einen die Verzweiflung verstehen lassen, die den antiken Menschen packte, wenn die Erinnyen sich an seinen Fuß geheftet hatten. »Das Tor der Güte ist leicht zu öffnen, aber schwer zu schließen«, ist ein chinesisches Sprichwort, das in ganz China wohl erwogen werden muß, wenn man mit seiner Wohltätigkeit nicht in die Brüche gehen will.

Allmählich kommt man auf steilen Wegen in immer größere Höhen, wo auch die Bäume zurückbleiben. Ein kleines Teehaus ist bei den »fünf Würdenträgern«, einigen Kiefern, unter denen ein Kaiser im Regen Schutz gefunden. Es sind keine fünf mehr. Der Blitz hat kürzlich eine von ihnen zerspellt. Dann geht die steile Treppe hinauf zum südlichen Himmelstor. Die Stufen sind schmal und beinahe kniehoch. Rechts und links drohen überhängende Felsen, und unten öffnet sich die Tiefe. Manche der Stufen geben nach, wenn man darauf tritt, andere sind weggebrochen oder schräg. Man darf nicht unter Schwindel leiden, wenn der Aufstieg ein Vergnügen sein soll, namentlich nicht bei feuchtem Wetter, wenn die moosigen Steine schlüpfrig werden und Nebelschwaden hin und wieder flattern, wodurch die gähnende Tiefe sich bewegt, bald sich schließt, dann wieder plötzlich dunkle Abgründe auftut, so daß alles schwindelnd und unsicher wird. Für schwindlige Pilger sind zu beiden Seiten der Treppe Ketten angebracht. Die helfen aber auch nicht viel, da sie auf weite Strecken zusammengebrochen sind und keineswegs das Gefühl der Sicherheit geben. Das beste ist, ruhig und stetig voranzuschreiten, wie es im Märchen heißt: »Schau dich nicht um, nicht rechts, nicht links: gerade zu, so hast du Ruh.« So kommt man auch vors Himmelstor und kommt hinein. Ich traf einmal an jener Stelle ein altes chinesisches Mütterlein, das mit seinem Pilgerstab und seinen kleinen gebundenen Füßen gar wacker emporkletterte. Ich fragte sie nach ihrer Herkunft. Sie war viele Meilen weit gelaufen, und doch war sie heiter, ja, von einer fast ausgelassenen Munterkeit. Ich fragte, warum sie denn die schwere Pilgerfahrt begonnen. Da sagte sie: »Sie ist nicht schwer, die Pilgerfahrt. Ich bin nun 70 Jahre alt, und mein Leben liegt hinter mir. Ich habe nichts mehr zu hoffen, noch zu fürchten. Aber daß ich so weit bin, daß der alte Himmelsvater mir all die vielen Jahre durchgeholfen, als ich Söhne und Enkel großzog, und unter all der Not und Last des Lebens, das macht mich dankbar. Das will ich doch zum Schluß auch ihm noch zeigen. Darum komme ich, ihn zu besuchen. Ich begehre nichts, ich meide nichts. Ich bin ganz ruhig. Und so ward mir der Weg nicht schwer.« Ich mußte noch oft an die fröhliche Alte denken und an ihren Besuch beim Himmelsvater auf dem Taischan. –

Tritt man zum südlichen Himmelstor ein, so kommt man plötzlich in einen ganz besonderen Bezirk. Eine Tempelstadt erhebt sich dort. Erst kommen die Hütten, in denen Träger und Pilger übernachten, dann kommen eine ganze Anzahl von Tempeln und heiligen Stätten. Der Tempel der alten Mutter vom Taischan ist der größte. Hier waltet ganz besondere Kraft. Der Berggeist ist, wie wir gesehen, der Herr über Leben und Tod. Wie man in seinem Tempel die Todesfälle meldet, damit die Toten im Jenseits ihr Geleit finden, so hat die alte Mutter vom Taischan auch die Macht, Leben zu spenden. Frauen, die gerne Nachkommenschaft, besonders Söhne wünschen, kommen her zum Opfern. Die Opfer sind gar mannigfaltig. Um den Altar ist ein vergitterter Verschlag, in den die Gaben geworfen werden. Da kann man viele Geldstücke finden. Auch ungemünztes Silber und Schmuck wird gespendet. Die Armen, die nichts anderes haben, opfern wohl ein Stückchen Brot. Über Nacht verschwinden dann die Nahrungsmittel. Es gibt unendlich viele Tempelratten, die sich hier gütlich tun. Es ist aber immer ein gutes Zeichen, wenn so ein Opfer von der Gottheit angenommen wird. Auch die Gaben an Silber und Gold werden von Zeit zu Zeit entnommen. Sie sollen zur Instandhaltung des Tempels dienen. Reiche Spenden an Opfergefäßen, ganze Kapellen aus Bronze, vergoldete Bronzesiegel sind Zeugen von der lebenspendenden Macht der großen Göttin. Nicht nur in China glaubt man an ihre Macht. Auch manche Fremde mußten schon daran glauben. Von Tsingtau z. B. pilgerten einige deutsche Familien einmal nach dem Taischan: nur zum Vergnügen als Frühlingsreise. Als sie zum Tempel kamen, wurden sie übermütig, und die Frauen warfen auch ihre Opfergaben durch das Gitter. Aber die alte Mutter vom Taischan läßt nicht mit sich spaßen. Sie kehrten heim mit ihren Männern, und richtig, noch ehe ein Jahr um war, wurden sie durch gesunde, kräftige Jungen erfreut. Die Chinesen, welche davon hörten, begrüßten diese freudigen Ereignisse mit besonderer Genugtuung.

Nicht weit von diesem Wunderort steht ein Tempel des Konfuzius. Er steht ein wenig verlassen da. Es ist, als fühlte sich der Weise nicht ganz wohl in dieser Gesellschaft. Es gab eine Zeit – es ist schon lange her –, da machte das Landvolk Anstalten, auch ihn einzubeziehen in den Kreis der glückspendenden Götter. Man brannte Weihrauch und brachte ihm Opfer dar, und die Frauen kamen zu ihm mit ihren häuslichen Anliegen. Aber diese Sitte dauerte nicht sehr lange. Sie widersprach ja auch zu sehr dem Sinn des Heiligen. Durch kaiserlichen Befehl wurde diese Art der Opfer wieder verboten, und Konfuzius wurde weiterhin verehrt als leuchtendes Vorbild der Weisheit und Tugend und erhabener Lehrer der zehntausend Generationen.

Ganz nahe beim Gipfel öffnet sich ein tiefer Abgrund. Hier herrschte jahrhundertelang ein merkwürdiger Brauch. Pietätvolle Töchter, deren Eltern krank waren oder sonst an einem Leid zu tragen hatten, kamen hier herauf. Sie beteten für die Eltern um Hilfe in ihrer Not, und dann boten sie sich selbst zum Opfer an und taten den Todessprung in die bodenlose Tiefe. Dieser schwindelnde Abgrund hatte etwas geheimnisvoll Lockendes, und manches junge Menschenleben hat hier ein jähes Ende gefunden. Die Felsplatte aber hieß im Volksmund »die Platte des Lebensopfers«. Eine neue, menschlichere Zeit hat mit diesen dunklen Bräuchen aufgeräumt. Es wurde verboten, hier den Todessprung zu tun, und eine Mauer wurde errichtet, die den Abgrund unzugänglich machte. Die Stelle aber hieß von nun an: »Die Platte der Lebenswahrung«.

Der höchste Punkt des Berges ist von einem Tempel umbaut. Um den Gipfel herum im Tempelhof geht ein steinernes Geländer. Der Hof ist rings umschlossen von Gebäuden. Im Norden ist der eigentliche Tempel. Er ist dem Nephritherrscher, dem Herrn des Himmels, geweiht. Im Westen ist die Wohnung des Priesters, im Osten sind Räume zur Beherbergung von Gästen. Nach hinten zu geht noch ein größerer Saal, der aber nur im Hochsommer bewohnbar ist. Denn trotzdem der Taischan nur 1450 Meter hoch ist, ist es auf seinem Gipfel recht erheblich kühl, auch wenn im Tal schon große Hitze herrscht. Gar mancher, der nur die Hitze im Tal bedachte, hat hier oben eine recht frostige Nacht verbracht.

Als ich das erstemal oben war, war der Taischan noch nicht sehr bekannt unter den Fremden: Richthofen war auf seinen Reisen zwar unmittelbar am Fuß des Taischan vorbeigekommen, aber er hatte durch seine Umgebung nicht erfahren, an welch historisch bedeutsamer Stelle er sich befand. Ihm waren andere gefolgt. Es gab schon damals Missionare, die am Taischan ihre regelmäßige Sommerfrische verlebten. Dennoch kamen ab und zu noch Weltreisende, die in ihren Reisewerken sich rühmten, als erste Europäer den Taischan bestiegen zu haben. Das ist psychologisch durchaus verständlich, denn jeder Weltreisende hat doch gern ein wenig die Gefühle des Entdeckungsreisenden.

Damals, als ich zum erstenmal hinaufkam, deckten Wolken und Nebel den Berg während des Aufstiegs. Aber um die Abendzeit fiel ein milder Frühlingsregen, und wie Dämpfe verflüchtigten sich die Wolken in der blauen Luft. Groß und leuchtend blickten bei Nacht die Sterne vom Himmel, gerade als ob man ihnen hier oben näher wäre. Der Priester aber war ein alter Taoist, der geheimnisvolle Sagen und Märchen erzählte, während am flackernden Feuer das Wasser kochte und wir dampfenden Tee zusammen tranken.

Kurz vor meiner Abreise aus China machte ich mit lieben Freunden zusammen noch eine Tour auf den heiligen Berg. Es war vieles anders geworden inzwischen. Die Eisenbahn führt jetzt vorüber. Ein modernes Hotel beim Bahnhof bildet bequeme Absteigegelegenheit. Tempel und Mauern und alles, was ans Altertum erinnert, sind mehr zerfallen. Das Heiligtum der mächtigen Erhörung – Ling Ying Si – war niedergebrannt, und die Bronzestatuen der Gottheiten standen im Freien bei den großen alten Bäumen des Hofes. Der Aufstieg war wieder naß und regnerisch. Der Abend auf dem Gipfel war kalt und stürmisch. Der Wind heulte in allen Tonarten und rüttelte an den Türen, und während wir beim Grog zusammensaßen, blies er oft ganze Schwaden von feuchtem Gewölk herein. Der Priester hatte inzwischen gewechselt. Ich wollte mit ihm wieder reden über den Berg und seine Geheimnisse. Aber er hatte keinen Sinn dafür. Er gehörte zur modernen Schule, und als er hörte, daß ich aus Peking komme, da interessierte ihn vor allem, von den Führern der modernen literarischen Bewegung und ihrem Tun und Treiben zu hören.

Die Nacht war unruhig, und es regnete in Strömen. Aber der Morgen belohnte für alles … Wir traten hinaus ins Freie, und plötzlich ging der Nebel wie ein Vorhang auseinander. Weit öffnete sich der Blick bis hin zum Horizont, wo hinter glutroten Wolkenstreifen die Sonne sich nahte, während in den Falten des Gebirges tief drunten die weißen Wolkenflocken hingen und der Fluß durch die Ebene hin aufblitzte. Es war aber nur ein Augenblick. Der Vorhang schloß sich wieder. Aufs neue brauten die Wolken, und der feuchte Wind blies sie durcheinander.

Beim Abstieg hatten wir noch ein Erlebnis. Schon tags zuvor hatte sich der eine Lederriemen an meinem Tragstuhl gelöst. Ich hatte den Trägern gesagt, sie sollen ihn über Nacht in Ordnung bringen. Das hatten sie aber nicht getan. Sie dachten, er werde schon noch halten. –

Manchmal hat es in China auch seine Vorzüge, wenn man nicht Chinesisch kann. Man verliert entschieden an Selbstachtung, wenn man die Gespräche, die die Träger über einen führen, mit anzuhören verurteilt ist. Man hat oft Mitleid mit diesen Leuten, daß sie als Tragtiere ein unwürdiges Dasein führen. Es kommt das aber nur auf die Auffassung an. Sie sprechen miteinander über die »Lasten«, die sie tragen, in vollkommen harmloser Weise. Sie werden nur nach Größe und Gewicht beurteilt. Das Gefühl, daß es unwürdig für sie sei, daß sie als Menschen andere Menschen tragen, kennen sie gar nicht. Das Getragene kommt für sie in keiner Weise als Mensch in Betracht, so wenig wie der Kohlensack auf der Schulter eines Kohlentrimmers.

Ich hörte nun, als wir im Geschwindschritt auf den steilen Stufen von der südlichen Himmelstür in die Tiefe getragen wurden (denn so langsam der Aufstieg ging, so rasch geht es hinunter), folgendes Gespräch mit an:

Mein einer Träger begann leise zu jammern: »Heute sind die Stufen so glatt, man rutscht bei jedem Schritt aus. Meine Schuhe sitzen auch nicht, und dann ist mein Kerl auch zu schwer. Ich habe immer das Gefühl, als würde ich heute noch fallen.«

Ein besonders wilder Mensch unter den Trägern, der gerade außer Dienst war und nebenher ging, redete ihm zu: »Wirf ihn doch weg, und laß ihn verunglücken. Viel Trinkgeld ist von dem doch nicht zu erwarten.«

In diesem Moment grüßte die Tiefe zwischen den Wolken herauf. Ein Schwung – und der Stuhl sitzt auf der anderen Schulter der Träger. »Du hast gut reden,« fing der Träger wieder an, »aber wenn ich den fallen lasse, so stürze ich selber mit, und außerdem, man hat doch seine Verantwortung.«

»Ach was, Verantwortung,« blieb der andere bei seiner Meinung. »Du darfst ja nur den Lederriemen, der, wie ich sehe; doch schon durchgerieben ist, aus Versehen ein wenig locker werden lassen, dann geht es ganz von selbst, und kein Mensch kann etwas wollen.«

»Bleib mir vom Leib,« sagte nun mein Träger, dem der andere in den Weg getreten war, so daß er beinahe gestolpert wäre, »du redest ja bloß. Aber im Ernst, ich wollte, wir wären schon unten, der Lederriemen wird immer dünner, und lange hält er nicht mehr.«

»Ja, er kracht schon,« warf ein Dritter ein und faßte den Stuhl von der Seite an, um im Notfall eine kleine Hilfe zu geben.

Zum Glück hörten die Damen hinter mir nichts von diesen Unterhaltungen. So blieb ihre Ruhe ungestört, und ohne Unfall kamen wir unten an den Stufen an. Kaum aber waren wir auf ebenem Weg, da krachte es wirklich, und mein Tragstuhl brach zusammen. Der Lederriemen mußte nun doch erneuert werden. Aber so geht es immer. Wer den Aufstieg schon mehrmals gemacht, wird ziemlich abgehärtet. Es kommt zwar häufig vor, daß ein Tragstuhl versagt, wenn man unten angekommen ist, aber gerade an den schlimmsten Stellen, wo es so steil hinuntergeht, daß der Kopf des vorderen Trägers in der Höhe der Knie des hinteren ist, wo jedes Versagen mit Lebensgefahr verknüpft wäre, da kommt nichts vor. Ich habe nicht gehört, daß je ein Unglück geschehen wäre. –

Es ist immer ein Erlebnis, wenn man auf diesem Berg war. Noch lange sieht man seinen Wolkengipfel aus der Schar der übrigen Berge immer wieder auftauchen, und es ist, als habe er ein Geheimnis enthüllt. Das Geheimnis, wie Leben und Tod zusammenhängt in jener großen Stille, als deren Symbol im Buch der Wandlungen schon das Zeichen »Berg« gewählt ist. Und man denkt an jenes andere Wort:

»Ich hebe meine Augen auf zu den Bergen, von denen mir Hilfe kommt.« In diesem Wort ist ja auch ein offenbares Geheimnis ausgesprochen.

Neuntes Kapitel. Höhlentempel in Yünkang

Tagebuchblätter

1.

Tat'ungfu (Schansi) 2. September.

Bei der Lampe der Herberge sitze ich an einem chinesischen Tisch. Mein Reisebett ist auf der gemauerten Lagerstätte an der Hinterwand des Zimmers, das übrigens ganz reinlich ist, schon aufgeschlagen. Draußen steht der klare Herbstmond am Himmel, der den Wanderern leuchtet auf ihren Wegen. Den Tag über ging die Reise zu Bahn etwa 400 Kilometer weit. Um sieben Uhr morgens war ich vom Südtor von Peking abgefahren. Zunächst ging es im Ringzug um die ganze Mandschustadt mit ihren Mauern und Toren herum bis zum nordwestlichen Stadttor, wo der Zug nach Tat'ungfu in Schansi, unserem heutigen Reiseziel, abfahren sollte.

Die Reise ging erst durch die Ebene nach Norden bis Nank'ou, wo die Gebirgslokomotive angekoppelt wird, die den Zug über die recht beträchtliche Paßhöhe zieht. Bei Ts'inglungk'iao, der Brücke des schwarzen Drachens, durchschneidet die Bahn den innersten Ring der großen Mauer, das gewöhnliche Ziel der Reisenden, die die chinesische Mauer sehen wollen. Von dort aus geht es durch Tunnel und Felsentäler, durch steinige Flächen an kahlen Bergen vorüber immer weiter der Karawanenstraße entlang nach Nordwesten. Um drei Uhr nachmittags erreichen wir Kalgan, die Grenzstadt nach der Mongolei zu. Die Stadt liegt in einem weiten Kessel zwischen Bergen und erinnert insofern irgendwie an die Lage der Orte am Südfuß der Alpen. Die Häuser sind alle aus Lehm, niedrig, mit flachen Dächern. Mit ihren vielen Herbergen gleicht die Stadt weit eher einer Karawanserei, als einer festen Siedlung. Hier tritt der äußere Ring der großen Mauer, die eigentliche Schutzwehr gegen die wilden Nordvölker, ganz nahe an die Bahnlinie heran. Von hier aus windet sich die Bahn ein Lößtal zwischen zwei Höhenzügen hinauf nach Südwesten. Das Flußtal ist sehr malerisch, besonders jetzt, da alles grün steht, und das breite Flußbett von braunen, schnellfließenden Wasserläufen durchzogen ist. Man sieht es der Gegend an, daß sie ein Gebiet der Grenzwacht war. Überall auf den Höhen Türme für Feuersignale und in den Tälern am Fluß ummauerte und mit Wachtürmen versehene Militärlager, die nun längst zerfallen sind. Auch die Dörfer und Städte sind ummauert. All diese Befestigungen sind längst überflüssig geworden, seit die Mongolei zu China gehört und keine Einfälle mehr stattfinden. Aber es ist ein erloschener Vulkan, der immer einmal wieder erwachen kann. Allerdings ist das in der nächsten Zeit nicht zu befürchten. Die Mongolei hat sich selbständig gemacht. Die chinesischen Truppen des Generals Hsü sind von den Truppen des Barons Ungern-Sternberg aufgerieben worden, und ihre Gebeine sollen noch jetzt in der Sonne bleichen. Aber auch das Glück jenes kühnen Söldnerführers blieb nicht treu. Er wurde von den russischen Bolschewisten aufgerieben und getötet. Die Mongolei hat sich unter bolschewistischer Leitung zu einer selbständigen Republik erklärt. Sie erließ aber eine Deklaration, daß sie darauf verzichte, die Unbilden, die sie von den Chinesen erlitten habe, zu rächen.

2.

Yünkang, 3. September.

>Schlaf nicht, schlafe nicht mehr!
Es wiehern die Rosse
Im Stall, die Knechte sind aufgewacht.«

Wir standen sehr früh, noch vor Tagesanbruch, auf und waren, als die Stadttore geöffnet wurden, schon unterwegs. Den Wagen mit dem Gepäck und die Diener ließen wir nachkommen. Man betritt die Stadt Tat'ungfu durch das Nordtor. Brücken und Wege für modernen Verkehr sind im Bau. Das äußere Nordtor führt zunächst in einen großen, leeren Raum. Hier war in alten Zeiten, als Tat'ungfu für die Grenzwacht ein Platz von großer Bedeutung war, die Nordvorstadt. Ein Tempelbau an der Nordseite ist der einzige Rest aus jener Zeit. Jetzt ist der ganze Raum mit Feldern bebaut. Im Herbst wird er als Truppenübungsplatz benützt. Die Provinz Schansi hat einen sehr tüchtigen Gouverneur, der sich unter allen politischen Wechselfällen der letzten Jahre gehalten hat, und dessen Wirkung sich bis nach Tat'ungfu, das von der Provinzialhauptstadt T'aiyüanfu durch weite Gebirge getrennt ist, erstreckt. Manches mißlingt dabei wohl auch in der äußeren Erscheinung. Das alte Nordtor war baufällig. Um die Bewohner vor Lebensgefahr zu schützen, wurde es vermauert und daneben ein neues gebaut. Dabei aber wollte man modern sein. So entstand denn als Wächterhaus über dem Tor ein mehrstöckiges Gebäude von ausgesuchter, europäisierender Häßlichkeit. Da es weithin zu sehen ist, verleiht es der Stadt sein Gepräge. Warum diese Zeit doch mit Notwendigkeit sich durch Geschmacklosigkeit dokumentiert! Das Tor wird erst schön sein, wenn es gänzlich in Trümmern liegt. Dabei ist es so solide gebaut, ganz von jener soliden Häßlichkeit eines Berliner Hauses aus den achtziger Jahren! Wenn man solche Ungetüme sieht, da empfindet man die Anwesenheit des deutschen Architekten in Peking entschieden als kulturelle Wohltat, denn er war es, der durch seine Energie verhindert hat, daß das Osttor von Peking, das eingestürzt war, nach dem Vorbild des Brandenburger Tores wieder aufgebaut wurde, wozu man ihn als Deutschen besonders berufen erachtete.

Am Tor standen freundliche Soldaten, die nach Namen und Herkunft fragten und uns mit guten Wünschen für die Reise passieren ließen. Nun kamen wir in die Stadt mit ihrem Leben, das noch ganz altchinesisch ist und wenig beeinflußt von der modernen Zeit. Die Drachenfiguren auf den Dächern haben merkwürdige Hahnenkämme, wie sie sonst nicht zu sehen sind. Auf den Schornsteinen sitzen kleine tönerne Löwen, die dem aufsteigenden Rauch nachdenklich nachsehen. Dazwischen treibt sich auf dem Dachfirst ein wirklicher Hund herum, der den Katzen das Klettern abgelernt hat. Die Fenster sind häufig mit Rundbogen überwölbt und mit feinen Ornamenten ausgestattet. Das Leben pulsiert in emsigem Betrieb. Die Schmiede stehen vor den Türen und hämmern ihr Eisen im Takt, daß es fast an die Schmiede der Nibelungen erinnert. Händler haben ihre Waren auf dem Boden ausgebreitet. Viel schönes Obst ist da, rote Äpfel, auch Pfirsiche und Melonen von allen Formen und Farben und langstielige Zwiebeln: alles Dinge, die auf der Hochebene von Tat'ungfu prächtig gedeihen, während das Korn, das in Wechselwirtschaft ohne viel Düngung gebaut wird, viel niedriger und spärlicher steht, als in den anderen Teilen Chinas. In der Gegend der großen Mauer wird meist Buchweizen gebaut, hier im Westen in einer Höhe von 1600 bis 1800 Meter Hafer.

Unter den friedlichen chinesischen Häusern, die einander alle freundlich Gesellschaft leisten, ragen da und dort Sonderlinge häßlicher, europäischer Bauart hervor. Hier wohnen Photographen, Zahntechniker, Verkäufer von europäischer und japanischer Schundware. Hart neben diesen Greueln mündet etwa eine Seitengasse, die in ein unberührtes altes Viertel führt. Da sieht man eine Drachenmauer aus der Mingzeit von wunderbaren, farbig glasierten Ziegeln, die Drachen frei und belebt empfunden, die Farben von einer harmonischen Pracht, die die Mauer zu einem Kunstwerk ersten Ranges macht. Davor ein paar steinerne Löwen, die in ihrer archaischen Strenge an romanische Skulpturen erinnern. Das alles gehört zu einem verfallenen Tempel der San Kuan. Die San Kuan sind die indische Trimurti Brahma-Vishnu-Shiva in taoistisch-chinesischem Gewand.

Die Hauptstraße führt nach Süden weiter. Dort stehen vier hölzerne Tordurchgänge, auf denen der Gouverneur Sprüche der Lebensweisheit für alles Volk hat anbringen lassen. Da steht z. B.:

»Ein rechter Bürger fürchte dreierlei:

Er fürchte Gott,

Er fürchte das Gesetz,

Er fürchte die Nachrede der Menschen!«

Hier biegt man nach Westen um und kommt dann an der nächsten Straßenkreuzung durch einen Tortempel, unter dem von Nord nach Süd und von Ost nach West die Menschen hindurchgehen. Die Hindurchgehenden sollen alle des Segens der Gottheit teilhaftig werden. Das

Westtor der Stadt, durch das es hinausgeht nach Yünkang, ist in starkem Zerfall. Wahrscheinlich wird, wenn die Mittel reichen, auch etwas so Häßliches errichtet werden, wie über dem Nordtor. Hoffentlich kommen die Mittel recht lange nicht zusammen, bis erst wieder Geschmack eingekehrt sein wird in die chinesische Baukunst. Die Winkel zwischen dem Innen- und dem Außentor, sonst Ablagerung von Schutt und Gerümpel, sind mit Akazien bepflanzt; an der Straße steht eine Inschrift, die gegen Räuberunwesen und schlechten Lebenswandel gerichtet ist.

Tritt man vor das Westtor hinaus, so breitet sich eine weite Ebene aus bis an den Fuß der Hügel, die von blauem Dunst umschleiert sind. Der Blick über die weite fruchtbare Ebene ist sehr erfreulich. Bevölkert ist die Gegend nur spärlich. Während z. B. in Schantung die Dörfer so dicht liegen, daß der ganze Horizont von näheren oder ferneren menschlichen Niederlassungen umgeben ist, kann man hier stundenlang wandern, ehe man an die nächste Siedlung gelangt. Die Dörfer sind alle ummauert und haben Wachttürme, was ihnen ein festungsartiges Aussehen gibt. Die Straße, die zu Regenzeiten von einem Fluß ausgefüllt ist, hat sich durch den jahrhundertelangen Verkehr mehrere Meter tief in das Gelände eingesenkt. Ein Fußweg führt am Rande in der Höhe der Felder entlang. Durch starke Regenfälle bröckelt die Erde häufig ab und entschleiert ihre Geheimnisse. So war durch den letzten Regen auf unserem Weg auch ein menschliches Gerippe hervorgespült worden, das da verborgen gewesen. Ich mußte an Tschuangtse denken, der auch eine solche Begegnung hatte mit Totengebeinen und daran Betrachtungen über Leben und Tod anknüpfte. –

Die Ebene zieht sich sehr lange hin. Man muß das Blau von den Bergen laufen, die man immer vor sich hat. Wenig Abwechslung bietet der Weg: einen zerfallenen Tempel, der gegenüber einem ummauerten Dorf liegt, eine große, moderne Schulanlage in der Ferne, ein einsames, ummauertes Gehöft, sonst nichts als weite Felder, die zum Teil nur dürftigen Ertrag geben. Karawanen von Eseln und Maultieren kommen an uns vorüber. Ein Mann ruft uns an, unser Wagen sei vorausgefahren und warte im Gebirge auf uns. Endlich ist das Blau der Berge gewichen. Starre Felsen und dürftiges Gras, ein Feuersignalturm, zerfallen, steht am Eingang des Gebirges. Steil und steinig klettert der Weg das Bachtal hinauf. An den Hängen weiden Schafe und Ziegen. Endlich kommen wir an die Hütten des Gebirgsdörfleins. Eine kleine Herberge liegt am Ende des Dorfes. Da hält der Wagen, und die Diener haben ein kleines Erfrischungsmahl mit Tee und Obst bereitet. Es gibt hier eine kleine, ganz rote Apfelart und wunderschön erfrischende Wassermelonen. Ich war ziemlich müde und setzte mich daher eine Zeitlang auf den Wagen. Das kostete aber eine große Selbstüberwindung. Denn das eine Pferd ist am Rücken ganz wund und wird von Fliegen übel gepeinigt. Lautlos zieht es seine Last und duldet, ohne daß man etwas davon merkt. Diese Qual der Kreatur ist auch etwas, das sich sehnt nach Rettung und Ruhe.

Der Weg geht steil in die Höhe über einen Paß; dann kommt man an das Tal des Wutschou-Flusses, der breit und reißend dahinfließt. In der Nähe sind Kohlenminen, in denen die Kohle im Tagbau gewonnen wird. Die beiden Ufer des Flusses werden von niedrigen, aber steilen Hügeln gebildet, von deren spärlichem Graswuchs sich Schaf- und Ziegenherden nähren, die in der Ferne da und dort wie dicht gesäte, weiße Punkte die Abhänge bedecken. Der Weg ist auf der einen Seite in das Gestein der Abhänge eingehauen. Die starken Regengüsse der letzten Tage haben an vielen Stellen große Lücken in den Weg gerissen, so daß die Reisewagen alle es vorziehen, durch das steinige Flußbett zu holpern.

An einer Stelle, wo sich das Flußtal erweitert, ist unmittelbar am senkrechten Felshang, in den einige Höhlen eingewittert sind – das Gestein ist hier grobkörniges Konglomerat –, ein kleiner, malerischer Tempel des göttlichen Schützers Kuanti. Vor dem Tempeltor steht ein Bild des treuen Rosses des Gottes, der im Altertum ein Ritter ohne Furcht und Tadel gewesen war. Dieses Rößlein heilt alle Gebrechen. Man muß nur die Stelle an seinem Körper reiben, deren entsprechende am eigenen Leibe krank ist. Vor dem Tempel ist ein kleiner Platz mit hohen, raschelnden Schattenbäumen, unter denen Lastesel mit ihren Treibern ruhen. Am Flußufer steht eine Theaterbühne, auf der zu Ehren des Gottes, der von seinem Sitz aus gerade zusehen kann, und zum Vergnügen der umliegenden Dörfer von Zeit zu Zeit die heiligen Legenden der

Vergangenheit und moderne Schwanke gespielt werden. Der ganze Platz ist übrigens fast einen Meter hoch mit Lößerde zugeschwemmt, so daß die Theaterbühne, die früher erhöht war, nun zu ebener Erde liegt. Es sind das wohl einige Felder, die der mutwillige Fluß weiter oben abgetragen und hier angespült hat – niemand zur Freude und dem früheren Besitzer zu Leide. Weiter aufwärts trifft man auf ein Dorf, das aus höhlenartig gewölbten Hütten mit flachen Dächern besteht, wo ebenfalls eine Theaterbühne ist, an deren Säulen gehörnte Drachenköpfe als Kapitale erscheinen – nach dem Vorbild des Tempels zu Yünkang. Eine weitere Station bildet ein kleiner Bergtempel der Göttin der Barmherzigkeit, Kuanyin, dessen einer Teil als Torbau sich über die Straße wölbt. Davor steht eine wundervolle Drachenmauer aus glasierten Ziegeln der Mingzeit. Auf dem Geländer vor der Wohnung des Knaben, der den Tempel verwaltet, stehen brennendrote Geranienstöcke.

3.

Allmählich sieht man vor einer Querwand, die das Tal nach hinten abzuschließen scheint, das Dorf und den Tempel von Yünkang auftauchen. Auf den Felsen, die darüber aufragen, liegen die Reste eines Kastells aus der Mingzeit. Am Rande des Weges sind erst einzeln, dann in immer dichterer Folge in vielen Höhlen die Wände in steinerne Figuren aufgelöst.

Zwei hohe Bäume wachsen in den Höfen des Tempels, dessen breite pfauengrüne Dächer aus glasierten Ziegeln an die Felswand geklebt erscheinen. Man tritt ein. Die Hunde weichen scheu zurück. Eine Tafel verkündet, daß es der Tempel des steinernen Buddhas ist, den man betritt. Rechts und links drohen zunächst zwei ungeheure göttliche Torwächter mit fürchterlichen Mienen. Erst kommt der Unterpriester, ein jüngerer Mann, der nicht immer ganz streng asketisch lebt, sondern sich zuweilen an einem Tropfen Branntwein labt. Der sorgt für das Gepäck. Aus dem hinteren Tor tritt der Abt hervor, ein ruhiger, milder Mann, der uns eine Wohnung anweist im innersten Hof in unmittelbarer Nähe der großen Buddhahalle.

Der Hof liegt im hellen Sonnenschein da, bunte Blumen wachsen zwischen den Ritzen der Ziegelpflasterung hervor und nicken in der Sonne. Zwei vierbeinige Greifen mit Schuppenkörpern und Hufen stehen als Wächter vor den Blumen und dem Tempel. Es sind prachtvolle Kerle, nur schade, daß dem einen der Schnabel und dem anderen der ganze Kopf einmal abgehauen war, was jetzt durch lehmerne Neuarbeit nach dem alten Muster ersetzt ist. Wir ruhten uns in dem kühlen Zimmer aus. Yünkang ist selbst im Sonnenschein gegenüber Peking merklich frischer. Das Kloster liegt wohl mindestens 1800 Meter über dem Meer. Da ist es kein Wunder, daß z. B. der Kaoliang, der sonst in China drei Meter hoch wird, höchstens so hoch steht, wie bei uns der Roggen. Der Abt erzählte von den Regengüssen der letzten Woche, durch die ihm mehrere Felder einfach weggespült worden seien.

Nachdem wir uns erholt und zu Mittag gegessen hatten, machten wir uns an eine Besichtigung des Tempels. Dieser Tempel hat eine Jahrtausende alte Geschichte. Als um das Jahr 386 n. Chr. das tungusische, den Mandschus verwandte Geschlecht der Toba im nördlichen Schanfi einfiel, gründete es eine Hauptstadt mit Namen Yüntschung, soviel wie »inmitten der Wolken«. Als chinesische Dynastie nannte sich das Geschlecht We und beherrschte unter diesem Namen bis zur Mitte des sechsten Jahrhunderts einen Teil von China. Die ersten Herrscher, zielbewußte und energische Männer, verboten ihrem Stamme die heimische Tracht, die heimische Sprache und die heimische Religion. In allen Stücken sollten die Tungusen Chinesen werden. Es waren diese Herrscher die eifrigsten Förderer des Buddhismus, auch hierin den Mandschus nicht unähnlich. In Yünkang, dem »Wolkenfelsen«, wurden nun Hunderte und Tausende buddhistischer Figuren in Stein gehauen. Ganze Höhlen wurden in den Berg gegraben, deren Wände völlig aufgelöst wurden in große und kleine Buddhastatuen. Jahrzehntelang wurde an dem Werk gearbeitet, immer neue Grotten wurden angelegt. Man glaubt einen Fortschritt der Technik zu beobachten von Osten nach Westen zu. Die Gestalten werden feiner, geschmeidiger. Ein starker indo-griechischer Einfluß ist bei allen zu konstatieren. Inschriften aus der alten Zeit fehlen merkwürdiger Weise ganz. Das war auch der Grund, warum dieses Gebiet sehr wenig Aufmerksamkeit chinesischer Altertumskenner auf sich gezogen hat.

Die Figuren und Grotten sind gebildet aus einem grobkörnigen Sandstein, der auf einer Schicht von Tonschiefer ruht. Beides sind sehr leicht verwitternde Gesteine, daher haben die Figuren schon sehr stark Schaden genommen. Vor den Höhlen waren früher offenbar überall Tempel außen an die Bergwand angebaut, durch die die Höhlen, die z. T. hoch über dem Boden hegen, zugänglich waren. Noch sind Spuren von Löchern da zur Anbringung der Dachsparren im Gestein. Diese Tempel sind später zerfallen oder zerstört worden.

In der Mingzeit spielte die Gegend dann wieder eine große Rolle als Grenzgebiet gegen die Überfälle der Mongolen. Aus dieser Zeit stammt auch die Mauer, die über den Felsgrotten auf der Hochebene in ihren Resten noch erhalten ist und die in ihrer Art ganz an ein römisches Kastell erinnert. Es war wohl ein befestigtes Lager, das da oben lag. Im Dorf selbst sind auch noch zwei Tore, die in ihrer Form fast an ägyptische Pylonen erinnern. Das Innere des Lagers ist seit einigen Jahren mit üppig gedeihenden Kartoffeln angepflanzt. Zwischen den Feldern führen die alten gepflasterten Lagerwege. In der Erde findet man allenthalben Scherben von altem Porzellan.

Der Tempel, der aus zwei großen, mehrstöckigen Halbgebäuden besteht, die den inneren, ausgehöhlten Fels bedecken, stammt nach einer Inschrift aus der Zeit des Mingkaisers Wanli (1573-1619) und zeichnet sich besonders durch die wundervollen pfauenblauen Dächer aus. Er ist dann später noch verschiedene Male repariert worden, das letzte Mal von einem Mongolenfürsten, der auch einige mongolische Inschriften hat anbringen lassen. Da der Stein sehr weich ist, verwittert er fortwährend, selbst innerhalb der Höhlen, wo er dem Wind nicht ausgesetzt ist. Bei den Reparaturen wird verschieden verfahren. Wo es möglich ist, wird einfach die Bemalung erneuert und die schadhaften Stellen mit Lehm verstrichen. Weitergehende Schäden werden dadurch gebessert, daß die ganze Statue mit einer Lehm- und Papierschicht überzogen wird, auf der mehr oder weniger geschmackvoll die Vergoldung und sonstige Farben aufgetragen werden. Wenn die Verwitterung schon weiter geschritten ist, so werden Löcher in den Stein gebohrt, um darin Pflöcke zu befestigen, die die neue Lehmschicht halten. Fällt eine solche ergänzte Lehmschicht mit der Zeit doch ab, so greift natürlich von den Löchern aus die Verwitterung besonders schnell um sich. Wo endlich die Formen schon ganz verwischt sind, da wird einfach ein Lehmgrund hergestellt, auf den die Bilder in Farben gemalt werden. Diese Malereien, ebenso wie einige sonstigen, zeigen, trotz verhältnismäßig späten Ursprungs, eine recht gute Technik und auch der geistige Gehalt ist stärker, als es gemeinhin bei derartigen Tempelbildern der Fall zu sein pflegt.

Von den beiden Tempeln führen Galerien und Brücken, oft recht halsbrecherischer Art, nach einigen kleinen Grotten hoch oben im Felsen. Manche sind, wenn auch mit Vorsicht, noch zugänglich. Bei anderen ist die Baufälligkeit schon so weit vorgeschritten, daß sie nicht mehr betretbar sind.

Nach Osten und Westen schließt sich eine ganze Stadt von weiteren Grotten an, die aber in noch stärkerem Verfall begriffen sind als die Tempelgrotten. Die östlichen Grotten dienen großenteils zum Nachtaufenthalt für Tiere und Menschen, die des Wegs kommen. Die Wände sind verraucht, Spuren von Feuerstellen sind auf dem Boden zerstreut. Die westlichen Höhlen sind teilweise vorne zugemauert und als regelrechte Wohnungen für die Bauern des Dorfes eingerichtet. So werden die Leute geboren, wachsen auf und sterben angesichts der großen Reste der Vergangenheit, die still und heilig dem kleinen Treiben der Menschen mit derselben Gelassenheit zusehen, wie dem kleinen Treiben der Bergdohlen, die sich in anderen Höhlen angesiedelt haben. So kommt der Mensch und geht der Mensch, und die Felsen bleiben. Aber auch die Felsen haben keine Dauer. Leise rinnt Sandkorn um Sandkorn zur Erde. Was oben von den Gestalten herabbröckelt, begräbt die unteren Teile immer mehr im Schutt. Während so die Steine kommen und gehen, bleibt der Mensch. Nicht der einzelne, aber die großen Formen und Sitten, nach denen sich die einzelnen bilden. Vor uralter Zeit, als diese Felsentempel gebaut wurden, kamen die tungusischen Tobas ins Land. Sie hatten eine andere Tracht als die Chinesen. Sie umwickelten ihren Kopf mit einem Tuch und wichen auch sonst in ihrer Kleidung vom Volk der Mitte ab. Die Herrscher verboten die Tracht, sie wollten ihr Volk angleichen dem kultivierten Menschen der Mitte. Sie sind dahin mit all ihren Geboten und Verboten, und andere sind nach ihnen gekommen und gegangen im Lauf der Jahrtausende. Und wenn man heute in jene Gegend kommt, so trifft man Menschen, die in ihrer Tracht noch immer abweichen von dem Volk der Chinesen. Sie umwickeln den Kopf mit Tüchern und tragen eigenartige Oberkleider, die die Arme und den größten Teil der Brust frei lassen. Auch die Frauen tragen diese Kleidung, eine Sitte, die sonst in China unerhört ist. Woher kommt diese Tracht? Sind es Reste der alten Sitten der Tobas, die sich länger erhalten haben als die Monumente von Erz und Stein?

Solche Gedanken kamen über mich, als ich nach Sonnenuntergang an der Berghalde vor einer der Grotten saß. Da drunten im Dorf stieg der Rauch so friedlich aus den kleinen Hütten in die Höhe. Das ganze Leben ging seinen Gang mit der Regelmäßigkeit, mit der die Jahreszeiten unhörbaren Schrittes über die Erde ziehen. Der Himmel leuchtet in den letzten Farben des Abends, vor mir in der Steinnische saß eine Kuanyin nachdenklich da und hatte den Kopf in die Hand gestützt, und oben, hoch droben in den Wolken flogen zwei Vögel vorüber, die fernher über die Berge kamen...

4.

Yünkang, 4. September.

Der Eindruck, den der Klostertempel auf mich machte, als uns der Priester zuerst hinführte, läßt sich nicht besser wiedergeben als mit den Worten Han Yüs, dessen Gedicht »Bergfelsen« den Stimmungsgehalt von Yünkang merkwürdig trifft:

»Der Mönch erzählt von all den Buddhabildern,
Die in die Wand gehaun, sie seien Meisterwerke.
Und eine Fackel holt er, sie ins Licht zu setzen,
Doch sieht man wenig bei dem ungewissen Flackern.«

Aber etwas Merkwürdiges erlebte ich, als ich allein in diesem Felsentempel blieb. Beim Hereintreten war es ganz finster gewesen, so daß man nichts unterscheiden konnte. Als ich ganz still eine Weile gewartet und mich innerlich gesammelt hatte, da schlug der Fels gleichsam die Augen auf. Ein Bild ums andere trat hervor aus der Nacht, wurde lebendig, begann zu reden. Die großen Bilder gaben tiefe, mächtige Akkorde, die kleinen und immer kleineren ertönten in zarter Melodie, und schließlich war der ganze Raum in der Tiefe des Berges erfüllt von einem himmlischen Lobgesang, der sich bis in die höchsten Höhen immer ferner und zarter fortpflanzte. Als ich dieses innere Erlebnis einer unhörbaren, himmlischen Musik gehabt, da ward mir klar, warum in den alten Sagen soviel von Höhlenhimmeln die Rede ist, Sagen, die noch im Pfirsichblütenquell von T'ao Yüan Ming ihre letzten Ausläufer zeigen. Ja, warum schon unter den Zeichen des Buchs der Wandlungen »Der Himmel inmitten des Bergs« als Bild vorkommt, wo es dann heißt: »So lernt der Edle viele Worte der Vorzeit und Taten der Vergangenheit, um sein Wesen zu fördern«. Ist das nicht gesprochen wie im Hinblick auf ein solches Heiligtum, in dem die Jahrtausende auf uns niederblicken und die Seele groß und weit machen? Merkwürdig: In dieser Grotte tauchten plötzlich die gotischen Dome vor mir auf. Auch dort das geheimnisvolle Dunkel, das die Seele auf sich selbst zurückweist, und auch dort die Melodie, die aus den Stimmen der Steine sich emporwölbt. Auch die Gotik überwindet die Schwere des Steins und verleiht ihm Leben, indem sie ihn zur Pflanze macht, die emporwächst, sich reckt und rankt, so daß alles in Bewegung kommt. Hier in Yünkang ist noch ein Schritt weiter getan: nicht nur Leben atmet der Stein, sondern Seele. Nicht Pflanzen sind es, in die die Schwere sich auflöst, sondern menschliche Gestalten und Gesichter zu Hunderten und Tausenden, und jede Gestalt ist beseelt und einstimmend in den tiefen Gesang der Ewigkeit.

5.

»Tief ruht und still die Nacht, die hundert Stimmen
Der Zirpen, die den Tag durchlärmten, schweigen,

Dort hinter Felsenzacken kommt der Mond hervor
Und füllt mit seinem Glanz des Fensters Gitterwerk.«

Ich schlief ein, da wurde mir im Traum das Geheimnis dieses Tempels kund. Ich sah die Welt in ihrem Wandel, sah das Wasser fließen in dem Fluß, ewig wechselnd und doch stets dasselbe. Oft lag etwas im Weg. Dann spritzte es auf, und in seinem Aufspritzen ward es von einem Sonnenstrahl getroffen, den es auffing und in bunten Farben wiederspiegelte. Als ich genauer zusah, da war aber das Wasser des Flusses Stein, grauer Sandstein, der so weich war wie Wasser und sich wandelte und floß. Nur waren die Zeiten etwas andere, in denen er sich umgestaltete. Aber ich stand ja am Ufer der Ewigkeit, was sind da Zeiten? Die bunten Regenbogenfarben, das waren die Bilder, die in den Stein gehauen waren, die glitzerten und leuchteten. Dann wurden sie wieder stumpf und verschwanden wie die Formen, die die Wellen des Wassers bildeten. Ich war nun wieder in der Grotte des Tempels. Aus finsterer Nacht leuchtete sie allmählich auf, Gestalten wuchsen aus dem Stein, bekamen Formen, und dann rieselten sie wieder auseinander und wurden Sand. Da fühlte ich mich plötzlich erschauern...

Ich wachte auf. Ringsum war alles still, und nur der Mondschein lag als weißer Streifen auf dem Boden. Da fiel mir das Lied von Li T'ai Po ein:

»Vor meinem Lager ein weißer Streif,
Als wäre der Boden bedeckt mit Reif.
Ich blicke empor in das Mondlicht hinein.
Ich senke das Haupt, denk der Heimat mein...«

Tief klang die Tempelglocke durch die Nacht, wie fragend und mahnend. Ich mußte über den Traum nachdenken, dann schlief ich wieder ein und wachte erst auf, als der Ruf der Hähne allmählich das Gewirr der Träume durchdrang.

6.

Tat'ungfu, 5. September.

Wir standen frühmorgens auf. Es war empfindlich kühl. Wir wollten noch die Eindrücke des gestrigen Tages vertiefen und namentlich im Osten noch einige Grotten ansehen und photographische Aufnahmen machen. Nach dem Mittagessen, das wir ziemlich früh einnahmen, machten wir uns auf den Rückweg nach Tat'ungfu. Diesmal beide im Wagen. Der Wagen holperte durch das Flußbett. Ich habe selten einen staubigeren Fluß gesehen. Kaum zwei Tage waren seit dem letzten Regen vergangen. Noch floß Wasser zwischen dem Geröll, das das Tal anfüllte, und schon deckte uns jeder Windwirbel, wie sie in dem allmählich sich erwärmenden Gelände da und dort aufstanden, mit Wolken von Staub und Sand zu. Der Wagen war ein Muster seiner Art. Unverwüstlich trotz alles Ruttelns und trotzdem das eine Rad, das gesprungen war, nur notdürftig mit Stricken zusammengebunden war. Die Diener kamen auf Eseln nach, denen zugleich ein Teil des Gepäcks aufgeladen war. Ein solcher chinesischer Reisewagen scheint unendlich langsam dahinzuschleichen, und doch kommt er so rasch voran wie ein rüstiger Fußgänger, wie ich beobachten konnte, als wir eine Zeitlang nebenhergingen, da uns das Schütteln zu bunt wurde. Die Rückfahrt brachte nichts Neues. Langsam wiederholten sich die Eindrücke des gestrigen Tages in umgekehrter Reihenfolge.

Der Abend brach herein, als wir in Tat'ungfu ankamen. Wir wuschen in der Herberge den Staub des Wagens ab und machten uns dann noch zu einer kleinen Erkundungsfahrt durch die Stadt auf. Wir fuhren bis zu dem Huayän-Tempel an der Westmauer. Das ist ein buddhistischer Tempel aus der Mingzeit von ganz gewaltigen Dimensionen. Es war schon dunkel, als wir bei dem Tempel ankamen. Durch mehrere Höfe führte der Weg in die Höhe. An einer Stelle waren zwei bissige Hunde an ehernen Ketten angebunden: Es war die Halle der Meditation, vor der sie lagen. Eine steile Treppe führte auf eine Terrasse hinauf, deren Abschluß die mächtige Tempelhalle bildete. Rechts und links standen kleine Türme, in dem einen hing eine große Pauke, im anderen die alte Glocke, die eben von einem Mönch zum Abendsegen angeschlagen wurde, und ihre tiefen Töne friedlich über die weit ausgebreitete Stadt hinsandte, über all die Dächer und Giebel hinweg, die nach Osten sich erstrecken.

Wir traten in die Halle ein. Auf dem tiefen Dunkel des Hintergrundes blickten geheimnisvoll und ruhig die ehernen Buddhastatuen hervor, während an den Seitenwänden Arhats und Bodhisatvas standen. Eine kleine Tafel am Eingang war mit einem schwermütigen Spruch beschrieben.

»Schon wieder ist ein Tag dahingeschwunden,
Und wieder ist um ihn dein Leben abgekürzt.
So geht es hin in ehernen Geleisen.
O Mensch, was soll's, daß du in Freuden dich noch stürzst?«

Draußen die Abendglocke mit ihren langsam abgemessenen Tönen, die roten Wolkenstreifen, die in kaltes Grau sich wandelten, und das Dunkel in der Tiefe der Halle begannen zu drücken, und dichte Weihrauchwolken wirbelten empor. Die Menschen lagen auf ihren Angesichtern vor dem Helden, dem Sieger, der still und kühl des Lebens Mühsal überwunden...

Wir kehrten nach der Herberge zurück. Die Straßen waren nach des Tages Hitze alle belebt von wimmelnden Menschen. Auch die Frauen und Mädchen, die bei Tag nicht auf den Straßen zu sehen sind, kommen hier um diese Abendstunde hervor, schön geschmückt und gekleidet. Studenten und Schüler streichen vorüber und suchen einen Blick, ein Lächeln zu erhaschen.

Als wir in der Herberge ankamen, war es völlig Nacht geworden, und die Leute waren in aufgeregten Gesprächen begriffen, denn ein Mann war mit seiner Familie zugereist und suchte in der Herberge noch unterzukommen. Er erzählte, daß gerade an dem Tag, an dem wir in Yünkang gewesen waren, in einer benachbarten Stadt eine Meuterei unter den Truppen ausgebrochen war. Sie hatten Geld bekommen von Tschang Lin, dem Herrscher der Mandschurei, der auf diese Weise seinen Gegnern innere Schwierigkeiten bereitete.

7.

Nankou, 6. September.

Am Morgen vor Tagesanbruch, als die kühle Luft noch um die Dächer strich und die Sterne langsam verblichen, wurde zum Aufbruch gemahnt. Der Zug fährt in Tat'ungfu ziemlich früh ab. Wir fanden aber, trotzdem mehrere Soldaten und Gendarmen mitfuhren, ein bequemes Abteil für uns allein. Nun ging die Reise wieder zurück durch den Talstreifen, der, zwischen unfruchtbaren Bergen liegend, im Lauf der letzten Jahrzehnte von den chinesischen Bauern der Wüste abgerungen worden ist. Die Mongolen, die früher hier wohnten, haben sich vor der nachrückenden Kultur in ein Tal weiter nach Norden zurückgezogen. Die ganze Bahn bedeutet einen Vorstoß der Kultur gegen die Steppe der Gobi. Es ist unglaublich, welche kolonisatorische Kraft den Chinesen innewohnt. Unwiderstehlich drängt sich der Strom der Ackerbauern und Kaufleute nach der Wüste vor. Das chinesische Vordringen wird, wenn kein wesentlicher Rückschlag eintritt, noch weite Strecken der Steppe der Kultur erschließen. In solchen Dingen zeigt sich die große Kraft, die dem chinesischen Volk innewohnt. Denn nicht als Parasiten, die sich von anderer Reichtum mästen, kommen sie, sondern als Kolonisatoren, die aus der Wüste Ackerland machen und aus den Territorien von Räuberhäuptlingen geordnete, wohlregierte Gebiete menschlichen Wohnens.

Wir fuhren eine Zeitlang an einem Arm der großen Mauer entlang, der sich am Fuß der Berge nördlich der Bahn in der Ebene hinzieht, bis sie plötzlich wieder nach Norden zu über das Gebirge in weitem Bogen sich hinüberschlägt.

So kamen wir nach Kalgan. Dort gab es einen großen Auflauf am Bahnhof. Zwei gefangene Räuber waren in unserem Zug mitgefahren, die in Kalgan zur Verurteilung kommen sollten. Da sah man mitten hinein in diese Kämpfe des Grenzlandes. Die vordringenden Kolonisten sehen sich umschwärmt und dauernd beunruhigt von den Räuberbanden, die unter dem Namen Hunghutsen ja auch in Europa bekannt sind. Das ist ein Kampf auf Leben und Tod, in dem es keine Schonung gibt. Die beiden Räuber waren mit schweren Ketten beladen und an den Füßen mit hölzernem Block geschlossen, so daß sie nur langsam und mit kleinen Schritten sich vorwärts bewegen konnten. Unmittelbar vor dem Bahnhof standen Wagen, in die sie unter starker, militärischer Bedeckung verladen wurden, um jeden Fluchtversuch unmöglich zu machen. Ich konnte dem einen im Vorbeigehen ins Gesicht sehen. Er blickte wie ein gefangener Tiger. Man sah es ihm an, daß er schonungslos die Soldaten töten würde, wenn er könnte, ebenso wie er nun schonungslos der Verurteilung entgegen ging. –

Das war der letzte Eindruck aus jenen Grenzgebieten. Von Kalgan aus wendet sich die Bahn nach Süden und Osten, und bald kommt man dem Gebirge wieder näher, wo der innere Strang der großen Mauer die Bahn kreuzt. Wollte man den Eindruck beschreiben, den der Riesenbau der großen Mauer, der sich den Kamm des Gebirges entlangzieht und am Horizont in der Ferne verliert, macht, so würden sich am ehesten die Grenzwälle des alten Römerreiches gegen die nördlichen Barbarenländer als Gegenstück ergeben. Es sind dieselben systematisch angelegten und mit überlegener Kunst durchgeführten Sicherungen des »Erdkreises« gegen das Wilde, Ungestaltete, das in den Völkermassen von Jenseits droht; dabei ergibt sich dann freilich als weitere Parallele das Endresultat, daß alle diese künstlichen Vorkehrungen auf die Dauer nichts fruchteten gegen den Anprall der Naturgewalt, die in jenen Völkern tätig war. Ebenso wie die Germanen schließlich doch das Römerreich an sich rissen, sich als die herrschende Schicht haltend, aber als Sieger dennoch der vorgeschrittenen Kultur unterliegend, haben auch wiederholt die Mongolen und andere Stämme die große Mauer durchbrochen, auch sie aber wurden eingegliedert in das große chinesische Kultursystem, das mehr als irgendein anderes es verstanden hat, die heterogensten Völkerstämme zu dem einheitlichen Ganzen zusammenzuschmelzen, als welches das heutige China vor uns steht.

Ein wesentlicher Unterschied zwischen Rom und China bleibt aber dennoch bestehen. Der Keim des römischen Weltreichs war schließlich doch die Stadt; das war der Grund, warum trotz der Heranziehung immer weiterer Kreise mit dem Hervortreten der Überkultur das römische Reich an innerer Blutleere starb und nur die leere Form als Erbe auf die Zukunft kam. Der Kern der chinesischen Macht aber ist die homogene Masse der breiten, bäuerlichen Bevölkerung. Hier sind die starken Wurzeln ihrer Kraft, und aus diesem Nährboden heraus kommt immer neuer, gesunder Nachwuchs in die herrschenden Klassen, wenn je einmal dort oben Überzivilisation die Gesellschaft und mit ihr den Staat durchseucht. Darum blieb China durch die Jahrtausende hindurch so lebenskräftig und überdauerte auch den Wechsel der herrschenden Geschlechter.

8.

Peking, 7. September.

Ein Bild ganz anderer Art von vergangener Pracht und Herrlichkeit der letzten national-chinesischen Dynastie, die im Jahre 1644 gestürzt wurde, bot sich uns, als wir von Nankou aus, wo wir die Nacht geblieben, einen Ritt nach den Gräbern der alten Kaiser der Mingdynastie machten. Der Weg ist ziemlich weit, so ging es denn in aller Frühe schon hinaus. Um vier Uhr wurden wir geweckt. Draußen klirrten die Ketten der stampfenden Esel. Ungewisse Lichter gingen hin und her, und die Luft war kalt und scharf, als wir auf unseren Eseln in die Nacht hineinritten. Die Sterne glühten am Himmel, an dem schwarze Wolkenstreifen hingen. Sternschnuppen liefen hinter den dunkel aufsteigenden Bergmassen hin und her. Die Tiere suchten mit sicherem Tritt, weit besser als wir sie hätten leiten können, ihren Weg im Finstern. Sie kletterten auf gewundenen Pfaden durch das überall umhergestreute Steingeröll. Über Flüsse und steile Berghänge ging es hinan. Dann kamen wir auf die Hochebene über schwarze, schollige Äcker, durch schlafende Dörfer, durch den Tau der Nacht, der in den Bäumen hing. In der Ferne krähte ein Hahn. Abgebrochene Töne der Totenklage aus einem Trauerhaus drangen durch die Nacht. Die Sterne sanken in weitem Bogen allmählich im Westen hinunter, und ein scharfes Wehen verkündete den Morgen, der im Osten heraufdämmerte. Endlich bogen wir um den Berg, der sich immer näher herangeschoben hatte, da waren wir in dem weiten, rings von gleichmäßigen Bergen umgebenen runden Talkessel, der gleichsam am Ende der Welt die Gräber aufgenommen hat. Als wir an das große, siebenteilige Tor kamen, das am Eingang der

Gräberstraße steht, da stieg eine rote Wolke aus dem Meer goldenen Lichtes empor, das plötzlich im Osten hervorbrach. Schon leuchteten die Gipfel der westlichen Berge in violettrotem Glanz. Das Licht stieg die Hänge hinunter auf die näheren Hügel, die in graugrüner Dämmerung harrten. Endlich ergoß sich der brennende Schein über das erste der roten Grabmausoleen, die in dichten, schwarzen Zypressenhainen rings an die Bergwände gelehnt sind. Dann ging das Licht weiter von einem Mausoleum zum andern, bis schließlich auch der letzte Talwinkel im Sonnenschein lag. Unterdessen waren wir wohl eine Stunde auf der langen Straße geritten, die durch manche Torgebäude und zwischen steinernen Tierfiguren hindurch, die an die Geisterstraßen ägyptischer Tempel erinnern, auf den Haupttempel zuführt. Diese größte Grabanlage ist die des Kaisers Yunglo (1403-1427), der seinerzeit die Residenz von Nanking, der »Südhauptstadt«, nach der »Nordhauptstadt« Peking verlegt hatte. Als wir von unseren Eseln stiegen, umstrahlte uns gerade das erste Sonnenlicht. Aus dem zunächst liegenden Weiler wurde ein Mann herbeigerufen, der uns die gewaltigen Türflügel öffnete und uns dann uns selbst überließ. Man war wie in einem Märchen zwischen den ungeheuren, zerfallenden Tempelanlagen. In den Höfen standen Jahrhunderte alte Kiefern und Zypressen, zwischen denen sich Eichengestrüpp emporwand. In den Zweigen huschten kleine Vögelchen umher, die fortwährend zirpten wie die abgeschiedenen Seelen, von denen Homer erzählt. Vor dem eigentlichen Grabhügel erhebt sich ein zweistöckiges Gebäude, in dem die marmorne Grabtafel steht. Doch führen keine Treppen hinauf, sondern ein steil ansteigendes, zweimal um die Ecke biegendes Gewölbe, das so gebaut ist, daß beim Herantreten ein seltsames Echo jeden Laut verdoppelt. Aber alles ist in Verfall. Die einst prächtigen Opfergeräte im Ahnentempel sind durch solche aus Pappe ersetzt worden, die, in voller Auflösung begriffen, ein grausiges Wort reden von der Vergänglichkeit irdischer Pracht.

Eines großartigen Eindrucks wird sich übrigens niemand erwehren können, der diese Grabanlage gesehen hat. Die Art, wie ein ganzes Gebirgstal umgestaltet ist zu einem ungeheuren Bauwerk, wie die Adern des Gesteins und die Bäche mit hereinbezogen sind in diesen Friedhof, hat etwas Imponierendes. Es ist eine andere Art als der ägyptische Pharaonenwille, der in den Pyramiden künstliche Berge der Ebene abtrotzte, aber es deutet auf eine nicht minder edle Kultur, in Harmonie mit Himmel und Erde die Ruhestätten für die verstorbenen Herrscher anzulegen, wie dies in China mit seltenem Geschick zustande gebracht worden ist.

Zehntes Kapitel. Auf dem Lande

Es war in der Zeit nach den ersten Reformedikten, die eine Umgestaltung des Unterrichtswesens auf allen Stufen vorsahen, daß ich häufig aufs Land kam; denn man wußte sich in China nicht so recht zu helfen mit der Einrichtung der neuen Schulen. So wurde ich von verschiedenen Seiten gebeten, die Leitung und Einrichtung solcher Schulen in Dorf und Stadt eine Zeitlang zu übernehmen. Namentlich die Schule in Kaumi und einige Dorfschulen des Umkreises waren meiner Fürsorge zugeteilt. Solange die Schantungbahn, die jetzt Tsingtau mit der Provinzialhauptstadt Tsinanfu verbindet, noch nicht gebaut war, mußte die Reise ins Innere zu Pferd gemacht werden. Der Weg führt um die Kiautschoubucht herum. Die Gegend an dieser Bucht, die sich früher viel weiter ins Festland hinein erstreckte, ist zum größten Teil eben. Der Strand ist an manchen Stellen abgedämmt zu Salzpfannen, in denen durch Verdunstung Meersalz gewonnen wird. Unter den Produkten der Tsingtauer Umgegend spielt dieses Salz eine sehr große Rolle. Im übrigen sind die Felder bepflanzt mit den Nutzpflanzen des Nordens von China: Hirse, Sorghum, Weizen, Soyabohnen, Bataten, auch Mais und Erdnüssen. Bedeutend ist auch die Obstkultur, namentlich Birnen, Kakifeigen und Jujuben gedeihen. Die Bauernhäuser der Gegend sind meist aus Granit und Porphyr gebaut, die Mauern primitiv, oft ohne Mörtel oder nur mit Lehm verbunden. Die Dächer sind entweder mit Stroh gedeckt oder flach abgerundet mit Lehm und Kalk gestampft. Das Leben in einem solchen chinesischen Fischerdorf ist alles andere als bequem. Die Wohnungen sind alle einstöckig. Vom Hof, an dem sich die Tenne anschließt, kommt man durch eine doppelflügelige Holztür ohne Klinke, die durch einen Riegel von innen verschlossen werden kann, sofort in den Mittelraum, dessen Boden aus gestampftem Lehm besteht. Eine Zimmerdecke ist nur in wohlhabenden Häusern üblich, meist liegt die Dachkonstruktion offen. An der Seite im Hintergrund steht der Herd, über dem ein farbiges Bild des Herdgottes hängt. Der Rauch des Kochens sucht sich meist selbst seinen Abzug aus dem Haus, höchstens, daß ein kleiner, undichter Schornstein ihm ein wenig den Weg öffnet. Das nach Süden orientierte Haus hat im Mittelraum außer der Tür keine Lichtöffnung, weshalb die Tür tagsüber meist offen steht. Nur an der Nordwand ist noch ein breites, niedriges Fenster angebracht, das im Winter vermauert, im Sommer dem Luftdurchzug dient. Rechts und links vom Mittelraum sind noch zwei innere Räume, die durch Öffnungen, die meist nur durch Vorhänge abgeschlossen werden, zugänglich sind. Diese Innenräume haben Südfenster mit Holzgitterwerk, das im Winter mit Papier verklebt wird. An der hinteren Wand steht ein gemauertes Bett, durch dessen Züge die Abzugswärme des Herdes geleitet wird, so daß man im Winter im geheizten Bett schlafen kann. Wenn freilich der Lehm der Mauerung undicht ist, muß man die Erwärmung durch viel beizenden Rauch erkaufen. Möbel gibt es in einem solchen Bauernhaus recht wenig. Im Mittelraum sind die Küchengeräte und sonstige Gebrauchsgegenstände untergebracht, an der Wand ein roher Tisch und ein paar Hocker, sonst nichts. Das gemauerte Bett, der K'ang, ist der bevorzugte Aufenthalt des weiblichen Teils der Familie. Ein kleines Schränkchen steht am Fußende des K'angs, in dem die Kleider aufbewahrt werden, soweit sie nicht in Kisten verstaut sind. Das Bett ist häufig durch Vorhänge abgeschlossen. Steppdecken dienen als Unterlage und zum Zudecken, während man Nackenstützen für den Kopf benützt. Am Fenster steht ein rechteckiger Tisch mit ein paar Stühlen. Die Reibschale für die Tusche, Pinsel und Papier, wohl auch ein Briefsteller, ein Kalender liegen darauf. Im ganzen sind die Räume im Winter kalt und rauchig, nur durch die geschützte Lage sind sie, namentlich an Nordwindtagen, erträglich. Im Sommer, besonders zur Regenzeit, kommen andere Unannehmlichkeiten: schwüle Hitze, Scharen von Moskiten, die durch einen beizenden Rauch von Artemisiakräutern verscheucht werden sollen, und andere Insekten, die sich durch keinen Rauch verscheuchen lassen, und die ständige Gefahr, daß der Lehm des Daches und der Wände im Regen schmilzt und das Haus in größeren oder kleineren Teilen einstürzt. Denn der Lehm ist zwar durch einen Kalküberzug gegen die Regenwirkung geschützt, aber wo sich undichte Stellen finden, kommt der Regen, der oft mit sintflutartiger Gewalt fällt, unnachsichtig durch und richtet seine Verheerungen an.

Das Fischerhandwerk, das in den Dörfern an der Kiautschoubucht betrieben wird, ist recht dürftig und auch gefährlich. In früheren Jahren, als die Bucht von Heringsschwärmen regelmäßig besucht wurde, war dies anders. Da gab es Fische im Überfluß, soviele, daß man selbst Hühner und Schweine damit fütterte und die ungenießbaren Mengen als Dünger für die Felder benützte. Aber diese Zeiten sind längst vorüber. Die langen, schmalen Silbermesserfische werden gesalzen und getrocknet und schmecken für einen verwöhnten Gaumen gräßlich. Außer verschiedenen anderen »Fischen« werden auch Krabben, Garneelen, Tintenfische und Quallen gegessen. Neuerdings leidet die Fischerei sehr durch die japanischen Fischdampfer, die durch ihren Massenfang sehr verheerend wirken.

Neben dem Fischfang wird Landwirtschaft betrieben. Der Ackerbau ist sehr mühsam, da der Viehbestand nicht sehr zahlreich ist. Manchmal kann man sehen, wie der hölzerne Pflug von Menschen gezogen wird. Beim Ackerbau beteiligt sich die ganze Familie, daher ist Kindersegen als Zuwachs an Arbeitskräften durchaus erwünscht. Man kann an Sommertagen auf den Feldern bei der Ernte Männer, Frauen und Kinder an der Arbeit sehen; über das ganze ist der strahlende Himmel gebreitet, und Mensch und Natur verwachsen zu einer großen Einheit. In der Sommerzeit spielt sich das Leben fast ganz im Freien ab. Die Hitze und die Moskiten machen die dumpfen Häuser unerträglich. Man baut sich Hütten auf dem Feld. In der oberen Abteilung hausen Frauen und Kinder, zu ebener Erde die Männer der Familie. Trotz der großen Armut der nordchinesischen Bauern, die in einem Steppenklima Ackerbau treiben, wobei es oft an Regen fehlt, dann wieder heftige Sommerregen Überschwemmungen bringen, lebt das Volk zufrieden und einfach, ein Beweis dafür, wie Konfuzius es verstanden hat, durch seine Sitten die Menschen harmonisch zu gestalten.

Über die Ebene blicken die ernsten Gipfel des Laoschan herüber. Jenseits der Bucht grüßen im Westen die Perlberge und dazwischen die grünen Bauminseln der Dörfer in dem weiten, wogenden Getreidemeer. Einen solchen Abend schildert ein alter Dichter mit ein paar Strichen:

> »Nebel sieht man in den Bergen brauen,
> Scheidend blickt die Sonne durch den Bambushain.
> Vöglein flattern nach des Daches Giebel,
> Und der Rauch steigt in die Abendluft hinein.«

Gegen Abend kommen dem Reitenden die Zinnen der Stadtmauer von Kiautschou zu Gesicht. Das Schicksal dieser Stadt ist im Lauf der Geschichte sehr wechselvoll gewesen. Sie liegt im Süden der Ebene, die als breites nordsüdliches Band die Halbinsel Schantung mit dem Festland verbindet. Die Halbinsel ist durchweg gebirgig. Der Laoschan, der bis 1100 Meter hoch direkt aus dem Meer aufsteigt, und der Schongschan, sein Gegenbild im Norden, bilden die Grenzposten dieser Halbinsel. Sie lag in den ältesten Zeiten außerhalb der Sphäre der chinesischen Kultur. Die Gebirge galten als geheimnisvoller Aufenthalt von Zauberern und Feen. Gar mancher Kaiser, der die Pille der Unsterblichkeit suchte, hat in diese Gegenden Wallfahrten gemacht. Das Ponglaigebirge im Norden, wo man den »Seemarkt« an manchen Tagen aus den Dünsten des Meeres aufsteigen sieht, galt als Versammlungsort der Unsterblichen, und von hier aus sandte einst der mächtige Ts'in Schï Huang Ti jene Expedition von Hunderten von Knaben und Mädchen aus, die die Insel der Seligen suchen sollten. – Die Halbinsel bietet der Seefahrt manche Gefahren. Die Felsen des Schantungvorgebirges haben, wenn ein Taifun wütet, gar manchem Schiff schon Verderben gebracht – auch das deutsche Kanonenboot »Iltis« ist dort der Gewalt des Sturmes unterlegen. Deshalb wurde unter der Mongolenzeit ein Kanal angelegt, der sogenannte Kiaulai-Kanal, der von der Kiautschoubucht aus nach Norden ging und bei der Kreisstadt von Laitschou in den Golf von Tschïli mündete. Dieser Kanal kürzte nicht nur den Weg ab für die Schiffe, die von Süden her nach der nördlichen Hauptstadt wollten, sondern ersparte ihnen auch die Gefahren einer stürmischen Fahrt um das Schantungvorgebirge herum. Kiautschou lag damals unmittelbar an der Bucht und war eine blühende Hafenstadt. Die Dschunken liefen aus und ein, und die Waren wurden in der Stadt gestapelt. In der Nähe des Hafens wurde der Tempel der Himmelskönigin errichtet, die den Schiffern erscheint, wenn der Sturm das Meer durchwühlt. Wenn alles voll dunkler Wolken ist, wenn Blitz und Donner, Sturm und Wassermassen, Wogen und Gischt das Schiff zu zertrümmern drohen, dann flehen die Schiffer in höchster Not zur Himmelskönigin. Die hängt dann ihre Lampe heraus und naht auf den Wellen den Bedrängten und stillt den Sturm. Gar manches gerettete Schiff hat aus Dankbarkeit im Tempel der Göttin eine kleine hölzerne Dschunke aufgehängt. Noch immer steht dieser Tempel vor den Mauern der Stadt im Südbezirk. Aber das Meer ist weit zurückgewichen. Kiautschou ist eine Binnenstadt geworden, die stundenweit von der Bucht durch eine ebene Sandstrecke getrennt ist. Der Kanal nach Norden ist zerfallen. Die größeren Dschunken können nicht viel über die Mitte der Bucht vordringen, dann müssen sie vor Anker gehen und auf flachen Sampans ihre Waren löschen. Am öden Strand bei einer einsamen Pagode auf einem Hügel liegt der Hafenort von Kiautschou, Taputur, der den spärlichen Handel vermittelt, der noch über die Kiautschoubucht geleitet wird. Seit am Eingang der Bucht der Tsingtauer Hafen gebaut ist, zog sich der Hauptteil des Handels dorthin.

In der Stadt Kiautschou, wie in allen großen Orten, finden noch regelmäßige Märkte statt, zu denen die Bevölkerung von allen Himmelsgegenden her zusammenströmt. Lange vor Tagesgrauen brechen die Leute mit ihren Eseln oder Schubkarren von Hause auf mit ihren Waren oder Feldfrüchten, die sie auf dem Markt verkaufen, um dagegen die notwendigen Geräte und Handwerkszeuge einzukaufen. Diese meist in Perioden von fünf Tagen abgehaltenen Märkte dienen auf dem flachen Land fast allein dem Warenverkehr, soweit nicht Hausierer von Ort zu Ort gehen und ihre Dinge feilbieten. Der Markt ist zudem die beste Gelegenheit, Neuigkeiten auszutauschen. Da werden oft sehr abenteuerliche Gerüchte als Nachrichten zum besten gegeben. Wenn wie eine Epidemie schwankende Gerüchte das Land durchflattern, die niemals Tatsachen wiedergeben, sondern immer nur Stimmungen, so sind die Herde der Verbreitung stets die Märkte. Zeitungen im westlichen Sinn sind ja erst in den allerletzten Jahrzehnten in China häufiger geworden. – Gelegentlich werden auch Streitigkeiten geschlichtet, und oft ist es so, daß der Schuldige ein Essen mit Wein geben muß, bei dem alle Beteiligten sich gütlich tun und wieder heiter und freundlich werden. Gelegentlich zeigen sich dann aber, wenn etwa ein Bäuerlein auf dem Markt nach einem guten Handel zuviel des Guten getan hat, auf dem Heimweg in der Finsternis böse Gespenster, die allerlei Unheil und Schabernack anrichten. Derartige Geschichten werden schon in alter Zeit erzählt. So heißt es z. B. in den Frühlings- und Herbstannalen des Lü, der zur Zeit des Ts'in Schï Huang Ti lebte:

»In einem Dorf war ein sonderlicher Teufel, der freute sich daran, die Gestalt von anderer Leute Söhnen oder Brüdern anzunehmen. Ein Alter aus der Gegend war einst zu Markt gegangen und kam von dort betrunken heim. Der Teufel nahm die Gestalt seines Sohnes an und führte ihn scheinbar nach Hause. Doch plagte er ihn unterwegs aufs ärgste. Als nun der Alte heimkam, war der Rausch verflogen. Er schmähte seinen Sohn und sprach: ›Ich, als dein Vater, habe es noch nie an Liebe zu dir fehlen lassen. Was war der Grund, daß du auf dem Weg mich so plagtest, da ich nun betrunken war?‹ Sein Sohn schluchzte, stieß das Haupt zur Erde und sagte: ›Das ist ein Spuk. Nicht also war es. Denn vorhin hatte ich im Osten etwas zu tun. Du kannst die Leute auf der Straße fragen.‹ Sein Vater glaubte ihm und sprach bei sich: ›Ei, das ist sicher wieder dieser sonderliche Teufel. Ich habe wohl von ihm gehört. Morgen will ich wieder zu Markt gehen und erst recht trinken. Da möchte ich ihm begegnen. So bring ich ihn dann sicher um.‹ Am andern Morgen ging er auf den Markt und ward betrunken. Sein Sohn aber, der fürchtete, daß der Vater nicht allein imstande sei zurückzukommen, ging ihm entgegen vor das Dorf hinaus. Der Alte sah seinen Sohn. Er zog sein Schwert heraus und stach ihn tot.« –

Kiautschou ist heute eine stille Stadt. Die Mauern zerbröckeln allmählich, die Tore zerfallen, und die Erinnerung an die Vergangenheit brütet über den weiten Feldern, die heute an Stelle von Häusern und Straßen große Teile der ummauerten Stadt ausfüllen. Die Zikaden schwirren in den sommerlichen Weidenbäumen, und die Lerchen singen in ihren Käfigen, die von Vogelliebhabern schon am frühen Morgen in die Natur hinausgetragen werden.

Es gibt eine alte Sage von der Fee Maku, daß sie noch immer jung geblieben sei, obwohl das Meer dreimal zu Maulbeergärten sich gewandelt habe und die Maulbeergärten dreimal sich ins Meer versenkten. So steigt heute wieder das Land aus dem Meer, wird Sandfläche, Steppe, Getreideland. Hafenstädte rücken ins Inland zurück, und neue Orte tauchen aus dem Nichts hervor wie damals der deutsche Hafen Tsingtau, der ehedem ein ärmliches Fischernest war, bis die Eisenbahn kam und die Riesendampfer, die großen Straßen und die Fabriken. Kiautschou sank in die Vergessenheit eines Landstädtchens zurück. Und wieder ändern sich die Zeiten. Einst wohnten deutsche Soldaten in prächtigen Kasernen auf einem Hügel vor der Stadt Kiautschou. Sie sind wieder abgezogen, um die Kasernen wuchs ein Wald, während langsam Fenster und Dächer, Türen und Riegel verfielen und entfernt wurden, so daß heute nur noch Gestrüpp und Ruinen die Stelle bedecken. Und dies alles: Kommen und Gehen in einem halben Menschenalter. Man versteht im Blick auf diesen Wandel, wenn Laotse sagt:

> »Alle Dinge erheben sich im Gedräng.
> Ich bleibe ruhig und sehe, wie sie zurückkehren.«

Von Kiautschou führt der Weg landeinwärts nach Kaumi. Diese Stadt ist der Ort der Phäaken. Am Fuß eines Hügels voll alter Gräberhaine, der sogenannten alten Stadt, gelegen, erheben sich ihre Mauern am Ufer eines kleinen Wasserlaufs. Die Gegend ist eben und tief. Früher war im Norden der Stadt ein großer See, der aber im Lauf der Jahrhunderte ausgetrocknet ist und nur noch auf europäischen Landkarten ein gespenstisches Dasein führt. Die Stadt ist vollkommen ländlich in ihrem Charakter. Die Bürger haben dafür gesorgt, daß die Eisenbahn auf eine weite Strecke von der Stadt entfernt bleibt. Man muß auf diese Weise fast eine ganze Stunde vor Abgang des Zuges sich auf den Weg machen, aber man bleibt den fremden Einflüssen ferner. Zur Zeit, als ich in Kaumi verkehrte, gab es dort noch immer Leute, die sich geweigert hatten, die Bahn auch nur einmal zu sehen. Auf dem Hügel der Altstadt waren damals deutsche Baracken, in denen eine Abteilung berittener Marineinfanterie (es war wirklich diese merkwürdige Waffengattung; sie ritten sogar auf Maultieren) zum Schutz des Bahnbaus stationiert war. Nach der Vollendung des Bahnbaus blieben diese Truppen aus alter Gewohnheit noch da. Erst als nach dem russisch-japanischen Krieg die japanische Regierung sich nach ihnen erkundigte, wurden sie sehr schnell zurückgezogen.

Der Bahnbau hat manche Unruhe in das selige Dasein der Phäaken gebracht. Als ich das erstemal nach Kaumi kam, waren die meisten der vornehmen Familien vor den deutschen Soldaten geflüchtet, und ihre Häuser standen offen da. Ich erinnere mich besonders an eines dieser Häuser. Es sah von außen ganz unscheinbar aus. Der Besitzer lebte in dürftigster Einfachheit. Aber im innersten seiner Höfe hatte er Halle an Halle mit Strängen des durchlöcherten, alten chinesischen Kupfergeldes bis unter das Dach hin vollgestopft. Das alles war nun leer. Nur da und dort auf dem Boden sah man einige zerstreute Münzen liegen. Trotzdem der Mann nicht ärmer geworden war durch diesen Verlust, trug er an dem Unglück namenlos schwer und hat es nie ganz verwunden. In einem anderen der Gebäude wurde mir vom Mandarin eine Wohnung angewiesen. Ich wohnte in einem besonderen Hause eines Seitenhofes. Die großen Haupthallen standen leer, und die alte solide Pracht der Räume mit den Resten der Kunstgegenstände, die noch da geblieben waren, stand im traurigen Gegensatz zu den ängstlich umherschleichenden Dienern, die zur Bewachung zurückgelassen worden waren. Später kam dann der Besitzer wieder zurück. Es war ein bedauernswerter, kränklicher junger Mann, der das Erbe seiner Väter nur mühsam weiter schleppte und schließlich durch Opiumrauchen und Unfähigkeit in Armut versank und zugrunde ging. Es gab eine ganze Anzahl solcher untergehenden Geschlechter in Kaumi. Manche düstere Geschichten hatten sich hinter den mächtigen Toren, vor denen steinerne Löwen Wache hielten, und innerhalb der verschwiegenen Mauern der Höfe abgespielt. Manche Kampfszenen aus alter Zeit hatten ihre Spuren hinterlassen, wenn z. B. einem der steinernen Torlöwen der Kopf abgeschlagen war. Heimliche Gerüchte erzählten von Dingen, wie sie in dem berühmten Roman vom »Traum des roten Schlosses« geschildert werden, wo es einmal heißt, daß die steinernen Löwen vor dem Tor die einzigen wirklich keuschen Hausbewohner seien.

Allmählich kamen die Mitglieder der Gentry wieder in die Stadt zurück, und es bildete sich mit der Zeit auch zu den deutschen Besatzungstruppen, von denen weiter oben schon einiges berichtet ist, ein erträgliches Verhältnis aus. Nur gelegentliche Störungen des Bahnbetriebes brachten jeweils neue Aufregungen mit sich. Einmal war es z. B. vorgekommen, daß jemand, um sich an einem Feind zu rächen, einige Schrauben von den Bahnschienen entfernt hatte innerhalb der Strecke, für die sein Feind als Dorfvorsteher verantwortlich war. Die Sache wurde gemeldet, und der deutsche Hauptmann verlangte strengste Bestrafung des Schuldigen. Der Mandarin untersuchte den Fall. Da die Schrauben nirgends gefunden wurden, so war nichts sicheres herauszubekommen. Die Sache zog sich in die Länge, und immer dringender wurden die Mahnungen des Hauptmanns. Schließlich kam man auf einen Ausweg. Im Gefängnis war ein armer Schlucker, der beim Hühnerdiebstahl betroffen war. Der nahm die Schuld auf sich, als er erfuhr, daß man bereit sei, seiner alten Mutter, für die er die Hühner zur Nahrung gestohlen hatte, eine für seine Verhältnisse sehr beträchtliche Unterstützung zu bezahlen. Es wurde also ein Protokoll aufgenommen. Der Dieb, der glücklich war, durch sein Geständnis seiner alten Mutter aus der Not zu helfen, legte ein detailliertes Geständnis ab und bekannte auch, daß er die Schrauben an einer Stelle ins Wasser geworfen habe, die so tief sei, daß man sie nicht wiederfinden könne. Das Protokoll wurde dem Hauptmann zur Kenntnis gegeben. Der Dieb wurde sofort hingerichtet. Als später der Hauptmann den Mann noch einmal vernehmen lassen wollte, da war es schon zu spät. Derartige Fälle sind in jener Zeit nach den Boxerwirren mehr als einmal vorgekommen, und die europäischen Mächte befanden sich oft in peinlicher Aufregung darüber, ob wirklich auch immer die richtigen Leute hingerichtet wurden. Heute erscheint es fast spukhaft unwirklich, daß solche Dinge möglich waren. Aber wenn man nicht diese dunklen Hintergründe in Betracht zieht, so versteht man nicht die einmütige Weigerung Chinas, sich von den Fremden weiter knechten zu lassen.

Die deutschen Soldaten hatten ursprünglich in der Stadt selbst in den alten Prüfungshallen gewohnt. Als die Baracken auf dem Altstadthügel fertig waren, wurde in den Prüfungshallen eine Mittelschule errichtet, mit deren Leitung ich beauftragt wurde. Die Schule wurde noch nach dem Übergangssystem betrieben: westlicher Unterricht, d. h. deutsche Sprache und Realien am Vormittag, Unterricht in den chinesischen Fächern am Nachmittag. Die Schule war öffentlich. Die Schüler erhielten freie Kost und Wohnung. Dort sah ich auch zum erstenmal die feierliche Verehrung des Konfuzius, wie sie in jenen Zeiten in China üblich war. An der Nordwand wird eine Holztafel mit der Tempelbezeichnung des Konfuzius aufgestellt. Davor stehen rechts und links zwei Leuchter und zwei Vasen, in der Mitte ein Räuchergefäß, in dessen weiße Asche glimmende Weihrauchstäbchen gesteckt werden. Nachdem ich nach westlichem Brauch meiner Verehrung für den Meister durch eine dreimalige Verbeugung Ausdruck gegeben hatte, trat der Zeremonienmeister vor, der erst die Litanei sprach, dann die Zeremonie leitete. Dreimal knien Lehrer und Schüler auf viereckigen Kissen nieder, und jedesmal berühren sie mit der Stirn die Erde. Dann ist diese Zeremonie beendet, und die feierliche Begrüßung der Lehrer durch die Schüler folgt nach. Die Lehrer haben durch ihre Verehrung für den großen Meister die Würde erlangt, die ihnen das Anrecht auf die Ehrung durch die Schüler gibt. Ein merkwürdiger Zug bei diesen Vorgängen ist, daß, wenn der Schüler vor dem Mann, den er als Lehrer ehren will, seine Ehrenbezeugung macht, der Lehrer mit derselben Ehrenbezeugung erwidert. Alles ist auf Gegenseitigkeit aufgebaut, keine sklavische Proskynese gibt es, sondern nur freie gegenseitige Achtung. Ich habe diese alte chinesische Sitte, die das Schulleben auf die Grundlage der Ehrfurcht als der fruchtbarsten menschlichen Seelenregung stellt, immer schön und eindrucksvoll gefunden. Es wird bei dieser Ehrung nicht die zufällige Person des Anwesenden übermäßig emporgehoben, sondern es wird letzten Endes das Geistige geehrt in dem, was über uns, und in dem, was unter uns ist, und die Schüler, die durch Anhänglichkeit an denselben Lehrer verbunden sind, zeigen so auch die Ehrfurcht vor dem, was uns gleich ist.

In den Kreisen der Mission hat es damals manche Diskussion darüber gegeben, ob diese Konfuziusverehrung nicht etwas Heidnisches sei, und auch mir wurden schwere Vorwürfe wegen meiner Haltung von mancher Seite aus gemacht. Aber ich bekenne, daß ich diese Sitte nur schön und erhebend finden kann. Die Haltung der Ehrfurcht ist unter allen Umständen ein Vorzug. Wo sie fällt, tritt nichts an ihre Stelle, das als Symbol von gleichem Ausdruckswert sein könnte. Die innere Freiheit wird dadurch nicht gestört. Es ist kein Zeichen höherer Frömmigkeit oder tieferer Freiheit, wenn man Verehrungswürdigem, dem man auf seinem Weg begegnet, die Ehre versagt, die ihm gebührt.

Als später das Detachement zurückgezogen wurde, sank Kaumi allmählich wieder ganz in seinen Dornröschenschlaf zurück. Die Honoratioren traten wieder hervor und berieten über die Geschäfte. Einzelne Familien, die verarmten, verkauften ihre Altertümer und schieden allmählich aus den Reihen der Genießenden und Besitzenden aus. Andere, Emporgekommene, traten in die verlassenen Stellen ein. Uneinigkeit und Intrigen lähmten die Entschlußkraft. Manche der Tüchtigsten zogen sich je nach ihrem Besitzstand zur Opiumpfeife oder zum Schnapskännlein zurück. Die Revolution kam, und damit hörte die ganze Aristokratie zunächst auf, den früheren Einfluß auszuüben. Denn mit der Revolution kam ein ganz anderes System der Verwaltung auf. Das Mandschuregiment in China war aufgebaut gewesen auf einem ausbalancierten Gleichgewichtszustand von lokaler Selbstverwaltung und zentralisierter Bürokratie. Die Organe der Selbstverwaltung waren die Geschlechter, die Schenschi, Gürtelträger, wie sie genannt wurden. Sie mußten gewisse Rücksichten nehmen auf die verschiedenen Zünfte und Gilden, aber im wesentlichen hatten sie die Macht, wenn sie einig waren und das Interesse der Bevölkerung wahrten. Die Zentralregierung war vertreten durch den Kreisbeamten, den die Portugiesen Mandarin und die Engländer Magistrat zu nennen pflegten. Er hatte richterliche und verwaltungsführende Kompetenzen. Die Kreisbeamten waren direkt vom Kaiser ernannt, und es war festes Gesetz, daß keiner in seiner eigenen Provinz Beamter werden durfte. Dadurch sollte die Gefahr des Zusammenhaltens der unteren Instanzen gegen die Zentralregierung vermieden werden. Denn der Kreisbeamte war nach oben hin abhängig von den Bezirksbeamten und weiterhin den Provinzialgouverneuren, die alle Repräsentanten der Zentralregierung in Peking waren und dieser unterstanden. Immerhin war es einigen mächtigen Männern unter ihnen gelungen, zeitweise eine gewisse selbständige Macht in ihren Provinzen zu bilden, weshalb in Europa die falsche Bezeichnung »Vizekönig« für die Provinzialgouverneure und Generalgouverneure aufkam. Li Hung Tschang, Tschang Tschi Tung und später Yüan Sch'i K'ai waren Beispiele dieses Typs. Aber auch sie waren letzten Endes bedingungslos vom Hof abhängig und konnten versetzt und ihrer Macht beraubt werden, wenn das aus irgendeinem Grunde nötig wurde.

Dieses System, in dem die Interessen der Selbstverwaltung und der Zentralregierung sehr gut zum Ausdruck kamen, war solange wirkungsvoll, als die Beamten ihre Stellung längere Zeit innehatten, so daß sie sich mit den lokalen Verhältnissen und Bedürfnissen wirklich vertraut machen und zu einem produktiven Zusammenarbeiten mit den Vertretern der Ortsbevölkerung kommen konnten. Aber nachdem der Ämterkauf unter der Mandschuherrschaft immer mehr eingerissen hatte, mußte man alle die vielen Anwärter, die für die Bezahlung ihres Patentes oft größere Beträge entlehnt hatten, möglichst zahlreich an die Futterkrippe lassen, so daß sie Gelegenheit hatten, die angelegten Kapitalien möglichst rasch herauszuwirtschaften. So wurden denn die einzelnen Posten oft jahrzehntelang nur vertretungsweise besetzt. Diese stellvertretenden Beamten, die wußten, daß sie kaum länger als ein Jahr auf ihrem Posten sein würden, konnten bestenfalls die laufende Routinearbeit erledigen, darauf bedacht, durch Sporteln und Spesen soviel wie möglich herauszuwirtschaften, um dann auf der Leiter des Avancements so rasch wie möglich weiter zu klettern. Auf diese Weise kam Hast und Unsicherheit in das öffentliche Leben. Nichts wurde mehr gründlich erledigt; alles wurde irgendwie zurecht gestutzt; Schlamperei und Oberflächlichkeit war die Folge. Diese Umstände waren der Hauptgrund zum Umsturz. Die Beamten waren im Durchschnitt lange nicht so korrupt, wie man in Europa dachte. Das hätte sich die Bevölkerung schon gar nicht gefallen lassen, die mit Krawallen und Protesten sofort bereit war, wenn ein Beamter in wirklich unberechtigter Weise sich auf Kosten der Steuerzahler bereichern wollte. Aber das System hatte aufgehört wirksam zu sein, weil der Thron nicht mehr den nötigen Ernst hatte.

Jetzt ist dieses Doppelspiel von Zentralregierung und lokaler Selbstverwaltung ausgeschaltet. Seit der Revolution sind die Beamten ebenfalls aus Angehörigen der eigenen Provinz wählbar. Damit hat sich das Verhältnis geändert. Die lokale Zusammenarbeit ist die Grundlage geworden. Das Verhältnis der Provinzen zur Zentralregierung hat sich gelockert. Die Steuern werden in den Provinzen verbraucht. Der Zentralregierung stehen nur noch die Zölle und die – alle verpfändeten – Einnahmen aus dem Salzregal, den Eisenbahnen usw. zur Verfügung. Wenn die Verhältnisse, die durch dauerndes Dazwischenreden der fremden Mächte gegenwärtig vollkommen unhaltbar geworden sind, sich wieder konsolidieren, dann wird China ein ziemlich lose gefügter Bundesstaat werden.

Die Verhältnisse in Provinz und Stadt wiederholten sich im kleinen in den Dörfern, nur daß hier der Ortsvorstand, der aus der Gemeinde selbst hervorging, dem Kreisbeamten gegenüber die verantwortliche Persönlichkeit war, ebenso wie der Büttel (Tipao) die Verantwortung in polizeilicher Hinsicht trug.

Auch auf dem Lande hatte ich mit Organisation von Elementarschulen ziemlich viel zu tun. Die Umstellung dieser Anstalten auf einen neuzeitlichen Betrieb war keine leichte Sache. Eine chinesische Dorfschule in der Vergangenheit war etwas ganz anderes, als man in Europa unter Schulen versteht. Die Kulturbehörde der Zentralregierung hatte mit Schulwesen gar nichts zu tun. Von Seiten der Regierung wurden nur die Prüfungen der verschiedenen Grade abgehalten, und es blieb den Teilnehmern überlassen, auf welche Weise sie sich darauf vorbereiten wollten. Die Schulen waren daher alle private Veranstaltungen. Es konnte etwa ein Gelehrter ein Erziehungsheim eröffnen, zu dem je nach seinem Ruf aus der näheren oder ferneren Umgegend Schüler herbeikamen, die in Lebensgemeinschaft mit ihm an ihrer literarischen Ausbildung arbeiteten und sich auf die staatlichen Prüfungen vorbereiteten. Die Anfangsstudien wurden meist auf dem Lande betrieben. Entweder stellte die Dorfgemeinde entbehrliche Räume eines Tempels zur Verfügung, ein Lehrer wurde angestellt, die Kinder kamen zum Unterricht herbei und bezahlten ihre kleinen Beiträge zum Unterhalt des Lehrers, oder größere Familien richteten wohl in einer Ahnenhalle Familienschulen ein. Oft taten sich auch ein paar Familien zusammen und stellten gemeinsam einen Lehrer an für ihre Kinder.

Der Lehrer hatte nun den ganzen Tag über, von Sonnenaufgang bis zum Einbruch der Nacht, die Aufsicht über die Kinder, höchstens daß da eine Mittagspause eintrat, wo die Kinder nicht beim Lehrer wohnten, oder der Lehrer nicht im Hause der Schüler wohnte. Natürlich konnte der eigentliche Unterricht nicht die ganze Zeit dauern. Die Schüler beteiligten sich gelegentlich an den häuslichen Arbeiten des Lehrers, zu anderen Zeiten beschäftigten sie sich mit Lernen und Schreiben. Der Lehrer nahm mit jedem einzelnen Schüler sein Pensum durch, bezeichnete ihm zunächst die Aussprache der Zeichen des zu lernenden Textes. Dann setzte sich der Schüler hin und memorierte laut in singendem Rhythmus. Da nun je nach der Länge des genossenen Unterrichts und nach der Begabung der Schüler die Pensen verschieden waren, so war der Zusammenklang der memorierenden Stimmen für ein unkundiges Ohr wahrhaft betäubend. Aber die chinesischen Schüler haben gute Nerven. Ungestört singt jeder sein Pensum her, während sein Nachbar ganz andere Töne erklingen läßt. Weithin summt es aus einer solchen altchinesischen Schule heraus wie aus einem im Schwärmen begriffenen Bienenstock. Wenn dann der Schüler seinen Abschnitt auswendig konnte, so trat er vor den Lehrer und sagte ihn auf. Dabei mußte er, was sehr merkwürdig aussah, dem Lehrer den Rücken zukehren. Der Grund war aber ein doppelter: einmal wurde auf diese Weise vermieden, daß der Schüler heimlich ins Buch einsah, das der Lehrer in der Hand hielt, und dann war der dargebotene Rücken gleich bereit zur mahnenden Bearbeitung mit dem Lineal, falls der Schüler stockte oder sonst sich faul erwies.

Ähnlich ging das Schreibenlernen vor sich. Der Lehrer malte die Zeichen in großem Format mit Tusche auf einen Bogen. Darüber wurde ein durchscheinendes Papier gelegt, auf dem der Schüler mit Tusche die Umrisse des Zeichens nachmalte. Der Lehrer korrigierte dann die Leistungen. Striche durch die so gemalten Buchstaben bedeuteten, daß sie schlecht waren, Ringe galten als Lob. Die chinesische Schrift ist sehr schwer zu schreiben, weil die Pinselführung leicht und bequem sein muß; darum hat von je her in China das Schreiben als eine Kunst gegolten, und Schriftrollen von berühmten Malern sind nicht weniger gesucht als ihre Gemälde.

Die chinesische Schrift war ja ursprünglich eine hieroglyphische Bilderschrift. Allmählich wurden die Zeichen dann als Silbenzeichen angewandt und durch beigefügte Klassenzeichen näher bestimmt. Je nach der Art ihrer Zusammensetzung unterscheidet man bildliche, begriffliche und lautliche Zeichen. Die bildlichen Zeichen waren etwa: ein Kreis mit einem Punkt im Zentrum = Sonne, ein Halbkreis = Mond usw.; die begrifflichen Zeichen waren aus mehreren bildlichen zusammengesetzt. So bedeuten z. B. zwei Bäume = Hain, drei Bäume = Wald, Frau und Sohn = gut, Frau unter dem Dach = Friede, Schwein unter dem Dach = Familie, Vögel im Nest = Westen, Abend.

Die lautlichen Zeichen bestehen aus einer Hälfte, die den Laut angibt (phonetischer Bestandteil), und einem Klassenzeichen (Radikal), das die Klasse angibt, zu dem die Sache gehört: z. B. T'ung = gemeinsam.

T'ung mit dem Klassenzeichen »Metall« bedeutet »ein Metall, das T'ung gesprochen wird«, d. h. Kupfer.

T'ung mit dem Klassenzeichen »Baum« bedeutet einen Baum, der T'ung gesprochen wird, d. h. die Paulownia

oder Tsch'ong = vollenden.

Tsch'ong mit dem Klassenzeichen »Erde« bedeutet »etwas aus Erde Gemachtes, das Tsch'ong gesprochen wird«, d. h. ein Stadtwall.

Die chinesische Sprache ist einsilbig und die Wörter sind alle unveränderlich, so daß sie als Grammatik nur Syntax, aber keine Formenlehre hat. Die Zahl der vorkommenden Silben ist sehr beschränkt. Es gibt z. B. kein »r« im Chinesischen, und die Silben endigen nur auf Vokale oder n und ng. Der Anlaut besteht nur aus einfachen Konsonanten. Die beschränkte Anzahl der vorkommenden Silben reicht natürlich bei weitem nicht aus, um für jeden Begriff einen besonderen lautlichen Ausdruck zu finden. Das ist bei der geschriebenen Sprache keine Schwierigkeit, da jeder Begriff ein besonderes Zeichen hat. Für die gesprochene Sprache aber entsteht die Möglichkeit der Verwechslung, da viele Zeichen gleich gesprochen werden. Die Sprache ist daher auf den Ausweg gekommen, durch die Art der Intonation die verschiedenen gleichlautenden Silben zu unterscheiden. So heißt z. B. Hao in fragendem Ton gesprochen »schön« und in befehlendem Ton gesprochen »lieben«. Dennoch kommen Mißverständnisse nicht selten vor. Im schlimmsten Fall schreibt man die Worte entweder mit Bleistift auf Papier oder mit dem Finger in die Hand.

Die neue chinesische Schrift und Umgangssprache ist übrigens so geartet, daß solche Mißverständnisse viel weniger vorkommen als früher.

Die alten chinesischen Schulen waren in den letzten Jahrhunderten immer mehr in einen äußerlichen Betrieb hineingekommen, durch den hauptsächlich die rein gedächtnismäßigen Fähigkeiten der Schüler entwickelt wurden. Der Unterricht beschränkte sich im wesentlichen auf literarische und geschichtliche Fächer. Aber auch die alte Weisheitsliteratur wurde vielfach einfach vom Gesichtspunkt ihrer Verwendbarkeit für die Prüfungen aus behandelt. Die Prüfungen aber waren seit der Mingzeit immer mehr ins rein formalistische Fahrwasser gekommen. Eine feste Aufsatzform, die aus acht Teilen bestand – in großer Ähnlichkeit mit der früher auch in Europa üblichen Form der Chrie – war das Schema, in das die Behandlung der den vier heiligen Büchern entnommenen Themata gepreßt wurde. Wer dieses Schema gewandt und geistvoll zu handhaben wußte, bestand sein Examen, auch wenn die Gedanken ganz an der Oberfläche blieben. Oft kam es natürlich auch vor, daß bei den Prüfungen betrogen wurde. Es gab kleine Bücher mit allen möglichen Aufsätzen, die man im Ärmel verschwinden lassen konnte, und die in winzigem Druck ein Kompendium des gesamten Examenspensums enthielten. Es galt nur im Register jeweils das richtige Thema aufzuschlagen. Griff man daneben, so konnte man den schönsten Aufsatz machen und fiel dennoch durch. Das großartigste in dieser Art war ein schöner seidener Examensmantel, dessen weißseidenes Futter von oben bis unten eng mit Examensaufsätzen beschrieben war. Ein Taschentuch, das ihm beigegeben war, enthielt das Inhalts- und das Ortsverzeichnis der betreffenden Aufsätze. Ein kurzes Unwohlsein genügte, um sich an einem stillen Plätzchen den betreffenden Ort aus dem Futter zu schneiden und mit Glanz die Prüfung zu bestehen – falls man nicht erwischt wurde. Im allgemeinen kann man wohl sagen, daß das Gebot »Du sollst dich nicht erwischen lassen« mit großer Gewissenhaftigkeit in China befolgt wurde.

Bei diesen Umständen hatte der Lehrer einer Dorfschule ein ziemlich behagliches Dasein. In seiner Haushaltung hatte er stets die Arbeitskräfte der Schüler zur Verfügung, und das Lernen mußten die Schüler auch selbst besorgen. Er hörte nur zu und züchtigte die Faulen mit dem Lineal. Gar oft an heißen Tagen kam es vor, daß der Lehrer fest schlief wie ein Schöffe bei einer Gerichtsverhandlung. Oft auch hatte er eine Kanne Schnaps neben sich stehen, den er allmählich in kleinen Täßchen verschwinden ließ. Von Zeit zu Zeit prügelte er wohl auch einen Schüler, um sich munter zu erhalten. Wenn er aber dann doch zum Opfer fiel, so dauerte es oft lange, bis die lautlernenden Schüler es merkten, wie die alten Heiden oft noch lange ihren Göttern opferten, nachdem sie schon gestorben waren.

So war es denn eine wirkliche Notwendigkeit, daß das gesamte Schulwesen auf eine gesunde Grundlage gesetzt wurde. Dies geschah dadurch, daß man die Prüfungen abschaffte, und statt dessen öffentliche Schulen mit festen Lehrplänen einführte. Natürlich fehlte es an Lehrern. Man wandte sich zunächst an Japan, machte dabei aber nicht immer gute Erfahrungen, denn naturgemäß waren es nicht gerade die besten japanischen Lehrer, die sich in eine chinesische Landstadt setzten. Ich kannte einen, der im Physikunterricht immer nur Akustik durchnahm, die er den Schülern dadurch beibrachte, daß er auf einem verstimmten Harmonium allerlei Gassenhauer vorspielte. Ähnliches mag auch an anderen Orten vorgekommen sein. Es wurden abgekürzte Kurse und Lehrerbildungsanstalten eingerichtet, um den alten Lehrern einen modernen Schliff zu geben. Das Volk aber nannte die Tsch'uan Hsi So = Übungsanstalten »Tsch'uan I So« = Bekleidungsanstalten und die Schi Fan Hsüo T'an = Lehrerschule nannte man »Tschi Fan Hsüo T'ang« = Eßschulen, um damit anzudeuten, daß die Tagegelder, die die Besucher jener Schulen bekamen, das Wichtigste dabei waren. Jetzt sind die Verhältnisse längst anders geworden. Heutzutage verschmähen es selbst Absolventen der Pekinger pädagogischen Reichsuniversität nicht, auf die Dörfer als Schulmeister zu gehen, um gründliche Arbeit der Volksbildung zu leisten. China macht rapide Fortschritte in der Zahl und Güte seiner Schulen.

Ich hatte aber in jenen Zeiten viel zu tun mit der Einrichtung jener Dorfschulen. Ich mußte oft weite Reisen machen. An einer der Bahnstationen erwartete mich z. B. allemal der Maultierkarren des Schulvorstandes, eines alten Freundes von mir, dem daran lag, im Schulwesen seines Heimatdorfes wirklich etwas Tüchtiges fertig zu bringen. Da galt es dann, den ganzen Tag über, durch Straßenstaub und Sommersonne sich die chinesische Landstraße entlang über Berg und Tal holpern zu lassen, bis man bei Sonnenuntergang ankam. Durch diese Reisen wurde mir die frühere Strafe des Räderns aus eigenem Erleben vollkommen geläufig. Zunächst mußte ich immer meinen bis in die Tiefen erschütterten Magen wieder in Ordnung bringen. Zu diesem Zweck hatte der rührende Mann in der Regel ein üppiges Essen mit Kornschnaps aufgestellt. Auf dem Lande gibt es in China keine Luxusküche. Das Fleisch, man nahm mir zuliebe meist solches von Rindern, vor dem die Dorfbewohner – meines Erachtens mit vollem Recht – Abscheu empfanden, war zäh und mit Bohnenöl ungenießbar gemacht. Die Garneelen waren alt und rochen, die schwarzen Eier waren wirklich nicht mehr ganz frisch, obwohl sie kaum ein paar Wochen alt waren. Der Bohnenkäse schmeckte brenzlich, und der Schnaps war fuselhaltig. Kurz, das Gastmahl pflegte das zu vollenden, was die Reiseerschütterung etwa noch zu tun versäumt hatte. Aber nach einer mehr oder weniger übel verbrachten Nacht inmitten von Moskitos und anderen Tieren war ich in der Regel am nächsten Morgen imstande, die Schule mit ihren frischen, lernbegierigen Jungens zu inspizieren. Und im Sonnenlicht vergaßen sich die Strapazen dann immer schnell wieder.

Mein alter Freund war das Muster eines frommen, gütigen Patriarchen. In seiner Familie herrschte Ordnung, solange er lebte. Das Haus erinnerte lebhaft an die Familie jenes Musterhausvaters vor vielen hundert Jahren, in der neun Geschlechter gleichzeitig vertreten waren, die in solcher Eintracht lebten, daß selbst die Hunde ihrem Beispiel folgten.

Diese alte patriarchalische Familienform, bei der auch die fromm verehrten Ahnen mit den lebenden Nachkommen eine große Gemeinschaft bildeten, findet sich auf dem Land in China noch immer und wird sich noch lange finden, denn China ist in seiner Masse ein Bauernvolk, und Bauernvölker haben feste, dauernde Sitten.

Elftes Kapitel. Die Alten in Tsingtau

Im Lauf der Jahre war zwischen Tsingtau und dem Hinterland einiger Verkehr entstanden. Die feindselige Stimmung, die bei der Besetzung Tsingtaus in China Platz gegriffen und jeden persönlichen Verkehr zwischen dem Provinzialgouverneur in Tsinanfu und dem deutschen Gouverneur in Tsingtau unmöglich gemacht hatte, war gewichen. Der chinesische Provinzialgouverneur Tschou Fu durchbrach den Bann und machte einen persönlichen Besuch in Tsingtau. Er ging dabei von der Voraussetzung aus, daß man auf beiden Seiten durch gegenseitiges Vertrauen und guten Willen mehr erreichen könne als durch Mißtrauen und Abschließung. Auf deutscher Seite wußte man zunächst nicht recht, wie man sich dieser neuen Situation gegenüber verhalten sollte. Die »Chinakenner« unter der Bevölkerung – das sind in der Regel Leute, die immer das Schlimmste prophezeien, um dann nachher sagen zu können: »Ich habe es ja vorausgesehen!«; denn wenn ihre Unkenrufe vergeblich waren, so denkt ja nachher kein Mensch mehr daran, und es sieht immer kundiger aus, wenn man pessimistisch ist – die Chinakenner also hatten zu verstehen gegeben, daß hinter der Reise eine gewisse Absicht liege, wenigstens moralisch Beschlag auf das Schutzgebiet zu legen. So war man besorgt. Andererseits ließ sich ein freundschaftlicher Besuch auch nicht ablehnen. So nahm man denn an – nicht ohne Anwendung geheimer Vorsichtsmaßregeln. Als der Gouverneur Tschou Fu kam, wußte er durch seine derbe Geradheit und seinen gesunden Humor bald die Luft von solchen Gedanken zu reinigen. Es entspann sich eine Art von freundnachbarlichem Verkehr zwischen Tsingtau und Tsinanfu.

Die beiden Kulturen kamen in Berührung. Natürlich gab es bei dem großen Abstand, den sie damals noch voneinander hatten, manche ergötzlichen Mißverständnisse.

Das öffentliche Leben im alten China spielte sich nur unter Männern ab. Frauen waren bei Gastmählern nicht anwesend. Höchstens, daß man öffentliche Sängerinnen zur Unterhaltung der Gäste kommen ließ. In Tsingtau waren die Damen viel zu gespannt auf die fremden Gäste, als daß sie sich hätten entgehen lassen mögen, sie in ihren goldgestickten, prächtigen Gewändern mit den pferdehufartigen Ärmelaufschlägen und den Zöpfen unter den von bunten Kristallknöpfen bekrönten Mandarinmützen zu sehen. So kam die moderne europäische Kleidung – die Herren im Frack, die Damen in großer Abendtoilette – mit der alten chinesischen Mandarinentracht in unmittelbare Berührung. Die chinesischen Herren in ihren prächtigen Gewändern und ihren harmonischen, geräumigen Bewegungen wirkten in der europäischen Gesellschaft recht imposant. Freilich kamen gelegentlich auch Mißverständnisse vor. In China herrschte die Sitte, daß man bei Tisch Becher und Schalen vor dem Gebrauch auswischt und auch die Eßstäbchen noch einmal zur Vorsicht reinigt. Aus alter Gewohnheit kam es da auch gelegentlich vor, daß einer der Herren das Weinglas mit dem Taschentuch auswischte. Die Hausfrau war entsetzt. Der Diener versicherte, das Glas sei rein. Sie befahl es herbeizubringen, und richtig, es war am Rand, wo der Gast es mit dem Taschentuch gereinigt hatte, recht trübe, sonst aber ganz tadellos. –

Es fehlte auch nicht an Mißverständnissen auf der anderen Seite. Zwei chinesische Gäste führten z. B. folgendes Gespräch: »Wie kommt es eigentlich, daß die fremden Damen heute abend so ganz anders gekleidet sind als sonst? Sieh nur hin, oberhalb der Brust quillt das Fleisch ringsherum bis zum Rücken heraus. Keinen Faden haben sie an, und von den Ärmeln sind auch nur noch kleine Reste vorhanden. Dabei ist der Rock so lang, daß er über einen Fuß auf dem Boden nachschleppt. Was hat das eigentlich für einen Sinn, daß sie am Oberkörper so nackt und am Unterkörper so verhüllt sind?« Der Nachbar, der früher im Ausland gewesen war, antwortete darauf: »Das tragen sie als Festkleid. Nur die höheren Stände sind berechtigt, sich so anzuziehen.« »Ach so«, war die Antwort. Dann wandte sich das Gespräch anderen Dingen zu.

Oder es traf sich einmal, daß gerade einige Damen aus Schanghai in einem befreundeten Hause zu Gast waren. Sie wollten die Gelegenheit, die chinesischen Würdenträger aus der Nähe zu sehen, nicht vorübergehen lassen, und so erklärten sie sich denn bereit, in der sonst nur aus Herren bestehenden Gesellschaft ein paar Violinstücke mit Klavierbegleitung vorzutragen. Sie spielten recht gut, und jedermann klatschte Beifall. Zum Schluß fragte dann einer der chinesischen Gäste: »Wieviel bezahlt ihr eigentlich solchen Mädchen für den Abend?«

Später als die Annäherung zu vertrauteren Beziehungen geführt hatte, wurden auch manche diplomatischen Kämpfe mit dem Sektglas in der Hand ausgefochten. Ein höherer chinesischer Beamter war berühmt durch seine Trinkfestigkeit und gefürchtet wegen der Rücksichtslosigkeit, mit der er durch dauerndes Zutrinken ein weniger leistungsfähiges Opfer erledigte. Ein japanischer Professor war ihm aber gewachsen. Er trank mit freundlichem Lächeln immer mit und ließ sich immer wieder – Sodawasser nachgießen. Schließlich nahm der alte Herr zwei Gläser zugleich und trank weiter. Das ging dann doch auch über seine Kraft. Bedenklich schwankend verließ er das Eßzimmer und sank in einen Polsterstuhl. Mit Spannung und Sorgen erwartete man eine Katastrophe. Allein das gibt es in China nicht. Im entscheidenden Augenblick kam ein Sekretär mit einem Telegramm und meldete, daß soeben die Tante Seiner Exzellenz verschieden sei. Schluchzend wurde darauf der alte Herr von zwei Dienern abgeführt, denn es ist Erfordernis der Pietät, bei einem derartigen Schlag zusammenzubrechen und nur auf Diener gestützt sich zu bewegen.

Großes Erstaunen erregte bei den chinesischen Gästen, daß bei öffentlichen Zweckessen ein etwas sonderlicher Bürger Reden zu halten pflegte, deren Inhalt nicht immer im richtigen Verhältnis zu der aufgewandten Begeisterung stand. Sie wußten nicht, daß er in Tsingtau zu den unvermeidlichen Originalen gehörte, dauernd mit den Gerichten in Konflikt war und mit Methode seine exzentrische Gemütsart praktisch zu verwerten wußte. Geschadet hat er übrigens dem deutschen Ansehen nicht sehr, obwohl nicht alles, was er – oft auf einem Tisch stehend – mit großer Geste unter die Hörer schleuderte, für die Öffentlichkeit geeignet war. Im Osten werden solche Menschen mit Rücksicht betrachtet. So gehörte denn der Bürger zum dauernden Inventar der Kolonie. Er hat auch die Eroberung Tsingtaus überstanden. Spät erst wurde er von den japanischen Behörden ausgewiesen, weil er den japanischen Gouverneur von Tsingtau beim Kaiser von Japan verklagen wollte. Er wandte sich dann aufs religiöse Gebiet und wollte eine Vereinigung der verschiedenen Weltreligionen gründen.

Zu den merkwürdigen Erscheinungen der Kolonie gehörte ein aus der Mongolei importiertes Kamel, das als ganz kleines Füllen der Messe einer Truppenabteilung geschenkt worden war und dort lange Zeit bei Tisch herumgereicht wurde. Später wurde es zum Abschied von heimkehrenden Truppentransporten aufgezäumt, wobei es sich nach Art der Kamele ungebührlich benahm, bis es endlich groß und wild wurde und einer Dame, die künstliche Blumen auf dem Hut hatte und in einer Rikscha fuhr, durch die ganze Stadt nachlief, um ihren Hut abzuweiden. Darauf mußte es als Lastkamel im Laoschan dienen und wurde bei Kriegsausbruch geschlachtet, damit es nicht in die Hände der Feinde fiele.

Auf diese gemütlichen Zeiten in der kleinen Kolonie folgten andere, ernstere. Die chinesische Revolution erhob ihr Haupt. Tsingtau blieb ruhig, während überall im chinesischen Reich die Stürme tobten.

Ich vergesse nie den Augenblick, als ich in meinem Studierzimmer arbeitete und ein chinesischer Gast gemeldet wurde. Aufgeregt, mit verstörter Miene, trat einer meiner Bekannten ein. Ich hatte mich manchmal über taoistische Geheimlehren mit ihm unterhalten. Er war in Tsinanfu Unterrichtskommissar gewesen. Ich schätzte ihn wegen seiner ruhig starken Persönlichkeit und seiner gründlichen Beherrschung der chinesischen Literatur ungemein hoch und war erstaunt, ihn blaß und angegriffen zu sehen. Er war inzwischen Direktor des Arsenals in Schanghai geworden, hatte sich mit Mühe und Not vor den meuternden Soldaten gerettet und war mit seinem Sekretär, einem guten Freund von mir, nach Tsingtau geflüchtet. Die deutsche Verwaltung sah sich nun vor die gewichtige Frage gestellt, wie sie sich zu solchen Flüchtlingen verhalten wollte. Erfreulicherweise stellte man sich auf den richtigen Standpunkt, das Pachtgebiet offen zu halten für Angehörige aller Parteien, die Aufenthalt dort suchten und sich den Ordnungen des Ortes unterwarfen.

So kam für Tsingtau eine neue Zeit. Schon durch die Fühlung mit den chinesischen Beamten und mehr noch durch die Gründung der deutsch-chinesischen Hochschule war eine Grundlage gegeben für die Anknüpfung eines geistigen Austausches. Nachdem der erste Gast freundlich aufgenommen war, folgten ihm andere, und schließlich war das frühere Fischerdorf am Strande des Ostmeeres der Vereinigungspunkt der bedeutendsten Köpfe des alten chinesischen Reichs. Viele bauten sich an und behielten in Tsingtau dauernd ein Sommerquartier, auch nachdem sie sich mit der neuen Lage der Dinge befreundet hatten und sich an dem Aufbau der jungen Republik aktiv beteiligten. In Tsingtau wohnten damals Minister, Generalgouverneure, Gouverneure, höhere Beamte aller Art, Gelehrte und Großindustrielle, und die Wogen des chinesischen Geisteslebens schlugen an den bisher so verlassenen Strand. Es kam zu verschiedenartigen kulturellen und wissenschaftlichen Verbindungen. Regelmäßige Versammlungen in weiterem Kreise fanden statt in den Räumen des prächtig ausgestatteten Klubs der Gilde der Kaufleute aus den Provinzen am Yangtse, Gelehrte und Beamte aus allen Teilen des chinesischen Reiches waren da von der Mongolei und der Provinz Kansu fern im Westen bis nach der südlichsten Provinz Yünnan hin. Von überall her strömten die Träger geistiger Einflüsse zusammen. Außer den ständig in Tsingtau weilenden kamen für kürzere oder längere Zeit bedeutende Besucher durch, so daß man damals in Tsingtau Gelegenheit hatte, wie nirgends sonst in ganz China mit den Höhen der alten Kultur bekannt zu werden. Jene Tage des Zusammenseins von Gelehrten und Staatsmännern aller Richtungen erinnerten an manche solche Höhepunkte in der chinesischen Geschichte, da Gelehrte und Künstler sich trafen, wie z. B. die Zusammenkunft der Gelehrten beim Orchideenpavillon, die der Dichter Wang Hsi Tschï mit folgenden Worten schildert:

»Die Menschen sind zusammen einen Augenblick,
Der eine greift in sein Gemüt und redet,
Was ihn darin bewegt.
Ein andrer spricht in Bildern,
In dunklen Gleichnisworten
Von Dingen und Ideen jenseits der Körperwelt.
Doch sind sie auch verschieden in dem, was ihnen wichtig,
Der eine ruhig sinnend und jener rasch entschlossen:
Sie alle freuen doch sich des Zusammenseins,
Und was die Gegenwart gewährt, befriedigt
Und läßt des Alters Nahn vergessen.«

Ich hatte mit einem engeren Kreis von Vertretern verschiedener geistiger Richtungen regelmäßige Zusammenkünfte. Man versammelte sich beim chinesischen Mahle mit seinen mannigfaltigen Genüssen, und auch an heißem Weine – der chinesische Reiswein wird heiß getrunken – fehlte es nicht. Und wir hatten trinkfeste Mitglieder in unserem Freundeskreis! Ein alter Mongolenfürst, der am Halse eine tiefe Hiebnarbe hatte und vieles erlebt hatte als Generalgouverneur der westlichen Provinzen Schensi und Kansu, ein freundlicher, starker und bedeutender Mann von ungemein gewichtigem Kaliber, zeigte die Größe seines Wesens auch im Trinken. Er trank nicht kleinlich. Beim Fingerspiel, durch das man gegenseitig sich zum Trinken verurteilen konnte, wenn man dem andern an geistiger Auffassung und Raschheit des Entschlusses überlegen war, war er nicht ängstlich aufs Siegen aus, wiewohl er alle übertraf. »Im einen Fall gewinne ich an Ansehen, im anderen einen Becher Wein, das ist auch nicht zu verachten«, pflegte er zu sagen. Wenn er gut aufgelegt war, erzählte er von seinen Erlebnissen unter den Mohammedanern im Westen und vom lebenden Buddha, dessen Einfluß jene Gegenden unterstanden. Da kamen manche geheimnisvoll rätselhafte Dinge zutage von der Macht des Zaubers in jenen Gegenden. Er war mit der Kaiserin-Witwe als Wagenlenker geflohen, als sie im Gewand einer chinesischen Bäuerin ihre Hauptstadt verließ, und konnte so manches erzählen von den Mühsalen und Abenteuern jener siegreichen Flucht. Noch immer stand er in Verbindung mit den Provinzen, deren Kohlen- und Mineralreichtum noch heute der Erschließung harrt. Einmal, als er in Stimmung war, versprach er, mir auch ein größeres Gebiet in jenen Provinzen zu schenken, wenn ich mich daran machen wolle, eine Expedition von Chinesen und Deutschen zusammenzubringen zu seiner Erschließung. Gar manchen Abend haben wir Luftschlösser gebaut. Aber schließlich kam der Krieg dazwischen und machte allen Plänen ein Ende.

Der schroffste Gegensatz zu ihm war ein magerer Gelehrter aus der Yangtsegegend, mit spitzen Fingern und langen Nägeln. Beim Fingerspiel wickelte er immer listig und zögernd die Finger auseinander wie eine Schnecke ihre Hörner ausstreckt, und lauernd pflegte er seine Zahlen immer erst dann zu nennen, wenn der andere längst fertig war. Zu seiner Entschuldigung muß gesagt werden, daß er sehr wenig Wein vertrug und immer zänkisch und giftig wurde, wenn er unter der Wirkung des Alkohols stand. Nachdem ich einmal die Geschichte erzählt hatte von den chinesischen Ärzten, die immer Laternen bei Nacht heraushängen für die Seelen der an ihrer Behandlung gestorbenen Patienten, und erwähnte, daß ein Mann einen Arzt nahm, bei dem nur eine Laterne hing, aber dann zu seinem Schrecken erfuhr, daß jener Arzt erst einen Tag praktiziert hatte, entstand allgemeine große Heiterkeit; denn die Geschichte gehört zu den bekannten Geschichten über chinesische Verhältnisse, die man nur in Europa, nicht in China kennt. Der magere Gast aber, der selber in seinen Mußestunden die ärztliche Kunst ausübte, wurde bitterböse, als einer ihn fragte, wieviele Geisterlampen er vor seinem Tor aufgehängt habe.

Ein früherer Minister des Kultus war in unserer Mitte, der sich durch seinen Humor auszeichnete. Auf der Grundlage eines tiefen Ernstes gab er sich wilder Ausgelassenheit hin. Er gehörte zu den verborgenen Heiligen. Solche Leute kommen in China in Wendezeiten, wenn ein Herrscherhaus gestürzt ist, vor. Man findet dann unter den Mönchen der Bergklöster frühere Prinzen und Hofbeamte, man findet unter Bettlern, ja Räubern Verzweifelte, die früher in der Armee als Offiziere standen, man findet als stille Gelehrte in dürftiger Hütte hohe Minister, man findet sie als ruhelos Wandernde, man findet sie als wilde Dichter oder Maler, die ihr Leid im Wein hinunterspülen. Man findet sie unter skurrilen Spaßmachern und Lebemännern, die ein Leben bewußt vergeuden, das seinen Sinn verloren hat. Zu diesen gehörte auch der Minister unserer Gesellschaft. Immer hatte er Witze bei der Hand, und im Trinken führte er unbedingt. Selten kam eine Zusammenkunft vor, an der er Anteil hatte, bei der nicht ein oder mehrere Opfer seiner Ermunterung erlagen. Er aber wurde immer lustiger und wilder. Er war berühmt wegen seiner schönen Handschrift. In ganz Peking kann man noch bunte Firmenschilder sehen, die er gemalt hat. Als Lohn nahm er kein Geld, sondern nur ein köstliches Mahl mit einer Sängerin. Noch als er fast erblindet war, schrieb er seine großen, zugvollen Gedichte auf Papierstreifen. Es gab viele Fälscher, die sich seines Namens bedienten, um ihre kümmerlichen Elaborate an den Mann zu bringen. Im äußersten Norden von China begegnete ich z. B. in einer Herberge solchen gefälschten Inschriften. Aber er lachte nur darüber, wenn er es hörte und sagte: »Wer mich kennt, wird nicht betrogen, und die anderen sind nichts Besseres wert.« Ich traf ihn einmal in ernster Stimmung. Es war, als die Japaner mit ihren 21 Forderungen während des Krieges den letzten Rest der Freiheit Chinas zu rauben schienen. Er brach in Tränen aus und weinte wie ein Kind. Ich suchte ihn zu trösten. Er aber wollte von nichts wissen: »Unsere Schuld ist es, daß es soweit gekommen ist, uns war es nicht gegeben, das Kaiserhaus zu schützen. Nun werfe ich mein Leben weg; denn es ist nichts mehr wert.« Als der Abend kam, da trank er heftig wie noch nie, und dröhnendes Lachen erfüllte die Halle, bis die letzte Kerze erlosch und die Gäste betrunken nach Hause schwankten.

Im Winter ist eine besondere Zeit der Geselligkeit in China. Man tut sich zusammen. Man plaudert, spielt Schach, betrachtet alte Bilder und Handschriften. Auch macht man wohl um die Wette improvisierte Gedichte. Man nennt diese Gesellschaften: »Versammlungen, um die Kälte zu schmelzen«. Sie dauern von der Wintersonnenwende bis zur Frühlingstagundnachtgleiche. Man kommt an jedem neunten Tag zusammen zum Mahl. Über ein solches Gastmahl finde ich in meinem Tagebuch folgende Notizen:

Wir waren zu acht, die Zahl der Unsterblichen in China. Es waren außer mir da: ein früherer Finanzminister und dessen Bruder, ein Arsenaldirektor (es war der Obengenannte), ein taoistischer Abt, ein Geomant, ein Kaufmann und ein Student. Der Abt ist schon über siebenzig Jahre alt und hat vier Generationen von Schülern in seinem Kloster T'aits'ingkung – einem sagenumwobenen Kloster am Abfall der Laoschanberge in das Meer – um sich versammelt. Dabei ist er noch frisch und rüstig und lebhaft im Geist. Sie leben einfach und streng vegetarisch im Kloster. Der Tag ist ausgefüllt mit Gottesdiensten und Lesen der heiligen Schriften. Außerdem spielt er auch das K'in, die alte chinesische Zither, mit ihren heimlich verschwebenden Zaubertönen. Als Abt hat er manchen Verkehr mit Besuchern des Klosters, Chinesen und Europäern. Er erzählte sehr drollig, wie kürzlich ein weitherziger englischer Missionar bei ihm gewesen sei, mit dem er stundenlang sich über die höchsten Fragen des Menschenlebens unterhalten habe. Der Missionar habe sich sehr gefreut, so viel Gemeinsames und Übereinstimmendes zu finden, und als sie mitten im schönsten Gespräch waren, habe er ihm plötzlich zehn Dollar schenken wollen. Zu seinem Bedauern habe er die nicht annehmen können; denn er könne wirklich mit dem Geld nichts anfangen. Für Kleidung und Nahrung sorge das Kloster, und sonstige Genüsse brauche er nicht. – In der letzten Zeit, als der Taoismus unter der Republik kirchlich organisiert werden mußte, haben sie ihn zum Vorsteher von Ostschantung gewählt. Er hat das Amt aber wieder niedergelegt. Es seien so viel weltliche Geschäfte dabei, die mit der Frömmigkeit gar nichts zu tun haben, und außerdem seien jüngere Leute genug vorhanden, die sich eine Ehre aus solchen Ämtern machen. – Wir sprachen über das Klosterleben: Die Hauptsache sei eine gottergebene Frömmigkeit, und daß man sein Leben gewissenhaft und gütig führe, dann ständen einem auch alle Heiligen mit ihren Wunderkräften schützend zur Seite. Er möchte im stillen gern, daß ich auch Taoist würde, und hat mir schon manche seiner kräftigsten und heiligsten Sutren, die er sonst vor jedem fremden Auge sorgfältig hütet, zum Lesen geliehen. Man ist enttäuscht von den Büchern. Es ist so viel Aberglauben darin, und das Beste, das sie haben, ist dem Buddhismus entlehnt. Aus diesen Büchern hat der Alte jedenfalls seine schlichte Frömmigkeit nicht erworben. Auf die mystische Meditation ist er nicht besonders gut zu sprechen. Sie nehme viel Zeit weg und führe leicht zu Selbstüberhebung. Auf alle Fälle entziehe sich das, was dadurch gewonnen werde, der Beurteilung durch andere. Über die inneren Fortschritte, die einer mache, könne er sich nur selber Rechenschaft geben.

Ein starker Gegensatz zu dem alten Mönch war der andere Taoist in unserem Kreis, der frühere Arsenaldirektor. Daß ein solcher Mann eine solche Stellung innehaben kann, ist nur in China möglich, und das Beste ist, er hat sie gut verwaltet. Er ist ein hochgebildeter Gelehrter, der in der ganzen chinesischen Literatur zu Haus ist wie nur wenige. Trotzdem er wie alle Gelehrten Konfuzianer ist, beschäftigt er sich viel mit taoistischer Meditation zur Pflege des Lebens, und wo er von jemand hört, der ihn in diesem Streben fördern kann, sucht er seine Bekanntschaft zu machen. Er hat eine Vorliebe für Berge und Steine. Ein Berg ist für die chinesische Anschauungsweise ein belebtes Wesen, das in der Stille schafft. Der Berg atmet Wolken und braut Regen; er bedeckt sich mit Gras und sprossenden Bäumen, und alles Lebende findet etwas bei ihm zu seinem Gebrauch. So ist er gütig im Spenden und doch still und alt. Die Generationen gehen dahin, jede holt sich, was sie braucht. Doch der Berg dauert. Darum hat schon Konfuzius gesagt: »Die Wissenden heben das Wasser, das ewig veränderliche; die Gütigen aber heben die Berge.« Der Laoschan bei Tsingtau ist nun so recht ein Berg für Taoisten. Hin und wieder an einer Stelle mit besonders schönem Ausblick kann man eine Steinbank finden oder ein in die Felsen gemeißeltes Epigramm, und wenn man näher zusieht, so stammt es von unserem Arsenaldirektor. Er redet übrigens nicht viel. Den ganzen Abend hat er kaum ein Wort gesprochen. Doch ist er mit seiner geistigen Anwesenheit bei allem dabei. Er ist eine starke Persönlichkeit mit kräftigem Willen. Trotzdem er ein feiner Stilist ist, schreibt er sehr wenig. Was er aber schreibt, muß so vollkommen sein, daß es sich auch vor der Nachwelt sehen lassen kann.

Wieder eine andere Persönlichkeit ist der frühere Finanzminister. Ein feines, ansprechendes Wesen vereinigt er mit ruhiger Klarheit des Blicks. Er hat in schwerer Zeit der neuen chinesischen Republik durch Abschluß der großen Anleihe einen wesentlichen Dienst geleistet und hat dabei unendlich schwierige Verhandlungen und viele Unannehmlichkeiten gehabt, von denen man ihm jedoch bei seiner feinen Zurückhaltung nicht das mindeste mehr anmerkt. Er besitzt bedeutende organisatorische Talente. Dafür, daß er sich von seiner einflußreichen Stellung in Tsingtaus friedliche Ruhe zurückgezogen hat, ist der Grund, daß er in Peking zu wenig vornehme Menschen an der Arbeit fand.

Sein jüngerer Bruder hat etwas überaus lebhaftes in seinem Wesen. Er ist geistreich und sprudelnd. Was er in einer halben Stunde an treffenden Bemerkungen produziert, davon könnte mancher andere seinen Bedarf für Jahre hinaus decken. Er zeigt ein lebhaftes Interesse für die neu auftauchenden Fragen und hat sich auch ziemlich viel mit dem Christentum beschäftigt.

Was den Geomanten anlangt, so muß man die Begriffe, die in Europa über chinesische Geomantie bestehen, sehr wesentlich richtig stellen, um ihm gerecht zu werden. Was ihn auszeichnet, ist ein scharfer Blick für landschaftlich fein abgestimmte Verhältnisse. Ich war dabei, wie er den Platz für ein Haus aussuchte. Auf den ersten Blick fand er die Stelle heraus, die in der ganzen Umgegend die geeignetste war, um das Haus der Landschaft harmonisch einzugliedern, und andererseits vom Haus eine abgeschlossene befriedigende Aussicht zu erlangen. Diese Kunst, in die Landschaft hineinzubauen, hat jene Höchstleistungen der Architektur erzeugt, die z. B. an den Kaisergräbern bei Peking die allgemeine Bewunderung der Kenner erregen. In diesem Eingehen auf die landschaftlichen Verhältnisse für die menschlichen Ansiedelungen liegt auch eine gewisse Wahrheit. Eine gesunde und ästhetisch befriedigende Lage schafft auf die Dauer Werte für die Bewohner eines Hauses, die darum nicht unterschätzt werden dürfen, weil man sie in unserem Maschinenzeitalter so oft mißachtet. Von dieser Kunst des Einfühlens in die Umgebung sind natürlich manche Auswüchse des Volksaberglaubens, wie sie sich als Wind- und Wasserlehre besonders in Südchina zuweilen finden, wohl zu unterscheiden. Unser Geomant stammt aus Setschuan und hat inmitten dieser großen Gebirgswelt seinen Blick von Jugend auf für landschaftliche Schönheit geschärft.

Der Kaufmann ist seit vielen Jahren mit mir befreundet. Er ist eine offene, gerade Natur von ernstem Wahrheitsstreben, und obwohl er in einer Reihe von einflußreichen Beamtenstellen war, hat er stets sein gutes Gewissen höher bewertet als Geld und Gut.

Ein Repräsentant des jungen China ist der Student, der Neffe des Finanzministers, der unseren Kreis vollzählig machte. Trotz seiner Jugend hat er schon viel Schweres erlebt und hat dadurch an Ernst und Eigengewicht der individuellen Persönlichkeit gewonnen. Das Leben brachte ihm schon manche Probleme, die früher in China unbekannt waren.

Man sprach über die gegenwärtigen Zustände in China. Den Einbruch des Materialismus, der mit der Revolution in China stattgefunden hat, empfindet man als Macht der Finsternis.

»Was zunächst in die Erscheinung tritt«, sagte der Geomant, »ist ein Abendwerden, ein Sieg der negativen Kräfte. Gewiß wird immer dann, wenn die Zerstörungskräfte ihren Gipfel erreicht haben, ein neues Licht einsetzen, ähnlich wie um Mitternacht der neue Tag beginnt. In China aber bricht eben erst die Nacht an.«

»Die alten Juden«, warf ich ein, »hatten eine schöne Sitte. Sie begannen den Tag mit Sonnenuntergang. Das ist ein Symbol für ihr Zutrauen auf Gottes Kraft, der ihnen in allen Finsternissen und allen Weltuntergängen doch der Kommende blieb.« »Diese Ansicht verträgt sich auch mit unserem Buch der Wandlungen«, erwiderte der Geomant. »Der Abend ist der Gipfelpunkt der Kräfte des Finsteren. Von da an erschöpfen sie sich, je mehr ihre Wirkungen in die Erscheinung treten.« »Und der kommende Gott (Ju Lai)«, fügte der Student hinzu, »ist die höchste Bezeichnung, die wir im Buddhismus vom Wesen des Göttlichen kennen.«

Das Gespräch nahm seine Wendung von den chinesischen Verhältnissen zur allgemeinen Weltlage. Der Finanzminister fand, daß der Militarismus wie ein Vampyr alle Kräfte der Völker zu verschlingen drohe. »Das war das Große an Konfuzius, daß für ihn zur Ordnung der Staaten in erster Linie geistige Werte in Betracht kamen. Der Staat ist um des Volkes willen da, das ist der Grundsatz, dessen Befolgung oder Nichtbefolgung Blüte oder Untergang der Reiche bestimmt. In Europa besteht die Gefahr, daß infolge gegenseitiger Mißverständnisse das Militär, an sich ein Mittel zum Schutz des Staates, nicht nur die Kräfte des Staates aufsaugt, sondern daß die Menschen nur noch nach ihrer Leistungsfähigkeit für diesen Zweck eingeschätzt werden. Es wäre unheilvoll, wenn China in diesen Strudel hineingezogen würde, denn wenn die westlichen Völker infolge ihres Geldreichtums einen solchen Irrweg ohne großen Schaden eine Zeitlang gehen können, so läßt sich China nur retten durch äußerste Sparsamkeit in den Mitteln und höchstes Wichtignehmen der Menschen.«

Man kam auf die Zukunft zu sprechen. Der Abt erwähnte ein Buch, mit alten Prophezeiungen von der Art des Nostradamus. Es enthält merkwürdige Bilder mit beigefügten Gedichten in unregelmäßiger Reihenfolge. Es ist unmöglich, die Bedeutung der Bilder und Sprüche zu verstehen, ehe das Ereignis, auf das sie sich beziehen, eingetroffen ist. Ist es aber eingetroffen, so passen die Prophezeiungen in geradezu frappanter Weise. Doch ist die Reihenfolge der Bilder und Sprüche nicht zeitlich geordnet.

»Trotzdem darf man die Prophezeiungen nicht zu mechanisch auffassen«, warf hier der Geomant ein. »Im Zusammenwirken der Kräfte des Weltalls gibt es sozusagen Verknotungen, an denen sich krisenartig gewisse Richtungen für die Zukunft herausbilden. Wer die augenblicklich wirkenden Kräfte versteht, kann wohl solche Richtungen auch schon im voraus schauen. Aber die Richtungen sind nie bis ins einzelne bindend. Durch die menschliche Freiheit kann manches umgewandelt und verändert werden.«

Der Abt erzählte darauf, er habe Kunde von anderen Weissagungen, daß nächstens ein neues Reich auf Erden beginnen werde. Es werde verschieden sein von allen, die bisher dagewesen. Zum erstenmal werde es die ganze Erde umspannen und nicht beschränkt bleiben auf die eine Hälfte. Das Heil, das kommen solle, werde für alle sein. Es werde sich zeigen in der Liebe zu den Menschen, auch zu den geringen. Der es bringen werde, werde mit göttlicher Autorität umgeben sein, so daß die Leute ihm glauben werden ohne Kampf. Diese Hoffnung, in der wir alle einig waren, warf einen freundlichen Schein über den Fortgang des Gesprächs. »In unserer Zeit«, sagte der Geomant, »finden sich einzelne aus allen Kreisen und Ständen in der Wahrheit zusammen. Aber nur ganz in der Stille. Diese gemeinsame Wahrheit ist zunächst noch ein Geheimnis. Es muß erst der rechte Ausdruck dafür herausgearbeitet werden, ehe es für die Menschen in Betracht kommt.«

Scheinbar unvermittelt und doch im Gang unserer Gedanken fragte hier der Bruder des Finanzministers, ob das Christentum die Zukunftsreligion Chinas sein werde.

»Sicher nicht in Form einer der jetzt bestehenden Kirchen«, erwiderte ich. »Diese Kirchen sind alle unter ganz bestimmten Verhältnissen entstanden. Keine hat als solche die ganze Wahrheit des Christentums. Es sind Notbauten, die nicht ohne weiteres in andere Himmelsstriche versetzt werden dürfen. Christus aber ist mehr als ein Kirchenhaupt, ist mehr als der Gründer einer Religion. Er ist der göttliche Repräsentant der Menschheit, die in ihm, als ihrem Haupt ein einheitliches Ganzes darstellt. Diese Menschheit ist von kosmischer Bedeutung, und sie wird sich sicher verwirklichen in China so gut wie in Europa.«

»Damit weist die Zukunft auf die Vergangenheit zurück«, sagte der Geomant. »Im Buch der Wandlungen ist von der großen Einheit die Rede, die aller Trennung vorausging und alle Trennung bewirkte. Einigung des Getrennten bedeutet Vollendung.«

Wir sprachen dann noch manches über dieses seltsame chinesische Buch, das soviele noch ungelöste Geheimnisse enthält. Der Student und der Abt waren unterdessen leise verschwunden, und die Zeit war schon weit vorgerückt, als der Arsenaldirektor lachend sich erhob und sagte: »Ein chinesisches Gastmahl pflegt eigentlich gar nicht so lange zu dauern.«

»Es war ja auch nur halbchinesisch«, bemerkte der Bruder des Finanzministers. »Die Speisen waren aus China und der Wein aus Deutschland.«

Leise rieselte der Schnee vom Himmel, als die Gäste sich zerstreut hatten. –

Diese Zusammenkünfte führten dann zur zwanglosen Begründung der sogenannten Konfuziusvereinigung, der außer mir eine große Anzahl der in Tsingtau befindlichen chinesischen Beamten angehörte. Gelder kamen zusammen. Man baute eine Bibliothek. Man brachte eine größere Anzahl wertvoller chinesischer Werke zusammen. Ein Versammlungsraum und eine Arbeitsstätte wurden damit verbunden. Der Gedanke war, dazu beizutragen, daß die Schätze der chinesischen Kultur, die damals äußerst gefährdet waren, auf die Zukunft gerettet würden. Anknüpfung und Zusammenarbeit auf geistigem Gebiet zwischen Ost und West sollten durch Übersetzungen, Vorträge, wissenschaftliche Veröffentlichungen bewirkt werden. Kantsche Schriften wurden ins Chinesische übersetzt, chinesische Klassiker wurden verdeutscht. Man hoffte, daß Tsingtau, das den Stürmen der chinesischen Revolution entnommen blieb, der geeignete Platz sein würde, wo zwischen Berg und Meer in beschaulicher Stille eine aufbauende Arbeit geleistet werden könnte. So waren denn die Hoffnungen der Beteiligten recht hoch gespannt, als man den Grundstein zu dem Gebäude legte, das im Laufe des Sommers 1914 seiner Vollendung entgegenging. Es kam dann freilich anders, als man es sich gedacht hatte. Der Krieg brach aus, als das Gebäude eben fertig war. Doch hat es die Beschießung unversehrt überdauert. In der Zeit des Krieges, da in Tsingtau Hunderte von deutschen Frauen und Kindern interniert waren, ist die Bibliothek dann sozusagen die Wohnstube der Tsingtauer deutschen Gemeinde geworden. Vorträge, Kinderfeste, Konzerte und Theateraufführungen sorgten dafür, daß die lange Wartezeit erträglich vorüberging und geistige Anregungen über die Trübsal der Jahre hinweghalfen. So hat der Bau dann doch noch einem Kulturwerk gedient und erwies sich als ein schönes Geschenk chinesischer Kultur an deutsche Internierte.

Noch ehe jene Wolken sich entluden, hatte ich einen seltsamen Traum. Ein alter Mann mit freundlichen Augen und weißem Bart kam zu mir auf Besuch. Er nannte sich »Berg Lao« und bot mir an, mich in die Geheimnisse der alten Berge einzuführen. Ich verneigte mich vor ihm und dankte. Da war er verschwunden, und ich wachte auf. Es war in jenen Tagen, daß der alte Generalgouverneur Tschou Fu, mit dessen Familie ich in freundschaftlichem Verkehr stand, mir einen Vorschlag machte. Er sagte: »Ihr Europäer arbeitet immer nur außen an der chinesischen Kultur herum. Keiner von Euch versteht ihren eigentlichen Sinn und wahre Tiefe. Das kommt davon, daß Ihr nie die richtigen chinesischen Gelehrten an der Hand habt. Die abgedankten Dorfschulmeister, die Ihr als Lehrer habt, verstehen selber bloß die äußere Schale. Da ist es kein Wunder, daß soviel törichtes Zeug bei Euch in Europa über China geredet wird. Wir wäre es, wenn ich Ihnen einen Lehrer verschaffte, der wirklich im chinesischen Geist gewurzelt ist, daß er Sie einführt in seine Tiefen. Sie können dann manches übersetzen und anderes selbst schreiben, damit China sich nicht dauernd in der Welt zu schämen braucht.« Natürlich war niemand erfreuter als ich. Man schrieb an den Gelehrten. Ich bereitete in unseren Gebäuden eine geeignete Wohnung für ihn. Nach ein paar Wochen kam er an mit seiner Familie. Er hieß Lao, seine Ahnen stammten aus der Gegend des Berges Lao, von dem die Familie noch ihren Namen hatte, und er glich aufs Haar dem Greis, der mich im Traum besucht hatte. Nun ging es an die Arbeit. Manches wurde übersetzt, vieles gelesen, tägliche Gespräche führten in die Tiefen des Baus der chinesischen Kultur. Meister Lao schlug mir vor, ob ich nicht das Buch der Wandlungen übersetzen wolle. Es sei zwar nicht leicht, aber keineswegs so unverständlich, wie man es in der Regel hinstelle. Tatsache sei nur, daß in letzter Zeit die lebendige Tradition nahezu am Erlöschen sei. Er habe jedoch einen Lehrer gehabt, der noch ganz in der alten Überlieferung gestanden habe. Die Familie war mit den Nachkommen des Konfuzius nahe verwandt. Er besaß ein Bündel der heiligen Schafgarbenstengel vom Grab des Konfuzius, und er verstand noch die auch in China fast unbekannt gewordene Kunst, mit ihrer Hilfe ein Orakel auszuarbeiten. So wurde denn auch dieses Buch durchgenommen. Wir taten genaue Arbeit. Er erklärte den Text auf chinesisch, und ich machte mir meine Notizen. Dann übersetzte ich den Text für mich ins Deutsche. Darauf übersetzte ich ohne Buch meinen deutschen Text ins Chinesische zurück, und er verglich, ob ich in allen Punkten das Richtige getroffen. Dann wurde der deutsche Text noch stilisiert und in seinen Einzelheiten besprochen. Ich habe ihn dann noch drei- bis viermal umgearbeitet und die wichtigsten Kommentare beigefügt. So wuchs diese Übersetzung heran. Aber ehe sie vollendet war, kam der Krieg, und mit den anderen Gelehrten kehrte mein verehrter Meister Lao in das Innere von China zurück. Die Übersetzung blieb nun unvollendet liegen. Schon befürchtete ich, daß das Werk nicht zu Ende geführt werden könnte, da bekam ich einen unerwarteten Brief von ihm, ob ich nicht Wohnung für ihn habe; er wolle wieder nach Tsingtau kommen und das Buch der Wandlungen mit mir zusammen fertigmachen. Man kann sich meine Freude denken, als er nun wirklich kam, und die Arbeit auch wirklich ihre Vollendung erreichte. Ich ging später auf Urlaub nach Deutschland. Der alte Meister starb während meiner Abwesenheit, nachdem er sein Vermächtnis in meine Hand gelegt hatte.

In jener Zeit kamen auch manche Besucher von auswärts zu vorübergehendem Besuch nach Tsingtau. K'ang Yu We war einmal einige Tage da, um mit den monarchistisch Gesinnten unter den früheren Beamten die Lage zu besprechen. Ku Hung Ming kam häufig für kürzere oder längere Zeit, immer plötzlich auftauchend wie ein Meteor, immer voll Geist und Laune, schimpfend und fluchend auf die neue Zeit, die Revolution und die Fremden, die an allem Schuld seien. Daneben gab er Überblicke über chinesische Kultur, tiefste Einblicke in die Lebensweisheit der Heiligen, phantasievolle Bilder von geistigen Bewegungen und Literaturprodukten der alten Zeit, dann wieder oberflächliche Parallelisierungen von chinesischen und europäischen Menschen und Zeiten. Dann kam die üble Laune wieder. Er war unzufrieden mit allem. Es gibt keinen Menschen, den er nicht beschimpft hätte. Dadurch hat er vieles verdorben. Auch die Pläne für die Wiederaufrichtung der Monarchie, die damals im geheimen geschmiedet wurden, sind gescheitert an kleinlichen Streitereien und Rechthabereien. Ku Hung Ming wollte durchaus Außenminister werden und hat dadurch viel böses Blut gemacht. Die besonneneren Elemente wandten sich immer entschiedener von der Konspiration ab. Manche machten ihren Frieden mit Yüan Schï K'ai oder der Republik, und schließlich verlief die ganze Bewegung im Abenteuerlichen. –

Auch von Europa kamen bedeutende Männer nach Tsingtau. Derjenige, auf den die chinesische Kultur den tiefsten Eindruck gemacht hat, war Graf Keyserling. Auf seinen Wunsch brachte ich ihn zusammen mit einer ganzen Reihe von bedeutenden Persönlichkeiten. Teils höhere Beamte, teils Gelehrte waren versammelt. Die Mehrzahl waren Konfuzianer; Taoisten und Buddhisten waren ebenfalls vertreten. Graf Keyserling hat in seinem Reisetagebuch seine Eindrücke von diesem Mahl berichtet. Ich möchte hier nur hinzufügen, daß ich selten mit solcher Freude den Dolmetscher gespielt habe. Während so oft das Zusammensein von Europäern und Chinesen kaum über freundschaftliches Zutrinken oder die alleroberflächlichsten konventionellen Gespräche hinausgeht, war hier, dank der fast medialen geistigen Beweglichkeit und Anpassungsfähigkeit des Grafen, im Augenblick der Kontakt hergestellt, und die Unterhaltung bewegte sich in wesentlichen Dingen. Die Chinesen waren vom Grafen Keyserling entschieden beeindruckt. Noch Jahre später hat mich der Präsident Hsü Schï Tsch'ang, der damals in Tsingtau auch bei Tisch war, nach ihm gefragt. Sie hatten von ihm den Eindruck eines bedeutenden, sehr lebendigen Mannes, dem es Ernst sei, wirklich von der chinesischen Kultur zu lernen. Von allen Seiten kamen sie ihm entgegen. Denn nichts öffnet in China die Herzen so, wie die aufrichtige Absicht einer gegenseitigen Verständigung. Freilich mit ihrem tiefsten und letzten Wissen gehen sie nicht leicht heraus. Eine gewisse Scheu hält sie stets davon zurück. Man redet nur von dem allgemein Zugänglichen; wer den Blick hat, wird das Tiefere aus dem Sein und der Persönlichkeit von selbst entnehmen. Aus der alten chinesischen Geschichte werden manche Beispiele davon erzählt, daß zwei Menschen einander nur zu sehen brauchen, und eine Weile beieinander zu sein, um sich in den tiefsten Prinzipien zu verstehen.

Graf Keyserling saß, nachdem die Gesellschaft sich zerstreut hatte, noch bei mir und sprach über sein Erleben. Er hatte einen tiefen Eindruck bekommen von der ruhigen Klarheit der alten Herren und der letzten Einfachheit und Großzügigkeit ihres Wesens. Aber worin er den Westen überlegen glaubte, das war die Vitalität, die Nervenkraft und Lebendigkeit. Er hatte den Eindruck, als wäre das chinesische Wesen westlicher Lebendigkeit nicht ganz gewachsen. Ich sagte ihm, daß ich nur wünsche, daß er Ku Hung Ming kennen lernen möchte, der an Vitalität und Nervenausdauer hinter keinem Europäer zurückstehe. Wie es der Zufall wohl fügt, so klopfte es in diesem Moment an, und Ku Hung Ming trat ein, um sich für die Nacht anzumelden. Er hatte noch nicht das frugale Abendessen, das er sich bestellt hatte, fertig, da war das Feuer der Unterhaltung schon eröffnet, und wirklich, der Graf hatte einen Menschen gefunden, der ihm an Vitalität gewachsen war. Die Unterhaltung sprühte förmlich Funken, infolge der gegenseitigen Induktion. Wenn der Graf das Wort ergriffen hatte, konnte Ku Hung Ming es kaum abwarten, bis er selbst an die Reihe kam. Dann redete er und schrieb: chinesisch, französisch, deutsch, englisch, alles durcheinander. Die ganze Weltgeschichte und Gottes Schöpfungsplan, die Seele des Fernen Ostens und die Raubtiernatur des Westens, alles was der östliche Prophet auf Herz und Gewissen hatte, dessen entledigte er sich dem Grafen gegenüber. Endlich waren die Getränke zu Ende. Der Morgen schien dämmernd durch die Fenster herein. Der Boden war fußhoch bedeckt mit Zetteln, die mit chinesischen und europäischen Sprüchen, Andeutungen, Bonmots und Zitaten vollgeschrieben waren. Ku Hung Ming stand auf und ging zu Bett, und

Graf Keyserling bekannte, daß hier tatsächlich ein Chinese von vollgültiger Lebendigkeit ihm gegenüber gestanden habe. –

Aber auch die schönen Tage von Tsingtau gingen vorüber. Lange schon hatte sich der Horizont verdunkelt. Endlich brach der Krieg herein. Wie ein Posaunenstoß fuhr es durch die Luft, und all das blühende Leben stob auseinander. Eben hatte der greise Erzieher des jungen chinesischen Kaisers einen Besuch in Tsingtau gemacht und war mit einigen Freunden in das märchenumsponnene Laoschangebirge gefahren, da schlug wie ein Blitz die Verkündung des Belagerungszustandes ein. Mit Mühe gelang es mir, die Herren, die auf offener Landstraße aufgehalten worden waren, freizubekommen und sicher auf die Bahn zu bringen, die sie nach Peking zurücknahm. Als der Krieg in Europa erklärt wurde, begann zwar schon die Flucht der ängstlicheren Gemüter. Aber die besonneneren Elemente blieben. Man traute Deutschland zu, daß es Tsingtau würde halten können. Mehrere Freunde unter den Chinesen warnten aber schon damals vor Japan, das nur abwarte, ehe es den Krieg erkläre. Schließlich kam auch die japanische Kriegserklärung. Nun war kein Halten mehr. Auch das Gouvernement sprach den Wunsch aus, daß die chinesischen Gäste, soweit sie eine Belagerung nicht mitzumachen wünschten, sich in geschütztere Regionen begeben. Der Andrang nach der Bahn war unbeschreiblich. Ich richtete mit meinen Freunden eine Filiale des chinesischen Roten Kreuzes ein, zu der auch die deutsche Regierung ihre Zustimmung gab. Die erste Tätigkeit dieser Organisation bestand darin, den Nichtkombattanten zu sicherem Abzug zu verhelfen. Das war nicht immer ganz leicht, denn einzelne Polizisten hatten den Kopf verloren und requirierten alles, was ihnen an Wagen, Autos, Fahrrädern auf der Straße begegnete, und als sie Arbeiter für die Festungswerke beschaffen sollten, begannen sie aufzugreifen, wen sie des Weges kommen sahen. Da aber die höheren deutschen Beamten voll guten Willens waren, so gelang es ohne große Schwierigkeit, unfreiwillig Aufgegriffene wieder loszubekommen. Natürlich steigerten diese Ereignisse die Panik noch mehr. Doch gelang es dank dem verständnisvollen Zusammenwirken der in Betracht kommenden Stellen, alle Abwanderer in Sicherheit zu bringen. Besonders schlimm war, als in den ersten Tagen des Kriegs sintflutartige Monsunregen einsetzten, die bald die Bahnlinie überschwemmten und beschädigten, so daß der Verkehr über Land eingestellt werden mußte. Ein reicher Schanghaier bestellte dann unter allseitigem Einverständnis der kriegführenden Mächte einen chinesischen Dampfer für sich und seine Familie. Er hatte auch die Erlaubnis gegeben, daß sonst noch einige Chinesen mitgenommen werden sollten. Ein unglaubliches Gedränge war die Folge. Kaum hatte der Dampfer angelegt, war er schon von Tausenden von Passagieren besetzt. Szenen von namenloser Aufregung kamen vor. Ein Kaufmann stand an Bord, aber sein Gepäck konnte von den Trägern nicht durch das Gewühl geschafft werden. Er sah es vor Augen, aber er konnte es nicht bekommen. Er schrie, befahl, drohte, nichts half. Schließlich sprang er fortwährend wohl drei bis vier Fuß in die Höhe. Ich habe nie einen Menschen in solcher Ekstase gesehen. Als dann der Besitzer des Schiffs mit seiner Familie ankam, war es so voll, daß es mir nur mit größter Mühe gelang, ihm noch einen Platz zu verschaffen. Endlich war auch dieses letzte Schiff fort und in Sicherheit. –

Unter den Flüchtlingen befanden sich merkwürdige Gestalten. Besonders ist mir noch in Erinnerung ein gewisser Hung Schu Tsu. Er war des Mords an dem Führer der Südpartei der Republikaner, Sung Kiao Jen, beschuldigt und hatte sich nach Tsingtau geflüchtet. Er war ein fetter, schwerer Mann. Er hatte sofort das Haus eines Beamten gekauft, weil er sich darin sicherer fühlte. Aber er war das Bild des von Furien gepeinigten bösen Gewissens. Keinem konnte er in die Augen sehen. Die trockene Zunge beleckte fortwährend die ausgedörrten Lippen in vergebenem Bemühen sie anzufeuchten. Er war in steter Furcht ausgewiesen zu werden, denn dann war er des Todes. Die Kriegsfurcht erwies sich aber schließlich doch als stärker. Er kam auch zu mir, daß ich ihm eine Fahrkarte besorgen sollte. Ich fragte ihn, ob er sich nicht doch in Tsingtau sicherer fühle. Er verneinte und sagte, er sei für alle Fälle gerüstet. Er hatte sich nämlich von einem deutschen Arzt ein Zeugnis ausstellen lassen, daß er nicht geköpft werden könne, da er eine große Geschwulst am Halse habe. Schließlich hat ihn aber doch sein Schicksal erreicht. Der Sohn des Ermordeten hat ihn aufgegriffen. Es wurde ihm dann der Prozeß gemacht, und trotz des ärztlichen Zeugnisses wurde er zum Tode durch den Strang verurteilt. Das bekam ihm aber nicht gut, denn richtig ging dabei der Kopf ab, und der Leib fiel schwer zur Erde. Für das chinesische Gefühl bedeutete das eine große juristische Schwierigkeit, denn die Trennung des Kopfes vom Leib gilt wegen der unangenehmen Folgen im Jenseits als härtere Strafe wie einfaches Hängen. Die Familie soll die Sache anhängig gemacht haben, und es heißt, sie habe Schadenersatz bekommen, und man habe den Kopf nachträglich wieder angenäht. –

Wie ein wirrer Traum gingen jene Tage vorüber. Nur wenige Freunde waren zurückgeblieben: Prinz Kung und Kao T'iän Yüan, der mir die ganze Zeit des Krieges über bei der Verwaltung des Roten Kreuzes und der Fortführung der chinesischen Schule treu zur Seite stand. Es war ein eigentümlicher Gegensatz, wie auf das Gewühl eine Totenstille folgte, die nur unterbrochen war durch das Dröhnen der Geschütze, das unheimlich durch die leeren Straßen hallte. Auch nachdem die Schrecken der Beschießung vorüber waren und Tsingtau von den Japanern erobert war, kam das alte Leben nicht wieder. Einige der Gelehrten blieben wohl wohnen, andere kamen zu kurzem Sommeraufenthalt. Aber es war eine andere Zeit. Die Alten von Tsingtau waren zerstoben in alle Winde.

Zwölftes Kapitel. Der Prinz

Unter den Gästen, die ihren Wohnsitz in Tsingtau aufschlugen, war auch Prinz Kung. Er war durch Adoption der Enkel des berühmten Prinzen Kung, der unter der Kaiserin-Witwe als Senior des Kaiserhauses eine Zeitlang die Staatsgeschäfte leitete. Der alte Prinz Kung zeichnete sich durch große Sachlichkeit, Geschäftskenntnis und Unparteilichkeit aus. Die alte Kaiserin liebte ihn nicht. Zu oft war er ihren persönlichen Plänen entgegengetreten. Das war auch der Grund, weshalb der junge Prinz Kung, der neben dem Prinzen P'u Lun die meiste Aussicht hatte, zum Nachfolger des Kaisers Kuanghsü im Geheimen Rat bestimmt zu werden, von der Kaiserin-Witwe noch unmittelbar vor ihrem Tod abgelehnt worden war.

Er war eine stolze, gerade Natur, zu befehlen gewohnt, unzugänglich, aber auch unbestechlich. Er war einer der beiden Prinzen, die sich geweigert hatten, den Verzicht des Mandschuhauses auf den Thron zu unterzeichnen. Unter vielen Schwierigkeiten war er dann nach Tsingtau gekommen, nachdem er Schätze und Kostbarkeiten seines Hauses verkauft hatte, um Mittel zu bekommen zum Zweck der Wiederherstellung des alten Kaiserhauses. Diese Schätze gingen zum größten Teil als begehrte Sammelobjekte nach Amerika, und noch lange nachher bildete die Behauptung, ein Kunstgegenstand stamme aus dem Besitz des Prinzen Kung, eine ständige Empfehlung, mit der die Pekinger Händler ihre Waren im Preis zu steigern suchten.

Der Prinz ließ sich erst im tiefsten Geheimnis in einer abgelegenen Bierwirtschaft in Tsingtaus Umgebung nieder. Ein junger Mandschu, der mit ihm gekommen war, hatte sogar aus Vorsicht sich den Zopf abschneiden lassen. Er selbst hat sich nie dazu verstanden, sondern bis zuletzt einen breiten, schön gepflegten Zopf als Zeichen seiner Würde getragen. Später hat er in Tsingtau ein Haus gekauft. Dann ließ er seine Familie aus Peking kommen. Seine Mutter, schon alt, aber mit einem merkwürdig gepflegten und jugendfrischen Aussehen, war eine der strengen, tatkräftigen Frauen, von jener unheimlichen, rücksichtslosen Energie, von denen das Mandschuhaus außer der Kaiserin-Witwe auch noch andere Beispiele kannte. Sie beherrschte die Familie unbedingt. Seine Gattin war eine mongolische Prinzessin von ungemein zartem Liebreiz. Aber sie war schwer leidend. Die Strapazen der Reise und die ungeheuren Aufregungen der vergangenen Zeit, alle Angst, die sie ausgestanden hatte, alle Not, die sie erduldet, die eherne Strenge, mit der die Schwiegermutter sie umklammert hielt, hatten ihre Kraft gebrochen. In vollem Wahnsinn kam sie in Tsingtau an. Zunächst war ein häßlicher Schuppen für die Familie des Prinzen gemietet worden, bis das neugekaufte Haus beziehbar gemacht worden war. All die Entbehrungen und fremden Umgebungen hatten heftige maniakalische Ausbrüche bei ihr hervorgerufen. Als ich sie zum erstenmal zu Gesicht bekam, hatte die Familie, die sich solchen Ausbrüchen gegenüber nicht zu helfen wußte, sie mit dicken Stricken gefesselt. Ich band sie sofort los, und es gelang mir auch, sie zu beruhigen, sodaß sie endlich in Schlaf fiel. Aber der Prinz bat mich, die Nacht über in der Nähe zu bleiben, falls wieder etwas vorkomme. Das tat ich denn auch. Am nächsten Morgen brachte ich sie nach dem chinesischen Hospital, wo ich ihr eine Unterkunft hatte herrichten lassen. Dort legte sich nach und nach die Unruhe. Ganz allmählich kam aus der Nacht des Wahnsinns ihre ursprüngliche Art wieder hervor, und nun zeigte sie sich als ganz reizende Persönlichkeit. Eine gewisse Freiheit des Wesens, wie sie den mongolischen Frauen im Unterschied zu den Chinesinnen alten Stils zu eigen war, ermöglichte eine nähere Bekanntschaft, bei der sie sich nicht nur als klug und fein, sondern selbst als graziös humorvoll entwickelte. Sie war eine begabte Malerin. Noch jetzt bewahre ich einige ihrer Tuschbilder, die zart und flott gemalt sind, als werte Erinnerungen auf. Eine gewisse dunkle Schwermut lastete freilich immer auf ihr, wie eine Wolkenhülle, die sich bald senkte, bald hob. Zum Teil hing es mit ihrer körperlichen Krankheit zusammen, die vielleicht nicht unheilbar gewesen wäre, an der sie aber schließlich zugrunde ging, weil die Etikette der Familie ihr nicht erlaubte, sich einem kundigen, europäischen Arzt anzuvertrauen.

Anfangs gab sich der Prinz viel mit politischen Plänen ab. Er wollte als getreuer Vasall dem jungen Kaiser wieder auf den Thron verhelfen. Vielleicht daß ihm dabei für sich eine ähnliche

Rolle vorschwebte, wie sie seinerzeit sein Großvater inne gehabt. Das Tragische war nur, daß er zu diesem Zweck die vertrauten Dienste zweier Europäer benützte, die zugleich im Dienst von Yüan Schï K'ai standen, gegen den seine Anschläge gerichtet waren. So kann es nicht wundernehmen, daß alle seine Bemühungen scheiterten.

Auch sonst hatte er keinen guten Blick in der Auswahl seiner Werkzeuge. Sein Vermögensverwalter war ein pockennarbiger, hochgewachsener Mandschusklave, der ihn fürchterlich betrog. Dem Prinzen gehörten noch ungeheure Ländereien, von deren Pachterträgnissen er hätte glänzend leben können. Aber Jahr für Jahr verkaufte der Kämmerer davon große Teile auf eigene Rechnung, und den Ausfall an eingehenden Pachtzinsen wußte er dadurch zu verdecken, daß er bald Dürre, bald Überschwemmungen vorschob, die an dem Mißwachs schuldig seien, der den Eingang der Pacht in ihrem vollen Betrag unmöglich machte. In dem Pekinger Palast des Prinzen wurde auch an Büchern und Altertümern vor und nach dem großen Verkauf vieles entwendet. Als die Sache schließlich eine solche Ausdehnung annahm, daß der Prinz ihn zu entlassen gezwungen war, zündete er ihm aus Rache seinen Palast an, von dem ein großer Teil verbrannte. Dies war ja von jeher die Methode der Eunuchen im Kaiserpalast gewesen: wenn ihre Diebstähle entdeckt wurden, zündeten sie die Räume, in denen sie hauptsächlich gestohlen hatten, an, um eine reguläre Untersuchung unmöglich zu machen. So ist noch in letzter Zeit in Peking ein Teil des Kaiserpalastes abgebrannt worden, worauf der junge Kaiser mit den Eunuchen endgültig aufräumte.

Der politische Vertraute des Prinzen war ein Mann, der zwar viel Geld verbrauchte, aber sich schließlich auch nicht ganz zuverlässig zeigte. So war es kein Wunder, daß der Prinz die hohen chinesischen Beamten, die in Tsingtau waren, und von denen eine ganze Anzahl sich anfangs aus alter Anhänglichkeit an das Kaiserhaus um ihn geschart hatten, sich sehr bald entfremdete. Er hatte etwas Hochmütiges in seiner Natur. Wenn er mit einem sprach, so sah er ihm nicht in die Augen, sondern auf die Stirn. Wenn er befahl, streckte er gebieterisch den Finger aus und erwartete Gehorsam. Das waren Manieren, wie sie sich für einen kaiserlichen Prinzen in voller Macht seinen Untergebenen gegenüber schickten. Aber es war nicht die Art, wie ein armer Verbannter, der gefahrvolle Aufgaben zu erfüllen hatte, sich den guten Willen vollkommen unabhängiger Großwürdenträger gewinnen konnte. Nachdem es in dem Kriegsrat oft heftig zugegangen war, und nachdem ein Versuch, mit Hilfe des Generals Tschang Hsün, der damals in Südschantung stand, eine Wiederherstellungsaktion zu unternehmen, kläglich gescheitert war, zog sich einer um den anderen vom Prinzen zurück.

Ich erinnere mich noch an den Tag, an dem er Abschied von mir nahm, um sich an die Front zu begeben. Ich hatte ihm abgeraten, aber er ließ sich nicht irre machen. »In Peking sehen wir uns wieder oder nie«, sagte er zuletzt noch. Er hatte schon in seinem und Tschang Hsüns Namen die Proklamationen ausfertigen lassen, und Tschang Hsün war schon ganz nahe daran gewesen, den entscheidenden Schritt zu tun. Da ließ Yüan Schï K'ai, der natürlich von allem was vorging, genau unterrichtet war, einfach die Bahnschienen auf der Strecke südlich von Tsinanfu ein wenig aufreißen, und Tschang Hsün, der sich durchschaut fühlte, blieb still. Der Prinz aber kehrte unverrichteter Dinge in sein Tsingtauer Asyl zurück.

Allmählich lernte er es, zurückhaltender zu werden. So ist denn der spätere Putsch, durch den Tschang Hsün nach dem Tode Yuan Schi K'ais in Peking die Monarchie für ein paar Tage wiederherstellte und der durch die Truppen von Tuan K'i Jui eben so rasch beendigt wurde, wie der Kapp-Putsch in Deutschland, nicht seiner Initiative entsprungen.

Die Erfahrungen des Exils hatten auf sein ganzes Wesen einen guten Einfluß. Er wurde einfacher, menschlicher, umgänglicher, ohne die Würde, die ihm angeboren war, zu verlieren. Etwas Geradliniges, Unkompliziertes hatte er an sich, das zwar der Fülle der Wirklichkeit nicht gewachsen war, das aber durch seine oft fast kindliche Unerfahrenheit manchmal beinahe rührend wirkte. Zum Teil lag das ja an der Weltfremdheit, mit der die Prinzen in den Palastmauern aufwuchsen, wo sie außer Eunuchen und Knechten niemand zu ihrem näheren Umgang hatten. Selbst der Citoyen Orléans unter den Mandschuprinzen, der Prinz P'u Lun, hat bis auf den heutigen Tag etwas von dieser Unbeholfenheit an sich, obwohl er es seit langem gewohnt ist, mit chinesischen Freunden jeder Art bis in die Morgenfrühe zusammen zu zechen, und mit Europäern der verschiedensten Klassen im Hotel Wagons Lits in Peking Brüderschaft zu trinken. Man konnte oft beobachten, daß die Prinzen in der Wahl ihres Umgangs wenig bedenklich waren. Nicht nur drängten sich allerlei chinesische Elemente an sie heran, die keineswegs immer zur guten Gesellschaft gehörten, sondern auch unter ihren fremden Freunden herrschte oft recht seltsame Mischung: offenbar fühlten sie den Schritt, den sie taten, um überhaupt auf einem Fuß der Gleichheit mit anderen Menschen zu verkehren, so groß, daß sie innerhalb dieser Masse keine weiteren Unterschiede mehr machten. Das hat sicher etwas Berechtigtes, nur konnte man oft bemerken, daß nicht nur der Sinn für bürgerliche Rangstufen ihnen erfreulicherweise vollkommen abhanden war, sondern auch das Gefühl für Qualitätsunterschiede oft mangelte. Das war ein Fehler, der sich rächte. Denn an Stelle der Unbequemen, aber Tüchtigen, zogen sie die bequemen Schmeichler an sich heran. Ich vergesse nie das große Vertrauen des Prinzen Kung, das er zeigte, als ich ihm mitteilte, daß einer seiner europäischen politischen Geheimagenten gleichzeitig im Dienst seines Todfeindes Yüan Schï K'ai stehe. »Das hat er mir selbst schon gesagt«, erwiderte er mit erhabener Ruhe. »Daran sehe ich, daß er mir unverbrüchlich treu ist, und Yüan Schï K'ai nur dient, um ihn zu täuschen.« – Was die Folgen dieses Vertrauens waren, wurde schon erwähnt.

Ich selbst habe im Verkehr mit dem Prinzen und seiner Familie nur Gutes und Angenehmes erlebt. Oft vertieften wir uns in ernstem Gespräch in den Buddhismus, der die eigentliche Religion des Mandschuhauses war, trotz der nach außen hin zur Schau getragenen Pflege des Konfuzianismus. Er erzählte mit Stolz, wie der Stamm der Mandschus seinen Namen bekommen habe von dem Schutzheiligen Mandschusri, jenem Bodhisatva, der mit dem Schwert der Erkenntnis die Nacht der Unwissenheit zerteilt und der ein Vorkämpfer aller derer ist, die aus Finsternis dem Licht entgegenstreben.

Einmal brachte er zu einem Besuch auch seine Flöte mit. Er ließ sich von mir einige europäische Sachen auf der Geige vorspielen. Ich suchte ihm den Geist der europäischen Musik in ihren höchsten Zielen klar zu machen. Damit war er sehr einverstanden. Er sagte, das sei auch der Sinn der eigentlichen hohen chinesischen Musik. Nun setzte er sich in eine Ecke und spielte auf der Flöte die Melodie, die seit uralten Zeiten am Ackerbautempel in Peking gespielt wird, wenn der Kaiser im Frühling mit eigener Hand den Pflug führt und die ersten Furchen zieht. Der Abend dunkelte. Innere Bilder traten hervor, und kosmische große Stimmungen zogen mit den ernsten und einfachen Flötentönen aus fernen Welten herüber. Diese Melodie wird wahrscheinlich vergessen werden; denn wer kümmert sich heute noch darum? Aber es bleibt eine wertvolle Erinnerung, noch einen letzten Blick in diese Welten getan zu haben.

Zuweilen erzählte er von den Bildern früherer Herrscher, die er im Kaiserpalast zu sehen Gelegenheit gehabt. Wie etwa der letzte Mingkaiser, der sich in den Wirren der Revolution und Invasion im Jahre 1642 aus Verzweiflung mit seinem getreuen Eunuchen an einer alten Zypresse auf dem Kohlenhügel erhängte, eigentlich Christ gewesen sei. Er selbst habe ein Bild von ihm gesehen, wie er vor dem Kreuze kniete. Oder traten die großen Herrscher des eigenen Geschlechts bildhaft aus seiner Erinnerung hervor, der große, hagere Kanghsi mit seinem dünnen, spitzen Kinnbart und seinen durchdringend scharfen Augen, der fette und prächtige Kienlung oder dessen Vorgänger Yungtschong, der in schimmernder Wehr sich abbilden ließ und unter seinem blinkenden Helm einen seltsam auf gezwirbelten Schnurrbart trug, der dem Prinzen eine innere Verwandtschaft dieses Herrschers mit Kaiser Wilhelm II. nahelegte. Von Kaiser Wilhelm war er immer ein großer Verehrer und war beglückt, als er einst ein eigenhändig unterschriebenes Bild als Antwort auf sein mandschurisches Sympathieschreiben aus Doorn zugesandt bekam.

Manchmal, aber selten, kam er auch auf die Kaiserin-Witwe zu sprechen. Man merkte seinen Reden den an Furcht grenzenden Respekt an, den sie in ihrer Umgebung zu verbreiten wußte. Er erzählte von ihrer ungeheuren Leistungsfähigkeit, die es ihr ermöglichte, bis in ihr hohes Alter die Audienzen, in denen die wichtigsten Staatsangelegenheiten entschieden wurden, selbst mit großer Umsicht zu leiten. Dazu gehört ja schon rein körperlich eine ungeheure Frische, denn diese Audienzen fanden alle in früher Morgenstunde statt. Bei Tagesanbruch war stets alles beendet. In jenen dunklen Morgenstunden ist mancher wichtige Entschluß gefaßt worden, und mit der gewohnten Sicherheit des Herrschers hatte die alte Frau ihre Minister und Prinzen in der Hand. Der Prinz erzählte, wie sie gezittert, wenn sie etwa einen Bericht erstatten mußten. Denn alles mußte so vorgebracht werden, daß es eine Form hatte, in der es der Herrscherin angenehm war, sonst geriet sie leicht in Zorn, und sie war furchtbar in ihrem Zorn. Aber auf der anderen Seite durfte man sich in keinen Widerspruch verwickeln; denn ihr immer gegenwärtiges Gedächtnis wachte wie ein Adler. Wenn irgend eine Stelle im Bericht vorkam, die nicht ganz klar war, war sie sofort mit der Frage bei der Hand, wie dieser Punkt sich zu einer Behauptung verhalte, die der Berichterstatter etwa vor einem Jahre vorgebracht hatte. Wehe, wenn es ihm nicht gelang, jedes Bedenken sofort restlos aufzuklären!

Auf der anderen Seite hatte sie auch einen klaren Blick für das, was im Audienzraum vor sich ging. Wenn etwa ein alter, verdienter Würdenträger beim Knien Beschwerden hatte ? die Thronberichte wurden alle kniend vorgetragen ?, so bemerkte sie es und ließ ihn aufstehen. Ebenso aber konnte sie aus Bosheit einen, dem sie nicht wohlwollte, dadurch, daß sie ihn recht lange knien ließ, große Unannehmlichkeiten bereiten.

Auch über ihr Verhältnis zu dem bedauernswerten Kaiser erzählte er manches. Er sprach nicht über den Kaiser selbst. Er redete auch nicht davon, wie streng er im Sommerpalast (Wan Schou Schan) eine Zeitlang gefangen gehalten wurde. Es muß das furchtbar gewesen sein. Die Mauern, mit denen der Wohnraum des Kaisers in jenen Zeiten von Luft und Licht abgeschlossen war, sprechen deutlich genug für sich selbst. Vor der Tür lag auf einem Stein im Hof ein bloßes Schwert, und jeder, der irgendwie versuchen wollte, sich dem Kaiser zu nahen, war des Todes. Aber jene Schreckenszeiten gingen vorüber. Die alte Kaiserin genoß im Kreise der Ihren die Sommerwochen im Wan Schou Schan am Fuße der Westberge. Diesen Palast hatte sie sich aus den Trümmern und der Verwüstung, die die verbündeten Engländer und Franzosen auch über dieses Kunstwerk des Kaisers Kienlung gebracht hatten, wieder aufbauen lassen. Der Palast liegt am Abhang eines Hügels. Die Gebäude des hinteren Abhangs liegen noch in Trümmern und sind durch eine Mauer abgeschlossen. Sein Wahrzeichen ist die große, turmartige Terrasse, die von einem Buddhaheiligtum gekrönt ist, denn die Kaiserin war eine fromme Buddhistin. Von jener Terrasse hat man einen großen Rundblick über den K'unming-See, in dem der Palast sich spiegelt, und dessen verschiedene Arme von phantastischen Brücken überwölbt sind, während auf den Inselchen Heiligtümer und Teehäuschen stehen, mit Blumen und Grotten und künstlichen Felsen, wie sie bei den deutschen Lustschlössern des 18. Jahrhunderts auch bekannt sind.

Hier genoß die Fürstin der ländlichen Ruhe im Kreise ihrer Hofdamen, Eunuchen und Verwandten. Auf dem See wurden in prächtigen Booten Wasserfahrten gemacht, bei denen auch Scherz und Lachen nicht verbannt war. Die Zeiten einer gefährlichen Jugend lagen hinter ihr, und in milder Weisheit freute sie sich des Treibens ihrer Umgebung. Manchmal fuhr man auch zu dem Marmorschiff, einer entsetzlich häßlichen Attrappe, der Nachbildung eines europäischen Raddampfers, der zu einem Teehause umgestaltet war. Dieses Scheusal hat viel Geld gekostet. Die Kaiserin aber genoß es als Seltsamkeit, wie etwa die Tiger in ihrem zoologischen Garten. In dieser Form mochten ihr die europäischen Schiffe noch erträglich sein. Unschädlich zum mindesten waren sie.

Hier in dieser Landeinsamkeit, in die die Pagode des Nephritquellenberges und die Bauten in ihrer Nähe – freilich auch meist Trümmer aus schöneren Zeiten – herübergrüßten, ging sie ihren Liebhabereien nach. Sie hatte eine große Vorliebe für Uhren. Wer ihr eine Freude machen wollte, vermehrte die große Uhrensammlung, die sie allmählich zusammengebracht hatte. Ferner liebte sie die roten Äpfel, von denen sie immer ganze Berge in ihrer Umgebung hatte, und über alles die Päonien. Die duftende, große Baumpäonie ist ja die Königin unter den Blumen, gleich prächtig durch ihre Größe, ihren zarten Duft, ihre mannigfaltigen Farbentöne, die sich vom zarten Weiß und lichten Grün bis zum Lila und purpurnen Rot hinüberziehen. Beim Sommerpalast ist ein eigener Päonienhügel, auf dem Busch an Busch dieser köstlichen Blumen den Reigen des Jahres eröffnen.

Mit Vorliebe malte die Fürstin auch diese Lieblingsblumen. Sie wußte den Pinsel geschickt und flüssig zu führen. Ihre Gemälde schenkte sie dann, mit dem großen Kaiserlichen Stempel und einer Gedichtwidmung versehen, ihren bevorzugten Freunden. Später hatte sie zwei Maler in ihrem Dienst, die ihr diese Gemälde anfertigen mußten. So kommt es, daß der chinesische Kunstmarkt heute keineswegs arm ist an Gemälden der Kaiserin-Witwe, die alle den echten Stempel tragen.

Von anderen Künsten liebte sie besonders das Theater. In diese phantastische Welt der Helden und Feen flüchtete sie sich gern aus dem Lärm des Tages. Der Sommerpalast hatte seine eigene Theaterbühne, in der die berühmtesten Sänger der Hauptstadt ihre Vorführungen in wundervollen echten Seidengewändern alter Zeit aus kaiserlichem Besitz gaben.

Zu diesen Vorstellungen versammelte sich der ganze Hof. Auch der Kaiser durfte später, als der Grimm der Tante sich gelegt, mit zusehen. Aber er blieb auch inmitten dieser allgemeinen Fröhlichkeit der einsame Gefangene. Der Prinz erzählte, wie der Kaiser hereingetragen wurde in prächtiger Sänfte, ohne ein Wort zu sprechen, nur mit dem Finger zeigend, wohin er getragen sein wollte. So saß er da bei den Spielen. Die Hofsitte verbot es aufs strengste, seine Würde dadurch zu beeinträchtigen, daß jemand der Anwesenden ein Wort an ihn richtete. In ehrfurchtsvollem Abstand saßen sie abseits. Sofort, wenn das Spiel zu Ende war, verabschiedete er sich von seiner Tante und wurde darauf wieder hinweggetragen, stumm wie er gekommen war. »Die Kaiserin-Witwe«, fuhr der Prinz fort, »nahm es für ihre Person mit der Etikette nicht so genau, sie blieb noch sitzen und plauderte gemütlich mit diesem oder jenem, wie es sich gerade traf. Aber der Kaiser war von Ehrfurcht umgeben wie von einer Mauer.«

Man kann sich denken, wie diese Art einer glänzenden Vereinsamung auf den armen Gefangenen wirken mußte, und man kann verstehen, wie diese dauernden Demütigungen – denn er mußte ja wieder und wieder der gütigen Tante seine Dankbarkeit quittieren – zerrüttend auf seinen Geist wirkten, so daß er schließlich mit jener Grimasse aus dem Leben ging, mit der er Yuan Schï K'ai zum Köpfen empfahl. –

Aber man kann ebenso verstehen, wie in jener weltfremden Umgebung der Ritterspiele, die die Vergangenheit so lebendig erscheinen ließen, romantische Vorstellungen in den Köpfen der jungen Prinzen sich bildeten, die eine ganz andere Welt zeigten, als die harte, fremde Welt der Wirklichkeit, die immer wieder lästig sich meldete, bis sie schließlich den ganzen Märchentraum des Sommerpalastes mit kalter Hand zerriß.

Heute wird der Sommerpalast Wan Schou Schan, früher der verborgene Erholungsplatz des verborgenen Kaiserhofes, öffentlich den Fremden gegen Eintrittsgeld gezeigt, das an den verschiedenen Toren erhoben wird. Arme, abgezehrte Mandschus schleichen umher. Trinkgelder sind durch das Eintrittsgeld abgelöst, aber sie suchen doch noch ein paar Münzen zu erhaschen und erzählen dann mit gedämpfter Stimme von den Geheimnissen der Vergangenheit. Die Fremden aber laufen überall herum, gucken durch die staubigen Fensterscheiben in das Schlafgemach der Kaiserin, machen ihre Witze über die bronzenen Störche und lassen sich gegen Geld und gute Worte von den Dienern eines der Dachreiterchen aus glasiertem Ton stehlen, das von der Treppe aus erreichbar ist. Das nehmen sie dann sehr umständlich in die Tasche, froh des geraubten chinesischen Altertums, während die Diener ein neues aufs Dach setzen, das sie dann für den nächsten Fremden stehlen, der Sinn für Antiquitäten hat. Die Fremden steigen durch die Felsgrotten unter starkem Keuchen in die Höhe, trinken Tee auf der Terrasse beim Buddha und spucken die Schalen der Melonenkerne über die Mauer hinab. Sie lassen sich dann auf dem See spazieren fahren, trinken im Marmorschiff, dessen Pracht gebührend bewundert wird, eine zweite Tasse Tee und kaufen sich zum Schluß noch Andenken und Ansichtskarten.

Am Eingangstor des Sommerpalastes stand einst ein eherner Drache, der die heilige Pforte mit seinem Bruder zusammen bewachte. Er ist von seinem Postament heruntergefallen und hat die Beine gebrochen. So liegt er hilflos am Boden. Er kann nicht mehr schützen. Eine Dame stößt mit dem Sonnenschirm danach: »What an ugly beast« ... Sic transit gloria mundi. –

Doch wie gesagt, von diesen Dingen erzählte der Prinz selten und ungern. Die Erinnerung an jene fernen Tage, da Macht und Schönheit ihm das Leben schmückten, war ihm eher peinlich.

Er war freiwillig in die Verbannung gegangen, weil er in dem China, das seinem Kaiser entrissen war, nicht länger leben wollte, da es aufgehört hatte, seine Heimat zu sein. Er war aus seinem herrlichen Palast am Fuß des Kohlenhügels, der zu den berühmtesten Denkmälern alter Zeit gehörte, ausgezogen. Er hatte seine Sommerwohnung in dem herrlichen Tempel Tsiä T'ai Sï in den Westbergen bei Peking aufgegeben. Er hatte sich von seinen Schätzen und seinen geliebten Büchern getrennt. Er war in Tsingtau in die leichtgebaute Sommervilla eines deutschen Hauptmanns gezogen, in der er mit seiner Familie nur aufs dürftigste unterkam. Ich erinnere mich noch der rührenden Freude, mit der er mir seinen neu angelegten Goldfischteich mit Springbrunnen zeigte, und der Versuche, das kümmerliche Gärtchen zu einem Park umzuwandeln. Er hatte mit der Zeit selbst seinen zweispännigen Glaswagen aufgeben müssen, weil ihm die Mittel fehlten. Er hat alles mit großer Selbstverständlichkeit getragen, ohne zu murren. Aber schwer blieb es doch, und die Hoffnung, eines Tages aus der Verbannung wieder heimzukehren, hat er während seines Tsingtauer Aufenthalts nie ganz preisgegeben.

Wie ernst es ihm mit seinem Entschluß war, das Exil auf sich zu nehmen, hat er beim Ausbruch des Weltkrieges bewiesen. Damals hatten die sämtlichen chinesischen Gäste ihr Asyl in Tsingtau aufgegeben, um sich teils ins Innere von China, teils nach den Fremdenniederlassungen von Schanghai und Tientsin zu begeben. Nur Prinz Kung blieb. Er wollte lieber die Belagerung Tsingtaus mit erleben, als nach China zurückkehren, solange es Republik war. Das war ziemlich unbedenklich, während nur europäische Mächte in den Krieg eingetreten waren, denn solange drohte Tsingtau kaum eine andere Gefahr, als etwa eine gelegentliche Beschießung von See aus. Nachdem die chinesischen Gäste den Platz schon alle verlassen hatten, kam er täglich zu mir, um mit mir über die Ereignisse auf dem europäischen Kriegsschauplatz zu reden. Er führte ein Kriegstagebuch und war fest von dem endlichen Sieg Deutschlands überzeugt. Einmal kamen wir auf Wunder und Zeichen zu sprechen. Er fragte, ob in Europa noch nicht das Erscheinen eines Kometen gemeldet sei. Denn ein solcher Krieg könne doch unmöglich ohne ein solches Vorzeichen am Himmel sein. Ich verneinte und suchte ihm zu erklären, daß man in Europa allgemein überzeugt sei, daß die Kometen Naturerscheinungen seien, die in keinerlei Zusammenhang mit den menschlichen Erlebnissen stehen (das Zeitalter der Astrologie war damals noch nicht über Europa gekommen). »Sonderbar«, sagte er. »Es müßte ein Komet kommen, und am Westhimmel müßte er stehen.« Auf diese Unterhaltung folgte eine längere Periode von sintflutartigen Regengüssen, und der Himmel war Tag und Nacht von dichtem Gewölk überzogen. Als eines Abends das Wetter wieder klar war, da stand im Westen tatsächlich ein Komet. Ich mußte an des Prinzen Vorhersage denken. Aber der hatte ihn auch entdeckt. Nach ein paar Tagen kam er abends zu mir. Er wies mit den Blicken an den Westhimmel. »Und wie nennt Ihr das?« fragte er ernst und bedeutend. »Das ist ein Komet«, war meine Antwort. »Und er steht im Westen, genau da, wo er stehen muß«, erwiderte er. Es wäre schwer gewesen, den Prinzen zu überzeugen, daß der Komet in keinerlei Zusammenhang mit den kriegerischen Ereignissen stehe. –

Als Japan in den Krieg eintrat, wurde er doch etwas bedenklich. Sein Haus war gerade nach See zu gelegen und einer Beschießung in erster Linie ausgesetzt. So war er denn sehr dankbar, daß ich ihm auf dem Gelände des chinesischen Roten Kreuzes eine Wohnung überließ. Da zog er mit seiner Familie ein und ließ nur einige Diener zur Bewachung in seiner Villa am Meer. Es kamen nun die ernsten Tage der Belagerung, die doch so reich an Erlebnissen waren, daß man trotz aller Gefahr und Not sie nicht entbehren möchte. Außer dem Prinzen war noch ein anderer Mandschu in Tsingtau geblieben, der mir sowohl bei der Führung des Roten Kreuzes, als später bei der Reorganisation der Schularbeit sehr wesentliche Dienste leistete. Wir drei kamen häufig zusammen. Meine wissenschaftliche Arbeit ruhte auch während der Beschießung nicht. Dabei fand ich die Unterstützung der beiden, die mir sehr wertvoll war. Der Prinz beschäftigte sich in seinen freien Stunden damit, an seinem Kriegstagebuch zu arbeiten und das chinesische Buch der Wandlungen aus einem alten Druck der Sungzeit abzuschreiben. Dieses Buch, an dem so manche Heilige der Vorzeit in ihren schwersten Stunden gearbeitet haben, half nun auch dem Mandschuprinzen über die schweren Stunden der Belagerung hinweg. Denn manchmal, wenn die Beschießung sehr heftig war, drohten seine Nerven doch stärker zu werden als sein Mut, und seine felsenfeste Überzeugung, daß Gebäude, auf denen die Flagge des Roten Kreuzes wehe, gegen jeden feindlichen Angriff sicher seien, begann zu wanken.

Denn freilich: des Geschickes Mächte sind stärker als selbst das Rote Kreuz. Das hat sich im Kriege ja auch in Europa gezeigt. So ereignete es sich gegen Ende der Belagerung, daß auch unsere Häuser unter Feuer genommen wurden. Ein Glück nur, daß die japanischen Granaten meist Blindgänger waren. Sonst wäre heute keiner von uns mehr am Leben. Als auch das Haus, in dem Prinz Kung wohnte, einige Volltreffer bekam, da war er nicht mehr zu halten. Über Nacht war er mit seiner ganzen Familie weg. Er nahm Zuflucht in einem Hause, das dem General Tschang Hsün gehörte. Aber auch da sollte er nicht zur Ruhe kommen. Kaum war er eingezogen, da zerstörte eine einschlagende Granate die eine ganze Wand des Hauses. Doch kam er glücklicherweise auch hier mit dem Schrecken davon. Er hat sich nachher mit seinen zwei Söhnen bei den Ruinen photographieren lassen und hat auch einige der Granatsplitter mit eingravierten Inschriften versehen lassen und zur Erinnerung aufbewahrt.

Nach der Eroberung Tsingtaus durch die Japaner trieb sich vieles mehr als zweifelhaftes Gesindel in Tsingtau herum. Nur durch eherne Strenge haben die japanischen Behörden ernstliche Plünderungen zu verhindern gewußt. Es ist selbstverständlich, daß auch der Prinz, der sich verborgen hielt, damals in ziemlicher Gefahr schwebte. Ein früherer mohammedanischer Altertumshändler, der auch zu den zweifelhaften Elementen gehörte, kam kurz nach der Einnahme Tsingtaus zu mir und erkundigte sich angelegentlich nach der Wohnung des Prinzen. »Wenn ich seine Wohnung kenne, vermag ich ihn besser zu schützen, es sind jetzt allerhand Menschen hier, die ihm nach dem Leben trachten.« Ich durchschaute ihn sofort. Es war auf einen Erpressungsversuch größeren Stils abgesehen. Daher verriet ich die Wohnung des Prinzen nicht. Erst später, als die Japaner ihm eine Schutzwache gestellt hatten, teilte ich dem Mohammedaner die näheren Umstände mit. Aber er lächelte nur sauersüß: »Da braucht er ja meinen Schutz nicht mehr«, und verschwand. –

Die Japaner haben sich dem Prinzen gegenüber äußerst entgegenkommend bewiesen. Er konnte in sein Haus am Meer wieder einziehen und bekam eine dauernde Schutzwache gestellt. Merkwürdig: soviel war er während der Belagerung in Tsingtau herumgezogen. Überall hatten ihn die Schrecken des Krieges verfolgt. Als er schließlich in sein eigenes Haus zurückkam, da war es vollkommen unversehrt. Kein Mensch hätte es für möglich gehalten.

Es muß übrigens zu seiner Ehre gesagt sein, daß er sich auch jetzt noch seiner deutschen Freunde nicht schämte. Wenn er sich auch aus Klugheitsgründen einige Zurückhaltung auferlegen mußte, so fuhr er dennoch fort sie zu besuchen und hielt den ganzen Krieg über die Beziehungen aufrecht.

Zeitweise war er in ziemlicher Geldverlegenheit. Er hatte unmittelbar vor Ausbruch des Krieges seine ganzen Juwelen einer deutschen Firma zum Verkauf übergeben und blieb natürlich während des ganzen Krieges vollkommen ohne Nachricht über den Verbleib derselben. Aus seinen chinesischen Besitzungen kam auch immer weniger, so daß er es oft nicht leicht hatte. Die Japaner boten ihm verschiedene Erwerbsmöglichkeiten an – nicht auf sehr taktvolle Weise allerdings. Darum verzichtete er darauf. Das erste Angebot war, er solle die Opiumpacht übernehmen. Das war ein vorzügliches Geschäft und brachte etwas ein. Aber Prinz Kung, der zur Zeit seiner Macht der Vorsitzende der Behörde für Unterdrückung des Opiums gewesen war, und der in dieser Stellung sich stets streng und unbestechlich gezeigt hatte, wies das Angebot der Japaner zurück: »Ich bin ein kaiserlicher Prinz. Zu meinem Bedauern bin ich nicht imstande, unter den gegenwärtigen Umständen irgendetwas für das chinesische Volk zu tun. Aber so sehr werde ich mich nie erniedrigen, daß ich mein Leben friste durch ein Gewerbe, das das chinesische Volk zugrunde richtet.« Der Chinese, der später das Geschäft in Pacht übernahm, ist vielfacher Millionär geworden.

Nachher wurde ihm noch einmal angeboten, die Fäkalienabfuhr von Tsingtau – auch ein recht einträgliches Gewerbe – zu besorgen. Aber auch dieses Angebot lehnte er lächelnd ab.

Dennoch harrte er in Tsingtau aus, nicht nur während des ganzen Krieges, sondern solange die Japaner den Platz innehatten. Erst als Tsingtau an China zurückgegeben wurde, ging er weg und ließ sich in Port Arthur nieder, wo er sich noch jetzt befindet.

Ich habe dieses Schicksal ausführlicher geschildert, weil es charakteristisch ist für das ganze kaiserliche Haus. Eine alte Zeit nimmt Abschied. Unwiederbringlich sind ihre Tage dahin. Es mußte so sein. Teils die allgemeinen Zeitverhältnisse, teils die besonderen Umstände eines landfremden Herrscherhauses haben dazu mitgewirkt. China ist heute nicht mehr eine religiös fundierte Monarchie, bei der die Nationalität des Herrscherhauses keine Rolle spielt, wenn es nur den Auftrag des Himmels hat und diesen Auftrag durch eine gute und gerechte Regierung treu bewahrt. China ist heute eine nationale Republik, zu deren Grundsätzen es einerseits gehört, daß kein Fremder sich in die Regierung mischen darf, und andererseits, daß jeder chinesische Bürger ein Recht hat, sich an der Regierung in seiner Stellung zu beteiligen.

Das Merkwürdige ist nur die Art des Übergangs. Wenn früher ein Herrscherhaus den Auftrag des Himmels und die Zuneigung des Volkes verloren hatte, so war, wenn das Maß seiner Sünden voll war, eine Revolution ausgebrochen, die sich durch ihren Erfolg als gottgewollt erwies. Das neue Herrscherhaus hatte das alte beseitigt, und eine neue Ära begann. Je größer die geistige Gewalt war, die hinter diesen Änderungen stand, desto größer war ihre Wirkung auch in die Zukunft hinein. Dynastien, die von wahrhaft großen und guten Männern begründet waren, dauerten länger – namentlich, wenn ab und zu der Geist des Ahns in einem Enkel aufs neue sich regte als solche, die nur eine Folge des momentanen Kriegsglücks waren. Mit dem Aufkommen der Mandschuherrschaft ging es seltsam. Das Herrscherhaus der Ming hatte seine Ursprungskräfte aufgebraucht während der langen und ausschweifenden Regierung des Kaisers Wanli. Ein paar schwache, wenn auch gutmütige Herrscher waren gefolgt, die den Fall nicht mehr aufhalten konnten. Aufstände brachen aus. Der letzte Kaiser ging zugrunde. Die Mandschus waren sozusagen als seine Hilfsvölker gekommen und besetzten im Kampf gegen den Aufruhr den leergewordenen Herrscherthron. So vollzog sich der Übergang von einer Dynastie zur anderen viel milder als gewöhnlich. Eben dieses Schicksal ward nun auch der Mandschudynastie zuteil. Die Kaiserin-Witwe hatte während ihrer langen Regierung zwar die nachwirkende Kraft der Verdienste der ersten Herrscher, eines Kanghsi und Kienlung, etwas stark beansprucht. Aber jene Verdienste waren besonders groß gewesen, und andererseits war die Regierung der alten Frau doch nicht nur negativ zu bewerten. So war denn zur Zeit der Revolution der Schatz der guten Werke noch nicht ganz aufgebraucht. Darum wurde auch das Los der Dynastie ein milderes. Der Kaiser verzichtete auf die Ausübung der Regierung, aber er blieb Kaiser mit allen Zeichen seines Ranges und mit einem ansehnlichen Jahreseinkommen aus den Kassen der Republik.

Doch die Verhältnisse erwiesen sich schließlich als stärker. Die öffentlichen Kassen waren leer, so blieb denn mehr und mehr auch die kaiserliche Apanage im Rückstand, bis sie schließlich ganz ausblieb. Der Kaiser selbst ist ein geistig aufgeweckter, junger Mann, der unter der Leitung eines auch in chinesischer Hinsicht feingebildeten englischen Lehrers durchaus moderne Ideen hat? oft sehr zum Schreck der alten Herren bei Hof und der älteren Prinzessinnen mit ihren konservativen Anschauungen.

Nicht nur, daß er die Tempel seiner Ahnen auf dem Fahrrad besuchte und auch beim Sommerpalast seine Radübungen machte: er griff auch ganz energisch mit allerlei Reformmaßnahmen durch. Wie schon erwähnt, entließ er mit einem Schlage die Eunuchen trotz des energischen Widerstandes aller kaiserlichen Tanten. Tagelang saßen die Ausgewiesenen mit ihren Habseligkeiten vor den Toren des Palastes, ehe sie abzogen. Ferner schickte er kurz nach seiner Verheiratung die überflüssigen jungen Palastdamen zu ihren Eltern zurück, um ihnen Gelegenheit zu geben, sich anderweitig zu verheiraten. Schließlich betraute er seinen englischen Lehrer mit der Reorganisation der Verwaltung des kaiserlichen Sommerpalastes.

Aber die Zeit war abgelaufen. Üble Vorzeichen meldeten sich. Es kamen Brände vor? in einer Nacht drei, die für das Herrscherhaus ungünstig gedeutet wurden. Immer größer wurde die Finanznot. Immer neue Schätze mußten verkauft werden. Schon wurden murrende Stimmen laut, die unzufrieden waren, daß diese doch nicht rein persönlichen Besitzstücke ins Ausland gingen.

Da vollendete der christliche General das Drama. Als er die Macht in den Händen hatte, trieb er rücksichtslos den jungen Kaiser und seine Familie aus dem Palast ihrer Ahnen heraus. Was nun werden wird, ist ungewiß. Aber das eine zeigt sich in allen diesen Vorgängen, daß auch hier ein Stück alter Zeit mit all ihren Fehlern und Mängeln, aber ebenso auch mit ihrem Schönen und Edlen unwiederbringlich in die Vergangenheit hinübergleitet.

Dreizehntes Kapitel. Von Bettlern, Dieben und Räubern

Mit Bettlern, Dieben und Räubern bin ich nicht sehr häufig in Berührung gekommen, aber meine Erfahrungen waren eigentlich alle verhältnismäßig erfreulich. Denn in China wird die Höflichkeit gegen Gäste und Fremde sehr hoch geschätzt, und man kann bis in die neueste Zeit beobachten, daß diese Ritterlichkeit, wenn sie auch nicht allein ausschlaggebend war, doch eine bedeutende Rolle im Verkehr auch dieser Leute mit den Fremden gespielt hat, solange sich nicht andere Gründe als noch dringender erwiesen.

Natürlich sind die Gesellschaftsschichten, von denen hier die Rede ist, ebenso wie andere Stände in China wohl organisiert, doch disziplinierter als in Europa, wo häufig ein gewisser Konkurrenzneid zwischen den verschiedenen unterweltlichen Berufen zu herrschen scheint. Diese Organisation verlangt dann auch moralische Grundlagen. Schon der Philosoph Tschuangtse hat eine hübsche Geschichte von der Notwendigkeit moralischer Eigenschaften bei einem tüchtigen Räuberhauptmann.

Die Gesellen des Räubers Tschï fragten ihn einmal und sprachen: »Braucht ein Räuber auch Moral?«

Er antwortete ihnen: »Aber selbstverständlich! Ohne Moral kommt er nicht aus. Intuitiv erkennt er, wo etwas verborgen ist: das ist seine Größe; er muß zuerst hinein: das ist sein Mut; er muß zuletzt heraus: das ist sein Pflichtgefühl; er muß wissen, ob es geht oder nicht: das ist seine Weisheit; er muß gleichmäßig verteilen: das ist seine Güte. Es ist vollkommen ausgeschlossen, daß ein Mann, der es auch nur an einer dieser fünf Tugenden fehlen läßt, ein großer Räuber wird.«

Aber ganz ernsthaft gesprochen muß man bekennen, daß die Zugehörigkeit zu dieser unteren anonymen Schicht der Ausgestoßenen des Lebens zwar gewisse seelische Bezirke, die für ein geordnetes gesellschaftliches Zusammenleben notwendig sind, verkümmern läßt, aber dennoch nicht alle besseren Gefühle des Menschen erstickt. Namentlich gilt dies von den Bettlern, die oft viel mehr durch äußere Verhältnisse, als durch eigene Bosheit aus der Gesellschaft herausgefallen sind. Das Familiensystem in China bewirkt, daß jeder Mensch in seiner Sippe einen festen Rückhalt hat, auf den er sich unter allen möglichen widrigen Schicksalen stets wird zurückziehen können. Aber anders stehen die Dinge, wenn durch Reisen in die Ferne, Epidemien, Wanderungen ganzer Dorfgemeinden in großen Hungerjahren dieser Zusammenhang mit der eigenen Sippe verloren geht. Wohltätigkeitsanstalten fehlen in China zwar keineswegs ganz. Aber die öffentliche Armenpflege ist bei weitem nicht so systematisch organisiert wie in Europa, eben weil der Zusammenhalt der Sippe sie in den meisten Fällen ersetzt. So haben denn die Ausgestoßenen ein bitteres Leben. Höchstens, daß sie da und dort ein Obdach finden. Für die Nahrung und die dürftigen Lumpen, mit denen sie ihre Blöße decken, müssen sie selbst sorgen. Ich war einmal in Tsinanfu in einem Armenhaus. Es war Winter, der Tag war kalt. In den Winkeln der rauchgeschwärzten düsteren Räume saßen die Unglücklichen zusammengedrängt, soweit sie nicht auf Bettelgängen auswärts waren. In der Mitte des Raumes schwelte in trüber Glut ein Kohlenfeuer, an dem ein uralter Mann hockte. Sein mächtiger, wohlgebildeter Schädel war kahl. Die Augen blickten weit und leer, zitternd hielt er die Hände über die Kohlen und auf alle Fragen antwortete er nur mit einem dumpfen Huhu. Er war, wie die anderen sagten, weit über hundert Jahre alt, er habe die Gegenwart vergessen und unterhalte sich nur manchmal auf schauerliche Weise mit den Schatten der Vergangenheit, die sich ums Feuer zu drängen scheinen.

Die Bettler bilden eine regelrechte Gilde. Sie hatten früher einen behördlich anerkannten Bettlerkönig, dem sie Abgaben zu zahlen hatten und der Arbeit und Verteilung der vorhandenen Mittel überwachte. Noch jetzt werden in größeren Städten die einzelnen Straßen, in denen Geschäftshäuser sind, regelmäßig zu bestimmter Stunde abgeerntet. Größere Firmen lösen durch feste Beträge ihre Kunden von der Unannehmlichkeit, angebettelt zu werden, ab. Andere ziehen es vor, den Bettlern nach entsprechendem Warten die Beträge selbst auszuzahlen. Sie lassen die einzelnen dabei ihre Sprüche ziemlich lange hersagen, ehe sie ihnen ihr Kupferstück vorwerfen, denn sonst kämen die nächsten zu rasch, und der für diese Zwecke festgesetzte Betrag würde nicht ausreichen.

Wenn einmal ein Mensch in diese Tiefen gesunken ist, kann man ihm schwer helfen. Er ist erschlafft, es fehlt ihm die Kraft zum sittlichen Aufschwung. Wenn man etwa im Winter einem solchen Straßenbettler warme Kleider schenkt, so kann man mit Verwunderung erleben, daß er sie schon am nächsten Tag verkauft oder versetzt hat. Als ich einmal einen darüber zur Rede stellte, sagte er mir ganz treuherzig: »Ich bin nicht undankbar. Die schönen warmen Kleider waren eine große Wohltat, und ich habe sie auch recht gut verkauft. Aber ich muß in Lumpen gehen, wenn ich auch noch so sehr friere. Denn wenn ich gut angezogen bin, schenkt mir kein Mensch auch nur ein Kupferstück. Und mit warmen Kleidern kann man doch nicht seinen Hunger stillen.«

Natürlich trifft man viel Herabgekommenheit und seelische Defekte unter diesen Leuten. Die dumpfe Gier ist der einzige Trieb, der sie beseelt. Sie betteln und schlagen den Kopf auf den Boden oder rennen den Wagen nach, ohne durch irgend etwas sich abhalten zu lassen. Nur das zugeworfene Geldstück bringt sie für Momente zur Ruhe. Fürchterlich ist das Schicksal dieser Ärmsten, wenn sie krank werden und durch den Anblick ihrer gräßlichen Leiden die Vorübergehenden zu Mitleid und Abscheu erregen. Am Südtor von Peking saßen früher große Rudel von diesen entmenschten Qualgeschöpfen. Als Yüan Schï K'ai die Herrschaft an sich nahm, sind sie dann plötzlich verschwunden. Aber kein Mensch hat erfahren, was aus ihnen geworden ist.

Zuweilen kann man auch Weise und Heilige unter den Bettlern finden. Oft trifft einen aus struppigem Haargewirr und tiefen Falten ein Blick von einer Tiefe des Leides und Milde der Überwindung, daß man sich zu den Füßen eines solchen Bettlers setzen möchte und ihn um sein Geheimnis fragen, durch das er solche Höllen überwunden hat. Aber er sitzt ruhig da und wartet. Er wird nicht ungeduldig, wenn Tausende vorübergehen, und wenn ihm einer etwas gibt, dankt er mit einem stillfreundlichen Lächeln, so daß man das Gefühl bekommt, daß er einem etwas gegeben, das weit mehr ist als das dürftige Geldstück, das man ihm in die Schale gelegt. – Einmal lief ein kleiner Knabe mit bittenden Augen neben mir her. Ich gab ihm ein Stück Brot und Fleisch von meinem Reisevorrat. Er dankte und legte es, ohne etwas davon zu essen, in seine Almosenschale. Ich fragte ihn, ob er fremdes Brot nicht liebe. Da leuchtete sein Gesichtchen: »Eine Festspeise ist es, aber ich habe eine kranke Mutter zu Hause und bin froh, wenn ich es ihr bringen darf.« »Hast du denn selber schon etwas gegessen?« Da sagte er, fast sich entschuldigend: »Nein, heute noch nicht, aber ich bin noch jung und habe es nicht so nötig. Ich finde schon noch etwas für mich.«

Als vor mehreren Jahren in der Provinz Schantung ein betagter Bettler starb, da stellte sich heraus, daß er trotz seiner äußerst dürftigen Lebenshaltung ein recht beträchtliches Vermögen zusammengespart, buchstäblich vom Munde sich abgespart hatte. Dieses Vermögen bestimmte er durch eine hinterlassene Willenserklärung für eine Armenschule, damit wenigstens einige Kinder durch ihn noch nach seinem Tode gerettet werden von dem Los, ihr Leben auf den Straßen als Bettler zu verbringen.

So ist es denn verständlich, wenn in den chinesischen Märchen und in der chinesischen Kunst gar oft alte Bettler von abstoßendem Äußeren im geheimen mächtige Zauberer und Weise sind, und wenn der große Magier Li T'iä Kuai die Erscheinung eines alten Krüppels borgte und sich nicht schämte, in dieser Form in der Gesellschaft der acht Seligen sich zu zeigen, in die er durch seine Zauberkräfte Aufnahme gefunden hat.

Eine besondere Kategorie der Bettler sind die in China sehr zahlreichen Blinden. Sie zeichnen sich im Gegensatz zu den oft mißtrauischen und tückischen Tauben durch eine stille Sanftheit aus. Meist spielen sie eine Laute oder sonst ein Instrument, wenn sie durch die Straßen gehen, und verdienen sich dadurch eine Kleinigkeit. Sie haben in der einen Hand einen Stock, mit dem sie merkwürdig geschickt ihren Weg abtasten, in der anderen einen kleinen Glockengong, dessen regelmäßige Schläge Vorübergehende bitten, Platz zu machen für einen Blinden. Im allgemeinen begegnet man den Blinden auch mit Freundlichkeit und Hilfsbereitschaft. Ich werde nie den Blinden vergessen, der in den Straßen von Sutschou an mir vorüberging. Es war Frühling, und er spielte auf einer kleinen chinesischen Geige, einem jener primitiven Instrumente, die aufrecht gehalten werden und zwischen deren beiden Saiten ein Bogen aus Pferdehaaren gewöhnlich schrille kreischende Töne hervorbringt.

Ich bin schon manchmal gefragt worden, ob China auch Musik hat. Da fallen mir vielleicht die lärmenden Theater ein mit ihren Becken und Kastagnetten, oder die klimpernden Gitarren und die näselnden Töne der Geigen, die die Teehaussängerinnen begleiten, oder auch die klagende Herbstflöte über dem schilfbedeckten See. Aber das alles ist es nicht. Daß China Musik hat, weiß ich, seitdem ich den blinden Geiger gehört an jenem Frühlingsabend in der schönen Stadt Sutschou.

Selbstverständlich sind auch in China nicht alle Bettler solche idealen Musikanten. In Peking sah ich einmal eine Szene, die in ihrer schauerlichen Komik fast an ein Bild vom Höllenbreughel erinnerte. Ich fuhr den weidenumsäumten Kanal entlang, der die Grenze der alten Kaiserstadt bildet. Beim früheren Tatarentempel, in der Nähe des Akazienwäldchens, in dem immer von Zeit zu Zeit die Geister der Erhängten ein neues Opfer fordern, das man eines Morgens an einem der Bäume hängen sieht, war ein Volksgewühl. Die Zeitungsjungen hatten ihre Zeitungen beiseite gelegt und sich herzugedrängt, andere Müßiggänger, die sich immer dichter zusammenballten, umgaben einen schimpfenden Knäuel, aus dem von Zeit zu Zeit Staubwolken aufstiegen. Als ich näher kam, sah ich einen blinden Bettler inmitten seiner Peiniger. Er war aus irgendwelchen Gründen mit ein paar Taugenichtsen in Streit geraten, die sich nun über ihn lustig machten, indem sie ihm immer von neuem Hände voll Straßenstaub ins Gesicht warfen. Der Blinde war in schäumender Wut. Weit riß er seine weißen, leeren Augen auf und schlug mit seinem Stab und seiner Gitarre tobend um sich. Lachend stob die Menge vor seinen Schlägen auseinander, und neue Staubwolken hüllten ihn ein. Mit kreischender Stimme verfluchte und beschimpfte er die Umstehenden. Aber seine unflätigen Schimpfreden wirkten in ihrer maßlosen Übertreibung so grotesk, daß sie wieherndes Lachen hervorriefen. – Gewiß, solche Szenen des zügellos gewordenen Großstadtmobs wirken abstoßend. Aber dennoch muß zur Ehre der Chinesen gesagt werden, daß ein paar ruhige Worte genügten, um die ganze Schar zur Besinnung zu bringen. So rasch wurde Vernunft Meister, wie das unter einer solchen Menge wohl kaum irgendwo sonst möglich gewesen wäre.

Während die Bettler in der Mehrzahl der leidende Teil in der Unterschicht der Gesellschaft sind, sind Diebe und Räuber mehr aktiv gerichtet. Aber wie schon erwähnt, herrscht auch unter diesen Schichten eine feste Ordnung. Im allgemeinen kann man sagen, daß in China wohl gelegentlich Kleinigkeiten, namentlich solche, die vom Besitzer nicht gebraucht oder vernachlässigt werden, wegkommen, daß aber eigentliche Diebstähle weit seltener sind als in Europa. In den ganzen Jahrzehnten vor dem Krieg konnte man im allgemeinen die Haustüre selbst bei Nacht ruhig offen lassen, ohne daß etwas gestohlen wurde. Nur ein einziges Mal um die Neujahrszeit hatten meine Diener ein dürftiges Dieblein gefangen, das sich bei Nacht etwas holen wollte, um während der seligen Tage des Jahres sich auch eine Freude machen zu können. Zitternd trat er vor mich, als ich ihn nach seinen Absichten fragte, und nie habe ich jemand erleichterter entfliehen sehen als diesen Dieb, als ich ihm unter strengen Bedrohungen einige Nahrungsmittel und einen Zehrpfennig auf die Reise in seine Heimat mitgab. Er schwor nie wieder zu kommen und hat seinen Eid gehalten.

Gefährlicher sind die Diebe, die nicht heimlich, sondern offen stehlen. Da, wo die kiefernbewachsenen Höhen des Laoschan sich ins Meer stürzen, steht inmitten von Bambushainen das durch seine Päonien und Kamelienbäume berühmte taoistische Kloster T'ai Ts'ing Kung. Die Mönche zeichnen sich durch Ernst der Lebensführung und fromme Übungen aus. Der Abt war ein guter Freund von mir, der oft an Sommerabenden in tiefen Gesprächen, oder die alte geheimnisvolle Zither spielend lange mit mir zusammensaß. Die Mönche waren auch den Europäern gegenüber sehr freundlich. Ein besonderer Führer und Empfänger für Gäste war vom Abt eingesetzt worden, der den Verkehr mit den fremden Besuchern regelte. Er war oft in Tsingtau bei mir, die Grüße des Abtes überbringend oder einen wunderbaren Stein, einen geheimnisvollen Priesterstab, dessen oberes Ende in einen aus Wurzeln gewachsenen seltsamen Tierkopf ausging, einen Zauberwedel zur Abwehr von bösen Geistern als Geschenk dalassend. So kam er auch eines Tages, er war etwas aufgeregt. Sein Gesicht zeigte etwas Unsicheres, Fuchsähnliches. Doch ich war frei von Argwohn, da er ja wie gewöhnlich die Besuchskarte des Klosters mir mit den Grüßen des Abtes überreichte. Er war gekommen, um eine Mauserpistole mit Patronen zu kaufen, da in der letzten Zeit wiederholt Räuber das Kloster heimgesucht hatten. Gerne besorgte ich die Waffe für ihn und gab sie ihm als Geschenk für das Kloster mit. Ich ermahnte ihn noch, sie nicht wirklich zu benutzen, sondern nur zum Abgeben von Schreckschüssen, was er auch versprach. Wir schossen dann noch probeweise nach einer Scheibe. Er zeigte sich sehr gelehrig, denn schon beim ersten Schuß traf er ins Zentrum. Da er im Auftrag des Klosters eine längere Reise vorhatte, bat er mich noch um ein Darlehen von 100 Dollar, die ich ihm bereitwillig übergab. Er verabschiedete sich in großer Freundlichkeit und versprach, die Rückzahlung des Geldes sofort zu veranlassen. Dann ging er fort.

Ich wartete nun Wochen und Monate. Aber nichts erfolgte. Da kam mir doch sein Fuchsgesicht ins Gedächtnis, und nach längerer Überlegung sandte ich einen Boten nach dem Kloster, um ganz zart nachzufragen, wie die Pistole sich bewähre. Nun kam die ganze Sache zutage. Der Gästeempfänger war rückfällig geworden und unter die Räuber gegangen. Zu diesem Zweck hatte er sich bei mir ausgerüstet. Geld hatte er auch bei anderen Gönnern des Klosters geliehen, aber um eine brauchbare Waffe zu bekommen, brauchte er doch schon einen europäischen Bekannten. Das Kloster T'ai Ts'ing Kung bewies sich bei diesem Anlaß übrigens wirklich großzügig und anständig. Die »geborgten« 100 Dollar wurden trotz aller meiner Einwendungen restlos zurückbezahlt, da der Mann eine Besuchskarte des Klosters bei sich gehabt und daraufhin das Geld bekommen hatte.

Diese Methode freundschaftlicher Darlehen wird von geschickten Dieben in China häufig angewandt. Es war noch zur Kaiserzeit, als bei einem Generalgouverneurwechsel in einer Provinzialhauptstadt sich folgendes ereignete. Der alte Gouverneur wartete auf seinen Nachfolger, um ihm die Siegel zu übergeben. Da meldete sich beim Provinzialschatzmeister ein älterer Herr als Vater des neuen Gouverneurs. Er teilte mit, daß sein Sohn ihm auf dem Fuße folge, daß er aber vorausgeeilt sei, um einen Vorschuß von ein paar Tausend Taels zu erheben zur Bestreitung der Kosten des Amtswechsels. Der Schatzmeister bot ihm Tee an und unterhielt sich mit ihm, und er war über alle Fragen vollkommen unterrichtet. Unterdessen wurde der neue Gouverneur gemeldet. Er trat ein und begrüßte den Schatzmeister und seinen Vater aufs höflichste. Nach ein paar Worten stand der alte Herr auf und sagte: »Ihr werdet wohl Amtsgeschäfte zu erledigen haben, da will ich nicht weiter stören. Ich bitte nur noch erst um die erwähnte Anweisung.« Der Schatzmeister stellte die gewünschte Anweisung auf die Provinzialkasse aus. Der alte Herr ging weg, von den beiden anderen aufs höflichste geleitet. Als sie wieder Platz genommen und die üblichen Höflichkeitsformeln gewechselt hatten, fing der Schatzmeister an: »Ihr Herr Vater ist noch recht frisch bei seinem Alter.« Der Gouverneur seufzte und sprach: »Ja, er war bis zu seinem Ende bei vollen Geisteskräften.« »Wieso? Was meinen Sie mit dem Ende? Hat er sich von den Geschäften zurückgezogen?« »Ach ja, er ist vor drei Jahren gestorben.« Der Schatzmeister begann an der Zurechnungsfähigkeit des Gouverneurs zu zweifeln. »Er war doch eben hier!« Nun wurde es dem Gouverneur unheimlich. »Wann?« fragte er, »Wie sah er aus?« »Nun, doch der Herr, der eben weggegangen ist!« »Den kenne ich nicht«, erwiderte der Gouverneur. »Sie waren aber doch so ehrerbietig zu ihm und ließen ihn auf dem Ehrenplatz sitzen«, sprach der Schatzmeister. »Das tat ich, weil ich sah, mit welcher Ehrfurcht Sie ihn behandelten.« Der Schatzmeister fing nach einer Pause zaghaft wieder an: »Dann hat er wohl auch den Vorschuß nicht in Ihrem Auftrag erhoben?« »Ich dachte nie an einen Vorschuß«, sagte der Gouverneur bestürzt. »Nun, dann war es ein Schwindler.« Der Schatzmeister ließ aufs eiligste Kassenbeamte und Wachen kommen. Aber es half nichts, der alte Herr hatte den Betrag bereits erhoben und war spurlos verschwunden. –

Leider beschränken sich ähnliche Erlebnisse nicht auf chinesische Provinzialschatzmeister. –

Es war nach der Eroberung Tsingtaus durch die Japaner. Ich hatte während der Belagerung Tsingtaus die Leitung des chinesischen Roten Kreuzes geführt und war infolge davon nach der Einnahme auf freiem Fuß belassen worden. Die chinesischen Verwundeten wurden weiterhin gepflegt, und von befreundeter chinesischer Seite wurden mir von Zeit zu Zeit Mittel dafür zur Verfügung gestellt. Das muß irgendwie bekannt geworden sein. Denn als ich eines Abends in meiner Wohnung saß und las – die Diener waren kurz vorher zur Ruhe gegangen – kam plötzlich zur Tür über die Veranda ein merkwürdig aussehender Chinese ins Zimmer herein, der sich interessiert überall umsah. Noch ehe ich recht wußte, was er wollte, kamen ein paar weitere nach. Ich fragte nun auf chinesisch, was sie eigentlich wollten. Statt der Antwort traten zwei von ihnen, ziemlich finstere Gesellen, hinter mich und hatten mir im Augenblick die Hände auf dem Rücken zusammengebunden. Der dritte trat hinter den Tisch mir gegenüber, zog eine Mauserpistole, zielte nach mir und sagte: »Was wir wollen? Totschießen wollen wir dich.« Ich hatte plötzlich das absurde Gefühl, mich mitten in einem Räuberroman zu befinden. Die Geschichte kam mir weniger gefährlich als komisch vor. So fragte ich denn, warum sie mich eigentlich totschießen wollten. »Sie haben heute 2000 Dollar bekommen, und die wollen wir haben«, war die Antwort. Ich bemerkte darauf, daß sie wohl nicht nötig hätten, mich zu töten, wenn das ihre einzige Absicht sei. Das sahen sie denn nach kurzer Verhandlung, in deren Verlauf der eine dafür sprach, die Sache auf gelinde Weise zu behandeln, auch ein. Ich sagte ihnen, daß ich zwar keine 2000 Dollar habe, daß ich mich aber außerstande sehe, ihnen das vorhandene Geld vorzuenthalten. Sie fragten nun nach dem Schlüssel zum Kassenschrank und auf welche Buchstaben das Schloß sich öffne. Dabei nahm der eine mir im Vorbeigehen meine goldene Uhrkette mit Uhr ab. Die Uhr war wenig wertvoll, da meine goldene Uhr stehen geblieben war und zu jener Zeit in Tsingtau nicht repariert werden konnte. (Sie wurde mir dann später, nachdem sie repariert war, in Berlin auf dem Generalkonsulat einer der durch den Versailler Frieden neugebildeten Mächte gestohlen), aber die Kette verlor ich ungern. Zum Glück interessierten sich die Räuber nicht für meine Brieftasche, in der eine größere Summe in Banknoten steckte. Unterdessen hatte ein anderer den Geldschrank geöffnet und die Geldkassette herausgeholt. Die Kassette war verschlossen. Nun begannen sie wieder zu verhandeln: Sie hätten ja jetzt das Geld und würden es gewißlich mitnehmen. Aber es sei doch eigentlich schade um die Kassette. Mir sei der Schlüssel allein nichts nütze, während er für sie sehr wertvoll wäre. Diesem Argument verschloß ich mich nicht und zeigte ihnen, wo der Schlüssel verborgen lag. Sie schlossen auf und waren ein wenig enttäuscht, nicht mehr Geld zu finden. Ich versuchte nun auch zu verhandeln und sagte: Das Geld im rechten Fach sei mein eigenes und stehe ihnen zur Verfügung. Das Geld links dagegen gehöre dem Roten Kreuz und sei zur Pflege chinesischer Verwundeter bestimmt, das möchten sie dalassen. Sie waren nicht dafür zu haben: »Wir sind Rotbärte [23] und kümmern uns nicht ums Rote Kreuz.« Da war also nichts zu machen. Ich fragte, ob sie nicht eine Tasse Tee wollten. Aber sie hatten es eilig. Sie wollten mir nun einen Knebel in den Mund stecken und mir auch noch die Beine zusammenschnüren. Der Knebel, der aus einem ziemlich schmutzigen blauen Tuch genäht und offenbar mit Sand gefüllt war, machte einen widerlichen Eindruck. Wer mochte ihn schon vor mir im Mund gehabt haben! So wurde ich denn ernst und sagte ihnen, daß ich das unter keinen Umständen wünsche. Sie pflegten wieder einen kurzen Kriegsrat, und dann sprach der Mildeste unter ihnen, ich hätte mich eigentlich sehr höflich betragen, und sie wollten auch keine Unmenschen sein. Sie wollten von der Knebelung absehen, aber ich dürfe mindestens eine halbe Stunde lang nichts gegen sie unternehmen. Der Freche schnürte mir doch noch, wenn auch unvollkommen, die Beine zusammen und sagte, wenn ich mich rühre, würde ich von draußen her erschossen, dort ständen ihre Genossen. Man hörte auch wirklich einen dumpfen Lärm vor der Tür. Damit verließen sie das Haus. Ihr Besuch hatte offenbar etwas länger gedauert, als sie in Aussicht genommen hatten. Zum Schluß konnte ich mir nicht versagen, ihnen nachzurufen, daß ich doch 2000 Dollar habe. Sofort kamen sie wieder herbeigestürzt: wo sie seien. »Auf der Bank«, erwiderte ich freundlich. Das dämpfte ihr Interesse merklich; denn die Bank war unter japanischer Bewachung und vor Dieben geschützt. Sie hielten sich nun nicht länger auf, sondern verschwanden im Dunkeln.

In diesem Moment kam von allen Seiten Hilfe. Mein Hund, der sich die ganze Zeit über mäuschenstill hinter dem Ofen gehalten hatte, kam laut bellend hervor, als die Räuber sich entfernt hatten (es war natürlich ein Dachshund). Mein Diener band mir geschäftig die Fesseln auf, als ich ihn in seinem Zimmer aufgesucht. Es waren wundervoll feste, seidene Schnüre in den japanischen Landesfarben, weiß und rot, solide zusammengezwirnt. Ein Bekannter, der mich abends zu besuchen pflegte, kam herbei. Er hatte sich zufällig diesen Abend um eine halbe Stunde verspätet. Ich mußte ihm die ganze Geschichte erzählen. Unterdessen sandte ich einen Diener nach der japanischen Polizei, um Anzeige zu erstatten. Die Polizei kam in starkem Aufgebot herbei und nahm gewissenhaft ein Protokoll auf: wie ich heiße, wann ich geboren sei, Name, Rufname, Geburtstag und Geburtsort, sowie Sterbetag der Eltern, ferner die Namen und die übrigen Daten von meiner Frau und meinen vier Kindern. Dann sollte ich die Gründe angeben, weshalb meine Familie nicht in Tsingtau anwesend sei (ich hatte sie vor der Belagerung, die doch immerhin lebensgefährlich war, in Sicherheit gebracht). Ferner mußte ich angeben, was gestohlen war. Ich mußte genaue Rechenschaft darüber ablegen, weshalb ich eine weniger wertvolle Uhr an einer wertvolleren Kette getragen. Die Fesseln mußten beigeschafft werden und wurden trotz meiner inständigen Bitten, sie als Andenken behalten zu dürfen, als Corpus delicti rigoros mit fortgenommen. Darauf entfernte sich die Polizei wieder.

Am anderen Morgen sollten meine sämtlichen Diener verhaftet und mit Petroleum vollge- pumpt werden, um den Diebstahl zu gestehen. Mit vieler Mühe bekam ich sie wieder frei, da ich überzeugt war, daß sie nicht beteiligt waren.

Ein chinesischer Geheimpolizist, der aus der Mandschurei mit den Japanern nach Tsingtau gekommen war, verpflichtete sich, der Sache auf die Spur zu kommen, wurde aber entlassen, als seine Nachforschungen auf Spuren wiesen, die sich nicht auf chinesische Räuber beschränkten. Es lebten nämlich damals in Tsingtau zweifelhafte Elemente, die im Anschluß an die japani- sche Armee aus der Mandschurei, der Heimat der Hunghutsen, herbeigekommen waren, und eine Aktiengesellschaft zur Beraubung der wohlhabenden Chinesen der Umgebung bildeten. In Tsingtau selbst durften sie später nicht mehr rauben, aber in der Umgebung haben sie die ganze Zeit über ihr Handwerk ausgeübt, wobei es leider nicht immer so glimpflich zuging wie bei mir. Gar manche Mordtaten bezeichnen die Spuren dieser grauenvollen Aktiengesellschaft.

Unterdessen erfuhr auch die japanische Regierung von der Sache. Man bestellte mich auf die Militärverwaltung. Ich wurde sehr entgegenkommend behandelt, und der Gouverneur verfügte, daß ich eine militärische Wache vor das Grundstück erhalten solle. Chinesische Freunde haben ferner ein paar handfeste Wächter für mich gemietet, die die ganzen Nächte das Haus umkrei- sten und dabei mit derben Prügeln auf den Boden schlugen, um üble Elemente abzuschrecken. Als ich aber eines Abends ausgegangen war und bei meiner Rückkehr mein Grundstück wieder betreten wollte, da stürmte mit lautem Schrei die Wache aus ihrem Schilderhaus hervor und setzte mir das Bajonett auf die Brust. Nur mit Mühe gelang es mir, den Mann zu überzeugen, daß ich der Bewohner des Hauses sei und kein Räuber. Er schien mir endlich Vertrauen zu schenken und ließ mich passieren. Aber nun sprangen die beiden Wächter vom Lande mit ihren Prügeln auf mich zu und hätten mich beinahe zu Boden geschlagen, wenn es mir nicht eben noch gelungen wäre, auch sie von ihrem Irrtum zu überzeugen.

So war denn dieses Abenteuer überstanden. Ich erinnere mich mit Dankbarkeit an die gute und menschliche Behandlung, die die japanische Verwaltung den Deutschen in Tsingtau zuteil werden ließ. Ich erhielt in Tsingtau keinen Räuberbesuch mehr.

In China wurde die Räuberplage besonders schlimm infolge des Weltkriegs. Die vielen Ar- beiter und Hilfssoldaten, die nach Frankreich und Belgien befördert worden waren zur Bekämp- fung der Deutschen, haben dort recht viel gelernt, und so ist es denn zu verstehen, daß sie nach ihrer Rückkunft keine Lust hatten, ohne weiteres ins Privatleben zurückzukehren. Soweit sie sich daher nicht in die Truppenverbände der verschiedenen Marschälle einreihen ließen, wurden sie Räuber auf eigene Faust. Besonders grausam haben die Banden des Lao Yang Jen gewütet, der schon durch seinen Namen, der »Alter Ausländer« bedeutet, bewies, wo er sein Handwerk gelernt hatte. Er hat ganze Dörfer niedergebrannt, nachdem er sie vorher ausgeraubt hatte;

die Männer wurden meist getötet, Frauen und Mädchen mitgeführt als Sklavinnen. Zeitweise beherrschte er weite Gebiete und wußte bei der glänzenden Bewaffnung und militärischen Schulung seiner Leute auch den regulären Truppen erfolgreiche Gefechte zu liefern. Schließlich wurde er aus Eifersucht von einem Mitglied seiner Bande ermordet, worauf es gelang, die Gesellschaft aufzulösen.

Während diese Räuber in ihrem Stil noch der alten Zeit nahestanden, tat sich eine andere Bande zusammen, die mehr in der Art der Räubergesellschaften m. b. H., wie sie Bernard Shaw gelegentlich darstellt, ihr Handwerk betrieben. In der gefährlichen Ecke, in der die Provinzen Schantung und Tschili aneinanderstoßen, hatten sie sich eine Festung eingerichtet. Dort liegt ein Berg, wie gemacht für derartige Unternehmungen. Er steigt beinahe senkrecht auf, nur ein ganz schmaler Fußweg führt an den Wänden hinauf. Oben ist er eben und als Ackerland zu benützen. Die Sage geht, daß man, um die Felder dort oben zu bestellen, kleine Kälber im Arm hinauftragen und sie dort oben aufziehen müsse, da ein erwachsenes Rind unmöglich den Berg ersteigen könne. Ein paar Häuser stehen oben, die mit leichter Mühe so in Verteidigungszustand gesetzt werden können, daß sie vollkommen uneinnehmbar sind. Hier war das Hauptquartier der Räuber, wo sie ein richtiges kleines Staatswesen eingerichtet hatten. Der junge Häuptling hatte in Europa gelernt, daß einfaches Sengen und Brennen zwar spaßhaft, aber im Grunde doch wenig einträglich ist, und daß der Elementargrundsatz einer gesunden Finanzwirtschaft die Vermögenserfassung ist, die so genau funktioniert, daß für die Besitzer jede Verschleierung und Verschiebung unmöglich wird. Diese Vermögenserfassung (auf chinesisch Pang P'iao genannt) verstanden sie meisterhaft. Sie setzen sich in den Besitz der reichen Leute der Umgebung oder ihrer teureren Angehörigen und hielten sie als Gäste auf ihrer Burg fest, solange bis eine Summe, die dem Vermögen der Betroffenen angepaßt war, ausbezahlt wurde. Sie waren im ganzen recht manierlich. Nur wenn das Geld nicht kam, verstanden sie keinen Spaß.

Schließlich wurde die Sache den Truppenführern der Nachbarschaft zu bunt, und es sollte ein regelrechter Feldzug gegen die Räuber erfolgen. Diese aber bereiteten in ihrer Verlegenheit einen Kapitalstreich vor. Sie machten einen Vorstoß auf den Expreßzug Peking-Hankou. In der Nähe von Lintschong rissen sie die Schienen auf. Der Zug, der nach Mitternacht die Strecke passierte, konnte zum Stehen gebracht werden. Nun folgte ein wildes Gewehrfeuer auf den Zug zur Einschüchterung, dann ein regelrechter Sturm. Das Zugpersonal wurde unschädlich gemacht, der Zug selbst leicht überplündert, wobei es dem einzigen Deutschen unter den Fahrgästen gelang, unter Verlust einiger Schmuckstücke, für die er inzwischen längst reichlichen Ersatz bekommen hat, zu entfliehen. Die übrigen Passagiere kamen nicht so leicht davon. Sie mußten, wie sie gingen und standen – die meisten also in notdürftig ergänzten Nachtkleidern –, eine längere Wanderung antreten, um mit den Räubern zusammen außer Verfolgungsweite zu kommen. Dabei kamen sehr rührende Szenen vor. Die Gattin eines amerikanischen Milliardärs hatte ihren wertvollen Brillantschmuck in ihre Schuhe getan. Als aber die Wanderung länger dauerte und tiefer ins Gebirge führte, mußte sie inne werden, daß selbst der schönste Schmuck eine Last ist, wenn man ihn unter den Fußsohlen trägt. So benützte sie denn eine Ruhepause und vergrub ihn unter einem Stein. Es hat später den ehrlichen Findern ziemlich viele Mühe gekostet, bis alle Steine, die in Betracht kamen, aufgedeckt waren und der Schmuck wieder an seine Besitzerin zurückgebracht werden konnte.

Die Betroffenen nahmen die Gefangenschaft, soweit sie nicht unter Krankheit und Unbilden zu leiden hatten, als eine Art von Sport auf, zumal die Räuber recht angenehm waren und zum größten Teil auch ein gutes Französisch sprachen, das sie während des Weltkriegs in Europa gelernt hatten. Dennoch ließen sie sich nicht dazu herbei, ihre früheren Alliierten auf freien Fuß zu setzen. Sie hatten in Frankreich auch gelernt, was man Europäern bieten kann. Die Gefangenen wurden in mehreren Tagemärschen in den Schlupfwinkel der Räuber gebracht, wo sie die nächsten Wochen zu bleiben hatten. Nur die Damen, vor denen die Räuber einen heiligen Respekt bekamen, wurden sehr bald freigelassen. Nun wurden Verhandlungen gepflogen. Erst wurde ein Waffenstillstand vereinbart, nach dem die regulären Truppen sich mehrere Dutzend Kilometer zurückziehen mußten. Dann wurden die Bedingungen stipuliert: entsprechende Lösegelder und Straflosigkeit der Räuber mit der Aussicht, in die chinesische Armee eingereiht zu werden, wobei sich die Führer höhere Offiziersposten ausbedangen. Ferner sollten Vertreter der fremden Mächte die Erfüllung der Bedingungen garantieren, da man der eigenen Regierung doch nicht unbedingt traute. Die chinesische Regierung hatte einen äußerst schweren Stand. Auf der einen Seite standen die Räuber und drohten die Fremden zu töten, wenn man ihnen nicht zu Willen war, auf der anderen Seite stand das diplomatische Korps – außer dem deutschen Gesandten, der den Fall des beteiligten Deutschen auf friedliche Weise geregelt hatte. Die fremden Vertreter machten die chinesische Regierung verantwortlich, die wirklich nichts dafür konnte, und drohten mit progressiv sich steigernden Schadenersatzforderungen für materielle und seelische Schäden, wobei namentlich die Seelenschäden sehr bedeutende Summen ausmachten. Während die chinesische Regierung auf der einen Seite aufs heftigste gedrängt wurde, band man ihr andererseits die Hände, indem man jedes gewaltsame Vorgehen gegen die Räuber inhibierte.

Es entspannen sich mit den Räubern unter dem Beisein von Europäern und Amerikanern regelrechte diplomatische Verhandlungen. Man traf sich an einem neutralen Ort. Man lud sich zu Tisch. Man richtete eine regelrechte Postverbindung mit eigenen »Räubermarken« ein, die für Sammler von großem Interesse waren. Man machte Aufnahmen von dem jungen hübschen Räuberhauptmann, der sich so sehr für die photographischen Apparate interessierte, daß plötzlich einer davon verschwunden war. Kurz, es ging alles sehr charmant zu, und schließlich erreichten die Räuber, was sie wollten: aus dem Brigantenführer wurde ein Brigadenführer, und auch von seinen Leuten wurden soviele, wie den Wunsch hatten, ins reguläre Militär eingereiht. Sie bildeten eine geschlossene Abteilung, die den Truppen von Schantung angegliedert wurde. Die solideren der Räuber zogen es freilich vor, teils mit ihrem Verdienst sich ins Privatleben zurückzuziehen, teils bei einer anderen Räuberbande in Stellung zu gehen.

Der Räuberhauptmann von Lintschong war nicht der erste, der vom Räuber zum General eine rasche Laufbahn gemacht. Aber er besaß nicht das Zeug dazu. Er und die Seinen mißverstanden offenbar die neue Stellung, die sie durch Vermittlung der fremden Vertreter bekommen hatten. Sie konnten es sich nicht versagen, gelegentlich doch noch ein bißchen zu rauben. So mußten die Vorgesetzten schließlich trotz allem eingreifen und eine summarische Hinrichtung vornehmen lassen.

Das Auftreten von Räubern ist in China immer das Symptom von Übergangszeiten. Wenn jeweils die alte Ordnung sich aufgelöst hat, wenn Mißwachs und Teuerung das Leben unerträglich macht, dann kommt es vor, daß wilde Elemente der Bevölkerung, die nicht gewillt sind, sich widerstandslos dem Schicksal zu ergeben, ihre Laufbahn verlassen und als Räuber die Plagen noch vermehren, die auf der Bevölkerung in solchen Zeiten ohnehin schon lasten. Es ist nicht gesagt, daß das immer die schlechtesten Elemente sind. Es sind nur die, die lieber Hammer sein wollen als Amboß. Oft kommt eine religiöse Bewegung hinzu, und aus der Räuberbande wird die Geheimsekte. Zuweilen schon haben um die Wendezeit zwischen zwei Dynastien solche Geheimsekten eine Rolle gespielt. Die Sekte vom weißen Lotos, die Bruderschaftsekte, die Vereinigung der Drei und andere haben in solchen Zeiten sich einen Namen gemacht, der aus Furcht vor den Untaten und einem geheimen Grauen vor ihrer Zaubermacht gemischt war.

P'u Sung Ling erzählt in einer seiner Novellen, die von einem alten Zauberer handelt, von den Zauberkunststücken der Sekte vom weißen Lotos. Der Zauberer hatte einen Lehrling, der mit seiner Lieblingssklavin verbotene Liebe pflegte. Der Zauberer merkte es wohl, behielt es aber bei sich und sagte gar nichts. Er hieß den Lehrling die Schweine füttern. Kaum hatte der den Schweinestall betreten, da verwandelte er sich alsbald in ein Schwein. Der Zauberer rief den Metzger, ihn zu schlachten und verkaufte sein Fleisch. Niemand erfuhr davon.

Endlich kam der Vater des Lehrlings, um nach ihm zu sehen, weil er schon lange nicht mehr heimgekommen war. Der Zauberer wies ihn ab, indem er sprach, er sei längst nicht mehr da. Der Vater ging nach Hause zurück und erkundigte sich allenthalben nach seinem Sohn, doch konnte er nicht das mindeste erfahren. Allein ein Mitschüler, der heimlich die Sache wußte, teilte sie dem Vater mit. Der Vater verklagte nun den Zauberer beim Amtmann. Der aber fürchtete, daß der Zauberer sich unsichtbar mache, und wagte nicht, ihn zu verhaften, sondern berichtete an seinen Vorgesetzten und bat um tausend gewappnete Krieger. Die umringten nun das Haus des Zauberers. Er ward mit seiner Frau und seinem Sohn zugleich ergriffen. Man sperrte sie in hölzerne Käfige, um sie nach der Hauptstadt abzuliefern.

Der Weg führte durch ein Gebirge. Mitten im Gebirge kam ein Riese, der war so groß, wie ein Baum, hatte Augen wie Tassen, ein Maul wie eine Schüssel und fußlange Zähne. Die Krieger standen zitternd da und wagten nicht, sich zu rühren.

Der Zauberer sprach: »Das ist der Berggeist. Meine Frau kann ihn in die Flucht schlagen.«

Man tat, wie er gesagt hatte, und befreite die Frau von ihren Banden. Die Frau nahm einen Speer und ging ihm entgegen. Aber der Riese wurde wild und verschlang sie mit Haut und Haar. Alle gerieten darob nur noch mehr in Furcht.

Der Zauberer sprach: »Hat er mir die Frau umgebracht, so muß mein Sohn daran.«

Nun ließ man auch den Sohn heraus. Aber auch er ward gleichermaßen verschlungen. Alle sahen ratlos zu.

Der Zauberer weinte vor Zorn und sprach: »Erst hat er mir die Frau umgebracht und nun den Sohn; würde es ihm doch heimgezahlt! Aber außer mir kann's keiner.«

Richtig nahmen sie auch ihn aus seinem Käfig heraus, gaben ihm ein Schwert und schickten ihn vor. Der Zauberer und der Riese kämpften eine Zeitlang miteinander. Schließlich packte der Riese den Zauberer, steckte ihn in den Rachen, reckte den Hals und schluckte ihn herunter. Dann ging er wohlgemut davon.

Die Soldaten aber merkten erst zu spät, welchen Streich ihnen der Zauberer gespielt hatte.

Auch der berühmte Roman: Die Geschichte der drei Reiche fängt mit der Schilderung eines Aufruhrs von solchen Räuberbanden mit geheimen Zauberkräften an. Der Unterschied im gegenwärtigen Zeitpunkt ist nur der, daß die Räuber in früheren Zeiten mit schwarzer Magie sich abgaben, gegenwärtig aber mit westlicher Kriegstechnik. Man sieht auch daran, wie die Zeit in China unaufhaltsam weiterschreitet.

Vierzehntes Kapitel. Die Mission in China

Die Mission nimmt in China eine sehr umstrittene Stellung ein. Die meisten der unbeteiligten Fremden in China sind überzeugt, daß die Mission nur schadet, daß nur Heuchler und Geldgierige sich von den fremden Missionen anlocken lassen, daß die Mission ihren Anhängern nur ihre alte Kultur raube und ihnen keine neue dafür gebe, daß daher alle christlichen Hausdiener frech und unbrauchbar seien und die Arbeit der Mission vergebliches Liebesmühen sei. Die Missionare auf der anderen Seite sind stets bereit gewesen, dies alles zu bestreiten, sie bestritten jenen Angreifern zudem das Recht, die Mission, die höhere Zwecke habe, nur als Vorbereitungsanstalt für fremde Diener und Kindermädchen anzusehen. Die Weltreisenden, die über China Werke schreiben, sind in dieser Beziehung übel daran. Je nach der Gesellschaft, in die sie zuerst kommen, werden sich ihre Urteile bilden; denn es ist ja unmöglich, in ein paar Wochen oder Monaten sich ein selbständiges Urteil zu bilden.

Da die Missionare außer den Beamten fast die einzigen Fremden waren, die chinesisch sprachen, und zum mindesten mit einem Teil der chinesischen Bevölkerung in näheren Beziehungen standen, so brach sich über die Mission allmählich eine neue Auffassung Bahn. Man sah in ihr vielfach ein Mittel, Kulturpropaganda zu treiben. Besonders in Amerika hat man diese Seite der Sache schon sehr früh erkannt und hat reiche Mittel für die Mission flüssig gemacht. Auch die amerikanischen Großindustriellen und Großkaufleute haben sich vielfach sehr lebhaft für die Mission interessiert und haben durch Vermittlung einzelner Missionare in China auch direkte Geschäftsverbindungen angeknüpft, wiewohl es auf der anderen Seite ungerecht wäre, wollte man die Bedeutung der amerikanischen Mission nur auf dem handelspolitischen oder kulturpropagandistischen Gebiet sehen.

Das Problem der Mission in China ist ein sehr komplexes. Die Mission hat seit den ältesten Zeiten in allen Ländern, in die sie kam, ein doppeltes Gesicht gehabt: ein religiöses und ein kulturelles. Wenn der Apostel Paulus den Entschluß faßte, von Asien nach Europa überzusetzen, um den Griechen und Römern zu helfen, brachte er ihnen keinerlei Kulturanregungen. Es ist vielmehr wahrscheinlich, daß er für die griechisch-römische Kultur in ihren tiefsten Beziehungen keinen Sinn hatte. Was ihm in Athen auffällt, ist nur der Aberglaube der Leute, und mit Mühe sucht er am Altar des unbekannten Gottes einen Anknüpfungspunkt für seine Botschaft. Was er bringt, ist rein religiös: Die Kunde von dem Christus-Gott, der der Geist ist, der seiner Gläubigen Herzen erfüllen will, das Erleben Gottes als innerliches menschliches Erleben gegenüber der ethnischen Religion, die Gott irgendwo außerhalb sucht. Diese Religion ging dann mit den griechischen Erlösungsmysterien, mit den kleinasiatischen und ägyptischen Heilandslehren, mit römischer Organisation und griechischer Philosophie einen Bund ein und wurde zur christlichen Kirche. Als diese christliche Kirche nach Germanien kam, da trat sie auf im Vollbesitz kultureller Überlegenheit, sie drängte die germanische Kultur zugleich mit ihren Göttern in den Hintergrund und siegte durch ihre zivilisatorische und geistig-wissenschaftliche Überlegenheit. Ganz ebenso wie die Mission in Afrika noch heute auftritt.

In China trat die Mission nicht einer schwächeren oder weniger entwickelten Kultur gegenüber, aber sie beschränkte sich auch nicht wie die urchristliche Mission auf das rein religiöse Gebiet unter selbstverständlicher Voraussetzung eines gemeinsamen Kulturbesitzes; sondern es entspann sich ein doppelter Kampf: einmal versuchte man, den chinesischen »Götzen« gegenüber den wahren Gott zu verkündigen. Man suchte die armen in Sünden verlorenen Seelen zu retten aus dem Pfuhl ihrer Verderbnis und aus der Hölle, die ihrer harrte. Dabei war es nicht zu vermeiden, daß der Missionar alles Andersartige auch für verwerflich ansah. Die gütigen Heiligen und Helfer, die so mancher bedrängten Seele aus ihrer Not geholfen hatten: die große, gütige, auf alles Menschenleid barmherzig herabschauende Personifikation Amidas, die unter dem Namen Kuanyin ihre Verehrung fand, der treue, tapfere und edle Schütze Kuanti und so viele andere: sie alle wurden nun zu Teufeln gemacht oder als Lehmklöße verhöhnt. Durch viele Predigten wurde die Hölle heiß gemacht, aus der der Glaube an die christliche Dogmatik die armen Seelen dann wieder retten sollte. Dieser Teil der Missionspredigt, an dem sich namentlich von Hause aus ungebildete Missionare gewisser Erweckungssekten nicht genug tun konnten, war freilich der schwerste. Denn in China kennt man Höllen, gegen die alles, was westliche Phantasie an Schrecken sich ausdenken konnte, nur schwaches Getändel war. Nur in Beziehung auf die Ewigkeit freilich ist die christliche Hölle von größerer Bosheit, denn auch die schrecklichsten chinesischen Höllen nehmen doch einmal ein Ende, und eine neue Geburt im Kreislauf des Lebens gibt neue Erlösungsmöglichkeiten.

Eine weitere Schwierigkeit der religiösen Auseinandersetzung erwuchs daraus, daß die Missionare namentlich in früheren Zeiten das Disputieren und Widerlegen heidnischer Irrtümer für eine Hauptaufgabe hielten. So wurden denn mühsam an Konfuzius allerlei Fehler und Sünden und Unvollkommenheiten aufgesucht. Man wollte ihn und seine Lehren ebenso wie die anderen Religionen Chinas diskreditieren. Das Fundament der chinesischen Ethik, die Kindesehrfurcht, wurde angetastet. Das Höchste, was man in China an Pflichten kannte, die Verehrung der Ahnen, wurde als Götzendienst gebrandmarkt. Nicht alle Missionare haben in dieser Richtung gewirkt; aber es läßt sich nicht leugnen, daß namentlich in den ersten Zeiten der evangelischen Mission von Missionaren, die zu Hause in ihrer Heimat oft eine recht niedrige gesellschaftliche Stellung eingenommen hatten, diese Art der Missionspredigt sehr eifrig gepflegt wurde. Je geringer die eigene Bildungshöhe war, desto unbefangener und naiver war die Verachtung aller »heidnischen« Gebräuche.

Es ist kein Wunder, daß durch diese Missionsmethoden viele Konflikte erwuchsen. Der gebildete Teil der chinesischen Bevölkerung empfand diese Predigten als Anmaßung: die Missionare als Gäste auf chinesischem Boden scheuten sich nicht, das Heiligste und Höchste, was der Volksseele teuer war, ohne provoziert worden zu sein, in den Staub zu ziehen. Alles, was höchste Weisheit und Güte der Heiligen der alten Zeit mühsam aufgebaut, sollte mutwillig vernichtet werden. Das war man nicht gewillt zu dulden. Manche Christenverfolgungen sind aus diesem Grund entstanden.

Mancher fromme Missionar hatte in der Einfältigkeit seines Herzens keine Ahnung, wie er der Macht des Evangeliums selbst in den Weg trat, wenn er z. B. auf dem Klappenhorn blasend für chinesische Ohren abscheuliche Musik machte, um die Besucher eines Marktes anzulocken, und ihnen dann in seiner Predigt Rettung anbot, nachdem er alles, was seit Jahrtausenden heilig war, verdammt hatte. Ich erinnere mich noch, wie überrascht ein Missionar war über die satanische Verstockung der Chinesen, als er auf einem Markt, wo er das Klappenhorn in dieser Weise blies, erst Gelächter und Scherzreden zu hören hatte, denen dann noch einzelne Steinwürfe zu folgen drohten, vor denen er mitsamt seinem Klappenhorn über eine Mauer flüchten mußte, um die Christenverfolgung nicht, wie er befürchtete, mit seinem Blutvergießen enden zu sehen. Oder was mußten die Chinesen z. B. denken, als eine einzelstehende Missionarin, die im Lauf einiger Wochen kaum ein paar Worte Chinesisch gelernt hatte, auf ihre erste Missionsreise ins Innere ging, allen Männern, denen sie begegnete, auf die Schulter klopfte und sagte: »Gott liebt dich, ich liebe dich auch«. Nur der beispiellosen Wohlerzogenheit der Chinesen, der Reizlosigkeit der Sprecherin und dem verborgenen Schutz, unter dem ein einfältig reines Gemüt steht, war es zu verdanken, daß ihr keine Unannehmlichkeiten widerfuhren. Gerade die wohlmeinenden, begeisterten, einzelstehenden Missionsschwestern, die sich dann freilich, soweit sie einigermaßen jugendlich sind, sehr bald auf dem Missionsfeld mit jüngeren Brüdern zu verheiraten pflegen, sind bei all ihrem guten Willen und wertvollen Liebesdiensten, die sie mit rührender Hingebung leisten, soweit ihnen der Takt fehlt, eine schwere Belastung des Missionsbetriebs in China. Denn es widerspricht dem chinesischen Volksempfinden, daß ein einzelstehendes junges Mädchen öffentlich predigend auftritt. Wo dagegen gebildete junge Damen ihre Wirksamkeit auf die Frauen- und Mädchenwelt beschränken, haben sie stets viel Dankbarkeit und Anhänglichkeit erfahren.

Ein weiteres Missionshemmnis in China ist der große Abstand, der in der Christenheit zwischen Theorie und Praxis klafft. Ein chinesischer Christ erzählt aus seinem Leben eine Geschichte, wie er zum erstenmal mit dem Christentum in Berührung gekommen sei. Ein Missionar habe auf einem Markt vor einer großen Volksmenge über die Gebote der Nächstenliebe gepredigt, daß man die andere Wange hinhalten solle, wenn man einen Schlag auf die eine erhalte, daß man einem auch den Rock lassen solle, wenn einer den Mantel nehme, und dergleichen mehr. Das erinnerte ganz an alte chinesische Heilige, von denen ein Meister zu seinem Schüler sagte: »Was tust du, wenn einer dir ins Gesicht spuckt?« Der Schüler erwiderte: »Ich wische es einfach ab.« Der Meister sprach: »Auch das ist noch nicht genug, denn auch dadurch könntest du weiterhin seinen Zorn vermehren, statt ihn zu besiegen. Laß es trocknen und kümmere dich nicht darum.«

Der Mann wollte nun sehen, ob es dem Missionar wirklich ernst mit seiner Lehre sei. Er trat auf ihn zu und nahm ihm kurz entschlossen den kleinen Tisch weg, den er vor sich stehen hatte. Da sei aber der vorher so sanfte Missionar böse geworden. Während er vorher einen salbungsvollen Ton gehabt, habe er jetzt plötzlich eine ganz natürliche, fast schreiende Stimme bekommen, habe das Tischchen an den Beinen gepackt und sei ihm unter Drohungen mit Anklagen vor Gericht und allen möglichen Beschimpfungen nachgelaufen, ohne das Tischchen fahren zu lassen, bis er sich lachend umgedreht habe: »Da hast du dein Tischchen wieder. Ich wollte es nicht rauben. Ich wollte nur sehen, ob es dir wirklich ernst ist mit deiner Predigt. Ich habe nun gesehen, daß es nur leere Worte waren und begehre nichts weiter.«

Der Mann ist später doch Christ geworden. Aber daraus folgt nicht, daß solche Dinge nicht schaden. So hat der Völkerhaß, der sich während des Weltkriegs und danach gerade auch unter den Vertretern des Christentums gezeigt hatte, ungemein stark nicht nur die Neigung, sondern auch die Achtung für die christlichen Völker und ihre Vertreter herabgesetzt.

Denn es war doch so, daß nicht nur englische, sondern selbst amerikanische Missionare, die damals noch nicht in den Krieg gegen Deutschland eingetreten waren, die Predigt des Evangeliums aufgaben und statt dessen Kulis anwarben für die Schlachtfelder in Westeuropa. Der »Culi-trade« (Menschenhandel), wie die Sache ganz offen in der Mission genannt wurde, galt auch bei den übrigen Missionaren durchaus nicht als irgendwie belastend. Er brachte den Beteiligten gute Einnahmen und schien ein gutes Werk zu sein. Selbst als einzelne chinesische Mütter die Seelen ihrer Söhne von den Missionaren zurückforderten, die sie unter Vorspiegelung falscher Tatsachen – daß sie nämlich nicht auf den Kriegsschauplatz kämen und keine Lebensgefahr befürchten müßten – in den Krieg gelockt hatten, und die auf dem westlichen Kriegsschauplatz gefallen waren, wurde das Gewissen dieser Art von Missionaren nicht belastet; denn sie waren vollkommen im Nationalhaß untergegangen. Wie harmlos und selbstverständlich diese Missionare sich der Unterstützung des großen Menschenmordes befleißigten, geht daraus hervor, daß ein solcher Missionar in Tsingtau bei einer deutschen Mission eine Wohnung zu mieten wünschte, um sein Geschäft im Kulihandel besser betreiben zu können, und höchlich erstaunt war, daß er diese Wohnung nicht bekam, obwohl er doch eine recht gute Summe dafür gezahlt hätte. Durch solchen empörenden Hohn auf ihren Beruf zur Verbreitung christlicher Nächstenliebe haben diese geschäftstüchtigen Missionare der Verbreitung des Christentums in China mehr geschadet als mit vielen Millionen amerikanischen Geldes wieder gut gemacht werden kann. Wie schon im Kapitel über die Räuber erwähnt wurde, haben die Fremden in China inzwischen auch praktische Erfahrungen darüber gemacht, wie rasch dieser Kulihandel seine Früchte trug. All die christentumsfeindlichen Bewegungen in der modernen chinesischen Jugend haben ihren letzten Grund in dieser Lüge.

Doch sehen wir von solchen Auswüchsen ab, da es doch zu allen Zeiten unter allen Nationen auch Missionare gegeben hat, die ihrer Überzeugung entsprechend liebevoll und fromm lebten und wirkten. Freilich finden wir solche Idealgestalten in den früheren Zeiten der Mission häufiger. Damals war die Missionsarbeit noch nicht so sehr mechanisiert wie später. Die Persönlichkeit galt mehr als das System. Da sind unter den deutschen Missionaren Persönlichkeiten wie D. Faber, der die ganze chinesische Literatur durcharbeitete, um eine wirklich gründliche Auseinandersetzung zwischen der chinesischen und der christlichen Weltanschauung zu ermöglichen, wie der Basler Missionar Lechler, der in praktischer Liebesarbeit unter den Hakkas in der Kantonprovinz durch ihre Ansiedlung in Hongkong ganz neue Wege für die Entwicklung dieses Platzes eröffnete, und viele andere, deren Nennung zu weit führen würde. Von der katholischen Mission, ihren Methoden und Erfolgen wird weiter unten die Rede sein.

Auch unter den englischen und amerikanischen Missionaren habe ich manche tüchtige Menschen zu guten Freunden gewonnen. Unter den englischen Baptisten fanden sich Persönlichkeiten wie Dr. Jones, der vollkommen den Chinesen ein Chinese geworden war, wie das Ehepaar Couling, von denen jeder Teil in seiner Art eine lebendige und freie Kraft bedeutete, die aber bezeichnenderweise von der Mission abgestoßen wurden, weil sie in den Betrieb nicht paßten. Besonders ragte Timothy Richard hervor, der auf die Ähnlichkeiten zwischen Christentum und Buddhismus den größten Wert legte und durch seine Güte und seine Begeisterungsfähigkeit viele Freunde unter den Chinesen gewann. Unter den amerikanischen Missionaren sind neben einer großen Menge minderwertiger Elemente, die Religion und Geschäftstüchtigkeit in widerlicher Weise verbanden, auch Menschen gewesen wie Dr. Martin, der der erste war, der für den Sinn des chinesischen Ahnendienstes ein gewisses Verständnis zeigte und wegen dieser Ketzerei viel Anfechtungen von seinen orthodoxen Kollegen zu erdulden hatte. Der alte Mateer war das Urbild eines Puritaners vom alten Schlag. Er schuf das erste Lehrbuch der chinesischen Umgangssprache, das die weiteste Verbreitung erlangte und für so manchen jungen Mann das Eingangstor zur chinesischen Sprache wurde. Er war noch von echtem Schrot und Korn und wollte, daß die Verkündigung des Evangeliums frei gehalten werde von aller Verbreitung weltlicher Vorteile. Er duldete nicht, daß in den Missionsschulen unter seiner Leitung fremdsprachlicher Unterricht erteilt wurde, einmal um die christlichen Zöglinge zu bewahren vor den Einflüssen der modernen, freidenkerischen englischen Literatur und dann auch, um sie der Mission zu erhalten. Denn wenn sie nur chinesisch konnten und auch alle westlichen Wissenschaften nur auf chinesisch beherrschten, so blieben sie darauf angewiesen, mit ihren Kenntnissen der Mission zu dienen, und konnten nicht in kaufmännische oder technische Berufe abschwenken. Einen neuen, hochgebildeten Typ repräsentierte Dr. Bergen, der erste Präsident der Tsinanfuer christlichen Universität, die alle protestantischen Bekenntnisse einigen wollte und dadurch bis in die neueste Zeit hinein unter der größten Uneinigkeit litt. Denn man kann sich vorstellen, wie schwer es ist, einen englischen hochkirchlichen Bischof mit einem baptistischen Freimissionar unter einen Hut zu bringen. Kam es doch vor, daß ein solcher Bischof, der mit seinem Diener bei einem presbyterianischen Missionar zu Gaste war, lieber mit dem Diener eine Privatandacht auf seinem Zimmer abhielt, als daß er sich oder den Diener befleckt hätte durch die Teilnahme an der gemeinsamen Hausandacht des Presbyterianers.

Durch diese inneren Schwierigkeiten sind auch die ungezählten Millionen, die namentlich von Amerika her in die Universität gesteckt worden sind, doch nicht so recht zur Wirkung gekommen. Man kann überhaupt sagen, wenn die Amerikaner so reich an Verständnis für das chinesische Wesen wären wie an Geldmitteln, würde China vollkommen amerikanisiert worden sein. Aber es fehlt in diesem Stück gar manches. Wohl ließen sie jeden Diener, den sie engagieren wollten, auf dem Sofa Platz nehmen, aber auf der anderen Seite lebten die Missionare oft in ihren recht komfortabel ausgestatteten Häusern ohne eigentliche Fühlung mit ihren Christen. Ich erinnere mich einer großen, christlichen Versammlung in einer Stadt im Innern. Man hatte eine Anzahl von Vorträgen angehört, dann wurde die Versammlung geschlossen mit der Bemerkung, daß man abends getrennte Gebetsversammlungen veranstalten wolle, die einheimischen Christen in der Kapelle, die fremden Missionare im Haus des Präsidenten. Die Abendgesellschaft fand in großer Toilette statt und war sehr heiter: Pfänderspiele wechselten mit der Erzählung lustiger Geschichten, es fehlte nicht an jenem zarten Liebesspiel, durch das die ledigen Damen der Mission sich jüngere Missionare als Gatten zu gewinnen pflegten. Man war lustig und lachte. Die Gesellschaft war ausgelassen, doch war man weit von einer Orgie entfernt. Aber als einer der jüngeren Herren sagte: »Es ist nur gut, daß die Chinesen drüben nicht sehen können, wie wir beten«, da stieg die Heiterkeit auf ihren Gipfel.

In derselben Mission kam es übrigens vor, daß in einer Gebetsversammlung ausländische und einheimische Christen gemeinsam für die Bekehrung eines älteren, wissenschaftlich und religiös sehr hochstehenden Missionars beteten, der an dem Laster litt, daß er zuweilen eine

Pfeife rauchte und auch bei besonderen Anlässen ein wenig Wein für seinen Magen nahm. Das aber galt für schwere sittliche Gefährdung, wie denn in der ganzen Missionspraxis die beiden Gebote: »Du sollst nicht rauchen« und »Du sollst nicht Alkohol trinken« an die Stelle des früheren zehnten Gebotes getreten sind. Das geht so weit, daß man beim Abendmahl, das früher mit chinesischem Reiswein gefeiert wurde, jetzt amerikanischen Traubensaft verwendet. Überhaupt wird die christliche Moral viel mehr in einzelnen kasuistisch bestimmten Handlungen und Unterlassungen gesehen, als in einer großen und starken Gesinnung. So ist z. B. die Vielweiberei ein Grund dafür, daß man nach den Begriffen vieler Missionare der ewigen Seligkeit verlustig geht. Wenn also ein alter Mann in patriarchalischer Weise neben seiner Frau eine oder zwei Dienerinnen hat, die ihm Kinder geboren haben und die mit den übrigen Familienmitgliedern in bestem Einvernehmen stehen, so muß entweder die Familienharmonie zerrissen werden, indem die Mutter der Kinder ihren Eltern zurückgeschickt wird und dort in Schmach und Schande ihr Leben zu Ende führen muß, oder muß der Mann dauernd gewärtig sein, der ewigen Seligkeit verlustig zu gehen, wenn er sich nicht etwa rasch vor seinem Tod noch eine Nottaufe geben lassen kann. Was freilich die Erzväter Abraham und Jakob machen, die doch in derselben Lage waren, ist namentlich deshalb sehr schwer zu sagen, weil das Alte Testament gerade für die Presbyterianer als Gotteswort unbedingt gilt.

Ebenso ist es den Chinesen nur sehr schwer klar zu machen, warum man auf die Gräber der Ahnen zwar Kränze legen darf, aber keinen Weihrauch dabei anzünden, warum die schwarze Trauerfarbe Gott wohlgefälliger ist als der farblose Sack, den die früheren Geschlechter getragen, warum das Reich Gottes eine Demokratie ist, wenn doch Christus herrschen wird – und jedem Durchschnittsamerikaner gilt es ja als Axiom, daß allein die Demokratie eine Gott wohlgefällige Staatsform ist – kurzum, warum die westlichen Sitten unbedingt ein Bestandteil der Religion sein sollen.

Ein weiteres, sehr schweres Missionsproblem ist es, daß man vielfach Zivilisation und Religion vermengt hat. Die Religion hat es letzten Endes nur zu tun mit dem Verhältnis der Seele zu Gott und in zweiter Linie mit dem Verhältnis des Menschen zu seinen Nächsten. Sie hat aber nichts zu schaffen mit Macht und Reichtum, mit Bildung und Besitz, mit Maschinen und Erfindungen. Die Mission hat aber, nachdem die rein religiöse Verkündigung sich nicht als so wirkungsvoll erwiesen hat, wie man erwartet hatte, es nicht vermieden »Fleisch zu ihrem Arm zu machen«, d. h. alle diese Dinge mit in den Kreis ihrer Tätigkeit einzubeziehen. Es wurde als Beweis für die Wahrheit des Christentums verkündet, daß die christlichen Staaten, je christlicher sie seien, desto zivilisierter, mächtiger und reicher seien. Man predigte über das vorzügliche Schulwesen in Europa, über die treffliche Polizei, die Stärke des Landheeres und der Flotten, die Idiotenhäuser und Irrenanstalten, die Reinlichkeit der Straßen, das elektrische Licht und die Maschinen. Kurz, man malte ein paradiesisches Bild der westlichen Verhältnisse als Folge des Christentums. Über die Wohnungsnot und die Großstadtspelunken, das Arbeiterelend und die Gemütsverarmung sprach man in diesem Zusammenhang nicht.

Das alles geschah zum größten Teil im besten Glauben. Man war ganz naiv seiner eigenen Überlegenheit so sicher, daß man auf Schritt und Tritt die Erlösungsbedürftigkeit der armen Heiden erkannte, wenn man sie in ihren ärmlichen Verhältnissen nicht nur nicht unzufrieden, sondern gar voll inneren Friedens sah, wenn man die kleinen Kinder in der Sommerhitze nackt oder mit roten Bauchschürzen sich auf der Straße tummeln sah. Das alles war hauptsächlich vor dem Weltkrieg, der in seinem schreienden Widerspruch zu dem früheren Kulturflötengetön eher ein Hemmnis für die Mission bedeutete. Trotzdem berief ein Missionar der alten Schule auch nach dem Krieg noch eine Versammlung ein mit dem Thema: »Welche Religion ist am besten geeignet, einen Staat reich und mächtig zu machen?« Er mußte sich dabei freilich sagen lassen: »Als unser verehrter Meister Mongtse einst zu dem König Hui von Liang kam, fragte ihn dieser: da Euch tausend Meilen nicht zu weit gewesen sind, um an meinen Hof zu kommen, so habt Ihr sicher einen Rat, der meinem Staate nützen kann. Mongtse aber erwiderte: Nicht also, o König! Wer auf Nutzen aus ist, verdirbt den Staat. Trachtet am ersten nach Liebe und Pflicht, so wird Euch der Nutzen von selber zufallen. Nun sind Sie, Herr Missionar, viele tausend Meilen weit hergekommen, um unserem Reich Ratschläge zu Macht und Reichtum darzubieten. Ist das nicht gerade das Gegenteil von dem, was Mongtse tat, als er vor den König Hui von Liang trat?«...

Wenn die Verschiedenheit der kulturellen Umgebungen dem Missionar, je naiver er war, desto mehr ein überhebliches Selbstbewußtsein den Chinesen gegenüber gab, so war er auf der anderen Seite vielfach die Ursache von übel wollenden Verleumdungen der chinesischen Kultur in Europa. Solange die hochgebildeten jesuitischen Missionare in Peking lebten und sich mit der chinesischen Philosophie beschäftigten, stand China in Europa zum beiderseitigen Vorteil im besten Ruf. Seit aber die Mission auf ein niedrigeres Niveau sank und seit andere Fremde nach China kamen, mit anderen Zwecken, kam China auf einmal in schlechte Beleuchtung. Es wurden Lügen verbreitet, daß die Chinesen Regenwürmer und faule Eier äßen, daß sie von unmenschlicher Grausamkeit seien, daß sie die neugeborenen Mädchen schlachten. Man suchte nach Sonderbarkeiten in ihren Sitten: der Zopf, der früher höchstwahrscheinlich von China nach Europa eingeführt wurde, galt als Zeichen der Rückständigkeit. Daß die Frauen ihre Füße schnürten statt der Hüften, galt als entsetzliche Perversität. Daß Mißernten und Hungersnöte vorkamen, galt als mangelnde Staatsweisheit. Das Fehlen der Chirurgie galt als schwere Rückständigkeit. Kurz, alles was anders war, war schlecht. Es gibt wohl außer den Deutschen kaum ein Volk in der Welt, das in den letzten Jahrzehnten in der öffentlichen Meinung so verkannt worden wäre wie die Chinesen. Gewiß haben daran die Weltreisenden, die vor allem Seltsamkeiten erzählen wollten und sich auf diesem sensationellen Gebiet die Zügel schießen ließen, einen großen Anteil. Aber auch die Mission hat einen großen Teil von Schuld. Sie brauchte Mittel für ihren Betrieb und mußte darum die öffentliche Meinung mobil machen. Seit der Taufbefehl im Matthäusevangelium und das Erbarmen mit den armen Seelen, die der Verdammnis entrissen werden sollen, nicht mehr genügend als Motive der Gebefreudigkeit wirkten, sah sich die Mission genötigt, an das Mitleid mit körperlichen Nöten zu appellieren. Krankheiten und Notstände wurden zu Propagandamitteln gemacht. Die Nacht des Heidentums wurde so schwarz wie möglich gemalt, um die Wichtigkeit der Mission ins rechte Licht treten zu lassen. Das Bedürfnis nach Anekdoten war größer als der verfügbare Vorrat. So scheute man vor Fälschungen nicht zurück. Alles in allem war dann die Wirkung die, daß man China in Europa verachtete mit einem Gemisch von Abscheu und Grauen, obwohl China das gastfreieste Land auf Erden ist, wo es anständigen Fremden so wohl wird wie kaum in einem anderen Land.

Fragen wir nun nach den Erfolgen der Missionstätigkeit. Sie sind verschieden, je nach den Persönlichkeiten und den von ihnen angewandten Methoden. Es ist klar, daß, wenn ein noch so wohlmeinender Mann von beschränktem Gesichtskreis in ein hochkultiviertes Land wie China kommt und damit beginnt, die ganze jahrtausendealte Kultur in Frage zu stellen und als Teufelswerk zu bezeichnen, er keinen Anhang unter den geistig hochstehenden Schichten finden wird. So waren es denn zunächst meist Menschen, die innerhalb des chinesischen Kulturzusammenhangs zu den Ausgestoßenen gehörten, die sich der Mission anschlossen. Die Mission bot finanzielle Vorteile, sie gewährte freie Verpflegung und Unterricht an ihre Zöglinge, oft bekamen die Eltern sogar noch eine Entschädigung, wenn sie ihre Kinder in die Missionsanstalten schickten. Auf diese Weise lassen sich überall Proselyten machen! Man kaufte kleine Mädchen auf, die von heruntergekommenen Eltern verstoßen waren. Man richtete Findelhäuser ein, in denen die kleinen Mädchen ernährt, gekleidet, erzogen und verheiratet wurden, und bald wurden diese Findelhäuser zu einem beliebten Versorgungsmittel für die Mädchen mittelloser Eltern. Als Prediger und Evangelisten fanden Gelehrte oft zweifelhafter Güte eine wenn auch recht dürftig bezahlte Anstellung. – Diese »Lehrer« bekamen in der Regel geringere Gehälter als ein Koch oder eine Kinderfrau. – Ferner mischte sich die Mission – oft im besten Glauben – in die Prozeßangelegenheiten ihrer Konvertiten ein. Diese wußten oft als Christenverfolgungen hinzustellen, was in Wirklichkeit Erpressungsversuche auf ihrer Seite waren. Der Missionar aber benutzte in der Unkenntnis des Tatbestandes seine Stellung als Fremder, hinter dem die Macht der fremden Kanonenboote stand, um die Lokalbeamten zu zwingen, gegen ihr besseres Wissen dcm christlichen Teil recht zu geben. Das alles wirkte anziehend auf zweifelhafte Elemente in der Bevölkerung.

Bekannt ist, wie die Gewalttätigkeit des Bischofs Anzer mit ein Anlaß wurde zu der sogenannten Boxerbewegung. Sein Nachfolger, Bischof Henninghaus, eine feine und friedliebende Persönlichkeit von echt christlichem Charakter, genießt allgemeine Hochachtung unter den Chinesen, mit denen er in Berührung kommt.

Unmittelbar nach dem Zusammenbruch der Boxerbewegung wurde die Sache noch schlimmer. Ein schwedischer Baptistenmissionar, früherer Zimmermaler und Matrose, der in einer Seemannskneipe bekehrt worden war, ging umher wie ein brüllender Löwe. Er sammelte Gelder bei allen reichen Leuten der Gegend, die ihm irgendwie als der Begünstigung des Boxertums verdächtig bekannt waren. Weigerten sie sich zu bezahlen, so drohte er mit Denunziation. Auch nahm er alle anrüchigen Prozesse auf und focht sie vor dem Ortsvorsteher durch. Dadurch kam die schwedische Baptistenmission, die unter der milden und vorsichtigen Leitung seines gütigen Vorgängers kaum Erfolge erzielt hatte, zu einer raschen Scheinblüte. Später ist er rückfällig geworden, trank Rotwein und verkaufte Mongolenpferde an die Truppen der Strafexpedition.

Aber nicht nur solche Abenteurer haben oft großes Unrecht an der chinesischen Bevölkerung getan. Ich war Zeuge folgenden Vorfalls. Ein wirklich christlich und vornehm denkender amerikanischer Missionar erzählte mir von einer Christenverfolgung in einem Dorf, das auch mir bekannt war. Ich kannte den Kreisbeamten und erwähnte ihm gegenüber den Fall. Er hatte schon alles genau untersucht, und die Akten waren abgeschlossen. Es handelte sich um den Versuch einiger Ortsangehöriger, ein öffentliches Grundstück privatim mit Beschlag zu belegen, und als sie dabei auf Widerstand trafen, wandten sie sich an die Mission, wurden Christen und suchten den Missionar für den Fall zu interessieren, den sie als einen Raub der nichtchristlichen Bevölkerung darstellten. Der Beamte erklärte sich bereit, dem Missionar Einblick in die Akten zu gewähren. Als ich meinem Freunde diesen Tatbestand mitteilte, war er sehr enttäuscht. Er verhehlte mir nicht, daß er mich für betrogen hielt, und glaubte fest an die Unschuld seiner Christen. Immerhin ließ er sich bewegen, die Sache noch einmal an Ort und Stelle zu untersuchen. Er kam zurück und war empört. »Jeden einzelnen von meinen Christen möchte ich ohrfeigen«, sagte er, »sie haben mich alle hintergangen«. – Das war ein Fall, in dem ein besonders wohlgesinnter Missionar durch ein Zusammentreffen besonders günstiger Umstände aufgeklärt wurde. Wie viele Fälle mögen vorgekommen sein, wo das nicht der Fall war?

Ich selbst wurde einmal im Innern gefragt, wieviel der Eintritt in die evangelische Kirche koste. Als ich den Mann erstaunt fragte, was er meine, sagte er, er sei in Verlegenheit, weil er einen Prozeß hängen habe, und müsse in eine Kirche eintreten; er sei sich aber noch nicht klar, ob er in die Jesu Kiao (evangelische Kirche) oder die T'iäntschu Kiao (Himmelsherrn Kirche – katholische Kirche) oder die T'iälu Kiao (Eisenbahn Kirche) eintreten wolle. Er werde wohl die Eisenbahnkirche vorziehen, sie sei zwar etwas teurer als die anderen, aber auf der anderen Seite gehe sie auch viel rücksichtsloser vor (damals wurde in Schantung die Eisenbahn von Tsingtau nach Tsinanfu gebaut). Das zeigt die Gesinnung jener Kreise.

Natürlich kam auf diese Weise weder das chinesische Volk noch die Mission zur Ruhe. Es war ein Circulus vitiosus. Der Missionar bedrängte den Beamten zugunsten seiner Christen und drohte mit Kanonenbooten oder sonstigen diplomatischen Eingriffen. Der Beamte gab nach und drückte auf die Bevölkerung, daß die Christen recht behielten. Die Bevölkerung endlich brach, wenn sich die Mißhandlungen gehäuft harten, in irgendeinem lokalen Aufstand los, brannte die Missionsstationen nieder und schlug wohl auch einen Missionar tot. Dann griffen die fremden Mächte ein, entsandten Kanonenboote, führten Sanktionen durch – die Besetzung Tsingtaus war z. B. eine solche Sanktion –, und die Dinge begannen wieder von vorne.

Gewiß waren nicht immer die Christen die allein Schuldigen. Aber das ganze System war zu verurteilen. Der Apostel Paulus wurde geprügelt, eingesperrt, gesteinigt, ohne daß irgendeine Macht ihn gerächt hätte. Aber indem die Mission weltlichen Schutz verlangte und oft mehr davon erhielt, als sie verlangt hatte, kam die ganze Frage in falsches Fahrwasser. Wenn man noch dazu bedenkt, daß die Missionare infolge einer Fälschung des Tschifu-Abkommens zwischen Frankreich und China, die nachher von allen übrigen Mächten ebenfalls als zu Recht bestehend für ihre Staatangehörigen beansprucht wurde, das Recht erlangt hatten, überall in China sich niederzulassen, Eigentum zu erwerben und ihre Tätigkeit zu entfalten, so versteht man noch besser den tiefgehenden Unwillen des chinesischen Volkes gegen die Mission, der sich gegenwärtig in den antireligiösen Demonstrationen Luft macht.

Besonders gefährlich wurde die Lage, als um die Wende des Jahrhunderts der Amerikaner Mott auf den abstrusen Gedanken kam, daß die Welt im Lauf dieser Generation evangelisiert werden müsse. In der chinesischen Mission der Amerikaner und Engländer wirkte dieser Gedanke ansteckend. Die Jahrhundertfeier evangelischer Mission stand bevor. Man wollte sie damit begehen, daß die Zahl der fremden Missionare verdoppelt würde. Gebetsversammlungen drängten einander. Man verbreitete die Parole, daß ein junger Mann zu Hause sich nicht mehr fragen dürfe, ob er einen Beruf zur Mission habe, sondern ob er einen triftigen Grund habe, in der Heimat bleiben zu dürfen. Der liebe Gott wurde mit Massenversammlungen förmlich bedroht, diese Verdoppelung des Missionsstabs durchzuführen. Er hat es nicht getan. Als die Jahrhundertfeier herankam, war trotz all der fanatischen Gebetsorgien die Zahl der Missionare weit davon entfernt, sich verdoppelt zu haben. Nun aber kam die große Lüge. Man hätte sich darüber besinnen müssen, warum Gott diese Gebete nicht erhörte, und vielleicht hätte die so erworbene Erkenntnis zur Vernunft geführt. Aber weit gefehlt! Man ließ die Frage einfach fallen, und obgleich man sozusagen den ganzen Glauben von der Gewährung der Bitte abhängig gemacht hatte, tat man jetzt gar nicht mehr, als ob je so etwas versucht worden wäre. Natürlich fuhr man fort, weiterhin in Zahlenrausch und Organisation zu schwelgen, und die Statistik hat nirgends verwüstender auf die heimischen Kreise gewirkt als in der Mission. Was da alles unter dem Titel »Christ« mitgeführt wurde, geht wirklich sehr weit. Und es kamen durch diesen Massenbetrieb eine Menge von ungeeigneten Elementen als Missionare nach China, denen der heilige Ernst der früheren Generationen vollkommen fehlte, die die Mission und die häufig damit verbundene kaufmännische Agentur als ein Geschäft ansahen wie andere mehr und die ihre Zeit mit Versammlungen, Ferienaufenthalten und Komiteesitzungen verbrachten. Auf einer Konferenz wurde einmal zur allgemeinen Erheiterung festgestellt, daß ein Missionar, der gewissenhaft alle derartigen Versammlungen mitmachen wollte, höchstens noch einen Monat für seine eigentliche Missionstätigkeit Zeit habe. So war es denn kein Wunder, daß ein großer Teil der Missionare bei Ausbruch des Krieges zu Agenten des Kulihandels wurde.

Daß die deutsche Mission schon aus Geldmangel sich an diesem Treiben nicht beteiligte, sei ausdrücklich hervorgehoben. Ebenso darf man nicht vergessen, daß außer diesem ungeeigneten Menschenmaterial zu allen Zeiten auch gebildete und edle Menschen in der Arbeit standen. Besonders hervorzuheben ist in dieser Hinsicht die Tätigkeit der verschiedenen amerikanischen, englischen und schwedischen Universitätsmissionen. Hier wurde in freiem und verständnisvollem Geist wertvolle, christliche Unterrichts- und Erziehungsarbeit geleistet, wie denn überhaupt namentlich seit der Revolution in China, die das Christentum zur vollberechtigten Religion machte, die Mißstände der Kanonenbootpoktik zurücktraten und an die Stelle einer mechanischen Predigertätigkeit immer mehr eine intelligente Schultätigkeit trat, die durch Hospitaltätigkeit unterstützt und ergänzt wurde.

Ebenso wäre es ein Unrecht, wenn man von den chinesischen Christen behaupten wollte, daß nur minderwertige Elemente aus unsachlichen Motiven sich dem Christentum zugewandt haben. Im Gegenteil, es finden sich unter den Christen auch eine große Zahl von tief religiös veranlagten Persönlichkeiten, die sich der Lehre Christi anschlossen und sie zu verwirklichen suchen in ihrem Leben: Angehörige früherer Geheimsekten, die nach Erlangung des ewigen Lebens suchten, mündeten in die christliche Kirche ein. Junge, westlich gebildete Leute nahmen mit der westlichen Kultur zusammen auch die Religion an, die ihre Grundlage bildet. So findet sich heute in China eine einheimische christliche Gemeinschaft, die im öffentlichen Leben eine bedeutende Rolle spielt, der nicht nur Sun Yat Sen und Feng Yü Hsiang, sondern auch andere bedeutende Führer Jung-Chinas angehören. Aber ähnlich wie Sundar Singh in Indien zwar Christ ist, aber sich über den europäischen Abfall vom wahren Christentum entsetzt, so macht sich auch die einheimische chinesische Kirche von den falschen Einflüssen der Mission immer mehr frei. Sie sorgt für ihre finanzielle Selbständigkeit und hat z. B. während des Krieges sich ganz überwiegend von der Verhetzung durch die Missionare freigehalten. Es ist mir wiederholt ausgesprochen worden, daß die chinesischen Christen Evangelium hören wollen und keine nationale Propaganda für eine der in Europa kämpfenden Parteien. So hat man in der chinesischen Kirche den Krieg zum großen Teil als einen schweren Abfall von den Prinzipien des wahren Christentums empfunden.

Hand in Hand mit der Verselbständigung gegenüber den fremden Missionsgesellschaften geht ein engerer Anschluß an die Volksgenossen. Die chinesische Kirche ist heute nicht mehr eine Körperschaft, die dem chinesischen Volk in seiner Mehrheit fremd und feindlich gegenüber steht, sondern sie beteiligt sich aktiv und produktiv am allgemeinen Leben. Ebenso schließen sich Christen gegenseitig aneinander an. Das Christentum wurde nach China gebracht in einer Unzahl von verschiedenen Sekten und Denominationen, die sich untereinander bekämpften und verketzerten. Was sind unter den Missionaren für Kämpfe geführt worden über die richtige Übersetzung des Ausdrucks »Gott«, über verschiedene kirchliche Sitten und Gebräuche! Die Wut, die die Kämpfer beseelte und entzweite, stand in nichts hinter der heimischen Rabies Theologorum zurück. Aber diese Differenzen interessierten die Chinesen weniger. Man sah auf das Gemeinsame, man duldete gegenseitig das Besondere; manches Trennende, das in Europa als historische Last mitgeschleppt wird, verflüchtigte sich: so kam man zu einer einheitlichen chinesischen Kirche, die über die Unterschiede der Missionare kühn hinweg geht. Auch zwischen Protestanten und Katholiken überwindet das Gefühl der Gemeinsamkeit christlichen Glaubens die trennenden Momente. –

Im bisherigen wurde versucht, möglichst objektiv die Tatsachen der Missionstätigkeit, soweit sie für mich Erlebnis geworden sind, zur Darstellung zu bringen, wobei nach der Lage der Dinge vorwiegend die evangelische Mission sich in meinem Gesichtskreise befand. Es erübrigt nun noch die Frage nach der Berechtigung der Mission und ihre Beurteilung vom letzten kulturgeschichtlichen Standpunkt aus.

Die Mission ist eine Erscheinung, die in der modernen Zeit die Bedeutung hat, die im Mittelalter den Kreuzzügen zukam. Die Kreuzzüge wurden unternommen in der Überzeugung: »Gott will es!« Wir stehen heute der Frage anders gegenüber als die begeisterten Kreuzfahrer des Mittelalters. Aber wir verstehen die Kreuzzüge als eine historische Tatsache, als ein Überschäumen des expansiven Dranges einer aufsteigenden Kultur. Wir wissen, daß ihre Folgen ganz andere wurden, als beabsichtigt war. Das heilige Land wurde nicht christlicher Dauerbesitz, der Islam wurde nicht vernichtet, das türkische Weltreich nicht zerstört. Insofern waren also die Kreuzzüge nicht gottgewollt. Aber dennoch hatten sie bedeutende Wirkungen. Das Hochkommen der Gotik, dieser höchsten und reifsten Leistung der mittelalterlichen Kultur wäre nicht möglich gewesen, ohne die Befruchtung westlichen Geistes durch die Auseinandersetzung mit dem Orient, durch die Erlebnisse neuer Eindrücke fernen Weltendrangs. Auch auf den Islam wurde ein mächtiger Einfluß ausgeübt. So sehen wir in den Kreuzzügen eine historische Notwendigkeit, entsprungen aus dem tiefen Unterbewußtsein der mittelalterlich europäischen Seele, die eine neue Befruchtung brauchte, um das Höchste zu gebären, dessen sie fähig war.

Genau so verhält es sich mit der Mission. Auch die Mission wurde unternommen in der Überzeugung: »Gott will es!« Aber wie die Kreuzzüge in Palästina, so kam auch die Mission in China an einen toten Punkt, insofern, als nicht anzunehmen ist, daß China jemals als Ganzes einer christlichen Kirche angehören wird. Die kirchliche Ausprägung der Lehre Jesu hat eben nur eine beschränkte Stoßkraft. Es gibt andere Formen wie das Judentum, den Islam, den Hinduismus, den Buddhismus, den Konfuzianismus, denen gegenüber ihre Kraft als kirchliche Institution nicht ausreicht, während die Lebensmächte und großen Gedanken, die sich in Jesus gezeigt haben, viel weiter wirken als die Kirchen, die heute seinen Namen tragen.

Wie bei den Kreuzzügen floß auch durch die Mission ungewollt eine Menge wertvoller Kulturanregungen nach Europa zurück, wenigstens solange die Mission von geistvollen Menschen betrieben wurde. Die jesuitischen Väter, die zur Zeit des Barocks nach China kamen, waren zum größten Teil Männer großen Formats. Sie wirkten nicht durch die Menge, sondern durch die Qualität der Persönlichkeit. Ihre Namen sind heute noch in China alle bekannt. Sie brachten nicht nur Missionspredigten, sondern die Höhe europäischer Wissenschaft in Mathematik und Astronomie. Sie haben den chinesischen Kalender wieder in Ordnung gebracht, und die astronomische Theorie von Tycho de Brahe, die sie verbreiteten, ist in China für lange Zeit die Grundlage der astronomischen Berechnungen und Anschauungen geblieben. Sie brachten die Früchte europäischer Kunst und Technik. Sie bauten dem Kaiser Schlösser, malten ihm Bilder, gössen ihm Kanonen, ließen seine Taten in Kupferstichen verewigen, kurz, brachten die damalige Kulturform Europas nach China, eine Menge von chinesischen Persönlichkeiten reichten ihnen die Hand, und China empfing wertvolle Anregungen auf kulturellem Gebiet. Schon war der letzte Kaiser der Mingdynastie Christ geworden, schon war auch der Kaiser der Mandschus, der unter der Devise Kanghsi regierte, dem Christentum sehr günstig gesinnt. Wenig fehlte, daß China katholisch geworden wäre. Auch Europa wurde von der chinesischen Kultur beeinflußt. Das ausgehende Barock, das Rokoko, die Aufklärung ist nicht nur durch chinesische Kunstmotive in der Architektur und im Gartenbau, in der Kleinkunst (Porzellan) und Zimmerausstattung, sondern auch in Philosophie und Moral von China stark beeinflußt. Die Jesuiten machten große Teile der chinesischen Literatur durch Übersetzungen zugänglich. Kein geringerer als Leibniz sah die ungeheuren Möglichkeiten, die sich aus einer gegenseitigen Befruchtung Chinas und Europas ergeben würden. Die Physiokraten, die Begründer der Volkswirtschaftslehre, entnahmen ihre wesentlichen Gedanken den Anregungen, die von China herüberkamen. Es war ein reiches Leben, das aus dieser Berührung zweier verschiedenartiger, aber gleichwertiger Kulturen sich zu entwickeln begann.

Die Bewegung wurde damals unterbrochen. Die Jesuiten wurden in ihrer Tätigkeit gestört durch andere Orden, die ihnen folgten und die ihren Weitblick nicht hatten. Streitigkeiten über die Bezeichnung Gottes, über die Bedeutung des Ahnendienstes, über die Methoden der Bekehrung entstanden. Europa mischte sich ein. Die chinesischen Herrscher wandten sich ab. Eine Christenverfolgung entstand, die das ganze Werk vernichtete.

Nun kamen andere Zeiten. Nicht mehr Weisheit und Religion, Kultur und Wissenschaft waren die Schätze, die Europa brachte und mitnahm in fruchtbarem Austausch, sondern man suchte Geld und brachte Waren. Es kam die Zeit des Opiumkriegs, durch den man China gegen seinen Willen europäische Waren aufzwang. Auf den englischen Opiumschiffen sind dann auch die ersten protestantischen Missionare nach China gekommen. Nun folgen lange Jahrzehnte gegenseitiger, traurigster Mißverständnisse. Statt des weiten und freien Geistes der Jesuitenväter kam ein gewaltsamer, enger Geist der materiellen Expansion und kirchlichen Bekehrungseifers. Europa kämpfte mit Kanonen. China suchte sich verzweifelt abzuschließen, aufs tiefste gekränkt durch die rücksichtslose Verletzung alles dessen, was durch die Jahrtausende heilig gewesen war. Schritt für Schritt wurde es durch brutale Gewalt zum Nachgeben gezwungen, auch dazu gezwungen, der Mission immer wieder neue Konzessionen zu machen. So entstand die chinesische Fremdenfeindlichkeit und Ablehnung dessen, was die Eindringlinge als Weltanschauung brachten; denn nach chinesischer Auffassung konnte eine Religion, die solche Früchte der Vergewaltigung zeitigte, unmöglich gut sein. So entstand auch das verzerrte Bild von dem erstarrten, unbeweglichen, Regenwürmer essenden China, das eine Mischung von grotesker Albernheit und perverser Grausamkeit darstellt. An diesem Bild hat die Mission getreulich mitgearbeitet. Die Gründe wurden oben schon gezeigt.

Man muß sich wundern, wie unproduktiv die spätere Mission auf dem Gebiete der Kulturübertragung lange war im Vergleich mit den reichen Wirkungen der alten, katholischen Zeit. Das hängt wohl zum großen Teil mit dem geringeren Bildungsstand der Missionare zusammen, die Kulturwerte gar nicht sahen, wenn sie nicht die gewohnten äußeren Formen zeigten. Es hing ferner damit zusammen, daß die von außen eingedrungenen Missionare zunächst nur mit ungebildeten Teilen des chinesischen Volkes in Berührung kamen, während die mit Ehren empfangenen jesuitischen Väter am Kaiserhof die denkbar beste Gesellschaft von Gelehrten und Künstlern fanden.

Aber wo zwei Kulturen aufeinanderstoßen, da läßt sich auf die Dauer eine geistige Auseinandersetzung nicht vermeiden. Diese Auseinandersetzung hat heute begonnen. Die chinesische Geschichte zeigt in ihrer Entwicklung stets das Bild, daß die in sich ruhende, hochstehende chinesische Kulturwelt von umliegenden Barbaren oder eindringenden Missionaren gestört, beeinflußt und zu neuer Blüte angeregt wurde. Solche Kulturehen, wenn der Ausdruck erlaubt ist, waren stets der Grund für Neugeburt innerhalb des chinesischen Geistes, der dann die Eindringlinge assimilierte und sich angliederte. So ist die alte Kultur der Tschouzeit zurückzuführen auf das Einbrechen patriarchalischer Weststämme in das Gebiet noch vorwiegend patriarchalischen Chinesentums. Diese Verbindung schuf die Grundlagen für alle späteren Zeiten und fand ihre Ausprägung im Konfuzianismus und Taoismus. Die Auseinandersetzung der nordchinesischen Kultur am Huangho mit der südlichen autochthonen Kultur am Yangtse schuf eine neue, unerhörte Blüte im fünften bis dritten vorchristlichen Jahrhundert. Dann kam der Buddhismus, der lange Zeit die besten Köpfe beschäftigte, bis er assimiliert war und die Feinheit und Schönheit der T'ang und Sungzeit als Endergebnis zeitigte. Der Mongoleneinbruch schuf die Mingkultur; die jesuitische Anregung verbunden mit der des Nordstamms der Mandschus, der die Herrschaft errungen hatte, wurde verarbeitet zu der in Europa leider noch viel zu wenig bekannten Kultur der letzten drei Jahrhunderte in China, die ganz deutliche und selbständige Züge zeigt und keineswegs eine bloße Erstarrungs- und Verfallserscheinung ist, wie das in europäischen Lehrbüchern bis zum Überdruß einer gänzlichen Abwesenheit von Sachkenntnis immer wiederholt wird.

Nun kommt die Auseinandersetzung zwischen Orient und Okzident. Diese Auseinandersetzung ist vielleicht die letzte und wichtigste, die die Weltgeschichte bisher geboten hat, eine Synthese nicht nur zweier polar entgegengesetzter Kulturräume, sondern vielleicht auch zweier Menschheitszeiten. Was diese Auseinandersetzung für den Osten und für den Westen bringen wird, können wir zur Zeit noch nicht übersehen. Aber daß es etwas ganz Großes werden wird, ergibt sich schon aus der Spannweite der Gegensätze, die durch die Synthese in Ergänzungen umgewandelt werden sollen.

Fünfzehntes Kapitel. In Chinas Zaubergärten

Reisebilder

1.

Frühling am Westsee

Am Berge ragt die schlanke Felspagode,
Der Pavillon blickt zierlich in den See.
Des Wassers Fläche ist so glatt wie Spiegel,
Und Schäfchenwolken schweben in der Höh.

Schon streiten sich die frühen Oriolen
Um eines Baumes schlank gebogene Äste.
Die Schwalben fliegen emsig dort zum Hause
Und bauen an dem neuen Frühlingsneste.

Die bunten Blumen füllen Tal und Haine
Und durch die Wirrnis klingt's wie Zauberruf.
Das zarte Gras sproßt auf den Wiesenplanen,
Bedeckt nur eben erst der Rosse Huf.

O, unermüdlich muß in solchen Tagen
Ich wandeln an des Sees belebtem Rand.
Die Pappeln geben warme, weiche Schatten,
Darunter leuchtet weiß der Dämme Sand.

Po Kü I

»Oben ist die Himmelshalle, unten gibt es Schutschou und Hangtschou.« In diesem Sprichwort drückt sich der magische Reiz aus, den die Gegenden in der Nähe der Yangtsemündung
in China zu allen Zeiten ausgeübt haben. Jedes Land hat seinen Zaubergarten, wo die Märchen
und Sagen zu Hause sind, wo die Steine leben, und die Wasser reden, wo jeder Zoll der Erde
eine Geschichte zu erzählen weiß. Nennt man das Wort, so hebt es tausend Erinnerungen und
Stimmungen aus dem Unterbewußtsein empor, und wie eine Melodie umfängt es träumerisch
den Sinn. So ist der Rhein der Sagenhort der Deutschen, und Neapel das Ziel der Sehnsucht
Italiens. So wirken auf die Sinne in China die Laute Sutschou und Hangtschou. Eine weiche
Luft umspinnt die Gedanken; Gedichte, Sagen und Märchen beginnen zu wogen, Zeiten der
feinsten und höchsten Blüte tauchen auf. Die schönsten Mädchen sind dort zu Hause. Hier ist
die Erde nicht knapp und streng. Milde spendet sie Nahrung, und das Leben ist frei von dem
Drang der Arbeit ums tägliche Brot. Träumend liegt der Hirtenknabe auf dem breiten Rücken
des Wasserbüffels, während in der Ferne eine Flöte aus dem schilfbewachsenen Ufer eines einsamen Sees herübertönt. Ich vergesse nie, mit welcher Leidenschaft der chinesische Dichter, der
aus Europa zurückkehrte, den kleinen Felsenhügel begrüßt hat, der über die Reisfelder seines
Heimatdorfes aufsteigt, wie er ausbrach beim Anblick der frühlingsgrünenden Felder. »Hier
bin ich geworden. Hier ist die Erde und das Wasser, die meinen Leib bilden, und die mich
einigen mit den vergangenen Geschlechtern der Väter!« So hätte ein Mann aus dem Norden
nicht gesprochen. Hier lebt der Geist des Tschuangtse, der einst seinen berühmten Schmetterlingstraum geträumt.

In alten Sagen wird der Ursprung der Musik erzählt: Die östliche Musik ist entstanden aus
der Klage über ein tragisches Schicksal, die westliche aus Heimweh, die nördliche aus dem Lied
der Mädchen an die Schwalbe, die fortgeflogen. Die Musik des Südens aber entstand aus dem
ersten Liebeslied, das das Mädchen vom Erdhügel, das der große Yü geminnt, gesungen hat,
als sie auf ihren Geliebten wartete, der seine große Arbeit vollbrachte, um die Wasser auf Erden
in ihre Bahnen zu leiten. Dieses Liebeslied ist bezeichnend für die zärtliche Stimmung, die über
Gegend und Menschen liegt. Hier ist das Land, wo die gewaltigen Bilder einer starken Phantasie

in die chinesische Poesie einströmten, ihre strenge Form zerbrachen und in dythirambischen Rhythmen sich ergossen. Hier ist das Land der stillen, hohen Mystik des Einswerdens mit Himmel und Erde, aber auch der radikalen Denker, die sich nicht scheuen, die Konsequenzen ihrer Gedanken zu ziehen, bis in ihre letzten Verzweigungen hinein. Die Menschen sind heiterer, freier, freundlicher als im Norden, aber vielleicht nicht so ernst und fest. Hier schenkt die Natur ihre Blumen und Früchte, Schönheit und Wohlstand sind hier zu Haus.

2.

Am Westsee bei Hangtschou

Im Juli.

Es ist eigentlich ein entsetzlicher Gedanke, ein häßliches Hotel im Schanghaier Mietskasernenstil hier an den Westsee zu setzen. Es ist nicht einmal das einzige. Diese Auswüchse moderner Fremdenindustrie wirken umso geschmackloser, als sie hier unmittelbar sich den Spuren einen hohen Kultur gegenüberfinden. Aber das ist das Los der Stadt am Ts'iänt'ang-Fluß, daß manche Stürme schon über sie hinweggefegt sind: erst der Mongolensturm, der der Märchenherrlichkeit der Sung ein Ende machte, dann der Mandschusturm, der hier eine Garnison der fremden Eroberer stationierte, dann die Revolution der Taipings, die fürchterlich hausten mit Sengen und Brennen, dann die Revolution von 1911, die mit der Mandschustadt ein Ende machte und an ihrer Stelle eine moderne Handelsniederlassung mit breiten modernen Straßen, mit Industrieausstellungen, Kinos und Jünglingsvereinen begründete, die Hotelgesellschaften ins Leben rief und gemeine Backsteinhäuser an den See stellte, wie das »allerneueste Hotel«, in dem uns die Rikschas nach einer beinahe einstündigen Regenfahrt abgesetzt haben. Ein Hotel zweiter Güte, in dem man das pseudoeuropäische Essen bekommt, das hier im Osten üblich ist, und wo Unreinlichkeit mit geschmackloser Einfachheit im Kampf liegt. Das soll nun der Westsee sein, dieses Paradies aller Sagen und Märchen? Es ist entsetzlich. Die Schornsteine der Fabriken dahinten sehen nicht schöner aus als die Schornsteine am Ufer des Rheins, die statt der alten Burgen sich neuerdings in seinen Fluten spiegeln.

Aber wenn man erst durch diese Kruste hindurchzusehen versteht, dann taucht das eigentliche Hangtschou und der eigentliche Westsee doch wieder auf, und man wird umweht von der Luft, die um die Hügel streicht und uns erzählt von Zeiten, die gewesen. Kleine Ruderboote fahren über den See. Ein Baldachin ist darüber gespannt. Man sitzt um einen kleinen Tisch, ißt Melonenkerne und trinkt Tee, während der Ruderer im Takte das Boot durch die flachen Wasser treibt.

Zwei Dichter waren es, die diesen Platz geschaffen: in der T'angzeit Po Kü I, der seine Reize entdeckte, und in der Sungzeit Su Tung P'o, der ein begeisterter Verehrer von Po Kü I war und den See durch einen Dammbau gestaltet und zugänglich gemacht hat. Maler und Dichter haben seitdem immer wieder hier ihren Aufenthalt genommen. Klöster und Pavillons, Pagoden und Gärten umgeben den See und füllen seine Inseln, und Steininschriften aus allen Zeiten verkünden sein Lob.

Wie ein Wallfahrtsort hat der See seine Stationen. Jede Station der Andacht bietet neue Schönheit, und alle Jahreszeiten sind daran beteiligt, das Märchenkleid der acht Bilder dem heiligen See zu weben. Zu den acht Bildern sind dann später noch weitere getreten:

1. Bild. Im Frühling, wenn die hohen Weidenbäume ihr schüchternes Grün entfalten, dann kommen die gelben Oriolen und singen von Hoffnung und Schönheit. Ein leichter Hauch bewegt die Weidenzweige und kräuselt die Frühlingswasser.

2. Bild. Die Blumen drängen sich in buntem Gewühl um eine stille Bucht. Ein Pavillon ist in den See gebaut. Man sitzt und plaudert bei einer Kanne heißen Weines – denn hier ist Chinas Weinland –. Dann blickt man hinunter in das Wasser und sieht die Fische spielen.

3. Bild. Der lange Damm, den der Dichter Su Tung P'o gebaut, zieht durch den See. Der Frühlingsmorgen lockt. Noch liegt die Morgendämmerung über dem See, wenn man auf jenem Damme zwischen den Wassern dem Tag entgegengeht.

4. Bild. Der Abend naht. An der Südwand liegt in Felsen versteckt ein Kloster. Friedlich klingen die einzelnen Schläge der großen Tempelglocke über den See, der Seele rufend aus der Ewigkeit zur Ewigkeit.

5. Bild. Nun kommt der heiße Sommer und brütet über den gelben Wassern, aus deren Schlamm die Lotosblumen schlank und rein emporsteigen. Ein leichter Abendwind trägt den strengen, reinen Duft herüber. Die Lotosblumen in keuscher Reinheit sind nicht beschmutzt von dem Schlamm, aus dem sie hervorkommen. Sie dulden keine Annäherung, aber weithin senden sie ihre Schönheit aus: das Bild des Edlen, der vornehm bleibt auch noch im Schenken.

6. Bild. Herbstklarheit liegt in der Luft. Der See ist ein Spiegel, die Farben des Herbstes stehen bunt und erregen das Gefühl: Abschiedsstille und Ruhe des Sees, Fernblick und Ausblick.

7. Bild. Vom Ufer des Sees ziehen die Berge ins Land hinein. Zwei Gipfel lagern am Horizont, hoch aufragend mit einem Paß in der Mitte. Kommen die Wolken, so fangen sie sich hier im Paß, sie schlingen sich um die Felsen und haften fest, wechselnd und wandelnd sind sie gebannt.

8. Bild. Herbstmondnacht. Man muß sie erlebt haben in diesen milden südlichen Orten, wenn der Vollmond mit unwahrscheinlichem Glanz durch die Stille schwebt, ruhig träumend. Vor der Insel des Su Tung P'o stehen drei kleine Pagoden wie steinerne Laternen im Wasser. Zwischen ihnen, wie durch Zaubermacht herbeigezogen, ist das silberne Siegel des Mondes der dunklen Fläche aufgedrückt.

9. Bild. Hinten am hügeligen Ufer steigt der Donnergipfel bei einem Kloster empor. Dort stand lange Jahrhunderte die trotzige Pagode. Ihre Ziegel waren von Feuer, das sie zerstören sollte, rot gebrannt. Gestrüpp und Bäume wachsen auf ihrer Spitze. Raubvögel flatterten um sie her. Aber sie stand und schützte. Das Abendrot leuchtete vom Himmel und ließ die rote Pagode aufs neue erglühen.

10. Bild. Der Winter kommt. Er ist nicht streng in dieser Gegend. Die Schneeflocken, die des Nachts sich gesammelt und weiße Flocken niederwirbeln ließen, sind beim Anbruch des Morgens längst wieder aufgelöst. Auf der kurzen Brücke, die einst überdacht war von einem Pavillon, haben noch ein paar zarte Schneereste die Nacht überdauert und zerschmelzen funkelnd in der wiederkehrenden Sonne. –

Diese Bilder vom Westsee wurden von den Malern immer wieder gemalt, und tausend Lieder singen von ihnen. Es ist, als sei in ihnen die Landschaft mit ihrem wechselnden Leben in Licht und Jahreszeiten auf die Erde herabgeschwebt. Denn nirgends hat der Mensch so früh wie in China die Landschaft entdeckt als Natur, unabhängig vom Menschen und doch erfüllt mit einem stimmungsvollen starken Leben, das jeder fühlt, der sein eigenes Ich vergessen und hineinhören kann in den großen Zusammenklang von Himmel und Erde.

Dem Westsee folgten andere Seen und Plätze mit ihren Bildern. Von China wanderte dieses Schauen der Natur hinüber nach Japan, wo der Biwasee nun auch seine acht Bilder bekam, und die 38 oder 53 Ansichten der berühmten Landstraße, die durch Japan führt, von Meistern wie Hokusai oder Hiroshige in Holz geschnitten wurden.

Auch andere Dichter lebten in der Nähe des Sees. So der Sungdichter Lin P'u, der als Eremit auf einem Hügel beim See wohnte. Er heiratete nicht, denn die Pflaumenblüte war seine Geliebte, und die Kraniche, die sich um ihn drängten, waren seine Kinder. Unbekümmert um den Ruhm vertraute er seine Gedichte den spielenden Winden an, wenn er sie aufgeschrieben hatte. Seine Freunde fingen manche auf. Hier ist eines davon an seine Geliebte, die Pflaumenblüte.

Alle duft'gen Blumen sind zerflattert,
Du allein bist frisch und hold,
Und ich hab dich liebevollen Sinnes
In mein Gärtchen hergeholt.

Deiner feinen Zweige wirrer Schatten
Auf dem seichten Grunde schwebt,
Blüten duften, Mondesspiegelschwanken
In der Dämmerung heimlich lebt.

Schneeig weiße Reiher nahen spähend
Mit gesenkter Schwinge sich,
Wüßten es die zarten Schmetterlinge,
Grämten sie zu Tode sich.

Glücklich bin ich, daß dir zu gefallen
Ich dies Liedchen ausgedacht.
Nicht begehr ich Goldpokal und Zimbeln
In der selig stillen Nacht.

Ich fuhr auf einem Boot vorbei an der kleinen Insel, die man das Herz des Sees nennt. Dort steht unter dichten Bäumen versteckt ein verlassener Tempel. Dann legte der Schiffer an bei den Lotosgärten von Su Tung P'o. Steinerne Brücken führen zu einem zierlichen Pavillon. Auf den Blättern liegen noch als blitzende Perlen die Regentropfen. Im See stehen drei kleine Pagoden und scheinen auf das Spiegelbild des Monds zu warten, das in ihrer Mitte in der Herbstnacht aufleuchtet. Am anderen Ufer birgt sich in dichtem Hain das buddhistische Kloster, von dem der Weg den stillen Hügel hinaufführt zu der Ruine der Donnerbergpagode. Viele Sagen ranken sich um den trotzigen Bau. Eine böse Fee, die weiße Schlange, liegt darunter gebannt und kann nicht den Menschen schaden, solange der heilige Stein sie gefangen hält. Früher stand auf der Pagode ein Wächterhäuschen. Sie überragte die Gipfel der Nähe, und der Blick zum Meer war frei. Dort konnte man von weitem schon die Seeräuber nahen sehen, die von Japan her der Küste zusteuerten. Durch Fanale wurde die Bevölkerung vor den Räubern gewarnt. Diesen aber war die Pagode leid. Sie beschlossen sie zu vernichten. Sie häuften bei Nacht und Nebel Reisigbüschel um sie an und warfen die Feuerfackel in das rings getürmte Holz. Hoch auf prasselten die Flammen. Tag und Nacht währte der Brand. Die grauen Ziegel der Pagode wurden rot von der Hitze, aber sie hielt stand. Trotzig blieben ihre leergebrannten roten Trümmer stehen. Aber kürzlich ist sie in sich zusammengestürzt. Uralte Schriften und Drucke sind aus ihrem Schutt hervorgezogen worden.

Abends, als der Tag verdämmerte, fuhr ich zurück. Die Pirole Su Tung P'os zwitscherten noch immer gelb leuchtend zwischen den dunklen Zweigen. Eine Brise kräuselte den See. Leuchtkäfer schwirrten durch die Luft. Vom fernen Ufer her blitzten die elektrischen Lichter von Hangtschou, und hoch am Himmel standen die Sterne. Und das alles spiegelte sich im See. –

Am anderen Morgen fuhr ich nach der Stadt und von dort nach dem Ts'iänt'ang-Fluß. Der Fluß ist berühmt durch die großen Springfluten, die mehrere Meter hoch wie eine steile Wand zur Zeit der Tagundnachtgleichen aus dem Meer heraufwandeln. Zehntausende sammeln sich alljährlich auf den Ufermauern, um dieses wunderbare Schauspiel zu sehen. Der Ts'iänt'ang ist ein breiter wasserreicher Fluß, wie er im Norden nicht zu finden ist. Fern am anderen Ufer sieht man liebliche Hügelketten. Boote und Dschunken fahren auf der weiten, glatten Fläche umher. Flußaufwärts kommt man zu einer großen, rotbemalten Pagode, die auf einem Hügel steht. Sie bietet einen wunderbaren Ausblick über den Ts'iänt'ang mit seinen in der Ferne verschwindenden Segeln. Weiter flußaufwärts tritt das Wu Yün Schan Gebirge an das Ufer. Tannen und Talgbäume, Lackbäume und Bambus bilden zu beiden Seiten des Wegs ein dichtes Gestrüpp. Auf der roten Erde des Hügels ist Tee angepflanzt. Was Tee ist, weiß man erst, wenn man in der Sommerhitze zur Zeit der Tee-Ernte hier oben Tee trinkt, der mit dem Wasser des Drachenbrunnens (Lung Tsing) zubereitet ist. Der Lungtsing-Tee ist in China ebenso berühmt wie in Deutschland der Rheinwein. In China trinkt man Tee aus grünen Blättern, die nur getrocknet sind. Er schmeckt zarter und weniger herb, als der nach Europa exportierte sogenannte rote Tee, der vor dem Trocknen noch eine Gärung durchmacht.

An der Donnerbergpagode kommt man vorüber auf dem Talweg, der nach dem See zurückführt. Wir fuhren nun zur sogenannten Kaiserinsel. Das ist eine Insel, auf der von früheren Zeiten her noch die Anlagen kaiserlicher Gärten und Sommerpaläste vorhanden sind. In der Bibliothek ist eines der wenigen Exemplare der vollständigen Sammlung der Meisterwerke der chinesischen Literatur aller Zeiten, die unter der Mandschudynastie zusammenkamen. Der Garten ist steil ansteigend mit Treppen und Felswegen. Auf der höchsten Höhe steht ein Aussichtspavillon. Dort tranken wir Tee und lasen chinesische Gedichte, die hier in ihrer Heimat lebendig werden und ganz andere Töne reden, als wenn sie nur aus der Ferne herüberklingen. Es wurde Nacht, und wir stiegen wieder in das Schiff. Wir kamen an einem Fischerboot vorüber, in dem ein Mann bitterlich weinte. Seine Frau war eben gestorben und lag tot vor ihm. Unser Schifflein trieb auf dem See durch Wolken und Sterne und durch die mancherlei dunklen Schatten, die aus den Tiefen des Wassers emporschauten. Ein Pferd wieherte. Ein Hund bellte hartnäckig irgendwo am Ufer. Aber das alles waren nur Pausen in der großen Stille, die ausgespannt war und die hörbar wurde durch den tiefen Ton einer Klosterglocke, deren einzelne Schläge in langen Pausen über das Wasser zitterten. Die Glocken werden in China nicht geläutet, sondern angeschlagen. Kein wirres Durcheinander streitender Klänge verschiedenen Temperaments beunruhigt das Ohr. Unser europäisches Kirchengeläute, dessen chaotische Wellen uns erheben, kommt dem östlichen Menschen aufdringlich und rücksichtslos vor. Die Abendglocke des Bergklosters hat nichts Dringendes, Drohendes, Überredendes. Sie sendet ihren tiefen vollen Klang durch den Abend. Dieser Ton ist eine Offenbarung, daß hinter allem Schein; hinter aller Vielheit, hinter allem Leid die eine große Ruhe wohnt. Dieser Ton ist wie ein Tor zu einer anderen Welt. Wer will, kann es betreten, wer nicht will, geht vorüber. Es ist da, nichts weiter. Der Ton verhallt, dann kommt das große Schweigen wieder. –

Sanft kommt die Ruhe nieder auf das Wasser,
Und zarter Nebel sinkt in jedes Tal.
In der Gebirge Falten aus den Hütten
Steigt Rauch empor. –

Des Abends bunte Farben ebben langsam,
Die Hügel stehen kahl und ernst am See.
Glatt legt die weiche Welle an das Boot sich
Und flüstert heimlich.

Da taucht hervor die stille Zauberinsel,
Und spiegelnd grüßt ihr Abbild aus dem See,
Drei kleine Türme stehn und halten Wache
Im Dämmerschein.

In schlanker Weiden feinen Hängezweigen
Verschwirrt allmählich der Zikaden Laut,
Aus dichtem Laube rufen Oriolen
Noch lange Zeit.

Und aus dem Dunkel blitzen tausend Funken
Hoch zwischen Wolken und am Horizont,
Sie tanzen auf den kleinen, glatten Wellen
Und fliegen weiter.

Ein fernes Kloster sendet durch die Stille
Von Zeit zu Zeit der Abendglocke Ton,
Wie durch der Seele ruhig dunkle Tiefen
Das Heimweh zieht. –

Am anderen Morgen fuhr ich mit Erwin Lang, dem Maler, nach der Kaiserinsel. Er wollte dort zeichnen. Bald fanden sich Zuschauerinnen ein. Sie gehörten zur Familie eines reichen

Parsen, der auf der Insel eine Sommervilla hat. Die Mädchen waren am Ufer spazieren gegangen und wunderten sich über die fremden Gäste. Dem Maler sahen sie neugierig zu und zeigten große Lust, von ihm gemalt zu werden. Ein paar der Jüngeren waren neugierig wie die Fische, die älteren klug. Sie kicherten und kamen bald näher, als sie merkten, daß sich mit den Fremden auf chinesisch reden lasse.

Ich ließ den Maler bei seinen Nymphen und fuhr allein hinüber nach dem Herz des Sees. Zwischen den dichten Bäumen ist eben Raum für einen kleinen Tempelpavillon. Dort wird der Drachenkönig und die Wasserprinzessin des Westsees verehrt. Ein bellender Hund hält Wache. Er machte mir jedoch Platz, als er merkte, daß ich etwas von chinesischen Märchen weiß. Am Ufer saßen ein paar Fischer und angelten. – Nicht weit entfernt ist noch eine andere kleine Insel, auf der nur Weidenbäume stehen. Dort ist es am hellen Tag gespensterhaft. Die Insel ist umgeben von einem Sumpfgürtel, auf dem Strandläufer graben. Der Herr der Insel ist ein Adler, der als Boten zwei Elstern hat. Als ich gelandet, meldete mich die eine Elster durch lautes Schreien. Ich sah mich einen Augenblick um, aber da hörte ich rings umher im Sumpf zischen und brodeln, und der taubstumme Bootsmann gab mir durch Gebärden und unartikulierte Laute zu verstehen, daß ich rasch weiter müsse. Und schon begann der Boden samtartig zu schwanken. Ein paar Erdstufen führten in den kleinen Weidenkreis der inneren Insel. Nichts war da als in der Mitte ein zerbrochener Denkstein aus alter Zeit. Ringsum zwischen je drei Dachziegeln eingepflanzt waren eine Menge von Chrysanthemen, die herumstanden wie verzauberte Menschen. Einige große Gefäße mit allerlei Düngemitteln standen am Rand, aus denen sie regelmäßig gefüttert wurden. –

Zu den Erinnerungen des Westsees gehört auch der Tempel des Yüo Fe, der an seinem Grabe gebaut ist. Yüo Fe war ein treuer Feldherr der Sungdynastie, der sein Land schützen wollte vor den immer mehr herandrängenden Horden der Kintataren. Aber so tapfer er auch kämpfte, gegen ihn wurden Intrigen angesponnen durch den bösen Ts'in Kui und seine Frau, die Langzunge. So heimlich waren sie in ihren schwarzen Plänen, daß sie nicht zu reden wagten, sondern nur mit einem Eßstäbchen Zeichen in die Asche schrieben und immer sogleich wieder verwischten. So wurde denn durch ihren Verrat der tapfere Held Yüo Fe zu Tode gebracht. Aber die Vergeltung blieb nicht aus. Dem Helden wurde ein Tempel errichtet, in dem er heute Ehrungen genießt, die hinter den Ehrungen Kuantis, des Kriegsgottes, nicht zurückstehen. Besonders seit der Revolution wird er als nationaler Befreier von der Not der Tataren noch mehr gefeiert als zuvor. Vor seinem Tempel stehen gefesselt die eisernen Bilder von Ts'in Kui und der Langzunge, und jahrhundertelange Schmähung war ihr Teil. Erst seit dem Tempelneubau sind Tafeln angebracht, die sie vor Beschmutzungen schützen sollen. Ein merkwürdiges Zusammentreffen ist es, daß auch einige Opfer der Befreiungskämpfe, die zum Sturz der Mandschus führten, am Westsee ihre Ehrenhallen haben. Rührend hegt zwischen all diesen blutigen Helden aus alter und neuer Zeit das Grab der kleinen Su Siao Siao, einer zierlichen Sängerin aus der Zeit des großen Dichters Su Tung P'o. –

Die Stadt Hangtschou pflegt zwar die Erinnerung an den großen Yü, der bei der Ordnung der Gewässer im Reich auch hierher gekommen sei, aber sie sieht auf kein so hohes Alter zurück wie andere Städte. Auf wenige Jahrhunderte drängt sich ihre Blütezeit zusammen. Es ist die Stadt der Seide und des Tees. Auch einige ganz berühmte Fächergeschäfte sind in ihren engen Gassen. Ein uraltes Gebäude ist die Moschee, von der in manchen Märchen geredet wird. Durch die bunte Pforte tritt man in dunkle Räume, die ursprünglich wohl etwas Fremd-Geheimnisvolles für die Chinesen hatten. Alte Tafeln mit chinesischen Zeichen hängen unter hohem dunklem Dachgebälk: »Alle Wege führen zum selben Ziel.« »Ich bin der Eine Wahrhaftige, außer mir ist kein Zweiter.« –

Jetzt werden die Nebenräume zu Schulzwecken benützt, und modern gekleidete Knaben und Mädchen, die sich in den verborgenen Höfen tummeln, lassen kein Halbdunkel des Märchens mehr aufkommen.

Auf einem Hügel am Ende der heutigen Stadt lag die Akropolis. Eine große Zahl von Tempeln verwittern hier. Die Figuren zeigen die graziösen Formen der Sungzeit, aber die Zeit ist siegreich geblieben in ihrem leisen Zerstörungskampf gegen Menschenwerke. In China gibt es keine moderne Denkmalspflege. Man repariert nicht Jahr um Jahr die alten Gebäude, bis man schließlich nicht mehr weiß, was alt daran ist und was neu, sondern man baut sie fest und stark. Dann läßt man der Zeit ihr Recht, bis ein neues Geschlecht jeweils neue Tempel baut, wie etwa den Yüo-Fe-Tempel, der erst in den letzten Jahren aus den Trümmern vollkommen neu erstanden ist. Oben auf der Höhe hat man einen schönen Ausblick über die weite Ebene, in der die Stadt liegt, die durch die vielen, alten Bäume ein angenehmes gartenartiges Aussehen hat, dann hinüber nach dem Ts'iänt'ang-Fluß, der sich in mancherlei Buchten ins Meer ergießt, Auf der anderen Seite taucht hinter den Hügeln der Westsee noch einmal grüßend auf.

3.

Sutschou, im Mai.

Der Himmel lag feuchtschwer über der Ebene, aber die gelben Rapsfelder zwischen dem frischen Grün leuchteten wie heller Sonnenschein. In der Nähe von Sutschou wird die Gegend hügelig. Wir stiegen aus dem Zug und gingen zunächst nach dem Tigerhügel, zu dem sich eine enge gepflasterte Vorstadtstraße hinzieht. Das Leben in diesen Straßen spielt sich weit mehr in der Öffentlichkeit ab als in dem zurückhaltenderen Norden, wo Mauern den Blick abhalten, ins Innere der Höfe zu dringen. Auch der Menschenschlag ist ein anderer. Der ganze Körperbau ist feiner, die Frauen haben runde, weiche Züge. Das Fußbinden, das man in Nordchina auf dem Land noch immer findet, wenn es auch wie der Zopf heute nur noch eine rückständige Bauern-sitte geworden ist, ist hier nie verbreitet gewesen. So trifft man hier Frauen als Schifferinnen und selbst als Sänftenträgerinnen, was in Nordchina etwas ganz unerhörtes wäre. Schon Li Tai Po hat in seinen Gedichten über die Mädchen in Yüo ihre schneeweißen Füße bewundert und ihre verführerische Koketterie. Das ganze Leben spielt sich heiter und fröhlich ab. Hier ist das heitere China. Die große Harmonie des Lebens, die auch dem Armen seinen Anteil am Leben gibt und es ihm ermöglicht, den Augenblick zu genießen, ohne mit finsteren Mienen an die harte Zukunft zu denken oder neidische Blicke auf den reichen Nachbar zu werfen. Diese Hei-terkeit befreit, man entdeckt plötzlich, daß das Leben nicht so furchtbar hart und ernst ist, und daß der weiche Wind unwiderleglich ist, der den Menschen die Falten von der Stirn glättet. Ein Zug Soldaten zieht unter Hörnerklang an uns vorüber. Sie sind zwar nicht ganz gleichförmig in der Uniform, und auch der gleiche Schritt und Tritt ist nicht sehr streng, aber man sieht ihnen den Eifer an, und die falschen Töne der voranschreitenden Hornisten feuern auch noch die kleinen sechzehn- oder siebzehnjährigen Rekruten an, die in den hinteren Reihen marschieren. Auch Polizisten stehen an den Ecken mit großen weißen Tuchplakaten auf der Brust, auf denen ausführliche Angaben über Zugehörigkeit, Standort, Nummer, Bezirk in Form eines amtlichen Erlasses geschrieben stehen. Aber sie stören nicht. Es ist immer ein glückliches Land, in dem die Polizisten nicht stören. Es gehört viel Weisheit dazu. Aber hier geht der Verkehr in ruhigen Bahnen, rücksichtsvoll heiter, wie er auch schon früher sich abspielte. Die Polizisten stehen da, weil sie als Zeichen der Kultur eines Landes unentbehrlich sind. Sie greifen gelegentlich helfend ein, aber unmerklich, milde.

Die Leute auf der Straße sitzen an ihrer Arbeit. Sie werfen auf die vorübergehenden Fremden wohl einen Blick, aber nicht aufdringlich oder lästig, dann wenden sie sich wieder der Arbeit zu. Nur einmal erregte der eine Freund, der mit uns war, starkes Aufsehen. Er war nämlich so ungeheuer lang, daß er den Leuten im oberen Stockwerk der niedrigen Häuschen zum Fen-ster hineinsehen konnte. Ein Schuster, der an seiner Arbeit saß, fiel vor Schreck von seinem Stühlchen, als er plötzlich das Gesicht eines Fremden vor sich sah. Wie er aber bemerkte, daß er es mit einem durchaus gutartigen Menschen zu tun hatte, beruhigte er sich bald und lachte über seinen jähen Schreck.

Der Verkehr der Leute untereinander ist harmlos und freundschaftlich. Ein Kaufmann steht unter den bunten Waren seines Ladens. Ein Nachbar kommt vorüber. Er hat sich auf dem Markt einen Fisch und ein wenig Gemüse gekauft. Vorsichtig vermeidet er die Pfützen der Straße. Er hält sich am Pfosten des Geländers, das den offenen Raum des Hauses von der Straße trennt, und beginnt eine kleine Unterhaltung. Man redet ein wenig und arbeitet weiter oder steckt sich auch wohl eine jener dünnen, langen Pfeifen an, die in ihren kleinen Metallköpfen Raum haben für Tabak zu zwei bis drei Zügen. Kinder sitzen an einer Ecke und spielen. Niemand tritt sie tot oder überfährt sie. Selbst der kleine Hund kann den Nahrungsüberrest, den er in einem Winkel gefunden, ungefährdet in Sicherheit bringen.

In Sutschou trifft man noch die Spuren der alten Kultur der Sungdynastie. Zu jener Zeit hatte das chinesische Geistesleben die zarte Feinheit der frühen Gotik. Der Buddhismus, der in den vorangehenden Jahrhunderten das chinesische Geistesleben erweicht und befruchtet hatte, war nun assimiliert. Er hatte wie die Luft, die man einatmet, die chinesische Seele durchdrungen und hatte sie weich und gefühlvoll gemacht. Vielleicht zu weich; denn lange hat die schöne Zeit ja nicht gedauert. Von Norden her drängten sich wilde Tataren heran, und der Herrscherhof mußte von Sutschou nach dem benachbarten Hangtschou übersiedeln. Das war im Jahr 1127. –

Der Tigerhügel zeigt noch die Fundamente eines kaiserlichen Schlosses, das in jenen Zeiten hier gestanden. Auf dem Gipfel ist eine große, ebene Felsplatte, rings umgeben von einem ringförmigen Hügelwall. Eine steile Felsplatte ist in der Höhe durch eine kühn geschwungene Brücke überwölbt. In der Tiefe steht ein grünes Wasser, der Schwerterteich genannt. In jenem Teich hat ein Ritter einst ein Schwert gefunden, mit dem er den Tiger, der in dieser Gegend schrecklich hauste, siegreich bekämpfte. Darum hat der Hügel noch seinen Namen von jenem Tiger.

Heute decken die Ruinen einer halbverfallenen Pagode die altberühmte Steile. Daneben steht ein Tempel der Kuanyin und ein anderer, dem Jadeherrn und Himmelsvater geweihter, ein Ziel für Pilger und Naturfreunde aus weitem Umkreis. Vor dem Tempel des Himmelsherrn ist eine Terrasse, von der aus sich ein großer Ausblick über dies alte Land auftut. Die Ebene liegt mit ihren Feldern und Hainen wie ein Garten ausgebreitet. Silberglänzende Wasserbänder durchziehen sie in jeder Richtung. Von Hangtschou her läuft der Kaiserkanal, der diese Gegend mit dem fernen Peking, weit im Norden, verbindet. Reger Bootsverkehr belebt die hundert Adern, die hier fast ganz die Landstraßen ersetzen. Man sieht die Dächer von Sutschou eng sich durcheinanderschieben, daraus ragt die siebenstöckige Pagode, das Wahrzeichen von Sutschou, hoch empor.

Die Hügel in der Runde haben alle ihre Namen und ihre Geschichte. Der vulkanische Kegel, der schroff aus der Ebene aufsteigt, ist der Löwenkopf, der langgestreckte Hügelzug ganz hinten, auf dessen Rücken uralte Grabhügel wie Hünengräber aufsteigen, ist der Siebensöhneberg. Weiterhin am Horizont liegt der Berg des Himmelsgewölbes, unser Reiseziel. Die Hügel sind zum Teil bewachsen und haben ihre Pagoden. Alles ist phantasievoll. Die Dächer sind lebendiger als im Norden. Ihre Ecken schwingen sich in steilen Bogen nach oben, während die nordchinesischen Bauten meist keine solchen übermäßigen Aufstülpungen der Dachwinkel kennen. Wir versuchen mit den Priestern des Tempels des Himmelsherrn ein Gespräch anzuknüpfen. Aber die Unterhaltung ist ziemlich einseitig. Sie verstehen zwar alles, was wir sagen, aber sie reden ruhig in ihrem Lokaldialekt weiter, der sehr stark vom Hochchinesischen abweicht und nur mit großer Anstrengung verstanden werden kann.

Nach Sutschou zurückgekehrt, begeben wir uns an einen der Kanäle, wo unser Diener ein Hausboot gemietet hatte. Diese Hausboote sind große, flachgebaute Boote, auf denen ein Aufbau von mehreren Räumen ist, in denen ein paar Freunde oder eine Familie gar wohl für einige Zeit hausen können. Da die Kanäle fast alle ohne Strömung sind – höchstens die Flut des Meeres, in die sie münden, macht sich geltend –, so lassen sie sich leicht durch Segeln oder Treideln von Land aus fortbewegen. Gelegentlich kann man sich auch von einem kleinen Dampfer eine Strecke ziehen lassen. Kein schöneres, fauleres, träumenderes Leben kann man führen, als wenn man auf einem solchen Hausboot in guter Gesellschaft, d. h. entweder allein oder mit wenigen verständigen Menschen zusammen, die stillen Kanäle durchträumt.

Das wissen selbst die fremden Kaufleute von Schanghai, die darum in der guten Jahreszeit häufig das »Weekend« auf dem Hausboot verbringen. Aber sie kennen das Leben nur vom Hörensagen. Sie kommen auch hier nicht los von sich selber. Statt an der Bar des Klubs trinken sie ihren Whisky auf dem Hausboot. Sie haben sich ihre North China Daily News mitgebracht und studieren aus Langeweile die Kurse. Der Boy ist natürlich auch mit und bereitet das Essen mit gewohnter Pünktlichkeit. Die Frau liegt auf einem Liegestuhl und schläft, die Kinder streiten, und der Mann gähnt heimlich hinter seiner Zeitung, wenn er nicht zur Abwechslung sich über irgend etwas aufregen kann oder einen Kuli prügeln, der seinen Zorn aus irgend einem Grund erregt. Arme Menschen, das Bild des fliegenden Holländers, von allem tragischen Reiz entkleidet. »Momentan gesättigte Raubtiere«, pflegte Ku Hung Ming seine englischen und amerikanischen Freunde dieser Art zu nennen. Der chinesische Schiffer weicht diesen Erscheinungen, die sich durch aufgezogene Nationalflaggen leicht unterscheiden lassen, gerne aus.

Unsere Fahrt auf dem Kanal war überaus anziehend. Die Sonne war herausgekommen, ein frischer Wind blähte die Segel, eine muntere chinesische Reisegesellschaft war an Bord. So ging es durch das weite Land. Unter hochgeschwungenen Brücken hindurch und zwischen frühlingsgrünen Bäumen hin, die die Ufer begleiteten. Ab und zu trat ein Hügel aus dem Wasser heran, von einem stillen Tempelhain umschattet, oder ein gewerbetätiger Marktflecken, dessen Häuser unmittelbar aus dem Wasser aufsteigen. Ruderboote fahren auf dem Kanal, um zu fischen. An ihren Rändern sitzen Reihen von Kormoranen. Sie sind zum Fischen abgerichtet und tragen einen Ring um den Hals, der sie verhindert, die gefangenen Fische zu schlucken. Sie kommen daher mit ihrer Beute zurück, die ihnen von den Fischern entnommen wird. Zum Schluß bekommen sie, nachdem der Ring entfernt ist, dann noch ihren Anteil, um sie munter und fleißig zu erhalten. Auch mit Netzen wird gefischt, zum Teil mit ganz großen, die die volle Breite des Kanals einnehmen. Andere Boote kamen uns entgegen. Da sie nicht mit dem Winde fahren konnten, wurden sie vom Ufer aus, das in der Regel hohe Dämme hat, getreidelt. Zwei, drei Männer zogen an langer Leine das Schiff, während eine Frau am Steuer stand und die Richtung gab.

Als der Abend sich niedersenkte, legten wir in der Nähe des K'iung Lung Schan (Berg des Himmelsgewölbes) an. Lachend und schwatzend begegneten uns Träger und Trägerinnen, die mit ihren Bergsänften uns zum Kloster hinauftragen wollten. Es war gerade Wallfahrtszeit, und sie kamen vom Bergkloster zurück, wohin sie reiche Pilger getragen hatten. Aber die schwere Arbeit lastete nicht auf ihrer Seele. Freundlich lachend boten sie sich an. Wir lehnten ab, doch unter Scherzen und Lachen gingen sie noch eine Strecke mit, falls einer seinen Entschluß bereue. Als sie merkten, daß wir entschlossen seien, trennten sie sich fröhlich und munter von uns und kehrten in ihr Dorf zurück.

Den Berg hinauf führt ein steiler gepflasterter Fußweg. Zwischen Gestrüpp und niedrigen Bäumen stiegen wir nach oben. Hallen zum Ausruhen und Steintafeln mit Inschriften stehen am Wege. Oben kommt man durch ein halbverfallenes Torgebäude in den Tempelbezirk. Die Sonne neigte sich dem Untergang zu. Wir stiegen, um den Sonnenuntergang zu sehen, noch auf die runde Graskuppe, die sich hinter dem Tempel ein paar hundert Fuß aufwölbt. Die ganzen Hänge des steilen Hügels sind bedeckt mit Blüten, meist roten Azaleen. Auf dem Gipfel ist ein Mauerwerk, das ursprünglich wohl ein Grab war, das später eingebrochen ist. Im Schein der untergehenden Sonne dehnte sich der T'ai Hu, einer der größten chinesischen Seen, mit seinen Inseln und Buchten in unabsehbare Ferne.

Die Dunkelheit war hereingebrochen, als wir im Tempelkloster wieder anlangten. Dieses Kloster wird von etwa zwanzig Taoistenmönchen bewohnt. Es ist ein großer Komplex von Gebäuden und Höfen. Die Pilger, die in der Frühlingszeit von weit herum im Land hierher kommen, pflegen meist auch die Nacht oben auf dem Berg zu verbringen. Mit uns gleichzeitig waren über siebenhundert Menschen dort, und es war noch immer übriger Raum da. Ein Mönch erwartete uns am Tor. Er führte uns durch lange Gänge und steile Treppen, vorüber an gespenstig dunklen Götterwohnungen und weiten Hallen voll fröhlich schmausender Pilger, in einen stillen, abgelegenen Saal. Ein Feuer brannte auf dem Boden von Steinplatten. Ein Tempeldiener machte Wasser für uns heiß. Ein paar Kerzen brannten auf dem Tisch, aber ihr schwacher Schein kämpfte vergeblich gegen das Dunkel des weiten Raumes. Wir wuschen uns und gingen an die Bereitung des Abendessens. Die Nachricht von unserer Ankunft hatte sich unterdessen unter den Pilgern verbreitet. In dichtem Gedränge kamen sie heran, um uns zu beobachten. Auch die Mönche zeigten viel Interesse für die fremden Gäste. Wir suchten eine Unterhaltung zu führen. Viel kam nicht dabei heraus. Sie erzählten, daß der Tempel dem Nephritherrn, der den Himmel beherrsche, geweiht sei. Meditationen und fromme Übungen waren nicht Brauch. Der Tempel gehörte mehr zu denen, in welchen der Gottesdienst nach festem Ritus abgehalten wird, und der im übrigen als Absteigequartier für Wallfahrer dient. Zuletzt kam auch noch der Abt. Er war recht aufgeklärt und interessierte sich lebhaft für den Kognak und die Zigarren, die wir mitgebracht hatten. Aber ein richtiger Europäer hat immer noch eine Überraschung für einen armen, alten Chinesen. Einer von uns hatte eine elektrische Taschenlampe bei sich. Die holte er geheimnisvoll aus der Tasche hervor und ließ sie in dem dunklen Raum aufblitzen. Die Pilger staunten, und auch der Abt bewunderte. Nun wurde ihm ausführlich erklärt, wie man ein solches Ding handhaben müsse. Endlich durfte er auch ein paarmal knipsen. Die Batterie erschöpfte sich allmählich und die Lampe hörte auf zu imponieren. Nun verabschiedete sich der Abt, und mit der gelassensten Miene der Welt holte er aus seinem Ärmel eine vorzügliche Taschenlampe hervor. Die Pilger wichen scheu vor der blendenden Helligkeit zur Seite, und freundlich grüßend, verschwand der Abt durch die aufleuchtenden Gänge nach seiner Zelle. –

Mein Reisegenosse war wütend, wollte dem Abt nachstürzen, der ihm seine Taschenlampe gestohlen. Mühsam hielt ich ihn zurück. Da war auch noch die Taschenlampe. Der Abt hatte seine eigene bei sich gehabt, die weit heller war, und wir hatten ihm mit unserem bescheidenen Lämpchen einen Zauber vormachen wollen! Wir müssen ihm vorgekommen sein wie Neger, die sich mit ihren Zylinderhüten brüsten. Auch den Pilgern gegenüber hatte er gesiegt. Diese zogen sich allmählich zurück, und es ward stille in dem weiten Raum.

Nun konnten wir darangehen, nach einem Ruhelager zu suchen, Bettzeug hatten wir mitgebracht. Aber in der Halle stand nur eine einzige Bettstelle, auf der wir unsere Küchengeräte ausgebreitet hatten. Zur Hinterwand führte ein verstecktes Pförtchen in einen geheimnisvollen schwarzen Gang hinaus. Eine steile Treppe ging nach oben. Wir gingen hinauf und fanden Tür an Tür eine Reihe öder Gemächer, in denen zum Teil altes Gerümpel lag, zum Teil Bettstellen umherstanden. Die Finsternis verhinderte, das ganze Gewirr von Zimmern und Kammern zu unterscheiden, das wie in einem unheimlichen Traum sich durcheinanderschob. Wir suchten ein paar der besten Kammern aus, und da wir müde waren, schliefen wir bald ein. Ich hatte nicht lange geschlafen, da führte mich der Traum zurück in die dunkle Halle. Zwei Priester in weitem Gewand saßen an unserem Tisch und tranken. Der eine schnitt aus einem Stück Papier eine runde Scheibe und hängte sie an die Wand. Der andere fragte: »Wo sind die Fremden mit dem Taschenlicht?« Mein Freund stand stolz auf und sprach in militärischem Ton »Hier«. »Dann leuchte einmal.« Er ließ seine Laterne aufleuchten, die aber bald erlosch. Nun begann die weiße Scheibe zu strahlen, und man entdeckte, daß sie der Mond war, der im Zimmer hing. Ganz deutlich konnte man das Marmorschloß sehen und den Kassiabaum daneben. Ein Lachen ertönte, und die Mondfee kam herbeigeschwebt. Sie mußte nun tanzen, und alle Pilger lachten und freuten sich ihrer Schönheit. Da schwebte der Mond wieder an den Himmel empor. Der Freund, der einen Kakianzug und Tropenhelm trug, wurde immer länger, bis er über den ganzen Berg hinausragte und an den Mond anstieß. Der Priester aber und sein Genosse kletterten an ihm wie an einer Leiter empor, gingen auf das Schloß im Monde zu und verschwanden mit der Mondfee in seinen Gemächern. Der Freund aber begann laut zu brüllen, so daß die Pilger angstvoll zerstoben und ich erwachte. Er schnarchte allerdings recht deutlich nebenan.

Am anderen Morgen drang die Kühle vor Sonnenaufgang ganz empfindlich durch die dünnen Bretterwände, und im Schimmer der aufgehenden Sonne machten wir uns einen Begriff von der Lage der Räume, in denen wir geschlafen. Über die Dächer der Tempelgebäude hinweg sah man hinaus ins sonnenfrische Land. Nach dem Frühstück sahen wir uns in den Tempelhallen um. Die Priester, die meistens Opiumraucher waren, schliefen noch. Wir hinterließen eine angemessene Bezahlung für unsere Beherbergung und gingen weiter.

Unten am Berg stand ein altes Männchen vor einem Tisch, auf dem er ein holzgeschnitztes Götterbildchen und einige Opfergefäße aufgebaut hatte. Er konnte den Leuten die Zukunft sagen. Das Götterbild hatte keine Beine mehr und war auch ziemlich wurmzerfressen. Aber die Schnitzerei war nicht schlecht. Ich wollte es kaufen und fragte den Mann, was die kleine Holzplastik koste. »Mindestens zwei Dollar«, war die Antwort. Er hatte wohl absichtlich eine märchenhaft hohe Summe genannt. Als er aber darauf die zwei Dollar vor sich auf dem Tisch liegen sah, erschrak er und kämpfte einen harten, aber kurzen Kampf. Nein, er wollte den Gott doch nicht verkaufen. Dann atmete er, von seinem Entschluß erleichtert, auf. Der arme Alte kannte dennoch Dinge, die ihm wichtiger waren als das Geld.

Die Rückfahrt nach Sutschou ging rasch. Wir kamen an einigen Polizeidschunken vorüber, großen, hübsch gebauten Hausbooten, die meisten vorn mit einer kleinen Kanone, die jedoch mehr zum Schrecken als zum Treffen eingerichtet schien. Es herrschte übrigens vollkommene Ruhe und Ordnung auf dem Kanal. Unter der neuen Brücke in Sutschou stiegen wir aus.

Ein Gang durch das bienenemsige Getriebe der Straßen bot Bilder, wie sie in chinesischen Städten nicht ungewöhnlich sind. Aber doch hatten wir einige Begegnisse, die den feinen alten Geist der Sungzeit zeigten. Die Geschäfte sind nach der Straße zu bei Tag nur durch ein Geländer getrennt. Am Eingang stehen zwei hölzerne Pfosten, die in der Regel durch ein holzgeschnitztes, vergoldetes Löwenornament abgeschlossen sind. Nur an einem einzigen ziemlich kleinen Laden waren auf den Pfosten statt der Löwen ein Paar menschliche Figuren, behaglich kauernd und die Eintretenden freundlich angrinsend. Ein reizendes Stück Kleinkunst, nicht höher als eine Handlänge. Der Ladenbesitzer wußte diese Erbstücke zu schätzen. Liebevoll streichelte er sie, als er darauf angeredet wurde, und erzählte, daß sie schon seit mehreren Generationen hier am Eingang stehen.

In Sutschou ist auch die Musik zu Hause. Die Sängerinnen von Sutschou sind in ganz China berühmt. Die Geigen haben hier einen sanften, violaähnlichen Ton, nicht den schrillen, näselnden, den man sonst so häufig hören kann. An der Pagode in Sutschou hatte ich auch das Erlebnis mit dem Blinden, das schon oben erwähnt ist.

Der Abend dämmerte, und in den engen Straßen bei der hohen Pagode schob sich geschäftig die Menge. Sänften wurden in raschem Schritt vorbeigetragen. Elegante junge Damen mit ihren Dienerinnen trippelten zögernd des Wegs und erfüllten wie Blumen die Luft mit süßen Gerüchen. Geschäftsleute, mit verschlossenen Gesichtern rechnend, Arbeiter, ihren Tagesverdienst besprechend, jeder ging seines Wegs. Die fliegenden Garküchen entsandten Rauch und Ölgeruch und waren umdrängt von Eßbegierigen. Die Holzladen wurden vor den Türen und Fenstern der Geschäfte befestigt. Auf der Bank in einem Torweg saßen ein paar Freunde und plauderten, während sie aus ihren dünnen Pfeifen rauchten. Droben in dem Sonnenstaub der Höhe kreisten Vögel um die Grasbüschel, die auf den Dachrändern der Pagode wuchsen. Die Glöckchen an den Ecken der Pagode wurden leise vom Wind bewegt. Es war der Augenblick, wo der Tag noch einmal sich regt, um in die Dämmerung zu versinken. Und Frühling klang durch den Rest des Tages. Ein Ton: Mitten im Straßengewühl ein feiner, süßer Ton. Einige horchten einen Augenblick auf, andere rannten weiter. Aber der Frühlingston kam näher. Ganz deutlich drang er durch den Straßenlärm wie ein schimmernder goldener Faden. Eine Melodie ertönte von einer süßen Wehmut, die im Frühling schon den Herbst ahnen ließ und fast schmerzhaft schön war. Ein Blinder spielte auf einer kleinen chinesischen Geige seine weichen Töne. Und wo er vorbeikam, hörten die Menschen auf von Geld zu reden, die Kinder hielten inne in ihren Spielen, und der müde Wanderer stand einen Augenblick still. So quoll das Lied vom Frühling wie Zauberton aus der Geige des Blinden. Sein Blick war nach innen gekehrt, er nahm keine Gaben, er spielte und ging weiter. Langsam ging das Lied in der Ferne der Straße unter. Da war es Nacht geworden, und die Welt war auf einmal wieder wirklich mit drängenden Menschen und düsteren Häusern, und nur hoch droben klangen noch die Glöckchen der Pagode.

In der Stadt ist auch ein Garten, einer jener alten chinesischen Zaubergärten, wo man wie in einem Labyrinth zwischen Teichen, Felsen, Pavillons und Hainen wandelt, und jeder Schritt ein neues Bild dem Auge öffnet. Früher war Einsamkeit um den Garten. Er lag außerhalb der Stadttore. Jetzt ist in seiner Nachbarschaft der Bahnhof und häßliche Herbergen für durchreisende Gäste. Wir fuhren mit der Bahn wieder nach Schanghai zurück. Nachdem wir von den Schönheiten Chinas einen Eindruck bekommen hatten, grinste uns hier wieder alle Häßlichkeit Europas an. Man spricht manchmal von der Fremdenfeindlichkeit der Chinesen. Die Chinesen sind gar nicht »fremdenfeindlich«. Sie wehren sich nur, in den Schlamm hineingezerrt zu werden, der vom Westen aus die Welt zu ersticken droht. Aber wie gut könnte man es verstehen, wenn die Chinesen fremdenfeindlich wären. Wenn man nach dem Erlebnis des alten China zurückkehrt in den häßlichen Lärm der Großstadt, wo die Sikhpolizisten in englischen Diensten streng und erhaben dastehen wie schauerliche Maschinenmenschen und den Chinesen täglich ihre Knechtschaft vor Augen führen, wenn sie mit ihren Stöcken einen armen Rikschakuli schlagen oder einem schwerkeuchenden Träger einen Tritt geben, damit das Auto des reichen Fremden ohne Aufenthalt weiterrasen kann, so ergreift einen oft ein starker Grimm. Nicht gegen die armen schwarzen Sikhs, die ja auch Sklaven sind, sondern gegen die Menschenmaschine, das Ungeheuer, das sich der Menschen bedient, um die Menschheit zu vernichten. –

Aber China wird nicht sterben. Es besitzt die Kraft, sich zu retten vor der »weißen Gefahr«. Es finden sich auch Menschen, die die Fähigkeit besitzen, die europäische Kultur in ihrem Wesen zu verstehen und sie zu trennen von jenen Äußerungen des Häßlichen an ihr. In Schanghai fand ich eine Einladung in ein chinesisches Gasthaus vor. Es war ein unscheinbares Gebäude in einer abgelegenen Nebenstraße. Kein Lärm, kein Gewühl drang hierher. An den Wänden hingen Sprüche auf roten Wandrollen: Gedichte von Stammgästen, die hier in vertrautem Freundeskreis angenehme Stunden verlebt hatten. Es waren gute Namen unter den Künstlern, die diese Andenken hinterließen. Ein kleiner Kreis traf sich bei einem ausgesuchten Mahl: Künstler und Gelehrte. Ein alter Herr sprach von der Unverständlichkeit der modernen europäischen Kunst. Der Maler Tsch'en Schï Tsong, das Haupt der modernen Maler Chinas [24], gab nun mit ein paar Sätzen einen Überblick über die modernen künstlerischen Richtungen und ihre Tendenzen und traf in seiner ruhigen und selbstverständlichen Art allen diesen Richtungen gegenüber wirklich das Zentrale. Er hat selbst in der chinesischen Kunst etwas von diesem neuen Geist zum Ausdruck gebracht; nicht in äußerer Nachahmung der Formensprache oder in vergeblichen Versuchen einer halbverstandenen Öltechnik, sondern vollkommen frei, vom Boden der chinesischen Tuschetechnik aus, nimmt er die Anregungen der französischen Künstler auf und schafft daraus eine neue nationalchinesische Kunst, die, weil sie Kunst ist, doch zugleich allgemein verständlich sich ausspricht. Diese Unterhaltung in dem stillen Winkel von Schanghai zeigt, daß auch im modernen Weltgetriebe Inseln sind, wo leise und stark der Geschmack der Sungzeit noch heute zu Wort kommt.

Sechzehntes Kapitel. Peking

Städte haben ihre Zeiten, Zeiten der Schöpfung, Zeiten des Verfalls. Es gibt keine Stadt – selbst die ewige Stadt ist nicht ausgeschlossen –, die zu allen Zeiten etwas bedeutete. Doch gibt es Unterschiede unter den Städten. Es gibt solche, die sind nur Produkt einer bestimmten Konstellation. Ihr verdanken sie ihre Größe und Blüte. Alle Gebäude, Straßen und Plätze sprechen von der Größe dieser Zeit. Andere Zeiten kommen. Der Weltenstrom gräbt sich ein anderes Bett. Die Stadt verfällt, wird zur Ruine. Es gibt Städte im Wüstensand, an denen die Weltgeschichte endgültig vorübergegangen ist. Wieder andere werden von mehreren Zeitaltern heimgesucht. Troja ist solch ein Ort, an dem aufeinanderfolgende Jahrhunderte ihre Stockwerke auf den Ruinen der Vergangenheit getürmt. Aber es gibt auch Städte, die Jahrhunderte verschlafen haben. Sie zeigen Lücken. Verschiedene Zeiten sind über diese Lücken weg einander nahegerückt, wie oft in den geologischen Schichten eines Platzes einzelne Zeitalter ausgefallen scheinen, und Neues unmittelbar auf Ältestes stößt.

Peking ist eine Stadt von mehreren Zeiten. Aber sie sind einander gefolgt, und das von ihnen Gestaltete ist in einem einheitlichen Ganzen zusammengewachsen, das heute noch lebt, wenn es auch mitten in einer neuen Veränderung begriffen ist. Peking heißt: die nördliche Hauptstadt. Es war immer bezeichnend für die politische Situation einer Zeit in China, an welchem Ort die Hauptstadt lag. Tausend Jahre vor unserer Zeitrechnung gewannen von Westen her die Tschou-Leute das Reich. Ihre Hauptstadt lag im westlichen Teil von China, und ihr Hauptaugenmerk war darauf gerichtet, die Grenzen der Kultur gegen westliche Barbaren zu sichern. Die Dynastie wurde schwach, die Barbaren drangen vor, die Hauptstadt wurde ins Zentrum des damaligen China verlegt. Das war der Anfang zum Untergang des alten Feudalstaates. Der Weststaat Ts'in, der in das frühere Gebiet der Tschou einrückte, erlangte mit der Zeit die Oberherrschaft. Später wurde der Norden entscheidend. Dorther drängten die Hunnen, Mongolen und Mandschuren. Die Hunnen wurden durch den Bau der großen Mauer abgehalten. Ein Jahrtausend später drangen die Mongolen in China ein. Die Sungdynastie zog sich mit ihrer Hauptstadt immer weiter nach Süden zurück. Endlich wurde sie hinweggefegt. Der Mongolenkhan wurde Herrscher in China. Er gestaltete sein Feldlager, das im Mittelpunkt zwischen der Mongolei und China lag, zur Hauptstadt aus. Marco Polo besuchte den Mongolenkhan in Cambaluc. Das war das erste Peking. Es lag etwas nördlicher als die heutige Stadt. Der Glockenturm und der Trommelturm, die heute an der nördlichen Peripherie liegen, bildeten damals den Mittelpunkt. Sie sind noch immer im Gebrauch. Auf dem einen hängt die große Glocke, deren dumpfer Ton um die Zeit der Nachtwachen über die Stadt hinweht. Nichts ist erhabener, als wenn um Mitternacht der Ton dieser Glocke erwacht. Sie ist umgeben von Sagen. Sie konnte nicht richtig gegossen werden, ehe des Glockengießers Töchterlein durch das Opfer ihres Lebens die tückischen Mächte bannte, die den Guß verhindern wollten. Noch jetzt hört man ihre feine Stimme aus dem Metall klagen, wenn der große Holzbalken auf die Glocke stößt. – Die große Trommel auf dem Trommelturm gibt das Zeichen, wenn die Tore der Stadt geschlossen werden. Sie kündet die Nacht an. Steil geht die Treppe durch einen dunklen Tunnel nach oben. Rings um den Turm führen etwas schräg nach unten abfallende Galerien, von denen häufig die Geländer teilweise in die Tiefe stürzen. Oben im Gebälk girren die Tauben, und weit hinaus schweift der Blick über die Dächer und Bäume von Peking und die Ebene, die im Norden und Westen von den Grenzhügeln abgeschlossen wird. Dort schwingt sich über die Kämme der Berge und durch die Schluchten der Täler die große Mauer…

Die Mongolen wurden von einem früheren Mönch verjagt, als ihre Zeit vorüber war. Im Herzen von China, am Yangtse, in Nanking, wurde die neue Hauptstadt gegründet. Nicht lange blieb sie dort. Der dritte Herrscher des Minghauses, Yunglo, war ein gewissenloser Mann, der seinem Neffen Thron und Leben raubte. Aber er war von starkem Kaliber. Er sah mit genialem Blick die Lage. Er wußte, daß es um die Macht der Ming gar bald getan sein werde, wenn sie im Süden bleiben würden, weit entfernt von dem Grenzwall, der aufs neue ausgebaut werden mußte gegen die noch immer nachdrängenden nordischen Scharen. So verlegte er die Hauptstadt wieder nach Norden in die Nähe des alten Mongolenlagers. Das war das zweite Peking. Aus jener Zeit stammt die Anlage der meisten Paläste, Tempel und Mauern, der sogenannten inneren, nördlichen Stadt. Damals wurde noch für die Ewigkeit gebaut. Was sind das für Mauern, die im Geviert die Stadt umschließen! Aus riesengroßen Backsteinen sind sie gebaut und so breit, daß bequem drei Wagen oben auf ihnen nebeneinander fahren können. In ihrer ganzen Ausdehnung sind sie sorgfältig gepflastert und mit Zinnen und Schießscharten versehen. Man braucht einen ganzen Tag, wenn man zu Fuß die Mauer umschreitet. Was der Bau dieser Mauer für eine Leistung war, konnte man daraus ermessen, daß, als kürzlich ein kleines Stück einer weit bescheideneren inneren Mauer niedergelegt wurde, monatelang daran gearbeitet werden mußte. Man konnte das Material an Steinen und Ziegeln, das frei wurde, kaum verwerten. Man mußte mit dem Abreißen schließlich aufhören, weil es zu kompliziert und teuer geworden wäre. Was muß da erst das Aufbauen für ein Werk gewesen sein! Man kann ruhig sagen, daß trotz aller modernen Technik sich heutzutage gar nicht mehr die Geldmittel beschaffen ließen, um solch gigantische Bauwerke zu errichten, wie sie in jenen Tagen aus der Erde stiegen.

Aber auch die Mingdynastie ging schließlich wie so viele ihrer Vorgängerinnen unter an der Üppigkeit und Gewissenlosigkeit der Männer auf dem Thron. Innerer Aufruhr erhob sein Haupt. Die Unruhen, die so entstanden, benützte der ostmongolische Volksstamm der Mandschus, um sich in Chinas innere Kämpfe zu mischen. Und nachdem der letzte bedauernswerte Herrscher der Ming auf der Flucht vor dem Eindringen der Rebellen an einem Lebensbaum auf dem sogenannten Kohlenhügel hinter dem Palast sich erhängt hatte, da stürmten die mandschurischen Scharen herbei und rächten das untergehende Haus der Ming an den Empörern. Diese wurden vertrieben und getötet, und die Mandschuhäuptlinge bestiegen den Drachenthron. Die Hauptstadt blieb Peking. Die neue Dynastie, die sich die »Große Reine« (Ta Ts'ing) nannte, gebärdete sich als Rechtsnachfolgerin der »Großen Klaren« (Ta Ming) Dynastie. Darum wurden deren Erdaltäre nicht zerstört. Die Gräber im Norden von Peking ließ man unversehrt, und auch der letzte Herrscher fand mit seinem treuen Eunuchen, der mit ihm gestorben war, ein Grab in der Nähe seiner Ahnen. Der Kaiser Kienlung ließ der verflossenen Dynastie mitten in der Geisterstraße, die zu den Gräbern führt, eine große Steintafel errichten, auf der er ihr Geschick beklagt, während vier Hunde auf Säulen ringsumher trostlos gen Himmel heulen. Die Paläste und ihre Schätze wurden vom Sieger übernommen. Alles wurde ausgebaut und erneuert. Die kaiserliche Stadt der Ming wurde für die Bannerleute, die Krieger der neuen Dynastie, mit Beschlag belegt. Die Chinesen mußten ausziehen und wurden südlich vor der Stadt in der sogenannten äußeren oder Chinesenstadt angesiedelt. Auch diese Stadt wurde mit einer, freilich etwas dürftigeren, Mauer umzogen, die neben den bewohnten Vierteln auch weite Strecken bebauter Felder in ihrem Innern faßt. Das war nun das dritte Peking. Dieses Peking war Weltstadt, nicht bloß chinesische Hauptstadt. Hier war die Stelle, wo die Herrschaft über die Bannerscharen und die Chinesen ausgeübt wurde. Beide blieben getrennt. Denn wenn die Chinesen auch den Zopf der Eroberer und ihre Kleidung übernehmen mußten, so fand doch keine Verheiratung zwischen den Stämmen statt. Die Mandschuren, deren Garnisonen rings im Lande verteilt waren, hielten sich von Landbau und Gewerbe fern. Sie blieben Krieger und lebten von dem Tributanteil, den ihr Herr und Gott, dessen Sklaven sie waren, ihnen zuteilte. Die Chinesen, der produktive Teil der Bevölkerung, wurden durch kaiserliche Beamte regiert, die ebenfalls in Peking ihre höchsten Behörden hatten.

Die Mandschus haben es sich stets angelegen sein lassen, den Konfuzianismus zu pflegen. Im Norden der Stadt steht der wundervolle Konfuziustempel mit seinem strengen, bildlosen Ernst. In der Nähe ist das Kuo Tsï Kiän, die Halle der Klassiker, ein quadratischer Raum in rundem Teich (Zirkel und Winkelmaß symbolisierend), in dem die großen Kaiser persönlich die Lehre verkündigt haben.

Aber auch die Mongolen waren da. Man wußte sie zu sichern durch die Aufnahme ihrer Religion. Eine ganze Reihe von Tempeln des Lamaismus, wie der Gelbe Tempel (Huang Sï) und der Tempel der Harmonie und Eintracht (Yung Ho Kung), stehen in Peking und haben die Brücke gebildet nach der Mongolei und nach Tibet hin. Mehr als ein lebender Buddha oder

Großlama haben in Peking geweilt, und einer ist sogar hier gestorben, wovon die Skulpturen auf schönen Marmorpagoden in diesen Tempeln noch erzählen. Diese lamaistischen Heiligtümer beunruhigen oft die Besucher Pekings. Der Lamaismus ist eine Form des Buddhismus, die voll von Magie und schrecklichem Zauber ist. Die Kräfte der Natur sind durch Göttergestalten verkörpert, die in ihrer rücksichtslosen Grausamkeit entsetzlich sind. Die langen Posaunen, die durch den ganzen Hof reichen, tönen gräßlich. Pauken und Triangel und Muschelhörner sind aus einem verschlossenen Raum zu einem monotonen Gesang hörbar. Die Phantasie hat Spielraum, sich auszumalen, was da hinten an entsetzlichen Dingen geschieht. In Wirklichkeit wird einfach Messe gelesen. Die Menschenschädel, die im Kult verwendet werden, die tiergestaltigen, blutrünstigen Ikone, die oft ihre weibliche Schakti als Symbol der Schöpfertätigkeit bei sich haben, sehen fürchterlich aus. Der Dämonentanz mit den großen Masken, die erschrecken, der Teufel, der um Neujahr erst geschlagen, dann verbrannt wird: alle diese spukhaften Geheimnisse zeigen eine Form der Wüstenmagie, die nicht vereinbar erscheint mit dem milden, erhaben ruhigen Buddhismus, von dem sie eine Sekte sind. Die Fremden aber, die diesen Dingen verständnislos gegenüberstehen, wundern sich, wenn große, starkgebaute Mongolen in ihren bunten Kutten sich andächtig zu Boden werfen im Weihrauchdampf vor diesen Spukgestalten. Diese Fremden lassen sich mit lüsternem Grauen die Vorhängchen aufheben von den Götterpaaren, deren intime Zeugungsarbeit dem Blick der Unberufenen verhüllt ist, und wenn sie besonders religiös sind, so entsetzen sie sich über den Greuel chinesischen Heidentums und suchen aus wissenschaftlichem Interesse im stillen eine Nachbildung dieser entsetzlich pikanten Dinge sich zu verschaffen. In Wirklichkeit haben wir es hier mit keiner chinesischen Religion zu tun. Der Chinese steht diesen Kulten nicht minder fremd gegenüber als der Europäer. Es war die Staatsklugheit der Herrscher des Mandschuhauses, die selber Anhänger des reineren Mahayana-Buddhismus waren, daß sie die Wüsten- und Gebirgsstämme der Gobi und Tibets dadurch an sich fesselten, daß sie ihrem Glauben diese Tempel bauten. Wie Karl der Große den Papst beschützte, um durch ihn die Priester in der Hand zu haben, so pflegten diese Herrscher den Kult jener Stämme, um die geheimnisvollen Gegenden des mittleren Asiens mit ihrem Reich verbunden zu erhalten. Diese Tempel in Peking waren jahrhundertelang wirksamere Bollwerke gegen die Wüstensöhne, als es die große Mauer gewesen war.

Aber auch die Mohammedaner – sie sind meist Turkvölker aus den westlichen Gebieten und in früheren Zeiten als Krieger im Lande angesiedelt worden – haben hier ihre Tempel und Heiligtümer gehabt. Gegenüber der roten Mauer der verbotenen Stadt der Kaiserpaläste stand früher ein hoher zweistöckiger Torbau. Ursprünglich war er mit Marmorskulpturen verkleidet gewesen, aber lange schon waren sie abgefallen, so daß die morsche Ziegelmauer darunter hervorsah. Hinter diesem Tor war ein geheimnisvolles Durcheinander von Bäumen und Gebüschen, aus denen große, zermürbte Dachbalken eines in Trümmern liegenden Gebäudes hervorragten. Trat man näher, so sah man in den Trümmern eine Marmortafel, von prächtigen Drachenornamenten umrahmt, auf der in türkischer, mongolischer, mandschurischer und chinesischer Schrift die Stiftungsurkunde des Kaisers Kienlung stand, der den hier wohnenden Moslim die Moschee gebaut hatte. Drüben über der Straße ragt ein Hügel über die purpurne Mauer der verbotenen Stadt hervor. Darauf steht ein kleiner Aussichtspavillon, der nach Westen schaut. Hier lebte die Lieblingsgemahlin des Kaisers, die »duftige Gemahlin« (Hsiang Fe) genannt. Sie war als wertvollstes Beutestück aus einem Kriegszug gegen unbotmäßige Mohammedanerstämme mitgebracht worden. Immer hatte sie Heimweh nach ihrem fernen Westen. Aber der Kaiser liebte sie. So baute er ihr den Aussichtspavillon und die Moschee. Ihr Bildnis in romantischer Ritterrüstung wurde von dem kaiserlichen Hofmaler Lang Schï Ning, der in Wirklichkeit Castilhone hieß und ein Italiener war, in Öl gemalt und ist jetzt noch im Pekinger Hofmuseum zu sehen. Sie hat ein tragisches Schicksal gehabt. Alle Liebe des Kaisers konnte sie nicht schützen gegen die Stricke und Netze der Hofintrige, die sich um sie spannen. Als der Kaiser einst zum Opfer auf dem Himmelsaltar in die südliche Vorstadt ausgezogen war und dort fastend und betend mehrere Tage verharrte, machte man ihr den Vorwurf, sie habe den Kaiser getötet. Als der Herr der Welt und Himmelssohn zurückkam, da fand er seine geliebte Gemahlin tot; denn ihre Feindinnen hatten dafür gesorgt, daß die Strafe für den gräßlichen Mord, dessen sie angeklagt war, sofort vollzogen wurde. – Heute ist die kleine Moschee mit ihren Geheimnissen verschwunden. Eine breite Asphaltstraße zieht sich an der Mauer vorbei. Der Eingang zum Präsidentenpalast ist hier, und auf dem alten Hügel weht das fünffarbige Reichsbanner der chinesischen Republik. Dort, wo der Tempel stand, ist jetzt ein Polizeibüro modernen Stils aus grauen Ziegeln erbaut. – Die Mohammedaner sitzen jetzt hauptsächlich in der Ochsenstraße, und ein deutscher Missionar in langem Bart übt liebevollen Herzens eine zwar kümmerliche, aber gutgemeinte Armenpflege. Bekehrt hat er noch keinen von ihnen; denn die Mohammedaner in China missionieren nicht und lassen sich nicht missionieren. Aber er spricht mit ihnen von Gott und allem Guten und hat sie daran gewöhnt, daß sie sich ziemlich regelmäßig zum Empfang der Almosen einfinden, die er gewissenhaft allwöchentlich unter sie verteilt.

Noch andere Stämme sind gelegentlich in Peking aufgetaucht. Es sind Steininschriften in der Nahe gefunden worden, die heute niemand mehr lesen kann. Und die Europäer, die gegenwärtig in dem südöstlichen Winkel der Mandschustadt vom Hatamen (dem östlichen Tor der Südmauer) bis zum Ts'iänmen (dem »vorderen« d. h. zentralen Südtor) im Gesandtschaftsviertel wohnen, sorgen dafür, daß auch in dem vierten Peking, dem republikanischen, die Völkermischung nicht fehlt. Wenn in den heißen Sommernächten die Fremden auf dem luftigen Dach des Hotels de Pékin unter den Klängen einer Jazzband ihre Negertänze ausüben, so ist das für chinesisches Empfinden nicht so sehr verschieden von den kultischen Tänzen im Tempel Yung Ho Kung im Norden der Stadt. Dort tanzen die Mongolen im Winter, und ihre Lamas sind verhüllt und maskiert, daß fast nichts mehr von ihrer ursprünglichen Gestalt zu sehen ist, und die Muschelhörner und Schädeltrommeln machen den Takt dazu. Hier tanzen im Sommer die Europäer, und ihre Damen sind enthüllt und dekolletiert, so daß fast nichts mehr von ihrer ursprünglichen Gestalt nicht zu sehen ist, und die Negersaxophone und Holzklappern machen den Takt dazu. Freilich ihre Götter sind verschieden. Dort sind es geheimnisvoll zauberhafte Wesen jenseits von Zeit und Raum, hier ist es der platte, nüchterne Gott Mammon mit dem Dollar in der Hand. – Es ist aber noch ein Unterschied vorhanden. Das alte China hat die Tänze der Lamas niemals mitgetanzt. Doch Jung-China fängt teilweise schon an, Geschmack zu gewinnen an Foxtrott und Onestep, und die schlanken chinesischen Herren mit den feinen Händen und die zierlichen, wenn auch zunächst noch meist etwas dezent gekleideten chinesischen Damen im Bubikopf können sich recht gut neben ihren europäischen und amerikanischen Freunden sehen lassen.

Aber das alles ist nur Oberfläche. Andere Dinge sind es, die für das vierte Peking von entscheidender Bedeutung sind. China hat seit alter Zeit nach dem Meer und nach dem Süden Beziehungen gehabt. Dort lag Kolonialland. Auch heute noch findet im Osten und Süden kolonialer Austausch statt. Vom Meer her wurden die fremden Kolonien an Chinas Küste angelegt, die heute der Schmerz und die Scham jedes vaterländischen Chinesen sind, weil sie mit politischer Unterdrückung und persönlicher Arroganz der Kolonisten Hand in Hand gehen. Der Typ dieser Kolonisation sind England und Japan, die Länder des Imperialismus. Übers Meer hin geht aber auch von China aus eine Kolonisation. Still und friedlich infiltriert sie die englischen, holländischen und amerikanischen Besitzungen im Südosten von Asien. Schon heute ist der chinesische Kaufmann und Arbeiter dort unentbehrlich. Diese Probleme werden der Menschheit mit der Zeit noch ganz neue Aufgaben stellen; denn auch hier hat das alte China ganz wie von selbst den neuen Weg gefunden. – Peking, die Nordhauptstadt, liegt diesen Vorgängen ferner. Hier ist der Ort der Auseinandersetzung mit dem Festland, dem Norden und Westen. Solange diese Auseinandersetzung nötig und möglich ist, solange wird Peking bestehen. Zu Beginn der Revolution, als alles sich nach Amerika hin zu orientieren schien, da sah es einen Moment so aus, als ob Peking zurücksinken würde in eine Periode des Schlafs und des Verfalls. Heute ist dieser Moment schon vorüber. Freilich nicht mehr die Mongolen und Mandschuren sind es, die in Betracht kommen: heute ist Rußland an die Stelle dieser Mächte getreten. Rußland stützt und fördert China in seinem Kampf um die Unabhängigkeit. Darum wird Peking eine neue Bedeutung gewinnen als eines der Zentren, wo Weltpolitik getrieben wird. Es ist leicht, sich über den Bolschewismus aufzuregen, wie England das tut, und – oberflächlich. Hier hegen Weltprobleme vor: Neuerstarken und Vordringen der kontinentalen Masse gegen die ozeanische Aggression. Wer hier zu schauen versteht, kann Bücke in die Zukunft der Menschheit tun.

Doch ehe wir das moderne Peking, in dem Vergangenheit und Zukunft ineinanderspielen, näher ins Auge fassen, wollen wir noch einmal zurückkehren in das Peking der Vergangenheit, dessen Trümmer heute eher zugänglich sind, als es seine frühere Abgeschlossenheit war. Freilich ist mit dieser Zugänglichkeit auch immer verbunden, daß, wie das Morgengrauen in den Zauber der Mondnacht, die neue Zeit in die Reste des Alten hineinfällt.

Wieviel ist schon geschrieben worden über den Himmelsaltar im äußersten Winkel der Südstadt! Er hegt den Besuchern jetzt offen; anders als zur kaiserlichen Zeit, da nur in der Tiefe der Neujahrsnacht das große Geheimnis des Himmelsopfers hier am Mittelpunkt der Welt vollzogen wurde, inmitten der uralten heiligen Bäume des Hains, auf dem marmornen Rund der dreistufigen Terrasse, während an den drei hohen Masten die großen roten Lampen glühten und prasselnd die Lohe aus dem Brandopferofen in dem äußeren Mauergebiet gen Himmel schlug. Der Altar war überdeckt von Teppichen und Laternen. Die Tafeln, auf denen die Namen des Himmels und der kaiserlichen Ahnen, die als heilige Familie um den höchsten Gott im Kreis sich scharten, geschrieben standen, die Tafeln mit den Namen der himmlischen und irdischen Kräfte, die auf den unteren Umgängen von Prinzen und Ministern verehrt wurden, waren hervorgeholt worden aus der blaudachigen Rotunde im Norden. In dieser Nacht nach dem heiligen Fasten warf sich der Kaiser verehrend zu Boden: er, der Himmelssohn, der sonst stets mit dem Gesicht nach Süden thronte, dieses einzige Mal nach Norden gewandt – dem hehren Ahn und Vater von Himmel, Erde und Menschen zu Ehren, von dem er Stellung und Amt überkommen hatte.

An diesem Altar ist alles ganz abstrakt geistig: die Kreisform, die das Bild des Himmels ist, die drei Umgänge, zu denen dreimal neun Stufen emporführen, der runde Stein in der Mitte, den neun Steinplatten im Kreise umgeben, während neun mal neun Platten die ganze Fläche decken. Die Tore, die nach den vier Himmelsrichtungen zu vom Altarbezirk nach außen führen, sind mit steinernen Wolkengebilden geschmückt. Die rote Mauer, die den innersten Kreis umgibt, ist rund, mit blauen Ziegeln gedeckt, darum geht eine andere, quadratische Mauer ebenfalls mit blauer Ziegelbedeckung. Nur eine gerade Linie ist in diesem Gewirr von Mauern und Toren, Marmorstufen und Platten: es ist die feine gerade Linie, die zwischen den Mauersteinen der Platten und Stufen vom Mittelpunkt aus nach Norden weist: eine Mauerspalte nur, eine Richtung, eine Tendenz. In dieser Richtung, die dem Kaiser seine Stellung andeutet, liegt das ganze Geheimnis der Verehrung der himmlischen, unfaßbaren Macht, die alles Irdische beherrscht.

Auf dieser Linie liegt im Norden die dreistufige Rotunde mit dem blauen glasierten Ziegeldach, die als Himmelstempel bekannt ist und das Wahrzeichen von Peking geworden ist. Es ist der Tempel, in dem der Herrscher um Erntesegen flehte. Hier ist in der reichen Symbolik des Baus schon das Ineinander von Himmel und Erde angedeutet, das alles Wachsen und Werden ermöglicht. Ein ähnliches Stufenrund wie beim Altar liegt in der quadratischen Ummauerung, die durch ihre Form das Irdische bedeutet; denn die Erde ist quadratisch, wie der Himmel rund. Die Geländer sind unten mit Wolken, darüber mit Phönixen (Erde), darüber mit Drachen (Himmel) verziert. Das Balkenwerk des Tempels ist ebenfalls mit Drachen und Phönixen geschmückt. Die Farbe des Himmels ist blau, die Farbe des irdischen Wachstums ist grün. Die innige Vereinigung von Himmel und Erde ist dadurch angedeutet, daß die Drachen in grünen und die Phönixe in blauen Feldern schweben, und die Drachen unten, die Phönixe oben sind. Der Himmel hat sich unter die Erde gestellt. Da die Bewegung des Himmlischen, Schöpferischen aufwärts und die des Irdischen, Empfangenden abwärts gerichtet ist, so kommen diese Kräfte in Verbindung und Vereinigung. Auch im Innern der runden Halle ist dieses Widerspiel. Das runde Dach ist getragen von einem quadratisch angelegten Balkenwerk, das auf vier große Säulen gestützt ist und in seinen Richtungen die vier Jahreszeiten bedeutet, außen herum führen die zwölf Säulen der zwölf Monate. Im Kreis umher stehen die Throne, auf denen beim Opfer die Tafeln der Göttlichen aufgestellt waren. Wenn man diese Symbole, die auf die älteste

Vergangenheit zurückgehen, alle durchmeditiert, so sieht man die wirkende Natur vor Augen
Hegen, und man versteht, daß Konfuzius einst gesagt hat: »Wer den Sinn der Großen Opfer
verstünde, für den wäre die Regierung der Welt so leicht, als läge sie auf seiner flachen Hand.«

Heute ist das alles Vergangenheit. Yüan Schï K'ai hat noch einmal den schwachen Versuch
gemacht, die alten Bräuche künstlich zu beleben. Es ist ihm schlecht bekommen. Seither brütet
der blaue Himmel über dem ungeheuren Feld, die Wolken ziehen, und der Regen fällt, Schnee
wirbelt, und die Winde wehen. Leise, leise geht die Zeit und bröckelt leise, leise an den Resten
der Vergangenheit, bis sie einst stürzen werden, wenn ihre Zeit vorüber ist. Jetzt ist der Tempel
ein Nationalmonument. Die Anlagen werden instand gehalten von den Eintrittsgeldern, die
die fremden Besucher zahlen; auf dem weiten Raum vor dem Tempel werden am Baumfest im
Frühling von der Jugend Zypressen gepflanzt, die langsam heranwachsen und die Ebene füllen.
Im Süden ragen die Masten der Radiostation, und aus der Ferne tönt der Pfiff der Eisenbahn
herüber. Eifrige Beamte sammeln Geld, um auf dem Gelände um den Himmelsaltar demnächst
eine Weltausstellung zu eröffnen.

Während der Himmelsaltar mit seiner Anlage noch immer die Seele jedes empfänglichen
Menschen mit Verehrung erfüllt, ist der Ackerbautempel über die Straße drüben vollkommen
der Zerstörung preisgegeben. Hier lag das Feld, wo der Kaiser unter den Klängen der heiligen
Flötenmusik mit eigener Hand den Pflug durch die Furchen führte und seine Minister ihm
nachfolgten in der ursprünglichsten und heiligsten Handlung. Hier war unter schwarzglasiertem
Ziegeldach der Tempel des großen Jahres, des Jupitersterns und aller himmlischen Bilder, durch
die die Zeit dem Menschen erschien, die Zeit, die für den Ackerbau so wichtig ist. Jetzt ist eine
Kaserne in den Tempelräumen. Die heiligen Haine, in denen früher unberührt die Gräser und
Kräuter unter hohen Lebensbäumen wuchsen, wie es der Mutter Erde gefiel, sind zum öffentlichen Belustigungspark gemacht. Die Kräuter und Gräser sind ausgerissen. Auf den viereckigen
Terrassen, auf denen den Wolken und Bergen, dem Regen und Wind geopfert wurde, die in
geheimnisvoller Stille unter seltsam geformten Kiefern träumten, sind jetzt Mattenverschläge
errichtet, und an Sommernachmittagen kommen die Familien und trinken auf diesen Altären
einen schlechten Kaffee und Sodawasser. Volksfestgedränge hat die heilige Stille totgeschlagen.

In den Außenbezirken der vier Himmelsgegenden lagen die Altäre, auf denen die großen
kosmischen Kräfte verehrt wurden: im Süden der Himmel auf rundem Altar, im Norden die
Erde auf quadratischem Altar, im Osten der Sonnengott und im Westen die Mondgöttin. Das
ist urältestes Erbteil und stammt aus einer Zeit, die noch der Tschouzeit vorangeht – denn unter
den Tschou war die Sonne weiblich und stand im Süden und der Mond männlich und stand
im Norden, im Osten aber stand der Donner (männlich) und im Westen der See (weiblich) –.
Heute sind alle diese Altäre verfallen. Der Sonnenaltar, von dichten Bäumen umschattet, liegt in
einer stillen Gegend träumerisch da, und wenn man auf der Stadtmauer dem Sonnenaufgangstor
zuwandert, so sieht man ihn in der Ebene still und abseits, als läge er auf einem ausgestorbenen
Planeten. Die Gebäude der anderen beiden Heiligtümer (Erd- und Mondaltar) sind zu Kasernen
umgewandelt.

Zu den tellurischen Gottheiten gehörten die Geister der Ackerkrume und der Hirse. Ihr Altar stand nahe beim Palast; denn Ackerkrume und Hirse (Schê Tsi) waren die Gottheiten des
Landes und der Gesellschaft. Wer sie besaß, besaß das Reich. Fünffarbene Erde war zu einer
Terrasse gehäuft: Im Zentrum gelb, im Osten blau, im Süden rot, im Westen weiß, im Norden
schwarz. Ein Stück dieser heiligen Erde bekamen früher die Lehnsfürsten für ihren Altar. Fiel
ein Herrscherhaus, so wurde vom Sieger sein Altar vermauert und vom Himmelslicht abgeschlossen. Blumen blühen um den Altar der Ackerkrume und der Hirse. Uralte Lebensbäume
wachsen vor der Mauer, in denen alte Vögel krächzen, ein Teich trennt diese heilige Stätte vom
Kaiserpalast mit seinen roten Mauern und Zinnen und goldgelben, glänzenden Dächern, die
sich in seinen stillen Wassern spiegeln. In den Gängen zwischen den Zypressen drängt sich die
Jugend Pekings, die Studenten und Studentinnen, Familien mit Söhnen und Töchtern, und
auch die kleinen Sängerinnen fehlen nicht. Hügel sind angelegt und Teiche, und kleine Hallen
an den Teichen, in denen man Gelage feiern kann. Vögel schwimmen auf den Teichen, Krani-

che stelzen am Ufer, und rotbemalte Gänse schnattern. Goldfischanlagen stehen in einer Laube: Viele verschiedene Gefäße sind aneinandergereiht, in denen die seltsam phantastischen Tiere schwimmen mit den Kugelaugen und langen Schleierschwänzen. Photographen sind zur Hand. Kegelbahnen und Restaurants laden ein. Man kommt und geht, man ruht und plaudert und verträumt den Nachmittag, man trifft sich hier mit seinen Freunden, oft sind Ausstellungen hier, oft Massenversammlungen, oft wissenschaftliche Klubs und oft Partien mit Schauspielerinnen. Am Eingang steht der frühere Kettelerbogen, mit seinen durch die Zeit schon etwas überholten Inschriften [25]. Für Lenin wollen die Studenten ein Monument errichten. So herrscht ein buntes Leben am Altar der Ackerkrume und der Hirse. Die alte Zeit ist hier schon ganz vergessen. Er ist zum Zentralpark umgewandelt worden.

Doch nun ist es Zeit, dem Kaiserpalast und seiner Anlage sich zuzuwenden. In Europa gibt es auch prächtige Schlösser, die etwa einen weiten Platz beherrschen, dessen Gestaltung so abgestimmt ist, daß sie zum Ganzen paßt. Aber in Peking beherrscht der Palast nicht einen Platz. Er ist eine Stadt für sich, und die ganze Millionenstadt Peking ist in den Plan dieser Palaststadt hineinkomponiert. Drei Ringe sind dem Palast vorgelegt: die Chinesenstadt im Süden, durch einen breiten Mauerwall davon getrennt die Mandschustadt, durch eine weitere Mauer umschlossen die Kaiserstadt, in der die Banneroffiziere und Hofbeamten wohnten, und endlich durch Wall und Graben von jedem unbefugten Betreten geschützt die heilige purpurne verbotene Stadt der eigentlichen Paläste. Wenn man diese großartigste Komposition in Beziehung auf Raumgestaltung einer ganzen Stadt verstehen will, so muß man im Geist nach Süden wandern bis zum südlichen Tor der Chinesenstadt. Von da aus zieht sich eine meilenlange gerade Achse direkt nach Norden. Im Dunst der Ferne taucht am Ende der Straße das Südtor der Mandschustadt in seinen Umrissen nur eben auf. Der Weg führt am Himmelsaltar zur Rechten und am Ackerbautempel zur Linken vorüber. Die leeren Räume, die sich an die Straße anschließen, sind besetzt mit Mattenzelten, in denen Tee verkauft wird, Theatertribünen, Marktbuden. Tagaus tagein ist hier ein geschäftiges Treiben. Dann schließen sich die festen Gebäude allmählich dichter zusammen. Wenn man die Himmelsbrücke überschritten hat, wo vor Tagesanbruch Markt gehalten wird, auf dem gar manche Beutestücke nächtlichen Diebstahls zum Verkauf kommen, dann verwandelt sich die Bretterstadt immer mehr in die Stadt der Kaufleute. Goldverzierte Firmenschilder hängen senkrecht an den einstöckigen Läden, die mit bunter Pracht und abends mit tausend elektrischen Lampen ausgestattet sind. Das Gedränge wächst, je näher man der Mandschustadt kommt. Autos, Rikschas, Pferdewagen chinesischer Art und die etwas altertümlichen Glaskutschen der Beamten drängen sich. Dazwischen stehen die Straßensprenger, die aus großen Kübeln Wasser auf die Straßen gießen, damit der Staub, der dauernd in der Luft wirbelt, ein bißchen wenigstens niedergeschlagen wird. Die Fußgänger bewegen sich in dichten Schlangen an den Seiten der Straße. Auf den Fußsteigen sind alle paar Tage die fliegenden Verkaufsstände aller Arten von Kleinhändlern aufgestellt. Aber das ganze Getriebe, das oft so eng sich drängt, daß die Wagenketten viertelstundenlang stehen bleiben müssen, ehe sie sich weiterschieben können, geht in Ruhe und ohne Streit voran. Soldaten und Polizisten stehen alle paar Schritte in der Mitte der Straße, um den Verkehr zu regeln. Nun kommen die Querstraßen der feinen Geschäfte. Zur linken Seite die Taschalan, wo die hohen, goldenen Seidengeschäfte stehen, dann die Gasse der Juwelenhändler, die außer Nephriten, Perlen und Edelsteinen auch allerlei echte und falsche Kunstgegenstände feilbieten, ferner die Laterngasse, wo es die hübschen chinesischen Papierlaternen und Fächer gibt. Nach Westen geht der Weg dann ab zur Liulitsch'ang (Glasmacherwerkstatt), in der sich jetzt die Kunsthandlungen drängen.

Aber lassen wir das alles für jetzt beiseite hegen, und fahren wir unter dem buntbemalten hölzernen Durchgang hindurch, von wo die Straße sich in zwei Bogen teilt, die rechts und links um die Bastion des Ts'iän Men oder Tschon Yang Men (Vorderes Tor oder Hauptsüdtor) herumfuhren. Diese Bastion ist früher mit dem Haupttor durch Mauervorsprünge verbunden gewesen, die aber wegen des stark vermehrten Verkehrs an dieser Stelle niedergelegt werden mußten. Das Haupttor mit seinem farbigen Aufbau schaut als Wahrzeichen weit hinaus ins Land und grüßt durch die duftige Ferne die anderen Torbauten, die die Hochstraße der Mauer unterbrechen. Rechts und links vom Tor sind die beiden kleinen Tempelchen der Kuanyin und des Kuanti, die die Stadt beschirmen, während weiterhin Wachtgebäude sich an die Stadtmauer anlehnen. Das Mitteltor ist stets geschlossen. Es war dem Kaiser vorbehalten. Der Verkehr geht durch zwei Doppeltore rechts und links, die durch die Mauer gebrochen sind.

Das Südtor kann als Eingang zur Palaststadt betrachtet werden, denn von hier aus führt in der Verlängerung der bisherigen Nordsüdachse die mit Marmor gepflasterte Straße weiter nach Norden. Nach einer kurzen Anlage folgt ein roter Durchgang mit buntem Balkenwerk und gelbglasiertem Dach in den ummauerten Bezirk. Dann kommt man an die große Marmorbrücke, vor der zwei Drachen auf hohen Marmorflächen Wache halten, von da geht es durch einen mächtigen zinnengekrönten Bau, dessen Ecken durch massive viereckige Türme befestigt sind, immer weiter nach Norden von Hof zu Hof, von Halle zu Halle. Die Höhe und Mächtigkeit der Bauten des Palastes kommt weniger zum Bewußtsein. Sie sind in die ungeheuren leeren Räume hineingesetzt und wirken ohne zu überraschen. Immer tiefer, heiliger, zurückgezogener wird die Gegend. So geht es fort, bis endlich im Norden wieder ein Graben den Abschluß bildet hinter dem verborgenen labyrinthischen Gewirre der Höfe und Plätze des kaiserlichen Wohnreviers. Überragt wird das Ganze von dem dreigipfligen Kohlenhügel, dessen zerspellte Baumleichen und verfallene Pavillons der Zeit des Untergangs geweiht erscheinen.

Die Zeit, derer man bedarf, um alle diese Höfe von Marmor und die farbenleuchtenden Hallen zu durchschreiten, wirkt so, daß dadurch ein ganz neues Raumgefühl der Horizontalen erzeugt wird, dessen stärkster Gegensatz vielleicht der eng in die Höhe schießende, auf einen Blick überwältigende gotische Dom ist. Im gotischen Dom: Streben, Bewegung, Übermaß, Höhe, Enge, Raumlosigkeit, Unruhe, hinauf in immer steilere schwindelndere Lüfte, von der Erde hinweg ins leere Blau des Abstrakten, des Jenseits, – hier im chinesischen Palast: Erdbewußtsein, Ruhe, unendliche Räume in der Breite und Tiefe gegliedert, die Zeit als Raum, das große, vornehme Wartenkönnen, behagliche Wirklichkeit ausgebreitet auf der sicheren Erde, gelb und stark in Farben leuchtend, darüber als Ahnung sich wölbend und Bedeutung verleihend der große, erhabene, blaue Himmel: Einheit von Himmel und Erde, die Ewigkeit konkret in der Zeit erscheinend, das Erhabene im Diesseits.

Gewiß, dieses Weltgefühl – letzten Endes das Weltgefühl der Ebene – ist heute vergangen. Wir wollen nicht mehr den Reichtum des Raums in der Weite des Weges und der Länge der Zeit sich entfalten sehen. Wir wollen Zeit sparen, Räume überwinden, alles ist uns zur Stufe geworden und Mittel zum Zweck und jeder Zweck selber wieder Mittel für etwas anderes. Darum wirkt diese lebhaft tüchtige Wirklichkeit auf viele Menschen so aufregend. Sie haben nicht mehr die Zeit dazu. So hat man ja auch den größten Irrtum begangen und Pekings Straßen mit Straßenbahnen durchzogen. In Peking muß man Zeit haben und darf nicht nach Sensationen jagen. Wer keine Zeit hat, mag nach Schanghai gehen und dort sich von Mephisto unterweisen lassen, was zu einer Großstadt gehört von Rollekutschen, lärmigem Hin- und Widerrutschen, ewigem Hin- und Widerlaufen zerstreuter Ameis-Wimmelhaufen. In Peking gibt es andere Dämonen. Mephisto fühlte sich hier gelangweilt und so wenig zu Hause wie auf der klassischen Walpurgisnacht.

Wie groß diese Palaststadt eigentlich ist, das erkennt man erst, wenn man bedenkt, was seit der Revolution aus ihren Teilen alles geworden ist: zwei große öffentliche Museen, in denen die Schätze an Kunst und Kunstgewerbe, die Jahrhunderte zusammengebracht haben, ausgestellt sind, der Zentralpark, der Präsidentenpalast am »Mittleren Meer«, die Räume für die Arbeiten des Ministerkabinetts am »Südlichen Meer«, der große Park mit seinen Ausflugshallen und Bibliotheken, der runden Stadt, der großen Marmorpagode und all den Tempeln am »Nördlichen Meer«, die Unzahl von Büros und Unterkunftsräumen für alle möglichen Behörden, die Hallen und Höfe, die für die Zwecke des Parlaments beansprucht wurden, die Räume für den Empfang der fremden Gäste und neben dem allem noch der ungeheure Komplex, in dem die Tausende von Hofbeamten, Eunuchen, Palastdamen, Dienerinnen, Kaiserinnen mit ihrem ganzen Dienstpersonal untergebracht waren, die Hallen, die den Feuersbrünsten der letzten Jahre zum Opfer gefallen sind, und die vielen, vielen Räume, die noch immer zur Verfügung stehen: das zeigt die Weiträumigkeit dieser Anlage, die auf der ganzen Erde in ihrer Art nicht ihresgleichen hat.

Der Palast bildet das Herz der Stadt. Das Straßennetz führt außen um ihn herum, und erst seit der Revolution ist der Verkehr von der Oststadt zur Weststadt an einigen Stellen dadurch erleichtert worden, daß Straßen quer durch das Palastgelände gehen. Durch die lange Abgeschlossenheit ist es dazu gekommen, daß die beiden Stadtteile im Osten und Westen einen ganz verschiedenen Charakter bekommen haben. Die Oststadt wird von Süden nach Norden durchschnitten von der großen Hatamen Straße. An der Straße selbst sind meist Läden und Geschäfte. Aber rechts und links gehen die Querstraßen ab, die ein seltsames Gewimmel von Menschen und Tieren enthalten. Kleine, in sich abgeschlossene Gehöfte werden gelegentlich von Europäern gemietet, die sich darin mehr oder weniger chinesisch und meist recht gemütlich eingerichtet haben. Wenn man in einer Frühsommernacht mit einigen guten Freunden im blumenduftenden Höfchen eines solchen chinesischen Anwesens sitzt mit Blumenkränzen im Haar bei einer Flasche guten Weins, dann läßt sich wundervoll über das Leben reden. Der Mond scheint dazu über die Dächer her. Draußen tönen die verschiedenartigen Rufe der Verkäufer, das Lachen der Kinder und der dumpfe Lärm der Ferne. Schließlich schweigt die Nacht, nur einsam bellt noch ein Hund nach dem Mond oder nach einem verfrühten Dieb.

Die Nächte von Peking haben Vergangenheit. Es blickt etwas von Wüste und Unendlichkeit herein, wenn die Lichter des Himmels so mächtig schimmern. Gespenster schleichen durch die schwarzen Schatten, die auf dem Steinboden des Höfchens herumkriechen, wenn die Papierlaternen verflackert sind und der Mond allein mit seinem Licht Häuser und Schatten langsam verdreht. Aber die Gespenster sind nicht sehr böse: vielleicht ein Fuchs, der sich ein wenig wärmen möchte an der Seele eines Menschen und sich deshalb in ein hübsches Mädchen wandelt, oder eine Leiche, die noch nicht lange genug tot ist und noch phosphorn leuchtende Widerscheine im Dunkel aufblitzen läßt. Vielleicht sind es aber auch nur die Leuchtkäfer, die um den Dachfirst irren, und der merkwürdige Seufzer in jener schattendurchwirkten Ecke unterm Baum ist nur ein verirrter Windstoß, der vom Herbst oder Spätwinter träumt, da er hervor darf und im Staub der Straße wühlen. Die Gespenster sind nicht sehr böse, wenn man sie nicht stört.

Peking ist eine gute Stadt, wenn auch ebensoviel Böses dort geschieht in Heimlichkeit und Offenheit wie in den anderen Städten. Aber der Ort ist gut. Wenn man einen Zweig in die Erde steckt, so treibt er Blätter und Blüten, so fruchtbar ist der Boden. Es gibt viel Schmutz da. Die Hygiene der Neuzeit ist noch nicht in jedem Winkel auf Bazillenjagd. Die Furcht vor den Bazillen ist ja die moderne Form des Geisterglaubens. In Peking laufen noch wirkliche Geister herum, da jagt man den Bazillen noch nicht nach. Es ist geradezu unglaublich, welche Möglichkeiten sie haben, sich zu entwickeln. Jahrhundertelang war auf den Straßen beinahe alles erlaubt nicht nur den Menschen, auch dem Vieh. Man konnte Spülwasser ausgießen, Reste wegwerfen; ein Hund, eine Katze durften, wenn sie nicht anders konnten, sterben, – kurz, die Straße nahm alles milde auf und deckte mit ihrem Staub alles Ekle wieder zu. (Nur die Gerüche lassen sich oft schwer verdecken.) Wenn man nun den Mutwillen des Windes bedenkt, der das von Zeit zu Zeit immer durcheinanderwirbelt und den dunklen Staub dem Wanderer in Augen, Ohren und Nase bläst, da könnte theoretisch kein Mensch am Leben bleiben bei all den Billionen von Bazillen. Aber Peking ist eine gute Stadt. Die Sonne scheint jahraus jahrein, und mit ihren Strahlen bezwingt sie auch die bösen Geister der Bazillen.

Natürlich gibt es kranke Leute in Peking, und viele sterben. Aber das kommt auch anderswo vor, und die Sterblichkeitskurve ist nicht schlecht. Am meisten hat der Mann auf der Straße Angst vor dem Rockefeller Medical Institute. Das ist ein wundervoller alter Prinzenbau mit giftiggrünen Ziegeln. Die Räume sind alle rein und aseptisch, und kein ungebetener Bazillus darf sich hinter den Fliegengazen der Fenster herumtreiben. – Nur die regelmäßig gefütterten Bazillen in den Tiergärten der Gelatineröhrchen haben es gut. Sie dürfen sich ordentlich mästen, unter Aufsicht natürlich und höchst manierlich. – Auch das Operationsmesser arbeitet rein, glatt und sicher und mit allen Komfort der Neuzeit. Und doch, der Bettler auf der Straße und der Kaufmann hinter dem Ladentisch sind noch immer arme, abergläubische Heiden und wollen lieber in Frieden auf ihrem Holzbett sterben oder auf einem ruhigen Misthaufen, wenn es nicht anders sein kann, als im »Schlachthaus«, wie sie den Prachtbau nennen. Das sind natürlich Vorurteile; denn in den feinen Hospitälern sterben auch nicht mehr Leute als ohnehin gestorben wären. Ja, manche werden sogar unter den geschickten Händen der bewanderten Pflegerinnen und tüchtigen Ärzte vom Tode gerettet, und alle, welche kommen, werden mindestens gewaschen und desinfiziert. Aber die Leute haben nun die Antipathie. Schließlich gibt es vielleicht keine größere Weisheit, als jeden auf seine Fasson selig werden zu lassen, wie das in China bisher üblich war.

Es liegen hier recht schwere Fragen. Ich habe mich einmal einem armen chinesischen Rikschakuli gegenüber vergeblich bemüht, ihm Europas und Amerikas Fortschritt auf dem Gebiet der Heilkunde klarzumachen. Er sagte: »Bei uns läßt man die Leute sterben, wenn sie nicht mehr leben können. Man macht ihnen den Tod leicht, man trauert um sie und begräbt sie. Die so sterben sind die Alten, die Siechen, die Krüppel, die Schwachen, die doch keine rechte Freude am Leben haben. Die Starken und Zähen reißen sich durch, und wir leiden ja nicht an Mangel von Lebenden, sondern eher an Überfluß. Ihr schützt und pflegt die Untergehenden und erhaltet Menschen, die sich und anderen zur Qual sind, nur damit eure Ärzte sich ihrer Geschicklichkeit rühmen können. Gleichzeitig macht ihr Kanonen und Giftgase und teuflische Maschinen, und damit tötet ihr in ein paar Jahren mehr Menschen, als ihr vorher jahrzehntelang wider die Natur am Leben gehalten. Aber die ihr tötet, das sind die Starken und Gesunden, die der Menschheit noch viel hätten nützen können, und die ihr pflegt und rettet, sind die Krüppel und Elenden. Ist das nicht töricht?« Ich ließ den Mann mit seinem Wagen weiterfahren, da ich in der Eile der Geschäfte keine recht passende Antwort zur Verteidigung der europäischen Kultur bei der Hand hatte.

Aber da wir gerade dabei sind, wollen wir uns auch von den Schattenseiten des Lebens nicht ohne Worte abwenden. Bei den vier Durchgangstoren des Ostens (Tung Sï P'ai Lou), die an einer Straßenkreuzung stehen, ist das Kloster des Segens und des Glücks (Lung Fu Sï). Dort ist alle zehn Tage großer Markt. Peking hat eine ganze Anzahl solcher Märkte, und es ist ganz belehrend und vergnüglich, sich im Gewühl herumzutreiben. Der Markt von Lung Fu Sï ist von den Europäern »entdeckt« worden, und die chinesischen Händler ihrerseits haben bald diesen Umstand auch entdeckt. So ist der eine Hof des Tempels denn auch jederzeit erfüllt von Altertümern: Tassen, Vasen, Nippsachen, Kästchen, Platten, Kohlenbecken, Schnupftabakfläschchen, Heiligenstatuetten, Nephritgegenständen und tausend anderen wertvollen oder wertlosen Dingen. Die Preise sind zum Teil reine Phantasiepreise, vage Wünsche des Händlers, wieviel er vielleicht am liebsten für die Sache hätte. Aber die Leute lassen alle mit sich reden. Es entspinnt sich ein Kampf um den Preis, der Kennern auf beiden Seiten Freude macht. Es ist ein Kampf wie ein Trinkspiel. Man nennt nicht den Preis, den einem die Ware wert ist und über den man nicht hinauszugehen gedenkt, sondern einen weit niedrigeren. Zweck des Handels ist, sich irgendwo in der Mitte zu treffen. Das ist Sache der Nerven, der inneren Kraft der imponierenden Persönlichkeit. Der Händler läßt alle Künste einer primitiven Magie spielen, um den Gegenstand liebreizend und wertvoll erscheinen zu lassen. Er hat manchmal wunderbaren Erfolg. Oft werden Fälschungen, offenbare Fehler, Bruch und Verletzungen übersehen, von denen der Käufer sich nachträglich gar nicht mehr erklären kann, wie das nur möglich war. Im allgemeinen muß man möglichst die Ruhe wahren, nichts unter allen Umständen haben wollen – erst wenn man innerlich frei ist, kann man richtig feilschen –, und vor allem, man darf die Händler nie betrügen wollen. Wenn ein Europäer nach Hause kommt in dem Hochgefühl, einen Händler gründlich übers Ohr gehauen zu haben, wird er in der Regel mit der Zeit Gelegenheit haben, seinen Irrtum zu bedauern. Natürlich gibt es auch hier keine Regel ohne Ausnahme. Ich habe schon Käufer gekannt, die mit den von ihnen gekauften Waren einfach abgereist sind, ohne zu bezahlen – diese Fremden waren keineswegs das, was man unter Dieben zu verstehen pflegt –, aber auf der anderen Seite kann man auch nicht behaupten, daß jedes redlich erworbene Altertum nun wirklich echt sei.

In der Nähe dieses Marktes ist an manchen Tagen Schweinemarkt. Das ist nun freilich eine Hölle. Manche Menschen von Gefühl machen an diesen Tagen lieber weite Umwege, als daß sie die Qualen der wehrlos gefesselten umherliegenden Tiere mit ansehen, oder ihr Schreien hören, wenn sie gestoßen, geschlagen, getrieben, getötet werden. Hier ist die Tierhölle, die von den Höllen draußen vor dem Osttor im Tempel des Totengottes nicht wesentlich verschieden ist. Auch die Hunde auf der Straße haben es nicht gut. Sie werden selten persönlich gepflegt, sondern treiben sich, oft krank und räudig, überall umher, wo sie einen Bissen erschnappen können, bis sie in einem Winkel zugrunde gehen.

Dort begegnet man einem Zug von Kamelen. Im Winter tragen sie einen dichten Wollpelz, der im Laufe des Frühlings in Fetzen sich löst, bis sie im Spätsommer völlig nackt sind, worauf ihnen neuer Flaum wächst. Diese Mauserung macht aus den Tieren oft die groteskesten Karikaturen. Sie haben alle einen mißvergnügten, hochmütig höhnischen Zug um den Mund. Manche beißen auch, und allen sieht man es an, daß sie keine liebevollen Wesen sind. Sie haben viel zu dulden und dulden meistens stumm. Nur wenn man sie beladen hat und sie aufstehen sollen, widerstreben sie. Sie werden am Nasenring gezogen, und dann schreien sie entsetzlich. Auch wenn ihnen die Ledersohlen an die Füße genäht werden, wenn sie beim Wüstenzug sich wundzulaufen beginnen, äußern sie sich klagend. Sonst gehen sie still und heimtückisch ihren dürftigen Leidensweg.

Man hat schon häufig gefragt, ob das chinesische Volk grausam sei. Eine solche Frage enthält eigentlich einen Fehler. Es gibt kein Volk, das als Ganzes grausam wäre, ebenso wie es kein liebevolles Volk gibt. Höchstens, daß Sitten und Gewohnheiten bestimmte Gleise haben. Hier ist nun allerdings die Grenzlinie zwischen Liebe und Rücksichtslosigkeit anders gezogen als in Europa. Der Chinese findet das europäische Familienleben herzlos und liebeleer. Söhne von Brüdern schon stehen einander fremd gegenüber, und selbst Kinder gibt es, die ihre Eltern nicht versorgen. Das ist in China ganz anders. Hier ist das Gefühl gegen Eltern und Geschwister so warm und aufrichtig, daß es auch in der Lyrik als Gehalt verwendet wird. Aber die öffentliche Hilfsbereitschaft, die einem Menschen auf der Straße beispringt, den man gar nicht kennt, ist in China nicht so entwickelt wie in Europa – eben wegen der hohen Entwicklung des Familiengefühls.

Wo ferner grausame Strafen herrschen, da werden die Sitten roh, das sieht man ja am besten im Krieg – auch unter ganz zivilisierten Völkern. So bewirkten die früheren grausamen Strafen in China eine Abstumpfung der Gefühle gegen das Leiden anderer. Aber ebenso ist in den letzten Jahren, seit diese Strafen abgeschafft sind, eine entschiedene Besserung eingetreten. Gerade die Behandlung, die die internierten Deutschen während des Krieges erfahren haben, zeigte viel mehr Rücksicht und Mitleid bei den Chinesen als bei den Europäern in Ostasien.

Den Tieren gegenüber ist der Mann aus dem Volk nicht grausam, aber oft gedankenlos. Selbstverständlich liebt und pflegt er die Tiere, mit denen er zusammen ist und die ihm als Haustiere von Nutzen sind. Die Haustiere werden im allgemeinen recht gut behandelt. Allerdings ohne Sentimentalität. Die zarte Rücksichtnahme, die in Europa ältere Damen auf ihre Hunde nehmen – in Tsingtau war z. B. eine deutsche Lehrerin, die verwöhnte ihre beiden Hunde sogar auf Kosten von Menschen –, ist in China im allgemeinen nicht vorhanden. Tiere sind für die Chinesen unvollkommenere, niedrigere Wesen als die Menschen, auf die man darum weniger Rücksicht nimmt. Hier wirkt der Buddhismus etwas erweichend durch sein Mitleid mit allem, was lebt. Freilich nicht der Salonbuddhismus, der an Feiertagen Vögel auf dem Markt kauft, um ihnen die Freiheit zu schenken, während die Händler sie auf dem nächsten Dach wieder einfangen, um sie aufs neue zu verkaufen. Aber der Buddhismus hat auch stärkere, tiefere Anregungen, und eine Neubelebung des gemütstiefen Buddhismus wird sicher gute Wirkungen auf die Sitten des Volks haben. Daß die Chinesen Gemüt haben, also nicht grausam sind, sieht man am besten an der Art, wie sie mit Kindern umgehen. Fast allgemein kann man finden, daß Kinder freundlich und milde behandelt werden. Ein Volk, das Kinder liebt und mit Kindern lachen und spielen kann, ist in seiner Seele gut. Die Kinder sind daher auch ihrerseits harmlos, gutartig, oft begehrlich, aber nicht frech. Wenn die Begehrlichkeit zu weit geht, dann werden sie beruhigt, indem man ihnen tausend schöne Dinge verspricht. Namentlich die Kinderfrauen haben das in Übung. Das Kind nimmt die Dinge wohl selbst nicht ernst. Aber es freut sich, zuzuhören, und darüber wird es ruhig.

Tagtäglich führte mein Weg an der Mauer der Kaiserstadt entlang nach Norden. Innerhalb der Mauern fließt ein Graben langsam und träge nach Süden. Dichte Weiden stehen an seinem Ufer. Man kommt an alten Tempeln vorbei, deren Götter gestorben sind und die nun zu weltlichen Zwecken dienen. Ein steinerner Torlöwe mit abgeschlagenem Kopf steht irgendwo an einer Ecke. Ein Arzt mit vielen Ehrentafeln, die ihm geheilte Parienten geschenkt haben, hat sich an dem Kanal niedergelassen. Ein emsiges Leben geht an dem grünen, trüben Wasser hin und her. In der Nähe des Kohlenhügels liegt in der Oststadt die Reichsuniversität, an der ich Vorlesungen zu halten hatte. Ich denke mit großer Freude zurück an meine chinesischen Kollegen, mit denen sich manches interessante Gespräch während der Pausen entwickelte, und an die Studenten, die zum größten Teil mit Eifer und Verständnis dem Gebotenen folgten. Ein unscheinbares Gebäude ist diese Universität, ein kahler, düsterer, roter Backsteinbau (andere Teile der Universität hegen südlich und westlich und sind erfreulicher im Äußern). Aber in den 25 Jahren ihres Bestehens war sie eine geistige Macht im öffentlichen Leben Chinas, wie wohl selten eine Universität in ähnlichem Maße von sich sagen kann. Diese Macht wirkte im Sinne der freien Gestaltung des Lebens, sozialer und politischer Reform und des Neubaues des gesamten chinesischen Geistes. Die pekuniären Verhältnisse der Dozenten sind dürftig. Die meisten müssen durch schriftstellerische Arbeit ihr Brot verdienen, da die Geldzahlungen wegen des großen Elends der Staatsfinanzen sehr unregelmäßig sind. Aber durch einen hohen Idealismus bewogen, bleiben die Dozenten ihrem Beruf treu, und jeder empfindet es als Ehre, dem Lehrkörper dieser Anstalt anzugehören.

Hier beim Kohlenhügel geht ein Weg von der Oststadt in die Weststadt hinüber. Man kommt durch ein Tor der alten Palaststadt. Dann führt der Weg über eine geschwungene Marmorbrücke, die der Länge nach durch eine hohe Mauer geteilt ist. Die südliche Hälfte gehört zu den Anlagen des Präsidentenpalastes. Der nördliche Trakt ist dem Verkehr übergeben. Man hat von hier einen Überblick über das lotosbewachsene »Nördliche Meer« (Pe Hai) mit seinen Gebäuden und Uferhügeln, die hinten von dem großen Pagodenhügel abgeschlossen werden, von dem die marmorne tibetanische Pagode herübergrüßt, die das Wahrzeichen des Nordens von Peking ist.

Die Weststadt hat einen anderen Charakter als der Osten. Merkwürdigerweise gehört auch Peking zu den Hauptstädten, in denen der Westen die vornehmere Gegend ist. Selbst draußen vor dem Schun Tschï Men, dem südwestlichen Tor der Nordstadt, ist vornehmes Viertel. Hier liegen viele beliebte Restaurants. Die Kunsthändlerstraße Liu Li Tsch'ang erstreckt sich bis hierher, und die pädagogische und medizinische Universität liegen ebenfalls in dieser Gegend. In der Straße des steinernen Prinzgemahls liegt die pädagogische Mädchenuniversität. An allen drei Anstalten hielt ich Vorlesungen und habe überall die besten Erfahrungen gemacht. Insbesondere fand ich auch die Studentinnen der Mädchenuniversität intelligent und interessiert und vollkommen auf der Höhe wissenschaftlichen Betriebs. Manche von ihnen sind ?. ebenso wie die Studenten politisch etwas radikal, aber das ist ein Vorrecht der Jugend in vorwärtsschreitenden Nationen. Eigenartig ist übrigens, daß wohl die weiblichen Studenten das Recht haben, sämtliche Männeruniversitäten zu besuchen, dagegen an der pädagogischen Mädchenuniversität männliche Studenten nicht zugelassen sind. Infolgedessen ist zum mindesten in diesem Stück die Gleichberechtigung der Geschlechter in Peking eher zugunsten der Frauen verschoben. Die Frauenfrage wurde in China sehr leicht gelöst. Aus den strengsten Abhängigkeitsverhältnissen der patriarchalischen Ehe und Familie haben die jungen Mädchen den Weg zu Freiheit und geistiger Betätigung gefunden, viel leichter, als dies in unseren modernen Staaten vielfach der Fall war. Auch hier hat sich das Sprichwort bewährt: »Die Letzten werden die Ersten sein.«

In der Weststadt sind in der Verborgenheit abgelegener Straßen uralte Gärten hinter Mauern versteckt. Die Bäume dieser Gärten überdachen mit ihren Zweigen die Höfe und Häuser, so daß mitten in der grellsten Sommerhitze hier schattige Kühle herrscht. Über moosige Stufen kommt man in stille Räume voll grüner Schattendämmerung. Nicht viele Menschen versammeln sich hier. Ein paar Freunde nur führen ein ruhiges Gespräch. Man betrachtet Bilder, spricht über ein paar Gedichte, bleibt vor einer Bronze stehen, gibt ein schönes altes Stück von Hand zu Hand und trinkt eine Schale Tee dazu. Solche Konversationen waren der Anfang zur japanischen Teezeremonie. Aber in Japan ist alles streng stilisiert, zu fester Form erstarrt. In China leben solche Unterhaltungen noch. Sie nehmen Gestalt an je nach den Menschen, die da sind, je nach den Tagen, die vorangegangen, je nach dem Wetter, nach der Stimmung. China hat es fertig gebracht, seine Sitten lebendig zu machen, sie sind ihm Kleider, die es trägt. In Japan sind die Sitten strenger, unfreier, die Höflichkeit hat nicht die Grenze der inneren Freiheit, und darum wirkt japanische Höflichkeit oft marionettenhaft, und man hält die Japaner für falsch. Man tut ihnen damit großes Unrecht. Ihre Strenge, ihre Selbstbeherrschung befiehlt ihnen zu grinsen, wenn das Herz blutet; denn ihr Zentrum hegt außer der Persönlichkeit: es ist der Staat, der Himmelsherrscher. Der Chinese aber, wenn er ein Edler ist, hat seinen Schwerpunkt in sich selbst. Die Sitte muß ihm dienen zum harmonischen Ausdruck seines Wesens. Nicht aber muß er der Sitte dienen zur Darstellung der ehernen Gesetze ihrer Form. Vielleicht ist diese feinste, höchste Freiheit, die Höflichkeit des Herzens, der Grund, warum man die Chinesen so lieben muß, wenn man sie kennt. Ein Chinese ist so liebenswürdig wie ein Franzose, aber er ist frei von dessen letzten Schranken absoluter Verankerung im Eigenen. Darum kennt er keinen Fanatismus. Der Chinese ist kindlicher als der Franzose, der vielleicht zu alt ist. [26]

Zur Weststadt hinaus geht der Weg aufs Land. Die eine Straße führt zum Tempel der weißen Wolke. Das ist ein taoistisches Heiligtum. Hier fühlt man, daß der Taoismus doch noch etwas Lebendiges ist. Hier ist nicht Laotse der magische Gott, sondern Männer aus späteren Zeiten haben hier gelebt, die es erreicht haben, durch mystische Schau das innere Leben zu erlangen. Ein geheimnisvolles Bild wird hier aufbewahrt; das zeigt die Kraftzentren des Menschen in symbolischer Darstellung, die mit verschiedenen Körperzentren koordiniert sind. Es zeigt, wie diese Kraftzentren sich äußern, um den Kreislauf der Wasser des Lebens in Gang zu setzen, die wie Ströme von Lebensatem den Körper durchfluten und ihn der höheren Gesetze teilhaftig machen. Das Kloster hat Meditationshallen und einen Garten in stiller Abgeschiedenheit, auf dessen künstlichen Hügeln man sitzen und hinaussehen kann auf die weite Ebene, in der dunkle Gräberhaine, Obstgärten und Pagoden zerstreut sind, wie man hinaussieht aus dem stillen Hafen in das weite Meer, auf dem die kleinen Segelboote schwimmen. Bei so viel geheimen Kräften, die im Kloster leben, ist es da wunderbar, daß Tempelräume da sind, in denen Lü Tung Pin die Zukunft kündet, und andere, in denen Frauen sich schüchtern ein Kinderbild aus Ton vom Altar nehmen, das ihren Wünschen heimliche Erfüllung bringt?

Am Horizont dehnen sich in ferner Schönheit die Westberge. Sie sind belebt von Tempeln und Schlössern. Ihre Vorhügel waren in früherer Zeit ausgestaltet von den Sommerpalästen der Kaiser. Ein Kanal führt von dem Kaiserpalast in der Hauptstadt bis hinaus zur Marmorquellenpagode auf dem Hügel an der gründurchsichtigen Sprudelquelle, die alle die vielen Teiche am Fuße der Hügel füllt. Es muß eine ungeheure Pracht gewesen sein an Gärten, Türmen, Tempeln, Palästen. Auch ein Palast in französischem Barock gehörte dazu. Märchengärten und Feenschlösser lagen hinter festen Mauern an den Hängen hingebreitet. Heute sind nur noch Reste da. Engländer und Franzosen haben der Pracht ein Ende gemacht bei ihrem »Strafzug« in den sechziger Jahren. Die Tempel zerfallen, Ruinen decken die Hügel, in den Gärten sproßt wildes Buschwerk zwischen den bunten Porzellan türmen und an den Marmorteichen mit ihren kühn geschwungenen Brücken.

Da und dort ist ein Stückchen später wieder ausgebaut worden. Dazu gehört z. B. der Sommerpalast der verstorbenen Kaiserin-Witwe, in dem sie ihre Ferien verbracht hat und ihren Lebensabend schließen wollte. Seltsamer europäischer Ungeschmack und Verfallserscheinungen mischen sich darin mit echter, alter Schönheit. Einen anderen Palast hat die Ts'inghua-Universität inne, wo eine ausgewählte Schar von Studenten für einen künftigen Aufenthalt in Amerika vorbereitet wird. Auch andere fremde Schulen bauen sich auf den Trümmerstätten versunkener Pracht an. Ein General hat in der Nähe einen Lustgarten angelegt. Moderne chinesische Saalbauten und zierliche Gärtchen mit Strohhütten und künstlichen Quellen wechseln mit Turnplätzen und Kegelbahnen ab. Ich vergesse nie die Grazie, mit der die Frau des Generals in ihrem eleganten blauen Atlaskleid den Bauchaufzug und den Kniehang an einem eisernen Reck machte (die chinesischen Damen tragen geschlossene Beinkleider und kurze Jacken). Die fremden Gäste standen voll Bewunderung dabei, und keine der europäischen Damen vermochte dieses Kunststück der jugendlichen Generalin nachzumachen.

Auch andere verborgene Haine mit stillen Gelehrtenhütten, zum Studium und zur Meditation geeignet, sind in der baumbedeckten Ebene da und dort zu finden. Aber überall ragt eine größere Vergangenheit in eine kleinere Gegenwart herüber.

Die neue Zeit bringt auch manches hervor in Peking und seiner Umgebung, das hinausweist über die Gegenwart. Freilich hegt es zunächst meist auf geistigem Gebiet und hat sich noch nicht in äußerer Raumgestaltung ausgewirkt.

Peking ist eine Stadt geheimnisvoller Freiheit. Die Menschen kommen und gehen, und jeder findet einen Kreis von Freunden, die ihm bieten, was er wünscht. Jeder Mensch, der hier lebt, findet eine Gestaltung für das, was er als Arbeit sich vorgenommen. Die Luft, die über Peking weht, ist gut und frei. Es kann einer Sonderling sein oder Gesellschaftsmensch, er mag beim dampfenden Wein des Lebens Sorgen von sich werfen oder in ernster Kasteiung die Unsterblichkeit erstreben. Jeder kann tun, was er will. Kein Druck der Sitte ist stark genug, die Persönlichkeit zu beengen. Diese göttliche Freiheit ist das Tiefste an Peking und erfüllt das Herz mit Dankbarkeit.

Siebzehntes Kapitel. Okkultismus und religiöse Strömungen

Das Aufwachen okkultistischer und religiöser Strömungen ist in seinem gegenwärtigen Umfang eine ganz neue Erscheinung in China. Wohl haben sich auch in den letzten Jahrzehnten unter dem Volk religiöse Strömungen gezeigt, die zur Bildung von Geheimsekten geführt haben. In diese Richtung gehört z. B. die christliche Bewegung der sogenannten Taipings oder die antichristliche der Boxer. Aber das waren halbbewußte Ausbrüche vulkanischer Art von verdrängten Komplexen, die auf diese Weise zu einer irrationalen Äußerung kamen. Wenn bei der Boxerbewegung auch einzelne Beamte, besonders unter den wenig gebildeten und primitiven Mandschus an die Bewegung geglaubt haben, so war und blieb das Ganze im wesentlichen eine lokal beschränkte Massenpsychose. Tiefere seelische Gebiete wurden nicht berührt. Daher war auch das rasche Abebben der Bewegung und ihr Umschlag in die neue Zeit möglich.

Die gebildeten Kreise in China waren stets sehr aufgeklärt und nüchtern. Die Form religiöser Bräuche hatte über die Bewegung der Gefühle gesiegt. Ein etwas steriler Agnostizismus war das Allgemeingut dieser Menschen. Man unterhielt sich wohl gelegentlich über Gespenstergeschichten. Man leugnete auch keineswegs die Möglichkeit okkulter Erscheinungen, die im Osten doch allzu zahlreich auftreten, um ignoriert werden zu können, besonders da Betrug als Gelderwerb auf diesem Gebiet nicht in Frage kommt. Aber man hatte sich mit diesen Dingen abgefunden. Man nahm an, daß, wie der Leib mit dem Tode nicht plötzlich verschwinde, sondern einem allmählichen Auflösungsprozeß anheimfalle, so auch der psychische Teil des Menschen den Tod eine Zeitlang überdauere, um sich im Lauf der Zeit ebenfalls aufzulösen, höchstens daß da, wo starke Geisteskraft die Elemente der Seele zusammenhalte, die Persönlichkeit auf einer ätherförmigen Basis mit der Möglichkeit der verschiedenen Stufen der Materialisation auf Kosten von lebendem Plasma sich längere Zeit erhalten könne. Solche Wesen seien dann Götter und Dämonen, die durch viele Jahrhunderte dauern können, solange sie innerhalb der lebendigen Menschen günstige Anknüpfungspunkte finden. Diese Anschauungen scheinen dem europäischen Beobachter in Widerspruch zu stehen mit der Lehre von Karma und Wiedergeburt, ferner mit der Lehre von den Höllen und Himmeln, in denen die abgeschiedenen Seelen sich aufhalten, und endlich mit der Ahnenverehrung, die doch augenscheinlich ein Weiterleben nach dem Tode voraussetzen. Aber das scheint nur dem Außenstehenden so. Diese Anschauungen gehen zwar höchstwahrscheinlich auf verschiedene Ursprünge zurück: die Jenseitslehre auf westasiatische, die Karmalehre auf indische und der Ahnenkult auf konfuzianische; aber das Leben geht über solche Widersprüche hinweg und vereinigt mit Leichtigkeit auch noch stärkere Widersprüche.

Menschsein ist für die chinesische Anschauung nur eine Daseinsform unter vielen. Der Mensch ist ebenso wie aus verschiedenen körperlichen, so auch aus verschiedenen seelischen Schichten zusammengesetzt. Werden diese verschiedenen Schichten beim Tode durch eine starke Kraft zusammengehalten, so dauert die Persönlichkeit auf einer höheren, weil feiner stofflichen Daseinsebene weiter. Sie wird zum Genius (Hsiän). Diese Genien bilden das taoistische Pantheon und zeigen sich je nach ihrer Kraft ihren Verehrern längere oder kürzere Zeit. Die taoistische Tradition kennt besonders acht solcher Genien, die, aus verschiedenen Zeiten stammend, eine sublime Gesellschaft bilden. Auch eine Frau ist darunter, die in Abwesenheit ihres Mannes vom Trank der Unsterblichkeit naschte und darauf strackwegs unter die Genien gelangte. Wichtig ist, daß diese Genien immer irgendwie körperlich gedacht sind. Sie können erscheinen und verschwinden und haben einen verklärten Leib. Die Gespenster sind ihr Gegensatz. Hier ist das Materielle unrein und wirkt für sie und andere als Qual. Sie sind die unerlösten Geister. Manche müssen einen Stellvertreter stellen, um von ihrer unseligen irdisch-unirdischen Stellung frei zu werden. Besonders die Geister der Ertrunkenen und der Erhängten sind gefährlich. Darum meidet man die Orte, wo es auf diese Weise spukt, denn gar häufig kommt es vor, daß durch Schreck oder List ein armer Mensch dazu bewogen wird, an dem Platz, wo ein Selbstmord begangen ist, sich zu erhängen. Diese unseligen Gespenster, die vom irdischen Leben nicht loskönnen, quälen und schrecken die Menschen, weil sie nichts anderes als Qual produzieren können.

Natürlich werden auch in China häufig Gespräche darüber geführt, ob es solche Gespenster gibt oder nicht. Eine Zeitlang erregte folgendes Ereignis großes Aufsehen: Ein chinesischer Dampfer war bei einem winterlichen Sturm in der Nähe von Schanghai untergegangen und die Mehrzahl der Passagiere und Mannschaften waren ertrunken. Ein Kaufmann, der mit seiner Frau ertrunken war, erschien seinem Sohn bei Nacht und sagte, daß er und seine Frau keine Ruhe fänden, solange nicht ihre Leichen, die sich noch immer in den Kabinen des Dampfers befänden, geborgen und bestattet seien. Er erzählte dann noch, wie entsetzlich die Ereignisse bei dem Untergang gewesen seien, und gab genau den Ort an, wo die Leichen sich befänden. Zum Zeichen, daß es keine Täuschung sei, bot er folgenden Beweis an. Der Sohn solle vor dem Pavillon im Garten eine weiße Leinwand ausbreiten und Punkt zwölf Uhr in der nächsten Nacht die Leinwand photographieren lassen. Der Sohn tat es, und richtig fanden sich auf der Platte die Umrisse einer weiblichen und einer männlichen Gestalt, die auf der Photographie wie dunkle Schatten auf hellem Hintergrund wirkten. Auch sollen die Leichen an dem bezeichneten Platz gefunden worden sein.

Als ich von der Geschichte hörte, beschloß ich mit einigen chinesischen Freunden, der Sache näherzutreten. Wir ließen uns einen Abzug der Geisterphotographie kommen. Es war ein Klischeedruck, auf dem man tatsächlich zwei Schattenumrisse unterscheiden konnte, die aber nicht als beweisend angesehen werden konnten. Doch hieß es, daß man gegen Einsendung eines höheren Betrags auch eine einwandfreie direkte Photographie beziehen könne. Die Photographie kam an und war in der Tat sehr merkwürdig. Das Bild war vollkommen dunkel, nur wenn man es im hellen Sonnenschein von der Seite ansah, traten ähnlich wie auf den alten Daguerrotypien, nur viel schwächer, die Züge eines alten chinesischen Herrn zutage, die, wie einige Anwesende mit Schrecken bemerkten, tatsächlich dem Verstorbenen glichen. Es erhob sich nun eine erregte Diskussion über die Möglichkeiten eines solchen Vorgangs. Ich bat einen der jüngeren Herren zunächst einmal, den Tatbestand genau zu prüfen. Nun stellte es sich heraus, daß es sich einfach um die Aufnahme einer alten Photographie des Verstorbenen handelte, die vor der Aufnahme mit Tusche zugedeckt worden war. So stellte sich dieser frappante Fall, der selbst die Presse eine Zeitlang beschäftigt hatte, als Schwindel heraus. Ob die erste undeutliche Photographie echt war und die zweite nur hergestellt war, um über die Wahrheit hinaus noch einen Beweis zu erbringen, wurde nicht untersucht.

Neben diesen feinkörperlichen, immer zur Wirkung auf die Menschen bereiten und materialisationsfähigen Geistern und Dämonen, in deren Reihen sich übrigens auch außermenschliche, oft tierische Wesen finden, hat die Vorstellung des Jenseits sehr wohl Platz. Einerseits sind im Menschen mehrere physische Wesen vereinigt, die ursprünglich wohl irgendwie ähnliche Gebilde wie die griechische Schatten-, Hauch- und Körperseele sind. Andererseits ist das Jenseits in seiner gegenwärtigen Auffassung nur als Übergangszustand gedacht. Es ist nichts Körperliches, sondern nur ein Bewußtseinszustand. »Himmel und Hölle sind im Bewußtsein des Menschen.« Das ist ein immer wiederkehrender Satz der chinesischen Jenseitslehre. Deswegen kann es auch gelegentlich vorkommen, daß ein Mensch zu seinen Lebzeiten Himmel und Hölle durchwandert. Himmel und Hölle sind die psychischen Auswirkungen der Taten des Menschen in diesem Leben. Wenn durch den Aufenthalt im Himmel der Schatz der guten Werke »aufgebraucht« ist oder in der Hölle die Frevel abgebüßt sind, kommt die Seele in ihrer innersten Entelechie wieder zur Verkörperung. Die Seelen werden an das große Lebensrad geschleppt, wo sie das gelbe Wasser der Vergessenheit trinken. Dann werden sie in das Rad hineingestoßen. Es dreht sich knarrend. Sie verlieren das Bewußtsein und finden sich wiedergeboren auf der Erde. Ebensowohl wie es möglich ist, daß der Körper des Kindes sich im Mutterleib entwickelt, während die Seele noch im Jenseits weilt, ist es auf der anderen Seite, zu Beginn des Jenseitsstadiums, solange die Seele noch nach außen gewandt ist, möglich, daß sie ihren Hinterbliebenen erscheint, während sie im Jenseits wandert. Eine der ersten Stationen ist ja auch die Terrasse, von der aus die scheidenden Seelen noch einen Blick auf ihre Heimat tun können, ehe sie über den Fluß müssen.

Daß man an sein früheres Leben sich nicht mehr erinnert, kommt nur davon her, daß man aus den gelben Quellen getrunken. Manchen Menschen aber ist es vergönnt, einen plötzlichen Blick in frühere Daseinsstufen zu tun.

In einem der taoistischen Klöster des Laoschan hörte ich in der Abenddämmerung unter dem geheimnisvollen Kamelienbaum, in dem eine Blumenfee wohnt, eine Geschichte dieser Art. Der Abt ließ seine Zither verklingen, und durch die dunklen Zweige der Pinien blickte der hellere Himmel hindurch, während hinten die Felsen der Gipfel leise verglommen und ein prasselndes Reisigfeuer seinen Rauch zum Himmel sandte. Der Priester begann: Kürzlich war ein Mann hier, der wußte von seinem früheren Leben. Er war wegen eines bösen Lebenswandels in die Hölle gekommen und hatte dort lange Jahrhunderte schmachten müssen. Endlich sei die Zeit seiner Qual erfüllt gewesen. Er sei zum Lebensrad gekommen. Dort habe er eine Jacke aus dunklem Atlas bekommen, die ihm ausnehmend gut gefallen habe. Er habe sie angezogen, dann sei er in das Rad gestoßen worden. Ein Schwung – und er befand sich wieder auf der Erde. Seine Brüderchen und Schwesterchen seien klein und blind gewesen und haben gierig an der Mutter getrunken. Auch er habe sich hinzugemacht. Sie lagen auf dem Mist. Fliegen surrten umher und setzten sich ihnen auf die Augen. Aber all der Schmutz und Geruch, den er wohl empfand, war ihm nicht im mindesten unangenehm. Er wälzte sich wohlig in der weichen Masse. Nach einiger Zeit habe er ein hübsches dunkles Mädchen um die Ecke kommen sehen. Nach kurzem Beschnuppern habe sie ihm die Ehe versprochen. Mit der Zeit habe sie Kinder bekommen, einen ganzen Wurf auf einmal. Er merkte nun wohl, daß Frau und Kinder Schweine waren, aber auch das war ihm nicht unangenehm. Mit blinzendem Behagen verspeiste er einige der zarten, niedlichen Kleinen, worüber ihm seine Frau eine Szene machte. »Ja, so seltsam sind die Frauen,« habe er gedacht, »und dazu ist diese ein Schwein, was habe ich mich weiter um sie zu kümmern?« Damit ließ er sie im Stich und wandte sich anderen Dingen zu. Mit der Zeit kam er zu der Erkenntnis, daß er selber auch nichts Besseres war als ein Schwein. An sich habe er sich ziemlich leicht mit dieser Tatsache abgefunden; denn jedes Wesen hat vor allen Dingen die Liebe zum Leben und ist zufrieden damit, zu sein, was es ist. Aber eine tiefe Sorge habe sich seiner bemächtigt, als er bemerkte, wie die Menschen in der Umgebung, die er bisher kaum beachtet hatte, ein Auge auf ihn warfen. »Nun ist er fett genug!« hieß es eines Tages, man band ihm Hände und Füße zusammen, schlug ihm einen Haken ins Ohr und hob ihn an Ohr und Schwanz auf einen Wagen. Alles Schreien und Sträuben war vergeblich. Nun sei eine Zeit des Leids über ihn gekommen. Zusammengeworfen mit zahlreichen Unglücksgenossen, habe er unter den Qualen des Hungers und Durstes, der Erschütterung und der schmerzenden Fesseln eine lange Reise durchgemacht. Entsetzlich war der Markt, das Wehgeschrei der Unglücklichen, die von Weib und Kind hinweggerissen wurden einem qualvollen Tod entgegen. Schließlich sei die Reihe auch an ihn gekommen. Ein betäubender Schlag auf den Kopf, ein Stich, und er fühlte sein Blut rinnen. Dann aber sei erst das Entsetzlichste gekommen: die Hitze kochenden Wassers, in das man ihn warf, das Ausziehen der Haare, Ausweiden, Zerteilen. Alles habe er unter entsetzlichen Vernichtungsgefühlen erlebt. Dann sei er auf den Markt gekommen, und jedes Pfund Fleisch, das ihm abgeschnitten worden, habe er mit immer neuer Qual empfunden. Schließlich bei Sonnenuntergang habe eine alte Frau den letzten Rest Fleisch in ihren Korb getan, dann habe er das Bewußtsein verloren. Als er wieder zu sich kam, vernahm er die Stimme eines Richters, daß er nun genug gebüßt habe und wieder zurück dürfe auf die Erde. Sofort schleppte ihn eine Herde von Teufeln unter Grinsen und Toben davon. Er hatte nämlich inzwischen seine alte Gestalt wiederbekommen. Sie wollten ihm seine schwarze Atlasjacke nehmen. Aber er wollte sie ihnen nicht lassen. Schließlich begannen sie ihn zu zwicken und zu kneipen und ihm das Kleidungsstück in Fetzen vom Leib zu reißen. Je mehr er sich wehrte, desto heftiger zerrten sie. Zum Schluß hatte er nur noch einen Ärmel an. Da faßte er mit der letzten Kraft den Rand des Ärmels mit der Hand und sprach: »Ich gebe meine Jacke nicht her.« Aber schon hatte man ihn in das Rad gestoßen und gedreht. So kam er als Mensch wieder zur Welt. Aber an der einen Hand hatte er ein paar Finger, die sahen aus wie Schweineklauen. Auch hatte man vergessen, ihm von dem Wasser der Vergessenheit zu trinken zu geben; darum behielt er die Erinnerung an alle diese Vorgänge. Nie konnte er sie ohne Schauder und Tränen erzählen, und sein ganzes Leben lang hat er sich der Frömmigkeit und Heiligkeit beflissen.

Was nun den Ahnenkult anlangt, so bezieht sich der auf ein ganz anderes Gebiet. Die Begräbnissitten enthalten in ihrer heutigen Form freilich manches, was aus den bisher gezeichneten Anschauungsformen hervorgeht. In der chinesischen Kultur treffen so viele verschiedene Elemente zusammen, daß das nicht wunderbar ist. Aber im allgemeinen sind die Trauergebräuche und der Ahnenkult, so wie sie im Konfuzianismus sich herausgebildet haben, eine durchaus patriarchalische Einrichtung. Zu denken gibt, daß in alten Zeiten der Vertreter des verstorbenen Ahns bei den Opfermahlzeiten, der sogenannte Totenknabe, in der Regel der Enkel des Verstorbenen war. Das läßt darauf schließen, daß der Ahnenkult ursprünglich nicht mit einem dauernden Weiterleben der Ahnen im Jenseits, sondern mit einer in der Regel in der übernächsten Generation erfolgenden Wiederverkörperung rechnete. Gewiß wurden bei den höheren Ständen Ausnahmen gemacht. Durch den richtigen Dienst der Ahnen wurde diesen sozusagen Kraft zugeführt, ebenso wie sie ihre Hinterbliebenen segnen konnten, so daß eine längere persönliche Fortdauer möglich war. Aber nach einer gewissen Anzahl von Generationen wurden selbst die kaiserlichen Ahnentafeln entfernt. Nur der Urahn des Geschlechts und besonders verdienstvolle Väter der späteren Zeit wurden als Tsu (Urvater) bzw. Tsung (Stammesahn) dauernd verehrt. Konfuzius hat die alten Bräuche, die er übernommen hat, im wesentlichen anerkannt und in ein System gebracht. Sein Ziel war, die Grundpflicht der Kindesehrfurcht so auszugestalten, daß sie zur absoluten Pflicht wurde ganz unabhängig davon, ob die Eltern, die Träger dieser Ehrfurcht, lebten oder nicht. Dabei befleißigte er sich den Jenseitsvorstellungen gegenüber einer beachtenswerten Zurückhaltung. »Du kennst das Leben noch nicht, wie willst du den Tod verstehen«, antwortete er einem Jünger, der ihn nach dem Jenseits fragte. Auch über die Dauer der Persönlichkeit der Ahnen enthielt er sich einer positiven Äußerung. »Sage ich, sie haben Bewußtsein, so werden pietätvolle Söhne ihr alles preisgeben, um den Toten zu dienen. Sage ich, sie haben kein Bewußtsein, so werden rücksichtslose Söhne sich um ihre Verstorbenen überhaupt nicht mehr kümmern.« Deshalb war die Ungewißheit in diesen Dingen der Seelenzustand, der dem Meister als der richtigste erschien. Denn auf diese Weise wurde die Pflicht erfüllt unabhängig von äußeren Motiven, rein um der Pflicht willen.

Im späteren Konfuzianismus finden wir einen ausgesprochenen Unglauben in diesen Dingen. Aber die Sitten sind so ausgestaltet, daß sie eine regelrechte Selbstsuggestion befördern. Durch Fasten und Meditieren über das Leben des Verstorbenen, indem man sich versenkt in sein Aussehen, seine Stimme, seine Gewohnheiten, seine Äußerungen wird die Stimmung des Sohnes so erregt, daß es oft fast zu Visionen und Auditionen kommt. Aber alles ist nur ein »Als ob«. Denn nirgends wird eine wirkliche Erscheinung postuliert. Zur Ausübung der Opfer mit dem nötigen Ernst genügt die lebendige Vorstellung, daß man sich als in Gegenwart der Hingeschiedenen befindet. Diese Religion des »Als ob« bezeichnet aufs bündigste den konfuzianischen Ahnenkult in seinem tiefsten Wesen.

Natürlich ist ohne weiteres klar, daß diese sozusagen schwebende Freiheit der Anschauung nichts für das Volk ist. Hier haben immer massivere Vorstellungen geherrscht, und der Mythus wurde auch von oben her gepflegt. Wo eine göttliche Kraft sich zeigte und im Interesse der Gesellschaft sich betätigte, fand sie öffentliche Anerkennung. Der neue Gott fand Aufnahme in die staatlichen Opferlisten. Es war genug, wenn der Mythus für die Führenden als durchsichtiger Schleier erkannt war. Die Menge fühlt sich nicht wohl auf den eisigen Gipfeln der Erkenntnis.

Freilich begnügte man sich nicht im Volk, die staatlich approbierten Götter auf diese Weise anzubeten. Man suchte persönlich nähere Verbindungen. Hier beginnt nun der Bereich der Geheimsekten und okkultistischen Bewegungen, die in unruhigen Zeiten immer da und dort aufflammten. Oft hatten sie stark politischen Hintergrund und wurden dann als staatsgefährlich mit strengen Maßregeln verfolgt. Oft waren sie der Zufluchtsort der Stillen im Land und wurden dann stets freundlich geduldet. Es ist ein Vorrecht des christlichen Europa und seiner westasiatischen Verwandten geblieben, auf dem Gebiet der Religion Kriege zu führen, vielleicht weil man die Religion hier viel zu massiv auffaßte und nichts wissen wollte von der sublimen geistigen Freiheit des Denkens, die im Osten schon immer zu Hause war.

In den letzten Jahrzehnten sind verschiedene Bewegungen religiöser Art im Volk entstanden, die eine Zeitlang die Gemüter erregten, aber schließlich auf harmlose Weise in den Betrieb des Lebens wieder übergingen. Die eine dieser Bewegungen hatte ihren Sitz hauptsächlich in der Mandschurei, sprang von dort aus aber auch auf Schantung über, das mit der Mandschurei in regen Wechselbeziehungen steht. Durch japanische Einflüsse wohl hatte sich der Dienst des Fuchsgottes ausgebreitet. Der Fuchs gilt in China schon seit langer Zeit als merkwürdiges Zwischenwesen. Er kann es durch Yogapraxis, die er übt, so weit bringen, daß er sich in menschliche Gestalt verwandeln kann. Aber die meisten Füchse sind keineswegs gute Wesen. Sie verwandeln sich mit Vorliebe in schöne Mädchen und berücken die Männer, die sie sich zum Opfer ausersehen haben. Keinem bekommt es gut, der sich mit solchen Füchsen in Mädchengestalt einläßt, denn während der Fuchs durch seinen Verkehr mit dem Menschen höhere Kräfte in sich aufnimmt, wird der Mensch heruntergezogen, geschwächt und seelisch beraubt. Schließlich können die Menschen dann zum Spielball dieser Halbwesen werden, die in sie fahren und mit verstellter Stimme allerlei Lästerungen durch ihren Mund ausstoßen. Das Neue an der Fuchsbewegung war, daß sich Volksteile fanden, die den »dritten Vater Fuchs« göttlich verehrten, der sich da und dort plötzlich als mächtig erwies, Krankheiten zu heilen und in allen Nöten des Lebens zu helfen. Man kann von dem »dritten Vater Fuchs« wirklich behaupten, daß er ein sonderbarer Heiliger ist, aber er tut seine Pflicht seinen gläubigen Anhängern gegenüber, die ihn darum auch gebührend ehren. Er wird auch nicht geradezu »Fuchs« von ihnen genannt. Vielleicht würde er das nicht schätzen, sondern man gibt ihm den Familiennamen »Hu«, der zwar mit dem Zeichen Hu = Fuchs in der Aussprache übereinstimmt, aber verschieden geschrieben wird.

Eine andere Bewegung, die großen Anklang namentlich in unteren Volksschichten fand, ist die Tsai Li Sekte. Tsai Li heißt eigentlich »innerhalb der Vernunftordnung«. Sie verehrten die Kuanyin und verzichteten mit ihrer Hilfe auf alle alkoholischen und narkotischen Stimulantien. Weder Tabak noch Opium ist erlaubt, und auch Wein in allen Formen wird gemieden. Die Vereinigung hat manchem armen Menschen geholfen, von der Macht der verderblichen Bindungen durch religiösen Glauben loszukommen.

Die Not der Zeit hat nun in den letzten Jahren einen Boden geschaffen, auf dem ein neues Erwachen der religiösen Instinkte möglich wurde. Neuerdings zeigt sich, namentlich von der Westprovinz Setschuan ausgehend, eine ganz merkwürdige Belebung religiösen Empfindens, das den engen Kreis vereinzelter Sekten, auf die es lange beschränkt war, plötzlich flutartig durchbricht und weite Massen seinen Einflüssen unterwirft. Man fühlt sich versetzt in urtümliche Zeiten, da auch die religiöse Technik zu ganz neuem Leben erwacht. Es ist dabei merkwürdig, daß die Bewegung über die einzelnen religiösen Gemeinschaften überspringt. Religiöse Vereinigungen der fünf Religionen: Christentum, Islam, Buddhismus, Taoismus, Konfuzianismus, oder der sieben Religionen, wobei das Christentum im Protestantismus und Katholizismus geteilt ist und das Judentum noch dazukommt, sind nichts Seltenes. Als Mittel, um zur Berührung mit dem Göttlichen zu gelangen, dienen die alten, aus der Religionsgeschichte bekannten Methoden: Meditation, Ekstase mit Visionen und Auditionen, Orakelwesen, Hellsehen sowie die hypnotisch-spiritistischen Erscheinungen. Ein Vorgang, der eine Zeitlang besonders viel Aufsehen erregt hat, war die Verbreitung einer Weissagung, die am ersten des siebenten Monats, das heißt am 12. August 1923 von der allgemeinen Vereinigung aller Weltreligionen in Peking herausgegeben wurde. Es war darin für den fünfzehnten des achten Monats eine große Weltkatastrophe vorausgesagt, die aus folgenden Erscheinungen bestehen sollte: ein ungeheuer starkes Erdbeben, fünftägige Verfinsterung der Sonne und des Mondes, so daß eine große Finsternis auf Erden herrsche, Donnertosen, Sternfall, Flutwellen, Sturm und Schnee, Eis und Hagel und große Kälte. An den Folgen werde ein Drittel der Menschheit zugrunde gehen. Die Weissagung geht von der westlichen Provinz Chinas, Setschuan, aus. Der Ton ist der eines aufrichtigen Entsetzens und eines prophetischen Warnrufs, um zu retten, was sich retten läßt. Es werden sechzehn Maßregeln angegeben, um dem Unheil zu entgehen, die alle darauf hinauslaufen, einerseits sich mit Getränken zu versehen gegen den mit dem Erdbeben einsetzenden Wassermangel, andererseits mit Nahrung und warmer Kleidung gegen die Folgen der Kälte und des Hungers. Diese Ratschläge sind kein unmittelbarer Teil der Weissagung mehr, sondern entspringen vernünftigen Überlegungen angesichts der bevorstehenden Ereignisse. Die Weissagung in ihrer Mischung von ekstatischem Prophetenruf und freundlichem Rat hat ungeheuren Eindruck gemacht. Allenthalben wurden die gedruckten Blätter verteilt, und wie eine Epidemie verbreitete sich die Angst. Als nun vollends am 1. September das Erdbeben in Japan hereinbrach mit seinen unerhörten Schrecken, da schien es mit Händen zu greifen, daß das Weltende nahe. Andere religiöse Vereinigungen benützten die herrschende Stimmung, und so jagten sich die Prophezeiungen. Ein Blatt wurde verbreitet, auf dem eine Weissagung stand, die am 1. Neujahrstage in Schansi auf einem Stein gefunden worden sei. Darin werden außer großen Nöten in den letzten drei Monaten des gegenwärtigen Jahres auch noch zehn Plagen genannt, die über die Welt kommen sollen: die erste Plage ist, daß Wirren kommen werden über die ganze Welt. Die zweite Plage ist, daß im Osten und Westen Menschen Hungers sterben. Die dritte Plage ist, daß im Yangtsetal eine große Not entsteht. Die vierte Plage ist, daß in allen Provinzen sich Räuber erheben. Die fünfte Plage ist, daß den Menschen der Friede genommen wird. Die sechste Plage ist, daß Armut und Krankheit die Menschen bedrängen. Die siebente Plage ist, daß Speise vorhanden ist, aber keine Menschen mehr, sie zu essen. Die achte Plage ist, daß Kleider vorhanden sind, aber keine Menschen mehr, um sie anzuziehen. Die neunte Plage ist, daß Totengebeine umherliegen, aber keine Menschen mehr da sind, um sie zu beerdigen. Die zehnte Plage ist, daß es schwer sein wird, das Jahr des Schweins und der Ratte zu überstehen. (Das Jahr des Schweins und der Ratte war das Jahr 1923 und 1924.) Es wird dann weiter erwähnt, daß der dreiundzwanzigste des zehnten Monats (30. November) ein Unglückstag sein werde, und daß wilde Tiere auf Erden erscheinen werden, die die Menschen bedrängen. Wenn aber das neue Jahr komme, dann werden alle Menschen lachen, und wenn man sie fragt, warum sie lachen, so werden sie sagen: »Der neue Herr ist da, wir gehen ihm entgegen.« Dann kommt die große Zeit des Heils, und die Gläubigen werden sie erleben. Die Ungläubigen aber und die da übel tun, werden in große Not kommen. Wer Gutes tut, wird sein Leben erretten.

Eine andere Weissagung, die verbreitet wurde, sprach davon, daß in Nanking unter großem Donnern ein Stein zur Erde gefallen sei, auf dem die Weissagung von einer großen Not gestanden habe. Diese Weissagung sei ein Wort Buddhas. Sie enthält ebenfalls die Ankündigung von zehn großen Plagen, die von den oben erwähnten in manchen Punkten abweichen. Zauberzeichen werden angegeben, von denen man drei an die Tür des Hauses und drei an den Weihrauchkessel anbringen solle, während die drei letzten auf dem Leibe getragen werden sollen.

Eine ältere Weissagung aus dem Jahre 1890 ist beigefügt, die ebenfalls aus Setschuan stammt und eine Warnung des Kriegsgottes Kuanti enthält, der zu diesem Zweck persönlich auf die Erde herabgestiegen sei.

Auf den Straßen von Peking wurden diese Blätter offen in großen Mengen verteilt. In den Tempeln brannte den ganzen Tag der Weihrauch, und Gläubige eilten herbei, um durch ihre Gebete die Hilfe der Götter zu erlangen. Besonders wohlhabende ältere Damen gaben ziemlich viel Geld aus für den Druck und die Verbreitung dieser Weissagungen. Lebensmittel wurden eingekauft, und es geht die Sage, daß es selbst Europäer gegeben habe, die in der Stille sich mit Büchsenmilch versehen haben, wie das in der Weissagung als Ratschlag gegen den Wassermangel angegeben war. Schließlich nahm die Sache einen solchen Umfang an, daß das Einschreiten der Polizei nötig wurde. Ein aufklärender Erlaß wurde verbreitet und ebenso eine Abhandlung des Observatoriums. Am meisten aber trug zur Beruhigung der Gemüter der Umstand bei, daß der verhängnisvolle Tag vorüberging, ohne daß sich etwas Außerordentliches zeigte. Der Tag begann zwar trüb und düster, aber das Wetter klärte sich auf, und am Abend erstrahlte der Vollmond im schönsten Glanz, von einem regenbogenfarbigen Hof umgeben, so daß das Mitherbstfest zu seinem vollen Rechte kam.

Fragen wir, wie solche Weissagungen zustande kommen, so bekommen wir den besten Eindruck von der Sache, wenn wir uns das Tun und Treiben in einem solchen Religionsbund näher ansehen. Ich wähle zu diesem Zweck die Gesellschaft Tao Yüan (Akademie des Weltgesetzes), in der die fünf Religionen vereinigt sind. Merkwürdig ist übrigens, daß als Vertreter der christlichen Religion der Apostel Johannes verehrt wird. Dieser Gesellschaft gehören sehr viele frühere Beamte an, und ihre Statuten sind mit wahrhaft bürokratischer Genauigkeit ausgearbeitet. Der Wille der Götter wird hier auf zweierlei Weise erforscht: durch die Planchette und durch Meditation; auch Materialisationserscheinungen kommen vor. Die Offenbarung durch die Planchette geht auf folgende Weise vor sich. Im ganzen sind vier Leute daran beteiligt, zwei, die die Planchette handhaben, einer, der liest, und einer, der die Worte aufschreibt. Ehe die Handhabung beginnt, wird auf dem Altar des Heiligen, von dem man Auskunft erbittet, Weihrauch angezündet. Die Mitwirkenden knien der Reihe nach nieder und verbrennen ein Stück gelbes Papier, das in einen Kessel geworfen wird, aus dem die zusammenhängende Asche, nachdem es verbrannt ist, noch leise glimmend plötzlich mit drehender Bewegung aufsteigt bis an die Decke des Zimmers. Dieses Aufsteigen der verbrannten Papiere, das einen merkwürdigen Eindruck macht, gilt als Zeichen, daß der Geist sich genaht hat. Auf dem Altar steht ein großes flaches Gefäß, das mit feinem Sand gefüllt ist. Die beiden Planchettenschreiber ergreifen nun jeder mit einer Hand einen geglätteten Baumast, von dem in der Mitte ein kleinerer Zweig nach unten heraussteht. Der Gott schreibt zunächst sein Monogramm. In dem von mir beobachteten Falle bestand es darin, daß von der Mitte aus eine sehr regelmäßige Spirale in engen Windungen über die ganze Fläche gezogen wurde, die am äußeren Rande wieder umkehrte und nach innen ging. Es gibt jedoch verschiedene derartige Monogramme. Der höchste Gott z. B. hat ein lateinisches G. Nachdem der Gott seine Anwesenheit bekundet, geht das Schreiben los. Die Zeichen schreiben sich sozusagen wie von selbst, und es macht durchaus den Eindruck, daß es sich nicht um einen bewußten Vorgang bei den Beteiligten handelt. Es wäre auch gar nicht leicht, daß zwei Menschen, die jeder mit einer Hand den Ast anfassen, so geschickt oft recht komplizierte Zeichen schreiben. Bewußter Betrug ist um so mehr ausgeschlossen, als es sich nicht um eine Vorstellung für die Öffentlichkeit handelt und in der Regel gerade die Schüler, die neu in die Gesellschaft eingetreten sind, für diese Zwecke verwendet werden. Die Zeichen werden ohne Absatz geschrieben. Jedes Zeichen wird vom Leser laut vorgelesen, durch einen Kreis wird dann die Richtigkeit bestätigt. Wird, was zuweilen vorkommt, das Zeichen nicht richtig erkannt, so bleibt der Kreis aus, und das Zeichen schreibt sich von neuem. Ist das Zeichen bestätigt, so wird es aufgeschrieben. Darauf wird der Sand wieder geglättet, und das nächste Zeichen folgt nach.

Im allgemeinen kann man sagen, daß die Geister ziemlich redselig sind, daß aber der Inhalt ihrer Offenbarungen sich meist auf etwas vage moralische Ermahnungen beschränkt; doch werden auch Einzelereignisse vorausgesagt. So sollte z. B. angeblich unsere Ankunft schon vorher bekanntgegeben worden sein. Wie sich die beteiligten Kreise diese Geisterschrift vorstellen, geht am besten aus dem beigegebenen Holzschnitt hervor, der nach einem Holzschnitt aus einem alten chinesischen Werk geschnitten ist. Auf den Weihrauchwolken schweben die Götter heran. Auf der Abbildung ist es Kuanyin, die Göttin der Barmherzigkeit, die durch den Zauberer Lü Tsu ihre Offenbarungen vermitteln läßt. Dieser lenkt durch die magische Kraft seines Pferdehaarwedels den Stift der Planchette. Kuanyin hat in ihrem Gefolge ein dienendes Mädchen und den Knaben, der ihre Befehle ausrichtet. Sie spendet mit einem Weidenzweige Gnade, während der Knabe ihre Vase mit heiligem Weihwasser hält. Der Zauberer Lü Tsu, kenntlich an dem magischen Schwert, das er auf dem Rücken trägt, hat im Gefolge den Geist des Weidenbaums, der ihm zu Diensten ist. Im einzelnen ist der dargestellte Vorgang ziemlich genau derselbe wie der jetzt noch übliche.

Bereitwillig wurden uns auch die übrigen Säle gezeigt. In einem, dem Saal des Lü Tsu, trafen wir verschiedene Mitglieder, die in embryonaler Stellung, d. h. mit angezogenen Armen und Beinen hockend, in tiefer Selbsthypnose der Meditation pflegten. Sie waren so hingenommen, daß sie unsere Anwesenheit gar nicht bemerkten. Hinter den Altären sind vielfach lebensgroße photographische Bilder aufgehängt. Es wurde uns mitgeteilt, daß diese Bilder dadurch entstanden seien, daß nach Befehl des Gottes bei Nacht an einem bestimmten Ort einfach eine Platte exponiert worden sei. Bei der Entwicklung der Platte sei dann das Bild herausgekommen. Der Eindruck, den die Bilder machen, ist keineswegs göttlich, sondern zeigt den merkwürdig starren, fast erschreckenden Gesichtsausdruck, der sich zuweilen auf den Photographien von Materialisationen in Europa findet.

Außer der Planchette manifestieren sich die Geister auch sehr häufig durch Medien. Das betreffende Medium fällt in Bewußtlosigkeit und redet mit fremder Stimme Dinge, an die es sich nach seinem Wiedererwachen nicht mehr erinnert. Diese Vorgänge scheinen zuweilen außerordentlich eindrucksvoll zu sein. Ein modern historisch gebildeter Gelehrter äußerte sich vollkommen ablehnend über die Möglichkeit von Geisterkundgebungen. Als ich ihn nach einigen Wochen wieder sprach, sagte er, er sei nunmehr doch geneigt, die Möglichkeit solcher Manifestationen anzunehmen. Nach dem Tod seiner Mutter habe er an einem weiblichen Familienmitglied diesen Vorgang in so eindrucksvoller Weise erlebt, daß er durchaus den Eindruck gewonnen habe, mit seiner verstorbenen Mutter in Kontakt zu sein. Nicht nur die Stimme und der Gesichtsausdruck, sondern auch die ganze Art der Mitteilung sei so intim gewesen, daß nur er sie in vollem Umfang habe verstehen können. Selbstverständlich ist auch in diesem Fall bewußter Betrug vollkommen ausgeschlossen. Überhaupt vollziehen sich all diese Erscheinungen in China sozusagen natürlicher als in Europa, wo doch sehr häufig ein geheimer Kampf zwischen dem Medium und dem entlarvenden Professor geführt zu werden pflegt, was natürlich von vornherein die ganze Situation verfälscht.

Diese Vereinigung hält sich immerhin auf einer gewissen geistigen Höhe, und wirkt auch durch caritative Betätigung – auf Befehl des höchsten Gottes hat sie z. B. einen Verein des roten Hakenkreuzes [27] begründet.

Neben den vielen mehr oder weniger abergläubischen Gesellschaften, die in gegenwärtiger Zeit in großer Zahl wie Pilze aus der Erde hervorsprießen, gibt es auch noch einen Verein, der sich in wissenschaftlicher Weise mit den Problemen von Sinn und Leben abgibt und die systematische Pflege des inneren Lebens sowie die gesunde Gestaltung des sozialen Zusammenlebens der Menschheit zum Ziele hat. Der Begründer ist aus ganz einfachen Verhältnissen in Setschuan hervorgegangen. Er ist kein Gelehrter oder Beamter gewesen, sondern hat durch ein entscheidendes inneres Erleben die tiefsten Einblicke in die wesentlichen Gebiete des Menschen getan. Um die Anschauungen dieses Kreises zu zeigen, der allen Religionen mit vollem Verständnis gegenübersteht, sei hier ein Abschnitt aus der grundlegenden Lehre vom dreifachen Ich wiedergegeben. Es ist bemerkenswert, wie sehr diese Ausführungen mit dem Tiefsten in allen idealistischen Lebensanschauungen übereinstimmen, wie gewisse Anklänge an die Mystik des Paulus und Johannes sich finden, aber ebenso die tiefsten Anschauungen des Buddhismus nicht minder als die des Taoismus und Konfuzianismus ihre Bestätigung in diesen Ausführungen gewinnen.

Die Lehre vom dreifachen Ich

Das erste Ich ist ein unechtes Ich, das zweite Ich ist das echte Ich, das dritte Ich ist das göttliche Ich innerhalb des echten Ichs. Der Natur nach ist das erste Ich der sterbliche Leib, das zweite Ich ist die Seele, das dritte Ich ist das wahre geistige Wesen. Genauer ausgedrückt: das erste Ich ist eine Vereinigung der vier Grundelemente (Wasser, Erde, Feuer, Luft), das zweite Ich ist der Uranfang, das dritte Ich ist die transzendentale Entelechie, die allen Wesen gemeinsam angehört. Wenn der Mensch das allen Wesen gemeinsam zugrunde liegende Ich findet, dann erst ist er das große Ich. Von diesem großen Ich gilt: Der Himmel mag untergehen, so gehe ich doch nicht unter, die Erde mag vernichtet werden, so werde ich doch nicht vernichtet. Der Höchste sagt mit Beziehung auf dieses Ich: Erst war mein Geist da, dann kam der Himmel in Existenz. Weil Sakyamuni vermöge dieses dritten Ichs seine Lehre verkündet hat, darum ward er zum Lehrer der Götter und Menschen. Kungtse verkündete sein Wort vermöge dieses dritten Ichs. Darum bewährte er sich als Vorbild und Meister unzähliger Generationen. Wenn ein Mensch, der die Wahrheit sucht, nicht dieses dritte Ich findet, so bringt er nicht nur in diesem Leben die Vollendung der Arbeit nicht zustande, sondern selbst während eines tausendfachen Lebens in allen Weltperioden bringt er es nicht fertig. Wenn es einem also wirklich darum zu tun ist, im großen sein Leben zu pflegen, so muß man sich Mühe geben mit Beziehung auf das dritte Ich.

Alle die sogenannten Helden und großen Staatsmänner der Weltgeschichte, wenn sie auch noch so große Werke vollbracht und mit ihrem Ruhm die Welt erfüllt haben, sind doch nicht über das unechte Ich herausgekommen und haben vom wahren Ich nichts erkannt. Die Gläubigen und Anhänger der verschiedenen Religionen haben zwar das echte Ich erkannt, aber nur unvollkommen das allumfassende göttliche Ich innerhalb des echten Ichs. Diese Heiligen sind noch nicht so weit, daß sie von sich sagen könnten, sie seien so groß, daß nichts sie umfassen kann, und so klein, daß nichts sie zerteilen kann. Wenn aber dieses Himmel und Erde umfassende göttliche Ich selbst den Heiligen noch verborgen und unzugänglich ist, wo ist es dann? Meister K'ung sagt: Wer die Menschen durch die Kraft des inneren Wesens lenkt, der gleicht dem Nordstern, der an seiner Stelle weilt, und alle Sterne umkreisen ihn. Dieser Nordstern, den alle Sterne umkreisen: das ist das allgegenwärtige göttliche Ich, das nichts tut und doch nichts ungetan läßt, der wahre Herr der Welt und der Menschen.

In der großen Wissenschaft heißt es, sie bestehe in der Herausläuterung des ursprünglich lauteren Wesens: das ist die Arbeit am unechten Ich, um aus dem unechten Ich das echte herauszubringen. Wenn ferner die Liebe zu den Menschen genannt wird, so ist das die Arbeit am echten Ich, um die Selbstsucht zu vernichten und alle Wesen als einen großen Leib zu erkennen. Das Ziel im höchsten Guten setzen endlich bedeutet die Arbeit am allgegenwärtigen göttlichen Ich. Darum heißt es: das höchste Gute.

Alle Werke der Heiligen und Weisen, die Jahrtausende dauern, beruhen auf diesem dritten Ich und sind in Übereinstimmung mit ihm, aber ebenso ist in den Werken der Kunst, die die Menschen wirklich zu erbauen vermögen, im geheimen dieses dritte Ich mit enthalten.

Woher kommt nun das unechte, echte und über echt und unecht erhabene göttliche Ich? Hier liegt ein Weltgeheimnis: Das unechte Ich ist aus Fleisch und Blut der Eltern entstanden, das echte Ich kommt von den Samenmonaden, die sich beim Hervortreten von Himmel und Erde gebildet haben. Das große allgegenwärtige Ich ist ohne Anfang da, aus sich selbst bestehend, ewig bestehend, es ist das große Geheimnis, von dem der Höchste spricht, daß es vor Grundlegung der Welt schon lebte und nach Untergang der Welt noch nicht alt wird, das man nicht nennen kann und nur notdürftig als Sinn bezeichnet. Was diesen Sinn anlangt, so ist er so geheimnisvoll, daß er alles Denken übersteigt. Der Name des Sinns, d. h. seine Offenbarung ist aus dem großen allumfassenden Ich hervorgegangen. Aus dem Uranfang sind die beiden polaren Kräfte des Lichten und Schattigen entstanden, die sich in die Ideen auseinandergefaltet haben, die aller Dinge Samen enthalten. Indem nun das Lichte und das Schattige sich entfalten und Himmel und Erde bilden, Sonne, Mond und alle Sterne hervortreten, erhalten die Samenmonaden aller Wesen die Kräfte des Lichten und des Schattigen von Himmel und Erde und die Samen- und Blütenkräfte von Sonne und Mond. Die reinen und guten bilden die Samenmonaden der himmlischen Geister, die unreinen und gemischten bilden die Samenmonaden der irdischen Geister. Alle diese Samenmonaden werden, wenn sie in den Mutterleib eintreten, verhaftet in die Gewalt der irdischen Kräfte und verdunkelt durch das Begehren nach äußeren Dingen, so daß sie den Gesetzen der empirischen Welt mit ihren fünf Wandelzuständen und Schicksalsgesetzen nicht entrinnen können und in den Kreislauf der Geburten eintreten.

In dieser Welt des Schicksals besteht auch für die Monaden der himmlischen Geister, wenn sie sich nicht bilden und bewahren, die Gefahr, sich in irdische Geister zu verwandeln, während umgekehrt auch die Geister, die von unten her sind, wenn sie die Wahrheit hören und zur Besinnung kommen, sich zu himmlischen Geistern entwickeln können. Nur die höchsten Menschen, die Samenmonaden aus den höchsten Himmelssphären sind, die zehn Dinge sofort erkennen, wenn sie ein Ding hören, die das Herz erkennen und das Wesen schauen, fallen ewig nicht in die Tiefe.

Wenn man die Wahrheit verkündet, ist es nicht leicht, die Menschen dazu zu bringen, daß sie hören und verstehen. Aber heute ist die Zeit herbeigekommen, daß der große Sinn sich weit erschließt, da haben himmlische und irdische Naturen die Möglichkeit, zum großen Uranfang zurückzukehren und sich ans Ufer des Sinnes aus dem Meer des Wahns zu retten. Nur ist es natürlich für die irdischen Samenmonaden äußerst schwer: denn jede Samenmonade hat ihre besondere uranfängliche Konstitution. Wenn daher die irdischen Monaden, die von unten her sind, den Sinn erlangen wollen, so müssen sie durch tausendfältige Erlebnisse geschliffen und gebrochen werden, um diese uranfängliche Konstitution umändern zu können, sonst können sie unmöglich den Sinn erlangen. Aber diese uranfängliche Konstitution ist nicht leicht zu ändern, denn die Samenmonade ist das eigentlich wirkende Wesen, und dieses eigentlich wirkende Wesen zu opfern, ist etwas sehr Schweres. Man braucht ja nicht einmal das eigentliche innerste Wesen zu erwähnen: selbst das geringste äußere Gut, das man bei der Geburt nicht mitbringt und beim Sterben nicht mitnimmt, ist nicht leicht zu opfern. Wieviel weniger leicht ist es, die uranfängliche Konstitution zu ändern, so daß aus dem fleischlichen Leib ein geistiger wird.

Aber nun ist eine neue Zeit gekommen, in der alle Wesen die Möglichkeit der Rettung haben. Was früher selbst dem größten Heiligen nicht möglich war – denn auch alle geheimen Wunderkräfte führen noch nicht aus dem Kreis des zweiten Ichs und damit dem Bereich der Schicksalsmächte heraus – das ist heute dem möglich, der das dritte Ich erkannt hat. Was jenseits von Geburt und Verwesung in uns lebt, das ist das dritte Ich. Himmel und Erde werden vergehen, aber ich vergehe nicht: das bezieht sich auf das dritte Ich. Darum ist der Edle so groß, daß die ganze Welt ihn nicht fassen kann, und auf der anderen Seite so klein, daß nichts auf der Welt ihn zerteilen kann: auch das bezieht sich auf das dritte Ich.

Achtzehntes Kapitel. Das Gewebe des Lebens

In China ist das Leben nicht willkürlich. Bei aller Freiheit sind ihm feste Fäden eingewebt, die es tragen und ordnen, die ihm Licht und Schatten, Glück und Unglück zur Harmonie gestalten. So fließt das Leben dahin wie am Webstuhl das Gewebe. Erlebnisse schießen zu von rechts und links, buntglitzerndes Glück und farblose Trauer, wie die Schiffchen mit dem Einschlag des Fadens herüber und hinüberschießen. Aber der Zettel liegt fest, der allem die Richtung gibt und es ordnet zu festen Figuren, aus deren Formen der Sinn sprüht, zu dem das wirre Leben sich verknüpft.

Das Jahr ist gegliedert durch seine Feste, die Erlebnisse sind geordnet durch Sitten. China hat keine Wocheneinteilung, und die regelmäßige Ruhe der Sonntagsfeier beginnt erst jetzt von den modernen Schulen aus sich über das Land zu verbreiten. Darum waren die Feste im alten China besonders wichtig. Sie schmückten das Leben mit den Blumen der Freude. Der Beginn dieser Feste ist das Neue Jahr, das in den ersten Anfang des wiederkehrenden Frühlings fällt. Es wird meist im Laufe des Februar gefeiert. Denn China hat noch immer trotz offizieller Einführung des gregorianischen Kalenders seinen alten guten Mondkalender im stillen beibehalten. Dieser Mondkalender steht dem Menschen nahe, führt ihn unmittelbar hinein in den Lebenszusammenhang mit dem kosmischen Vorgängen. Die Monate sind wirkliche Monde, sie beginnen mit dem Neumond, und am 15. ist Vollmond. Man braucht nur einen Blick auf den klaren Himmel zu werfen, um über den Kalender auf dem laufenden zu sein. Neben dem Mond kommt im chinesischen Kalender auch die Sonne zu ihrem Recht. Vierundzwanzig Sonnentermine sind in vierzehntägigen Abschnitten unabhängig vom Monddatum über die Zeit zerstreut und bilden die Kreuzungspunkte der Sonnenzeit mit der Mondzeit. Sie dienen zur Orientierung des Ackerbaus, und ihre Namen stehen großenteils in Beziehung zu dem Stand der Saaten. Am 5. Februar ist Frühlingsanfang, am 19. kommt Regenwasser, dann Erwachen der Winterschläfer, Frühlingsäquinoktium, reine Klarheit, Kornregen, Sommeranfang, kleine Fülle, Ährenkorn, Sommersolstiz, kleine Hitze, große Hitze, Herbstanfang, Ende der Hitze, weißer Tau, Herbstäquinoktium, kalter Tau, Herabkommen des Reifs, Winteranfang, kleiner Schnee, großer Schnee, Wintersolstiz, kleine Kälte, große Kälte. Diese Termine liegen nach dem Sonnenkalender ziemlich fest. Da aber die Monate nach dem Mond sich richten, so fallen die Termine nicht immer auf denselben chinesischen Monatstag. Die Monate haben neunundzwanzig oder dreißig Tage. Die fehlenden Tage werden jeweils zusammengelegt zu Schaltmonaten, die alle paar Jahre eingefügt werden, damit Mond und Sonne in Einklang bleiben. Das war eine wichtige Sache, und jedes neue Herrscherhaus hatte die heilige Pflicht, für die Übereinstimmung zwischen den Zeiten des Himmels und den Gaben der Erde zu sorgen. Diese astronomische Einstellung des Lebens hat dann weiterhin dazu geführt, daß je nach dem Sonnen- und Sternstand astrologische Gelegenheiten sich ergaben, die für verschiedene Unternehmungen besonders günstig sind. So sind noch jetzt im chinesischen Kalender die günstigen Tage angegeben für die Hochzeit oder Beerdigung, für Schulanfang, Bauarbeiten, Besuche bei Bekannten, Baden, Haarschneiden und alle die täglichen Arbeiten. Manche Tage sind auch für gar nichts günstig. An denen bleibt man am besten zu Hause in regelmäßigem Tun, ohne etwas Neues anzufangen. Aber nicht nur die Tage haben ihre Beziehungen, auch die Jahre haben ihren besonderen Charakter. Die Jahre haben einen großen Kreislauf von zwölf Zeichen, der dem Tageskreislauf der Doppelstunden entspricht. Jedes dieser Zeichen ist einem Tierbild zugeordnet und erhält durch den Charakter des Tieres seine Eigenschaften. So ist die Mitternacht und der Beginn der Jahreszyklus der Maus zugeordnet, dann kommt Ochse, Tiger, Hase, Drache, Schlange, Pferd, Widder, Affe, Hahn, Hund und Schwein. Diese zyklischen Zeichen dürfen nicht mit den Zeichen des Tierkreises verwechselt werden. Daneben gibt es noch einen uralten Zehnerzyklus, der mit dem Zwölferzyklus kombiniert den großen Zyklus der sechzig Jahre ergibt, die in China unseren Jahrhunderten entsprechen. Dieses Beziehungsvolle der Zeit macht das Leben bedeutend. Die Tage sind nicht die kalten, bedeutungslosen Nummern wie bei uns, sondern jeder hat sein besonderes Gesicht und steht mit seinen besonderen Gaben und Möglichkeiten bereit. So gibt der Wechsel der Horen dem Leben seine Ordnung.

Was nun das neue Jahr betrifft, so ist es eine Zeit der allgemeinen Fröhlichkeit. Das alte Jahr mit seinen Sünden und Schulden ist vorüber. Die ausstehenden Rechnungen sind eingetrieben, soweit die Schuldner nicht entflohen sind. Nun geht man daran, von den Vorräten festlichen Schmuck für die Häuser und schmackhafte Kost für die gemeinsamen Mahlzeiten zu besorgen. Wer es irgend kann, reist um diese Zeit in die Heimat. Neujahr ist das Fest der Familie. Eltern und Kinder sind beisammen. Die Söhne kommen aus der Ferne heim und bringen mit an Geld und Gaben, was sie im Getriebe des Lebens draußen ersparen konnten. Auch die neuverheirateten Töchter kehren manchmal zur Familie heim und erzählen Eltern und Geschwistern, was sie erlebt im neuen Hause und in der neuen Familie, der sie jetzt angehören. Auch mit den Himmlischen ist man in Verbindung. Der Herdgott, dessen Bild das ganze Jahr über dem Herd hängt und der stumm und still alles mit angesehen hat, was in der Familie während des Jahres an guten und bösen Taten geschah, ist am 24. des zwölften Monats nach dem Himmel gegangen, um dem Himmelsvater Bericht zu erstatten. Man hat ihm mit Feuerwerk und Schüssen das Geleite gegeben, nicht ohne ihm zuvor den Mund mit süßem Kleister zu verstreichen, damit nichts Unerfreuliches ihm über die Lippen komme. Nach Neujahr wird er wieder zurückkehren. Da muß man ihm ein neues Bild über den Herd hängen, wo er seinen Platz wieder einnimmt. Auch mit den Ahnen wird zur Neujahrszeit die Verbindung hergestellt. Ihre Bilder werden aufgehängt. Sie werden eingeladen, vom Familienmahle ihren Opferanteil entgegenzunehmen. So wacht man bei verschlossenen Türen, die durch die beiden Türgenien und rote Glückszeichen vor bösen Geistern geschützt sind, unter sorgfältigster Vermeidung aller unheilbedeutenden Worte die Mitternacht heran.

Vor dem Neujahrsfest sind alle Straßen mit ihrem Neujahrstreiben bunt geschmückt. Hier stehen Laternen feil in den abenteuerlichsten Gestalten: vom Goldfisch, der aus roten Augen glotzt, bis zur schlanken Jungfrau, die in zartem Licht verklärt blickt, sind alle Formen und Farben vertreten. Papierdrachen harren der Zeit, da sie die Lüfte bevölkern werden, wenn erst der Südwind aufgewacht ist und die weiten Ebenen vom Winterdruck der Luft befreit behaglich aus dem alten Staub auftauchen. An den Mauern hängen bunte Bilder zum Verkauf: meist runde, wohlgenährte Kinder darstellend oder die trauten Heiligen von Haus und Herd: Kuanti, den Schützergott mit seinem treuen roten Gesicht; Kuanyin, die Göttin der Barmherzigkeit mit ihrem Falken, der die Kette irdischer Gebete, die zu ihr aufsteigen, bringt, und ihrer Vase mit den segensreichen Zweigen, ihrer Dienerin und dem munteren Knaben, der ihr seit Eindringen der katholischen Mission in der Mingzeit auf den Schoß gesetzt wurde und so die Ähnlichkeit mit der Mutter Gottes vollendete, obwohl der Sinn des Bildes die söhnespendende Kuanyin – verschieden ist. Auch der Reichtumsgott ist in Abbildungen vorhanden. Er fehlt in keinem Laden auf dem Lande. Oft sind es sogar zwei, rings umtürmt mit Schätzen und Silberbarren. Die alte Mutter vom Taischan wird ebenfalls feilgeboten, daß man sie unter die Hausgötter hängen kann.

Aber nicht nur diese Bilder frommen Glaubens und alter Sitte hängen zum Verkauf aus. Schweizer Schneeberge und wilde indische Tiger hängen neben modernen Stutzern und Dämchen, die in ihren kurzen, modernen Kleidern wie Europäerinnen zu lächeln versuchen. Das alles ist in starken bunten Farben gemalt, die unverkennbar den deutschen Anilinfabriken entstammen. Namentlich ein grelles Blau, Violett und Grün wird bevorzugt.

Außer den Bildern sieht man künstliche Blumen und Scherenschnitte ausgestellt, dünne zierliche Stickmuster aus weißem Papier, die man auf die Schuhe klebt als Vorbild für die Stickerei, zarte rote Spitzenvorhängchen, die am Neujahrstag über das Tor gehängt zu werden pflegen, um Dämonen abzuhalten. Ein reiches Phantasieleben bewegt sich in diesen graziösen Scherenschnitten. In einem anderen Verkaufsstand sind Schattenbilder ausgestellt: allerlei Figuren, die aus farbiger, durchscheinender Eselshaut geschnitten sind und die an Drähten hinter einer beleuchteten Papierwand wie Marionetten bewegt werden. Mit diesen Schattenbildern werden ganze Dramen aufgeführt, eine Spezialität der Pekinger Gegend.

Natürlich gibt es auch allerlei Kleiderstoffe, Hausrat, Weihrauch, Kinderspielzeug aus Holz, Ton und Papier in größter Auswahl zu kaufen. Lustig wirkt der Unterschied zwischen dem modernen Chinesen, der Autos und Eisenbahnzüge aus Blech anbietet, und dem alten Mann schräg gegenüber, der noch immer seine stabilen kleinen hölzernen Reisewagen feil hat. Dort werden Schuhsohlen verkauft. Sie bestehen neuerdings aus Leder, weil das fester ist als das Papier oder der Filz, die früher verwendet wurden. Die zugehörigen Schuhe machen die weiblichen Familienmitglieder selbst. Doch auch für den Augenblick ist gesorgt. Fliegende Garküchen verkünden durch ihre Düfte, welche Herrlichkeiten den ruhebedürftigen Jahrmarktsbesucher erwarten, der sich bei ihnen niederläßt.

In einer Ecke hat sich ein Geschichtenerzähler eingefunden, der zum rhythmischen Schlag der Trommel eine Geschichte rezitiert. Guckkästen sind aufgebaut, durch deren Gläser man wechselnde Bilder sieht.

Auch die Tempel werden besucht, besonders der Tempel des Taischan vor dem Osttor. Diese Gottheit waltet über das Ende und den Anfang aller Dinge. Um die Neujahrszeit finden sich Scharen von Opfernden ein, wenn die Wende der Zeit aufs neue den Gedanken an den Wechsel alles Irdischen nahegelegt. Den ganzen Tag brennen dann hier die Weihrauchkerzen, und die Gläubigen werfen sich betend vor den Götterbildern nieder.

In den übrigen Tempeln in Peking und seiner Nachbarschaft ist ebenfalls um die Neujahrsnacht lebhafter Betrieb. Denn Neujahr ist in China nicht ein Tag, sondern ein halber Monat. Am Vollmondstag ist Laternenfest, und die Zwischenzeit ist mit Erholungen und allen Arten von Vergnügungen ausgefüllt. Im Tempel des Feuergottes, der wie Sankt Florian angerufen wird, um das schädliche Feuer, über das er waltet, von den eigenen Penaten fernzuhalten, ist während der ersten Wochen des Jahres großer Juwelenmarkt. Die Höfe des Tempels sind mit Matten überdeckt, und ein nicht endendes Gewühl von Menschen drängt sich durch die Schätze. Man lernt die Farben der Märchen von Tausendundeiner Nacht verstehen, wenn man hier einmal durchgegangen ist. Die Dinge, die umherstehen, haben alle möglichen Formen: Statuetten aus Lapislazuli oder Topas oder dem blassen wächsernen Nephrit, Vasen von Amethyst und Chrysopras, Schalen von finsterädrig fließendem Achat, Kugeln aus Bergkristall, in deren lichten Tiefen sich die Zukunft zu trüben Nebeln ballt, Anhänger aus Bernstein oder Karneol und Ketten aus Perlen und aus bemalten Porzellankugeln. Ringe sind da, aus denen Saphire blitzen und Rubine sprühen. Vor allem die Tabatieren! Sie haben die Form von kleinen Väschen oder Fläschchen, alle möglichen Gestalten und Materialien finden sich: Elfenbein und Jade und grüner, rotdurchstreifter Moosachat. Das Merkwürdigste wohl, was unter all diesen Dingen lag, war eine Tabatiere aus der Mongolei aus blassen weißen Menschenknochen geschnitzt und mit Silber und Türkisen eingefaßt! Die Händler stehen ruhig mit ineinandergeschobenen Ärmeln da. Man redet ein paar Worte, faßt ein Väschen an, fragt im Vorübergehen nach dem Preis und stellt es wieder weg. Vielleicht kommt man zurück und macht ein Gegenangebot. Und schließlich wird man handelseinig.

Beim Tempel der weißen Wolke sind Teehäuser errichtet. Die Pilgerzüge kommen von weit her, um hier ihre Verehrung kundzutun. Aber es ist auch für Volksbelustigung gesorgt. Pferderennen finden statt, und bunte Laternen geben dem Getriebe bei Nacht einen heiteren Glanz. Beim Gelben Tempel vor dem Nordtor ist ebenfalls ein Markt mit Rennen und berühmten Maskentänzen, bei denen die Teufel und bösen Geister verscheucht werden. Von weit her kommen die Lamas und treiben ihre Zauberkünste. Am meisten Menschen aber werden angelockt von den großen Maskentänzen am Lamatempel Yung Ho Kung. Wilde Tänze von schrecklichen Masken bewegen sich zu den markerschütternden Tönen der Muschelhörner und den tiefen Trommelwirbeln. Der ganze Platz vor dem Tempel ist mit Menschen übersät. Man plaudert, man lacht, man drängt sich. Manche klettern auf die Bäume und Mauern, und die großen Steinlöwen vor dem Tor sind mit Reitern ganz überzogen, die alle von da oben besser sehen wollen, aber häufig wieder in den Menschenbrei herunterrutschen, wo sie mit Lachen empfangen werden. Priester mit langen Peitschen schlagen nach den unsichtbaren Teufeln. Aber die Menschen, die in der Nähe sind, weichen auch zurück, wenn der Knall ihnen näherkommt.

Polizisten mahnen und ordnen. Alles macht die Hälse lang, denn jetzt kommt der Zug heran. Mit Peitschen und Trompeten, mit Lärm und Getöse erscheinen all die wilden Tier- und Menschenmasken, und der Teufel, ein dürres Wesen mit spitzem, tückischem Knochenkopf, wird ausgetrieben. Bei einem zweiten Tanz am folgenden Tag wird er verbrannt. Dann hat die Welt wieder Ruhe für einige Zeit vor diesem Unhold. – Bei Nacht knattert und knallt es durch die Luft, Feuerregen, Raketen und krachende Frösche zischen in allen Straßen. Aber auch großes Stangenfeuerwerk wird abgebrannt. Ein Korb wird an einem hohen Gerüst hochgezogen und die Zündschnur angebrannt. Dann fallen die Gebilde aus seinem Innern heraus: Türme, Pagoden, Pavillons, Bäume, Menschen, Pferde. Dünne Schnurgerüste geben die Konturen, die von oben bis unten umsprüht sind von den mannigfachen Farben des Feuerwerks. Ein Gebilde um das andere stürzt heraus und bleibt in der Luft hängen. Manche drehen sich phantastisch, manche stehen unbewegt in ruhigem Glanz. Endlich ist es, als ob eine Explosion erfolge: nachdem das letzte Feuerbild in sich zusammengesunken, macht ein dumpfer Knall der ganzen Phantasmagorie ein Ende. Die Menge zerstreut sich, und der Mond hängt schließlich einsam tief im Himmel wie eine runde Papierlaterne, und wenn längst schon alles still geworden ist, gießt er immer noch sein graues Samtlicht über das schlafende Meer der Dächer hin.

Wenn das Laternenfest vorüber ist, dann kommt die Arbeit wieder, und das Leben geht seinen gewöhnlichen Gang weiter. Namentlich auf dem Land wird die Rückkehr zur Feldarbeit durch das Fest des Frühlingsanfangs bezeichnet. Wenn der Kaiser auf dem Anger vor der Stadt pflügte, so fand im ganzen Land eine ähnliche Feier statt. Die Beamten zogen vor die Stadt, und die Zeremonie des Pflügens wurde mit einem Papierochsen vollbracht. Die Farbe des Ochsen war den verschiedenen Jahren entsprechend verschieden. Nach dem Pflügen wurde in fröhlichem Streit der Papierochse unter die Bevölkerung verteilt, und wenn einer ein Horn oder ein Bein erwischte, so trug er es beglückt nach Hause in dem festen Bewußtsein, daß es fürs ganze Jahr Glück bringen werde. Selbstverständlich lockern sich alle derartigen Volkssitten jetzt immer mehr. Sie flüchten aufs Land, sie werden zu örtlichen Besonderheiten. Sie versteinern oder kommen ab. Das ist der Lauf der Zeit.

Das Konfuziusopfer, das im Frühling und Herbst dargebracht zu werden pflegt, ist z. B. aus dem öffentlichen Bewußtsein fast ganz ausgeschieden. Früher war es ein überaus festlicher Akt, als der Kaiser in eigener Person seine Huldigung vor dem Vertreter der höchsten geistigen Ideale darbrachte, als noch die heiligen Tänze mit Flöten und Fasanenfedern, mit Beilen und Schildern zu den Klängen der alten Musik vorgeführt wurden, als vor dem Meister und seinen vier Getreuen die Opfergaben an Seide, Wein, Feldfrüchten, Speisen und die drei Ganzopfer: Stier, Schwein, Schaf ausgebreitet wurden. Eine feste Zeremonie schrieb den Hergang vor. Erst wurden die Geister der Verehrten empfangen. Das Abbrennen von Weihrauch, der Klang der Pauke unter Festgesang und Reigen waren Zeichen ihres Nahens, das durch tiefe Verneigungen begrüßt wurde. Dann kam der heiligste Teil: die Darbringung der Opfergaben und ihre Zueignung an die Geister. Zum Schluß wurde den Geistern das Geleite gegeben und die Opfergaben abgeräumt. Die Seide und das Opfergebet wurden verbrannt, die übrigen Gaben an die Gehilfen des Opfers verteilt. Der Konfuziusdienst war ganz ohne Götterbild. Allein eine Tafel bezeichnete durch ihre Inschrift den Platz, wo der Heilige während der Opfer anwesend gedacht ward.

Dieser Opferdienst, der ja nur eine besonders feierliche Art des Tempeldienstes überhaupt ist, gibt manche Aufklärung über Dinge, die in chinesischen Tempeln dem besuchenden Fremden oft auffallen. Man kommt in einen Tempel voll von schrecklichen oder freundlichen Göttergestalten. Der Führer erklärt alles, bleibt vollkommen kalt, berührt die Bilder, ja beteiligt sich wohl oft selbst, wenn die Besucher ihre mehr oder minder geistvollen Witze machen. Man hat daraus geschlossen, daß der Chinese irreligiös sei und seine eigenen Götter verlache. Das ist jedoch nicht der Fall. Diese Bilder sind gar keine Götter. Es sind nur Orte, an denen sie sich niederlassen, wenn sie auf die rechte Weise gerufen werden. Wenn der Gott da ist, dann ist die Anwesenheit vor seinem Bilde eine strenge und heilige Sache. Wenn er aber nicht da ist, dann ist sein Bild ein Stück Holz oder Ton. Es ist sehr interessant darüber nachzudenken, wie diese Gottesgegenwart zustande kommt. Die Götter müssen doch irgendwie in der Nähe sein, damit sie herbeikommen, wenn Pauke und Glocke tönt und der Weihrauch emporsteigt. Die Antwort ist: es kommt alles auf das Herz des Gläubigen an. Wenn der Betende in seinem Herzen den Kontakt hat mit dem Namen des Gottes, dann ist der Gott für ihn da. Und was er bittet in diesem Kontakt mit dem Überpersönlichen, das wird er auch bekommen, ja, das hat er schon in dem Moment, da er bittet. Darum findet man in Tempeln auch häufig Tafeln mit der Inschrift: »Wer bittet, der wird sicher Erhörung finden« oder mit ähnlichen Worten. Der Konfuziusdienst war übrigens nie ein Bittgottesdienst, sondern stets nur Verehrung des Meisters. Darum spielt Konfuzius in dem Pantheon des Volks auch keine Rolle. Er ist da. Man ehrt ihn, aber man begehrt nichts von ihm. Besonders gegenwärtig, da die Organisation des Staates andere Wege geht, ist dieses Konfuziusopfer in der Morgenfrühe, an dem nur eine beschränkte Anzahl geladener Gäste teilnehmen darf, fast zu einer historischen Feier exklusiv akademischer Kreise geworden.

Dagegen ist das Frühlingsfest der reinen Klarheit (Ts'ing Ming) allgemein in China verbreitet und spielt etwa die Rolle des Osterfestes, mit dem es auch zeitlich häufig ungefähr zusammentrifft. Ursprünglich war es sicher ein Vegetationsfest. Am Tage vorher muß man fasten, man darf keine gekochten Speisen essen und soll kein Feuer anzünden. Am Festtag selbst werden merkwürdigerweise auch wie bei uns bunte gekochte Eier gegessen. Das Fest ist jetzt von allerhand Sagen umsponnen, durch die die damit verbundenen Bräuche erklärt werden sollen. Als der Fürst Wen von Tsin im Jahre 635 v. Chr. aus seiner Heimat fliehen mußte, folgte unter seinen wenigen Getreuen auch Kiä Tschï T'ui ihm in das Elend. Einmal, als alle Nahrungsmittel ausgegangen, schnitt er sich ein Stück Fleisch aus seinem Bein, um es seinem Herrn als Nahrung darzubringen. Dennoch wurde er, als der Fürst wieder zurückkehrte und den Thron bestieg, von ihm vergessen bei der Verteilung von Auszeichnungen. Kiä Tschï T'ui zog sich darauf mit seiner Mutter in einen dichten Bergwald zurück. Als der Fürst nun zu spät an seine Undankbarkeit erinnert wurde, sandte er jemand aus, um seinen treuen Diener holen zu lassen, aber vergebens, er war nicht zu finden. Da zündete man den Wald an, um ihn durch den Rauch herauszutreiben. Aber er blieb standhaft und ging mit seiner Mutter zusammen in den Flammen zugrunde. Der Fürst, von tiefer Reue erfaßt, habe angeordnet, daß an diesem Tag kein Feuer je mehr dürfe angezündet werden.

Dieses Fest des wiederkehrenden Lebens ist aber zugleich dem Andenken an die Heimgegangenen geweiht; denn Auferstehung setzt ja immer den Tod voraus. So werden die Gräber der Verstorbenen von Unkraut gereinigt, die Hügel neu aufgefüllt und eine Erdscholle obendrauf gelegt, auf der mit einem Stein ein Stück Papier als Opferteller befestigt wird. Wenn irgend möglich kehren die Familienmitglieder heim, um im Kreise der Sippe das Frühlingsfest zu begehen.

Dieses Fest hat sich unter der Republik erhalten. Als Baumtag wird es in allen Schulen gefeiert. Es hat sich der Brauch entwickelt, daß die Schüler Ausflüge machen und auf einem freien Platz Bäume pflanzen.

Wie auf Ostern Pfingsten folgt, so folgt auf das Ts'ing-Ming-Fest das Tuan-Wu-Fest, an dem die Höhe des Jahres, der Beginn der Frühernte gefeiert wird. Es ist am fünften des fünften Monats. Die lichte Sonnenkraft ist auf der Höhe. Aber eben deshalb lauern auch schon die finsteren Dämonen. Krankheiten schleichen um, üble Einflüsse sind in Keimen zu befürchten. Darum schützt man sich gegen böse Wirkungen, indem man Talismane an Türen und Fenster hängt. Meist nimmt man scharfriechende Kräuter: Beifuß oder Kalmus, die man als Zweige oder Bündel vor die Öffnungen hängt, durch die böse Geister eindringen können. Auch werden rote Scherenschnitte von Schlangen, Kröten oder Schildkröten und allerlei sonstigem Gewürm über den Eingängen befestigt.

Das Fest ist ein Sonnenfest. Es wird besonders in der Gegend des Yangtse gefeiert. Dort nennt man es das Drachenbootfest. Bunte Dschunken mit festlichem Schmuck und Drachengestalten rudern auf dem Fluß umher. Auf den Booten werden allerlei Kunststücke und Tänze ausgeführt. Der Drache ist das Symbol der lichten männlichen Kraft, und die Schiffe sind die Erinnerung an jene alten Zeiten, da übers Meer her der heilige Kult gekommen ist. Aber auch hier ist die Freude am Licht mit der Abwehr der Dämonen verbunden. Im Meer, im Fluß sind so viele Seelen Ertrunkener, die nicht teilhaftig werden der Opfer ihrer Nachkommen. Ihnen muß man etwas zukommen lassen; in Schilf gewickelte Reisklöße werden bereitet und als Opfergaben ins Wasser geworfen für die Geister dort unten. Aber auch unter den Lebenden ißt man diese schilfumwickelten Reisklöße zum Fest. Auch dieses Fest hat später eine Legende bekommen. Der Dichter K'ü Yüan, der Begründer der rhapsodischen Lyrik des Südens, stürzte sich, einen Stein in den Armen, in die Wasser des Flusses, da er von seinem königlichen Herrn verstoßen worden war und die Verzweiflung über das Schicksal seines Landes ihm das Leben unmöglich machte. Ihm gelten nun in erster Linie die Reisklöße, die man ins Wasser wirft.

Das Fest der jungen Mädchen ist der Siebenabend, der siebente des siebenten Monats. Da werden im Schein der schmalen Mondsichel Opfergaben aufgebaut für die himmlische Weberin. Die Mädchen üben sich, im ungewissen Lichte des Mondes Nadeln einzufädeln. Wenn es gelingt, so ist das ein Zeichen, daß die Göttin Geschicklichkeit in allen Handarbeiten dem glücklichen Mädchen zu eigen geben wird. Am Siebenabend sitzt man dann zusammen und erzählt Geschichten von dem Kuhhirten und der Weberin. Das sind zwei Sterne am Himmel: die Wega in der Leier ist die Weberin, und der Atair im Adler ist der Kuhhirt. Die Weberin ist ursprünglich die siebente der neun Töchter des Himmelsherrn gewesen, die vom Kuhhirten, einem Menschen, mit Hilfe seiner Wunderkuh im Bade überrascht worden war und ihn dann heiraten mußte, weil auch der alte Weidenbaum, den sie gefragt hatte, sprach:

»Siebenabend ist heut,
Der Kuhhirt die Weberin freit.«

Nachdem sie aber sieben Tage verheiratet gewesen, da habe die Weberin wieder in den Himmel zurückgemußt, um die Wolkenseide zu weben. Als der Kuhhirt ihr folgen wollte, zog sie einen Strich mit ihrem Haarpfeil quer über den Himmel. Das sei der Silberfluß (Milchstraße) geworden. So stehen die beiden einander seitdem so nah und doch so fern. Nur einmal im Jahre dürfen sie einander besuchen. Am Siebenabend kommen alle Krähen auf Erden herbeigeflogen und bilden eine Brücke, auf der die Weberin zu ihrem Geliebten herüber kann. – Am Siebenabend fällt häufig ein feiner Regen. Dann sagen die Frauen und alten Weiber zueinander: »Das sind die Tränen, die der Kuhhirt und die Weberin beim Abschied vergießen.« Darum ist der Siebenabend ein Regenfest.

Das schönste Fest im Jahr außer dem Neujahrsfest ist wohl das Mittherbstfest am fünfzehnten des achten Monats. In diesen Tagen gibt es die runden Mondkuchen, die mit Süßigkeiten gefüllt sind und mit roter Farbe bemalt werden. Denn das Mittherbstfest ist ein Mondfest, und der Herbstmond besonders zeichnet sich aus durch seine strahlende Helle. Der Vollmond, der die ganze Nacht am Himmel steht, übergießt alles mit seinem taghell blendenden Silberlicht. Das Mondopfer findet unter freiem Himmel statt. Die Früchte, die geopfert werden, haben alle symbolische Bedeutung: die Melonen bedeuten, daß die Familie vollzählig vereint bleiben möge, die Granatäpfel deuten auf reichen Kindersegen, die Äpfel auf Frieden. Das Gebäck hat die runde Form der vollen Mondscheibe.

Das Mondfest ist im Herbst, denn der Mond ist das Yinprinzip, wie die Sonne dem Yangprinzip entspricht. Das Yinprinzip ist alles Dunkle, Schattige, Kühle, Weibliche, und im Herbst beginnt diese Kraft ihre Herrschaft anzutreten. Da aber der Herbst gleichzeitig unter dem Zeichen der Erntefröhlichkeit steht, so ist das Mondfest trotz der Gedanken an das niedergehende Jahr dennoch ein Freudenfest. Namentlich die Frauen feiern das Mondfest gerne. Ist doch auch die Mondfee, die auf dem Schloß im Monde wohnt und dort einsam über dem Meere schwebend am dunklen Himmel die Unsterblichkeit gefunden hat, die Vertreterin des weiblichen Geschlechts. Am Mondschloß steht auch ein Kassiabaum. Denn um die Mittherbstzeit blüht die Kassia mit ihren süßduftenden, kleinen goldgelben Blüten. Dieser Kassiabaum auf dem Monde wächst und wächst und deckt mit seinem Schatten das ganze Mondlicht zu, bis er von Zeit zu Zeit wieder abgehauen wird. Auch ein Hase ist im Mond – wie in der Sonne eine Krähe –; dieser Hase stößt in einem Mörser die Kräuter des ewigen Lebens. Darum werden am Mondfest tönerne Hasen an die Kinder geschenkt. Der Mondhase ist weiß mit schönen roten Augen. Oft sieht man Abbildungen der Mondfee mit der Mondscheibe, und der Mondhase sitzt dann vertraulich bei ihr. Der Mond ist das Prinzip des himmlischen Wassers; man kann es mit einem konvex geschliffenen blanken Spiegel vom Mond herunterholen, wie man mit einem Hohlspiegel aus der Sonne das himmlische Feuer holen kann.

Der Mond ist aber doch nicht nur weiblich. Es treibt ein geheimnisvoller Alter, der Mondgreis, auf ihm sein Wesen. Der schleicht in der Nacht heimlich umher und bindet die Beinchen von neugeborenen Knaben und Mädchen mit einem unsichtbaren roten Zauberfaden aneinander. Dieser unsichtbare Faden ist so stark, daß niemand ihm widerstehen kann. Wenn der Knabe und das Mädchen herangewachsen sind, so werden sie, sich selber unbewußt, durch eine starke Fessel zueinander gezogen. Und wehe ihnen, wenn ihre Lebenswege einander einmal nahekommen, dann geht es ohne Hochzeit nicht mehr ab.

Die Frauen haben in China eine Freude am Ehestiften. Manche gibt es, die machen sich einen regelrechten Beruf daraus. Aber auch die übrigen sind gerne als Ehevermittlerinnen behilflich, wo es gilt, ein passendes Paar zusammenzubringen. Ohne Vermittlung kann man ja in China keine Ehe schließen; denn nicht die beiden Nächstbeteiligten heiraten einander nach Belieben, sondern es ist eine Familiensache. Dieser alte Mann im Mond nun macht sich ein Vergnügen daraus, die Ehen im Himmel zu schließen. Vielleicht verehren ihn die Frauen deshalb so.

Das Mittherbstfest ist in der schönsten Jahreszeit, gleichweit entfernt von den drei Hitzeperioden der Hundstage und den drei Kälteperioden des Spätwinters, und der Herbst ist in China viel schöner als der Frühling. Denn der Frühling muß sich unter viel Stürmen und rückfälliger Kälte aus den Fesseln des Winters herausarbeiten. Lange noch lastet der kontinentale Hochdruck mit seinen nordwestlichen Staubwinden über der chinesischen Ebene. Wenn der Umschwung eintritt, so setzt gewöhnlich auch schon gleich die Sommerhitze ein. Der Herbst dagegen ist ein mildes Abklingen der heißen, feuchten Wolkentage des Sommers. Der Himmel ist wochenlang von strahlender Reinheit, die Luft ist klar, so daß bis fernhin an die Berge die Umrisse des Horizonts sich scharf und dunkel abheben. Kein Sturmwind stört das ruhige Leuchten dieser Tage. Still dehnt sich der See, und fern aus dem Schilf klingen die Töne einer Flöte wehmütig durch den Äther.

Wenn diese schönen Tage vorüber sind, wenn der kalte Tau fällt, kommen die Herbstnebel aus den Tälern hervor. Das sind gefährliche Zeiten der Seuche. Darum steigt man jetzt auf die Höhen, um vor den Abendnebeln gesichert noch einmal beim Wein des Herbstes zu genießen. Das ist der neunte des neunten Monats, das doppelte Yang (Tsch'ung Yang), denn neun ist die Zahl des Yangprinzips, und der Verdoppelung dieser Lichtzahl wird an diesem Feste des sinkenden Jahres gedacht. Das Lichte kämpft hier wieder mit der Finsternis. Während das Jahr äußerlich der Kälte und dem Winter entgegenflieht, und die Herbstgrillen ihre wehmütigen Laute ertönen lassen, bilden sich im geheimen in den Tiefen der Erde die ersten Keime des neuen Jahres, so zart, so fein, daß sie dem menschlichen Auge noch nicht sichtbar sind.

Nun kommt die Zeit der Chrysanthemen heran, und ihre reinen Blüten sind der letzte Gruß des scheidenden Jahres. In Japan wird ein Chrysanthemenfest gefeiert, und man verbindet damit Ausstellungen von prächtigen Blumen. Man züchtet die Blüten so groß wie möglich, und dreißig, vierzig Blüten an einem Stock sind nichts Seltenes. In China ist das ganz anders. Die Chrysanthemen sind nicht wie die Päonien, die den ersten Frühling schmücken, Blumen der Pracht und der stolzen Entfaltung. Man züchtet in China selten mehr als drei oder fünf Blüten an einem Stock. Aber die Blüten sollen vollkommen sein und von gewählter Eigenart, und die Blätter sollen stark und grün die ganzen Stengel bis zur Erde bedecken. Der große Freund der Chrysanthemen war der Dichter T'ao Yüan Ming. Seine Liebe zu ihnen hat er in manchem Gedicht besungen:

> In später Pracht erblühn die Chrysanthemen,
> Ich pflücke sie, vom Perlentau benetzt.
> Um ihre Reinheit in mich aufzunehmen,
> Hab einsam ich zum Wein mich hingesetzt.

Die Sonne sinkt, die Tiere gehn zum Schlummer,
Die Vögel sammeln sich im stillen Wald. –
Fern liegt die Welt mit ihrer Unrast Kummer,
Das Leben fand ich, wo der Wahn verhallt.

Wie das Jahr mit seinem Kreislauf durch die Feste gegliedert ist, so ist auch das Leben des einzelnen Menschen von einem Kranz von festen Gebräuchen umgeben, die es einreihen in die großen gesellschaftlichen Zusammenhänge.

Das Kind wird geboren. Es wird schon am ersten Tage in ein Hemdchen von festlich roter Farbe gekleidet. Neun rote Eier werden an die Eltern der Mutter gesandt, um ihnen Mitteilung von dem freudigen Ereignis zu machen. Der Vater aber begibt sich, wenn das Neugeborene ein Knabe ist, zu den Heiligtümern der Ahnen, um ihnen Bericht zu bringen, daß das Geschlecht sich weiter fortsetze. Für Mädchen haben die Ahnengeister weniger Interesse, da die Mädchen durch ihre Heirat aus der Familie ausscheiden und zur Fortsetzung der Erblinie in einem anderen Hause beitragen. Man hat das häufig für Lieblosigkeit gegen die Mädchen gehalten. Das ist aber keineswegs der Fall. Weder töten die Chinesen ihre neugeborenen Mädchen, wie das eine Zeitlang in Europa törichterweise verbreitet worden war, noch verachten sie dieselben. Aber die Familie ist ein Organismus, der über die persönliche Zuneigung hinausgeht. Das Wachstum und Leben der Familie ist von selbständiger Bedeutung gegenüber den einzelnen zu ihr gehörigen Individuen. Und diese Familie ist durchaus auf patriarchalischer Grundlage aufgebaut. Der Mann steht im Zusammenhang der Ahnenreihe und hat die Aufgabe, innerhalb dieser Reihe stehend, das Erbe der Vergangenheit an die Zukunft weiterzugeben. Die Frau aber wird in die Familie einbezogen als Gehilfin des Mannes. Ihre Pflicht ist es, die Familie des Mannes zu fördern, ihm Nachkommen zu schenken und sich einzufügen in das Vaterhaus des Mannes, in dem die Mutter waltet, der sich die Schwiegertöchter zu unterstellen haben. Zu diesem Zweck muß die Frau gelöst werden aus dem Ahnenverband ihres Vaterhauses. Darum holt der Bräutigam seine Frau zur Hochzeit aus ihrem Hause weg, und die Ehe wird im Vaterhaus des Bräutigams gefeiert. Die Eltern der Braut aber werden entschädigt durch Geld oder Geschenke. Die Lösung von der Familie, die jedem Mädchen bevorsteht, ist daher der Grund, warum von ihrem Dasein den Ahnen gar nicht erst berichtet wird.

Auch sonst sind die Gebräuche verschieden bei der Geburt von Knaben und Mädchen. Bei der Geburt des Knaben wird ein Bogen aus einem Maulbeerzweig und vier Pfeile aus Jujubenholz vor der Tür aufgehängt. Am dritten Tage wird der Bogen abgenommen und die Pfeile nach allen vier Himmelsrichtungen abgeschossen. Bei der Geburt des Mädchens dagegen wird nur ein Taschentüchlein aufgehängt, weil das Leben des Mädchens sich ja doch im Hause abspielen wird. Ein besonderer Tag ist der hundertste Tag nach der Geburt des Kindes, der ungefähr unserem Tauftag entspricht. Von Bekannten und Verwandten kommen Geschenke an. Armspangen, Glöckchen, Halsringe mit Schlössern, auf denen gute Wünsche eingraviert sind, die das Kind an das Leben anschließen sollen, werden überreicht. Meist sind die Sachen aus Silber und vergoldet. Es sind Gaben, die ungefähr den Patengeschenken in Europa entsprechen. Der Knabe wird auf einen Tisch gesetzt, auf dem Bücher und Schwerter, Beamtenabzeichen und Geld liegen. Er wählt seinen künftigen Beruf durch das Ding, das er zuerst ergreift. Den Mädchen breitet man Schere und Elle, Puder und Schminke, Diademe und Geld aus. Sie werden entweder gute Hausfrauen oder gefeierte Schönheiten oder haben das Glück, einen vornehmen oder reichen Mann zu bekommen. Zu dieser Zeit bekommen die Kinder ihren Milchnamen, der meist recht unscheinbar ist, um die Dämonen nicht aufmerksam zu machen. So werden Knaben etwa »kleines Mädchen« genannt, oder der Name richtet sich nach irgendeinem Ding, das in der Nähe ist oder zufällig erblickt wird. Erst beim Eintritt in die Schule wird der richtige Rufname erteilt.

Die patriarchalische Auffassung der Bedeutung der Kinder ist im alten Buch der Lieder aus dem ersten Jahrtausend v.Chr. einmal sehr hübsch zum Ausdruck gebracht. Da wird erzählt, wie ein Haus für einen Herrscher gebaut wird und wie er in der ersten Nacht einen glückverheißenden Traum hat, den ihm der Magier deutet. (Schï King II, 4, 5.)

Am lieblich stillen Flussesstrand,
An starker Berge dunklem Rand,
Wo Bambuswurzeln tief sich gründen,
Wo Pinienkuppeln breit sich ründen,
Der Brüder friedlicher Verein
Mög stets voll edler Liebe sein!
Und frei von allen Ränken sein!

Ahnfraun und Ahnherrn heiliges Teil
Dehnt sich des Hauses Mauer steil,
Nach West und Süden offne Tür,
Hier wohnt, hier weilt er für und für.
Hier ist sein Glück, sein Wort ist hier.

Fest stehn gefügt die Rahmenwerke,
Und fest gestampft der Wände Stärke,
Von Wind und Regen unversehrt,
Ratten und Vögeln stark verwehrt,
Von Gegenwart des Herrn geehrt.

Voll Hoffnung steht es und gerad,
So wie des Pfeiles schneller Pfad.
Und wie des Vogels neues Kleid,
Wie des Fasanen Flug so weit
Steht's zum Empfang des Herrn bereit.

Der Hof ist weit und wohl geschlichtet,
Die Säulen hoch und glatt gerichtet.
Froh spielt das Licht an Saales Bord,
Geräumige Schatten winken dort,
Hier ist des Herren Ruheort.

In kühle Matten eingehüllt
Deckt ihn des Schlummers Stille mild.
Und wenn er dann vom Schlaf erwacht,
Ruft er den Magier mit Bedacht.
»Was hat der Herr im Traum erschaut?«
»Braunbären, Graubären allzumal,
Ottern und Nattern in großer Zahl.«

Der Magier deutet nun den Traum:
»Braunbären und Graubären Söhne bedeuten,
Ottern und Nattern Töchter bedeuten.
Es werden euch Söhne geboren werden,

Die auf prächtigen Betten schlafen werden,
In bunte Gewänder gekleidet werden,
Mit Jadezeptern spielen werden,
Mit lauter Stimme schreien werden,
In roten Schärpen erscheinen werden,
Das Haus durch Herrschaft berühmt machen werden.«

»Es werden euch Töchter geboren werden,
Sie werden schlafen auf der Erden,
Sie werden in Windeln gewickelt werden,
Sie werden spielen mit tönernen Scherben,
Nicht gut, nicht böse werden sie handeln,

Sie werden nur Essen und Trinken behandeln
Und ohne Verdruß für die Eltern wandeln.«

Diese alten Sitten sind heute überholt. Die Frauenwelt in China ist längst herausgetreten aus den Fesseln alter Vorurteile. Die Mädchen sind heute in China viel freier als z. B. in Japan, wo das alte ritterliche Ideal noch weit mehr gepflegt wird. Selbst Freiheit der Gattenwahl wird immer mehr proklamiert, und in Verbindung damit ist die Frauenwelt Jung-Chinas auch streng gegen die bequeme Sitte vorgegangen, die es dem Gatten erlaubt, zu seiner eigenen Freude neben der Gattin noch eine Anzahl von Dienerinnen bzw. Nebenfrauen der Familie einzugliedern. Mit der freien Gattenwahl fällt natürlich ein Hauptgrund für das Vorhandensein der Nebenfrau weg, da ja dann ein jeder Mann es sich selbst zuzuschreiben hat, wenn es sich herausstellen sollte, daß seine Gattin weniger befriedigend ist, als er erhofft hatte. Nur die Frage männlicher Nachkommenschaft wird in den Ehesachen so lange eine Rolle spielen, als die patriarchalische Familie in China besteht, und damit wird dann, wenn die Hauptfrau ohne männliche Nachkommen bleibt, doch immer die Möglichkeit bleiben, eine Nebenfrau hinzuzunehmen, falls man die Ehe nicht – was nach chinesischen Recht erlaubt ist – deshalb lösen und eine neue Ehe eingehen will. Das neue chinesische Eherecht ist in bezug auf Scheidung viel freier als die meisten europäischen Rechte. Denn einerseits ist es nicht belastet durch kirchliche Rücksichten, und andererseits ist die Frage der Unterbringung und Erziehung der Kinder im Fall einer Scheidung in China nicht schwierig zu lösen, da die Ehe nur eine Verbindung innerhalb der Großfamilie ist, und die Kinder auf alle Fälle der Familie viel mehr angehören als den Eltern.

Aus dem bisherigen geht schon hervor, daß die Heirat im Leben des Mannes nicht eine so einschneidende Epoche bildet wie in Europa, da sie ja keineswegs mit der Gründung eines eigenen Hausstandes zusammenfällt. Wenn die Braut durch den Übertritt in eine andere Familie und durch ihre neue gesellschaftliche Stellung einen ganz neuen Lebensabschnitt begann, so blieb für den jungen Mann seine Stellung innerhalb des Hauses ziemlich unverändert, höchstens daß er mit seiner jungen Frau ein besonderes Gebäude innerhalb des allgemeinen Familiengehöftes zugewiesen erhielt. Die Auswahl der Lebensgefährtin war durch die Eltern längst schon vorgenommen. Die Hochzeit wurde festgesetzt, wenn etwa aus Anlaß häuslicher Geschäfte eine weitere Arbeitskraft der Mutter des Jünglings erwünscht erschien. Der Bräutigam kam dann, wenn er auswärts war, für ein paar Tage nach Hause. Wenn er z. B. eine Schule an einem anderen Orte besuchte, so genügte eine Woche Urlaub, worauf der junge Gatte dann wieder wie bisher zur Schule ging. Damit hängt zusammen, daß der Mann, solange seine Eltern noch der Haushaltung vorstehen, oft jahrelang mit kurzen Unterbrechungen von Hause fort ist. Die Frau ist ja ebenso wie die Kinder wohlversorgt in der Familie. Darum war es für eine junge Frau ein wichtigeres Problem, wie sie sich zur Schwiegermutter stellte, als zum Mann. Mit der Schwiegermutter mußte sie dauernd zusammenleben, auch war deren Einfluß als Mutter auf den Sohn so stark, daß dieser seine Frau gegen sie nicht schützen konnte, wenn ernstliche Zerwürfnisse die Beziehungen zwischen den beiden Frauen getrübt hatten. Und solche Zerwürfnisse kamen vor. Zwar ist die Anzahl von verunglückten Ehen in China weit geringer als in den Großstädten Europas. Aber der Kampf mit der Schwiegermutter ist doch auch hier eine sehr ernste Sache gewesen (für die Frau, denn der Mann war von der seinigen ja völlig fern), und manchmal war Selbstmord die letzte Auskunft einer gequälten Frau, die keinen Ausweg aus der Hölle täglicher Familienschwierigkeiten mehr fand. Das war für die Schwiegermutter freilich stets eine sehr peinliche Sache, denn abgesehen davon, daß es in der Öffentlichkeit doch ein recht schlechtes Licht auf sie warf, war immer auch mit Belästigungen durch das Gespenst der Selbstmörderin zu rechnen.

Jung-China hofft sehr viel von der Ehereform, die, wie erwähnt, sich durchzusetzen beginnt. Man will sein Eheglück in eigene Hand nehmen und selber darüber wachen. Es ist selbstverständlich, daß die alte Form der Ehe nicht länger aufrechterhalten werden kann, wenn die Persönlichkeiten differenzierter werden. Die chinesische Familie, die wenig auf das Individuum

Rücksicht nahm, setzte voraus, daß die einzelne Persönlichkeit in den größeren Zusammenhang sich reibungslos einordnete, was natürlich nur bei schwächer entwickelter Eigenart und Selbstbewußtheit der Charaktere möglich ist.

Es ist unzweifelhaft, daß auf dem Lande die alte Ehe noch lange bestehen bleiben wird, weil dort noch immer die großen übergreifenden Bindungen eines auf den Ackerbau gegründeten Patriarchalismus vorhanden sind. Dagegen werden in den Städten neue Verhältnisse und damit auch neue Ehen sich bilden müssen. Die Zertrümmerung der Großfamilie, die für den Großstädter schon aus wirtschaftlichen Gründen unvermeidlich ist, produziert neue Eheformen. Nur ist die Frage, welche das sein werden. Die Ehe hat zu ihrer Voraussetzung immer die übergreifende Bindung eines irgendwie gearteten Familienzusammenhangs. Für isolierte und proletarisierte Menschen gibt es letzten Endes nur in Ausnahmefällen noch wirkliche Ehen. Jung-China ist voll Hoffnung für die Zukunft. Was wird es für Erfahrungen heimbringen, und wie wird die Ehe endgültig aussehen, die aus dem Schmelzprozeß der neuen Zeit sich herauskristallisieren wird?

Am Schluß des Lebens stehen endlich die Sitten, die sich um die Beerdigung gruppieren. Hier hat die rote Farbe ein Ende. Der farblose Sack ist die Trauerkleidung, und Askese in den äußeren Verhältnissen, aus denen alle Bequemlichkeit entfernt wird, entspricht der Herzenstrauer der Hinterbliebenen. Trotz dieser Trauer, die siebenundzwanzig Monate lang dauert, ist der Tod nicht etwas, das außerhalb aller Erwägung bliebe, solange die Eltern leben. Daß die Menschen sterblich sind, ist eine Tatsache, über die sich in China niemand hinwegzutäuschen sucht. Wenn die Zeit herannaht, da nach des Lebens Last und Hitze die Ruhe winkt, so bestellt man gern rechtzeitig sein Haus, und es ist eine zarte Rücksicht der Kinder, wenn sie für altgewordene Eltern schon zu deren Lebzeiten Sarg und Totenkleider besorgen. Diese können dann ohne Sorge an den letzten dunklen Gang der Rückkehr denken.

Natürlich ist der Tod und das Begräbnis in China umgeben von einem reichen Kranz von Sitten. Denn die Lehre des Konfuzius, die die Kindesehrfurcht in den Mittelpunkt der Volksmoral gestellt hat, mußte den Moment besonders betonen, da der treue Dienst der lebenden Eltern ein Ende nahm und die Kindesehrfurcht aus der ethischen Form in die religiöse übergehen mußte. So war Fasten, Askese, Trauer vorgeschrieben. Mehr auf den Ernst der Gesinnung kam es dem Meister an, als auf den Pomp äußerer Prachtentfaltung. Es herrschte die Sitte, daß der Verstorbene begraben wird entsprechend dem Rang, den er bei Lebzeiten innegehabt. Die Opfer aber wurden vollzogen entsprechend dem Rang der hinterbliebenen Söhne und Enkel. Der Adel ging nicht auf Kinder und Enkel über, nur der älteste Sohn rückte als Stammhalter der Familie in dessen Rang ein – dagegen hatten alle Vorfahren indirekt teil an der Standeserhöhung der Nachkommen.

Neben den Totenbräuchen, die aus dem Konfuzianismus sich ergeben, haben sich im Laufe der Jahrhunderte noch eine Menge Bräuche eingefunden, die aus ganz anderen Quellen stammen. Die Versorgung der Toten ist in China ein Kreuzungspunkt für alle Religionen geworden. Taoistenpriester machen am Leichenhause ihre Musik, und auch Buddhistenmönche lese ihre Messen. Neben den Sitten der Ehrung der Toten als vollendeter höherer Wesen geht eine Menge von Bräuchen her, die in den Toten gefährliche Gespenster sehen, die gebannt werden müssen. Während man betend emporschaut zu dem verklärten Geistigen und es durch Opfer nährt und ehrt, ist das verwesende Körperliche ein peinlicher Erdenrest, der gespenstig unpersönlich dem Leben feind ist.

In Peking war vor nicht gar langer Zeit die Beerdigung eines hohen Staatsbeamten. Der Trauerzug schwankte stundenlang durch die Straßen. Kräcker wurden abgebrannt und große Gongs geschlagen, um die bösen Geister zu verscheuchen auf dem Weg der Leiche. Fahnen und Amtsinsignien wurden getragen, weiße Zweige mit Papierstreifen umhüllt folgten. Ehrenschreine und Ehrenschirme bewegten sich voran. Dann kamen die Grabbeigaben. Sie werden nicht mehr wie früher aus Ton gebildet und dem Toten mit ins Grab gegeben, sondern aus Papier gemacht und am Grab verbrannt. Alles was zum Luxus des Lebens gehört, von der Villa und dem Automobil an bis zu den unentbehrlichen Pferden, Dienern und Geräten, war vorhanden. Von über hundert wimmelnden Menschen wurde unter einem Baldachin der prächtig verhüllte

Sarg getragen. Der Chopinsche Trauermarsch, von einer buntgekleideten Kapelle gespielt, wechselte ab mit den schrecklichen Hörnerstößen und der wimmernden Klarinettenmusik und den Trommeln und Gongs der Bonzen. Weißgekleidet schleppte sich der Sohn, auf Diener gestützt und einen Trauerstab nach sich ziehend, hinter dem Sarge her. Wagen und Autos ohne Zahl, Kränze und Blumen und Ehrenschriften gaben dem Toten das Geleite zur Stadt hinaus in das sorgfältig gemauerte Familiengrab.

In einer kleinen Nebengasse trugen zwei Arbeiter einen kümmerlichen Sarg mit Stricken an einer Stange befestigt, der notdürftig nur mit einer schmutzigen roten Bettdecke verhüllt war. Es war vielleicht die einzige Bettdecke des Sohnes, der hinter dem Sarge ging. Er hatte sich irgendwo einen weißen europäischen Stoffkinderhut gekauft, damit er auch etwas Weißes trüge. Der Hut war schmutzig, und viele Leute lachten über den Anblick. Doch der Sohn bemerkte nichts davon. Er mußte sich beherrschen, sein Schluchzen zu unterdrücken. Er hatte keine Zeit. Emsig schritten die Träger voran. Vor Sonnenuntergang mußte er begraben sein. Im Augenblick waren sie im Gedränge der Straße verschwunden.

Als sie die Erde wegschaufelten, da fanden sie einen gebleichten Totenschädel. Vielleicht war es derselbe, der einst dem Tschuangtse im Traum erschienen war und sprach: »Im Tode gibt es weder Fürsten noch Knechte und nicht den Wechsel der Zeiten. Wir lassen uns treiben, und unser Lenz und Herbst sind die Bewegungen von Himmel und Erde.«

Neunzehntes Kapitel. Gesellschaftliches Treiben

Der gesellschaftliche Verkehr in China ist wie der antike Verkehr aller patriarchalisch organisierten Völker bis in die neueste Zeit ausschließlich Männerverkehr. Die Frauen walteten im Innern des Hauses, besuchten sich gegenseitig, tauschten ihre Erlebnisse und Ansichten aus, aber sie gingen nicht mit ihren Gatten und Vätern gemeinsam zu Gesellschaften. Eine Durchbrechung dieser Sitte fand nur statt bei Tempelbesuchen und Theatervorstellungen, auch bei Messen und Märkten kam es zuweilen vor, daß Frauen und Mädchen mit ihren Dienerinnen sich gelegentlich zeigten. Aber auch diese Ausnahmen waren wohl mehr geduldet als gewünscht. Selbst gute Freunde kannten gegenseitig kaum ihre Frauen; nur bei den Mandschus herrschte in dieser Beziehung mehr Freiheit. Durch diese Sonderung der Geschlechter bekam natürlich der ganze öffentliche Gesellschaftsverkehr seinen Charakter. Er war ungezwungen, gelegentlich ließ man sich etwas gehen, mancher fühlte sich erleichtert, wenn er der leitenden Hand der Gattin entronnen war; denn in China kommen trotz des herrschenden Patriarchats gelegentliche inoffizielle Rückfälle in ein gemäßigtes Matriarchat vor, die von dem Betroffenen meist sehr deutlich empfunden werden, wenn sie auch nach außen hin nicht hervorzutreten pflegen. Man kann jedoch nicht sagen, daß der gesellschaftliche Verkehr in gebildeten Kreisen unbeherrscht oder unfein wäre. Dazu wird er viel zu sehr geleitet und geordnet von den Regeln einer Sitte, die ohne lästige Formalitäten äußerer Art doch für alle Lebenslagen das Richtige nahelegt.

Mit den erwähnten Verhältnissen hängt es auch zusammen, daß der Gesellschaftsverkehr gewöhnlich nicht in den Privatwohnungen vor sich geht, sondern in Räumen von mehr oder weniger öffentlicher Art. Es gibt in Peking z. B. einige Klubgebäude, meist alte Prinzenpaläste oder sonstige vornehme Anwesen mit Gärten und Hallen, in denen man sich im Gespräch ergehen kann. Da bei den großen Entfernungen sich die Sitte herausgebildet hat, daß die Stunde der Einladung nie peinlich genau genommen wird, so hat man vor Beginn der Mahlzeit reichlich Zeit zu allen möglichen Unterhaltungen. Aber nicht nur solche Klubräume werden verwendet. Man kann auch die Räume eines Freundes entlehnen, der geeigneten Platz hat, oder stille Pavillons in einem der öffentlichen Gärten oder auch Räume in einem der größeren Restaurants der Hauptstadt. Man findet da stets geschlossene Säle, die in besonderen Höfen hegen, so daß jede Gesellschaft vollkommen ungestört für sich ist. Ein Wirtschaftsbetrieb wie in Europa, da man in einem großen Lokal herumsitzt, womöglich zwei verschiedene Kreise an einem Tisch, würde in China als roh und lästig empfunden; denn man kommt ja nicht nur zusammen zur gemeinsamen Betätigung des Ernährungsvorganges, sondern eine gutausgewählte und aufeinander abgestimmte Gesellschaft soll jedesmal ein kleines Kunstwerk geselligen Zusammenseins bilden. Darum ist man sorgfältig bedacht, bei der Auswahl der Gäste harmonisch vorzugehen. Man bittet nur Menschen, die zusammenklingen, die sich etwas zu bieten haben. Es sollen darum nicht zu viele sein, weil sonst die Gemeinsamkeit leicht in Einzelunterhaltungen auseinanderfällt, auch nicht zu wenige, weil dabei auch leicht der eine oder der andere aus der Gruppe fällt. Meist hält man sich in der Nähe der Zahl der acht Genien. Aus der Geschichte der T'angdynastie sind z. B. acht Weinheilige bekannt, eine trinkfrohe Gesellschaft von Dichtern in der Umgebung von Li Tai Po, die der Dichter Tu Fu besungen hat.

Eine solche Gesellschaft findet sich allmählich am verabredeten Ort ein. Ehe die Gäste vollzählig sind, steht oder geht man umher. Ein Diener bringt feuchte heiße Tücher, mit denen man sich Gesicht und Hände abwischt, was im Sommer erfrischend, im Winter erwärmend wirkt. Eine Tasse Tee wird vor jeden der Gäste gestellt. Melonen- und Sonnenblumenkerne stehen auf kleinen Tellerchen umher. Man knackt unter dem Sprechen die Schalen und ißt die Kerne. Man steckt sich eine Zigarette an und vertreibt die Zeit mit leichten Gesprächen über literarische Tagesneuheiten, Politik oder Kunst. Ein schweres Gespräch zu führen wäre jetzt nicht die Zeit, da die allmählich eintreffenden Freunde doch dauernd die Gedanken unterbrechen würden. Wenn die Speisenfolge nicht schon zum voraus festgelegt ist, so reicht der Gastfreund etwa die Speisekarte herum, und jeder Gast wählt irgendeine der Speisen aus, die nachher auf den Tisch kommen sollen. Endlich sind die Gäste vollzählig, und man begibt sich zu Tisch. Das ist in kleineren Landorten immer eine schwierige Sache, fast wie wenn zwei Deutsche miteinander durch eine Tür gehen sollen. Oft kommt es da vor, daß die einzelnen Gäste sich tückisch auf einen niedrigeren Platz setzen und die armen jüngeren Opfer obenan sitzen lassen wollen. Das können diese nun unter keinen Umständen dulden, und so entstehen oft minutenlange Höflichkeitskämpfe gegenseitiger Bescheidenheit. In den hauptstädtischen Gesellschaften ist das jedoch nicht mehr üblich. Da jeder der Gäste durch Alter und Stellung einen deutlich fixierten Platz hat, so schreibt der Gastfreund Namenkarten und legt sie an die Plätze, oder er gießt der Reihe nach unter Nennung der betreffenden Namen und mit einer Verbeugung Wein in die bereitstehenden Schälchen. Die Gäste folgen mit mäßigen Versuchen, sich weniger ehrenvolle Plätze zu sichern, den Aufforderungen des Wirts. Zutrinken des Wirts an die Gäste und dankende Erwiderung dieses Grußes eröffnet das Mahl.

Nun beginnt die Schlacht. Jeder Gast hat ein Tellerchen für Tunken, ein Tellerchen mit Sonnenblumen- oder Aprikosenkernen, einen Löffel für die Suppen, ein Paar Eßstäbchen und ein Weinschälchen vor sich stehen. Papier zum Abwischen der Geräte ist ebenfalls vorhanden. Die Speisen werden nicht einzeln angeboten, sondern auf größeren Platten oder Schüsseln in die Mitte des Tischs gestellt. Der Wirt fordert zum Zugreifen auf, und jeder holt sich mit seinen Stäbchen so viel er will. Natürlich sind die Speisen alle klein geschnitten, so daß sie bequem mit den Stäbchen erfaßt werden können – vorausgesetzt, daß man die Stäbchen zu meistern versteht. Europäer können das sehr selten, und es bildet für sie in der Regel eine angenehme Tischunterhaltung, ihren chinesischen Nebensitzern ihre Unwissenheit in Wort und Tat vorzuführen.

Man geht beim Essen selbstbeherrscht vor. Man trinkt ein Schälchen Wein, man nimmt gelegentlich einen Bissen der kalten Fleisch- und Gemüseschnitten, die zunächst auf dem Tisch stehen, legt die Stäbchen wieder hin, plaudert, ißt ein paar Melonenkerne, trinkt wieder und kostet dann einen anderen Bissen. Man hat keine Eile, man läßt sich Zeit. Fremde machen in der Regel den Fehler, daß sie vom ersten Anfang an, schon bei den Vorspeisen, viel zu ernsthaft ins Zeug gehen. Sie sind dann häufig nach dem dritten oder vierten Gang erledigt, oder müssen sich mit Hilfe von vielem Wein rettungslos den Magen überladen. Ein chinesisches Essen ist eine lange, ausführliche Sache und will mit Überlegung und Verstand genossen sein. Die europäische Art, die Speisen, die einem vorgesetzt werden, ohne Besinnen hinunterzuschlucken, ist dem Chinesen fremd. Er weiß, was er ißt, und schämt sich nicht, einen guten Bissen zu würdigen.

Der Wein, den man trinkt, ist in der Regel aus Reis gebraut und ist in Farbe und Geschmack dem Sherry nicht unähnlich, doch weniger alkoholhaltig. Jeder Chinese weiß, wieviel er davon vertragen kann, und richtet sich danach ein. Der beste Wein kommt aus dem Bezirk Schaohsingfu in der Nähe von Hangtschou. Aber die feinsten und ältesten Sorten bekommt man selten an Ort und Stelle, da sie meist nach der Hauptstadt gesandt werden.

Unter den kalten und warmen Vorspeisen befinden sich Bambussprossen und Föhrenblüteneier, sogenannte schwarze Eier, die in Europa immer noch als tausendjährige Eier verschrien sind, obwohl sie ihre Farbe und ihren etwas käseähnlichen Geschmack nur der besonderen Zubereitung in Kalk, Spreu, Salz und Lehm verdanken, von denen etwas durch die Schalen dringt und die schwefelhaltigen Eiweißstoffe färbt. Man könnte diese Eier am ehesten mit Soleiern vergleichen. Als Hauptspeisen werden nun mehrere Delikatessen in Schüsseln serviert. Bei feinen Diners gibt es zuerst indische Schwalbennester. Diese Nester stammen von einer Gattung Seeschwalben im Indischen Ozean, die zu ihrem Bau eine besondere Art von Meeralgen benützen. Sie werden in klarer Hühnerbrühe gekocht und haben einen überaus zarten Geschmack wie irgendeine feine Pilzart. Sie sind ein sehr kostbares Gericht, das daher häufig auch durch Agar-Agar verfälscht vorkommt. Europäer bringen diesem Gericht, das wirklich einen künstlerischen Gaumen voraussetzt, meist mehr Verwunderung als Verständnis entgegen. Ein früherer chinesischer Gesandter gab einmal in Europa bei einem Diner eine Schwalbennestersuppe. Eine Dame, die neben ihm saß, wollte ein solches Ding einmal sehen. Zuvorkommend ließ er ein Nest aus der Küche holen. Sie amüsierte sich darüber und wollte es zum Andenken mitnehmen. Nun erwachte auch das Interesse der anderen Gäste, und die ganze Gesellschaft nahm sich solche Andenken mit, ohne zu ahnen, daß sie ihren Gastgeber damit um viele Hundert Mark schädigte. Nach den Schwalbennestern kommen die Haifischflossen. Diese werden mit Hühner- und Entenbrühe einen ganzen Tag lang gekocht, bis sich die Flossenstrahlen gallertartig erweichen und einen ungemein kräftigen und doch zarten Geschmack bekommen. Namentlich mit Sojatunke zusammen schmecken sie gut. Ein richtiges chinesisches Gastmahl hat dreißig bis vierzig Gänge. Man kostet von jedem nur ein paar Bissen, weil man sonst bald leistungsunfähig würde.

Über dem Essen wird auch das Trinken nicht vergessen. Trinkspiele werden gemacht, teils alte, wie das bekannte Fingerspiel, teils neue, die oft einen humoristischen Anstrich haben wie Mann, Frau und Nebenfrau. Daumen ist Gatte, Zeigefinger Gattin, kleiner Finger Nebenfrau. Der Gatte siegt über die Gattin, die Gattin über die Nebenfrau und die Nebenfrau über den Gatten. Oder es wird eine Blume herumgereicht, während ein Diener die Trommel schlägt. Wer die Blume in der Hand hat, wenn die Trommel aufhört, muß trinken. So gibt es noch manche mehr oder weniger geistvolle Spiele, die alle darauf hinauslaufen, daß der Besiegte zum Trinken verurteilt wird.

Unterdessen erscheint Schüssel um Schüssel. Nach einer Serie kommt jeweils ein süßes Gericht, wie in Zucker gekochte Lotoskerne oder mit Zuckerfäden umsponnene Süßkartoffeln. Man wäscht Löffel oder Stäbchen vor und nach dem süßen Gang. Immer nach dem süßen Gang kommt eine neue Serie. Wenn die Gäste am Ende ihrer Kraft angelangt zu sein schienen, dann macht der Wirt den Vorschlag, zum »Essen« überzugehen. Denn das alles waren eigentlich nur etwas überentwickelte Vorspeisen. Das eigentliche Essen besteht aus Reis oder Hirse mit einigen Fleisch- und Gemüseschüsseln. Hat man den Reis gegessen, so steht man auf, spült den Mund und trinkt zu einer Zigarette noch eine Tasse von irgendeinem kräftigen Tee. Man wechselt noch ein paar Worte und verabschiedet sich dann sehr rasch.

Die einzelnen Mahlzeiten dauern, wenn sie erst angefangen haben, nicht übermäßig lange. Es kommt bei vielbeschäftigten Menschen wohl vor, daß sie an einem Abend zu zwei oder drei Mahlzeiten gehen. Sie sind von verschiedenen Freunden eingeladen und möchten keinen durch eine Absage kränken, so verabreden sie die Reihenfolge, in der sie bei den verschiedenen Diners erscheinen, und kommen dann bei dem einen zur ersten Hälfte, beim andern zur zweiten. Ein humaner Zug bei diesen Diners ist, daß nicht nur die geladenen Gäste bewirtet werden, sondern auch die Kutscher, Chauffeure oder Rikschakulis, die sie mitgebracht haben. Wenn die Gäste versammelt sind, wird eine Liste aufgestellt, wer einen Diener draußen hat, und jeder von ihnen bekommt dann eine kleine Summe für Eßgeld ausgehändigt, die dem Gastgeber mit auf die Rechnung gesetzt wird.

Diese Mahlzeiten zeigen mehr das offizielle Bild. Es gibt in Peking eine ganze Reihe von Restaurants, die auch recht guten Zuspruch von Europäern haben, denn ihre Speisen sind so vorzüglich und schmackhaft zubereitet, daß auch viele Fremde das Bedürfnis haben, sich von der täglichen Routine gelegentlich durch ein chinesisches Essen zu erholen.

Die Chinesen sind seit uralten Zeiten Meister der Kochkunst. Auch die bedeutendsten Staatsmänner und Weisen haben es für nicht unter ihrer Würde erachtet, sich mit dem Nachdenken über Speisen und ihre Zubereitung zu beschäftigen. Der Sage nach hat in der ersten Hälfte des zweiten vorchristlichen Jahrtausends der berühmte Staatsmann I Yin den großen König T'ang dadurch für seine Pläne gewonnen, daß er als Koch in seine Dienste trat. Das mag Sage sein, aber wir haben aus der Mitte des dritten vorchristlichen Jahrhunderts eine Abhandlung über die Gespräche, die bei diesem Anlaß geführt worden seien. Damals wenigstens muß also das Nachdenken sich diesen Dingen bereits zugewandt haben. Es heißt da [28] u. a.:

Als der König T'ang den I Yin gefunden hatte, stellte er ihn im Ahnentempel dar. Er stellte ihn in das Licht des heiligen Feuers und bestrich ihn mit dem Blut des Opferschweins. Am folgenden Tag hielt er Hof und empfing ihn. Da redete er mit T'ang über die Kochkunst. T'ang sprach: »Könnt ihr die feinsten Speisen zubereiten?« I Yin sprach: »Euer Land ist klein, da läßt sich nicht alles beschaffen. Wenn man aber Großkönig ist, dann findet sich alles.« Dann hob er an: »Von den Tieren der drei Naturreiche haben die im Wasser lebenden einen tranigen Beigeschmack, die Fleischfresser einen wilden Beigeschmack und die Grasfresser einen ranzigen Beigeschmack. Aber trotz dieser Beigeschmäcke kann es gut schmecken. Es kommt nur auf die

Zubereitung an. Die Grundlage aller Speisen ist vor allem das Wasser. Es gibt fünf Geschmacks-
arten, drei Materialien, neun Kochweisen, neun Bratweisen der Speisen, wobei es auf die Anwendung der verschiedenen Feuer ankommt. Zuweilen muß das Feuer rasch sein, zuweilen langsam.
Den Beigeschmack des Tranigen, Wilden, Ranzigen bekommt man durch stärkere Gegenmittel
weg, wenn man die richtige Reihenfolge nicht verfehlt. Bei der Mischung muß man süß, sauer,
bitter, scharf und salzig richtig abwägen, man muß wissen, was von jedem früher, was später
zugesetzt werden muß und wieviel von jedem. Diese Verteilung ist sehr kompliziert, muß sich
aber in allen Stücken nach der Regel richten. Die Veränderungen, die mit den Speisen nach
dem Anrichten noch in der Schüssel vor sich gehen, sind so fein und geheimnisvoll, daß man
sie gar nicht in Worten erklären kann. Es ist wie bei den subtilsten Kunstgriffen beim Schießen
und Wagenlenken, wie bei den geheimnisvollen Wachstumsvorgängen im Lauf der Natur.

Die abgelagerten Fleischstücke dürfen nicht verdorben sein, die gargekochten nicht zerkocht,
die süßen Speisen nicht widerlich, die sauren nicht zusammenziehend, die salzigen nicht versal-
zen, die scharfen nicht brennend, die milden nicht fade, die fetten nicht abgestanden.

Das Beste unter den Fleischspeisen sind die Lippen des Orang-Utan, die Schwänze junger
Schwalben, das Mark von Büffeln und Elefanten. Westlich von den Wanderdünen im Süden
des Zinnoberberges gibt es Phönixeier, die die Leute von Yü essen. Die besten Fische sind die
Butte vom Tung-T'ing-See und die Sardinen des Ostmeers. In der Nektarquelle gibt es einen
Fisch, der heißt Scharlachschildkröte. Er hat sechs Beine und Perlen wie grüner Jade. In der
Tiefsee gibt es einen Fisch, der heißt Flugfisch. Er sieht aus wie ein Karpfen und hat Flügel,
mit denen er aus dem Wasser sich erheben kann. Unter den Gemüsen sind die besten die Algen
vom K'unlun Berg, die Früchte vom Baum des Lebens. An den Ufern des Südpols gibt es ein
Gemüse das heißt der Baum der Erkenntnis, seine Farbe ist wie grüner Jade; am Huaberg gibt
es die beste Petersilie, am Yün-Mong-See die beste Sellerie. In Ts'in Yüan gibt es ein Kraut,
das heißt Erdblüte. Unter den Gewürzen sind die besten der Ingwer von Yangpu, der Zimmt
von Tschaoyao, die Pilze von Yüolo, Soße aus Aalen und Stören und das Salz von Tahsia. Unter
den Getreidearten sind die besten das Korn vom Schwarzen Berg, die Hirse vom Putschouberg,
der Sorghum vom Yangberg, die schwarze Hirse von der Südsee. Unter den Wassern sind die
besten: der Tau von den Sanwebergen, das Wasser aus den Brunnen des K'unlun Berges und das
von den Hügeln am Yangtse, das man Zitterwasser nennt. Unter den Früchten sind die besten
die Früchte des Apfelbaums. Im Norden des Tschaogebirges gibt es alle Arten von Früchten,
die die Götter speisen. Im Süden gibt es süße Apfelsinen, Mandarinfrüchte und Pumalos und
die Steinohren vom Flusse Wan. Um sie herbeizuholen, bedarf es der schnellsten Pferde.

Wenn man nicht Großkönig ist, so kann man diese Dinge nicht vollzählig bekommen. Auch
wenn man Großkönig ist, muß man sie nicht erzwingen wollen. Erst muß man die Wahrheit
erkennen. Die Wahrheit liegt aber nicht irgendwo draußen, sondern sie ruht in uns selbst. Sind
wir selbst fertig, so ist das Königtum fertig. Ist das Königtum fertig, so sind die feinsten Gerichte alle zu unserer Verfügung.

Während dieser Staatsmann seinen Fürsten durch die Unterhaltung über Speisen zum Guten
lockte, hat später einmal der Koch I Ya des Fürsten Huan von Ts'i diesen ruiniert. Er hat seinen
eigenen Sohn geschlachtet, weil der Fürst gern einmal Menschenfleisch gegessen hätte. Der
Minister Kuan Tschung warnte den Fürsten vor dem Menschen, der dem natürlichsten Gefühl
der Liebe zu seinem Sohn so ins Gesicht geschlagen habe. Aber der Fürst machte doch den
Koch I Ya und seine Genossen zu Ministern. Diese machten später eine Verschwörung. Sie
schlossen das Palasttor ab, bauten eine hohe Mauer und ließen niemand hinein, indem sie das
für einen Befehl des Herzogs ausgaben. Eine der Frauen des Fürsten kletterte über die Mauer
und kam zu ihm. Der Fürst sprach: »Ich möchte etwas zu essen.« Die Frau sprach: »Ich kann
nirgends etwas bekommen.« Der Fürst sprach wieder: »Ich möchte etwas zu trinken.« Die Frau
sprach: »Ich kann nirgends etwas bekommen.« Der Fürst sprach. »Warum?« Da erzählte sie
ihm von der Verschwörung. Darauf verhüllte er sein Antlitz mit seinem Ärmel und hauchte
seinen Geist aus im Palast des langen Lebens. Nach seinem Tod erhob sich Streit unter seinen

Nachfolgern, und drei Monate blieb er unbeerdigt liegen, also daß endlich die Würmer zur Haustür herauskrochen.

Solche Geschichten zeigen, welche Rolle im Guten und Bösen die Kochkunst im Lauf der chinesischen Geschichte schon gespielt hat. Auch jetzt noch gibt es Gelehrte und Staatsmänner, die sich mit der Zubereitung und Erfindung neuer Gerichte beschäftigen. Kenner gehen überhaupt nur ausnahmsweise in große Restaurants. Denn dort gibt es im wesentlichen festbestimmte Speisen. Die Auswahl ist allerdings sehr groß, aber es sind doch immer wieder dieselben Typen. Man hat die Restaurants vom alten Schantungtyp, die die berühmten Gerichte servieren, die für ein gewöhnliches Festessen erfordert werden. Die neuen Schantunger Restaurants haben mehr die Art der Tsinanfuer Küche, die sich manches aus der europäischen Küche zugelegt hat, wie Milchsoßen, Spargel und Brotgebäck. Daneben gibt es noch Honan-, Setschuan- und Yangtschou-Restaurants. Die Kantonküche ist sehr verschieden von den übrigen Arten der Pekinger Küchen und wird im Norden nicht sehr geschätzt. Wer sich auskennt, kann beim ersten Bissen unterscheiden, welcher Gattung die Küche angehört. Merkwürdig ist, daß keins der Restaurants in Peking von Pekinesen betrieben wird. Es geht hier wie mit dem Wein: Alles ist aus anderen Provinzen importiert. Aber es gibt in den Provinzen nirgends eine so gute Küche wie in der Hauptstadt.

Neben diesen großen Restaurants gibt es aber auch noch Spezialitäten, die von den Kennern bevorzugt werden. Es gibt etwas abgelegen ein ziemlich kleines Haus. Der Wirt schlachtet jeden Tag ein Schwein. Das Fleisch wird in seinen verschiedenen Teilen in raffiniertester Weise zubereitet, so daß eine Unzahl der mannigfaltigsten Speisen auf dem Menu stehen. Der Zudrang ist vom Morgen an schon ziemlich groß, so daß oft kurz nach Mittag schon das ganze Schwein aufgegessen ist. Dann wird die Wirtschaft geschlossen. Weder Geld noch gute Worte können den Wirt bewegen, von seiner Gewohnheit abzugehen. Natürlich liegt in dieser schroffen Zurückhaltung die beste Geschäftsreklame. Denn sowie es gelingt, dem Publikum irgendeinen Genuß recht schwer zu machen, so strömt es in Scharen herzu, als ging es um die ewige Seligkeit. Hierin ist das Großstadtpublikum im Osten und Westen einander gleich.

Im Piänyifang ist das Entenrestaurant. Hier gibt es die berühmte Pekingente, die Krone aller Gerichte, wenn die Haut, auf dem Roste knusprig gebraten, in kleinen Stücken frisch auf den Tisch kommt. Man hat eine Art Mehlkuchen, den man mit Sojaextrakt betupft. Darin werden die Entenstreifen eingewickelt. Feinschmecker nehmen noch einen Porreestengel dazu. Auch sonst gibt es die verschiedensten Gerichte, weit über hundert, die alle aus Pekingenten zubereitet sind. Die Gegend ist abgelegen im äußersten Süden der Stadt. Die Räume sind dunkel und unbequem, aber in der schmalen Straße drängen sich abends die Autos, Pferde- und Menschenwagen aneinander, daß die Straße auf eine lange Strecke fast unpassierbar ist, denn jedermann muß doch einmal im Entenrestaurant gewesen sein. Auch die Fremden, selbst wenn manchen unter ihnen das schwere Entenfleisch Beschwerden bereitet.

Ein weniger feiner als origineller Ort liegt in der Nähe des Südtors. Wenn man abends durch das Tor in den Hof tritt, so sieht man überall Feuer lohen und Kohlen glühen. Um diese Feuer drängen sich sitzend und stehend die Gäste, um vom Rost sofort das knusprige Fleisch in Empfang zu nehmen. Es ist das Hammelrestaurant, in dem wir uns hier befinden. Warm, dampfend, gekocht, gebraten, geröstet kommen die Fleischstücke auf die Platten, Gemüse aller Art, die das Hammelfleisch schmackhaft machen, werden aufgetragen. Statt des milden Reisweins trinkt man hier häufig den schärferen Kornschnaps, der ebenfalls heiß getrunken wird.

Im Winter kann man auch wohl einen Feuertopf kommen lassen. Das ist ein kupferner Kessel, der von unten her durch Holzkohlen oder Weingeist geheizt wird, in dessen Wölbung heiße Fleischbrühe sprudelt. Platten mit rohen Fleischschnitten aller Art, mit Gemüse, Chrysanthemumblättern und Nudeln werden aufgetragen. Jeder der Umhersitzenden wählt sich die Stücke aus, die ihm munden, und hält sie mit seinen Eßstäbchen in die sprudelnde Brühe, bis sie gar sind. Man kann auf diese Weise jeden Grad der Fertigstellung, der einem angenehm ist, herstellen. Das Gericht wirkt ungemein erwärmend. Wenn man aber eine Weile in Kornschnaps und Schaffleisch gewütet hat, so bekommt man schließlich beinahe wilde Wolfsinstinkte, und man kann verstehen, wie manche Tiere sich in heißem Blut berauschen.

Das Gegenstück zu dieser primitiven Wirtschaft ist ein vegetarisches Haus. Der Wirt hat die Geschichte seiner Bekehrung aufschreiben lassen und an die Wände der Speisezimmer aufgehängt. Ihm waren einst im Traum die Seelen sämtlicher von ihm geschlachteten Tiere erschienen: die Schweine bösartig, schnarchend, manche sentimental quiekend, dann kamen die blökenden Schafe und Ziegen mit vorquellenden Augen, ein halbes Reh schlich sich heran, und die Scharen von Fasanen, Enten, Hühnern, Küken, Eiern gackerten und schnatterten durcheinander, die Fische wälzten sich schnalzend auf dem Boden, die Krabben und Tintenfische stierten aus tückischen, kleinen Augen, und die kleinen Reisvögel saßen traurig gerupft auf den Drähten. Sie alle klagten ihn des Mordes an und wollten sich zur Rache über ihn hermachen und ihn töten. Da flehte er um sein Leben und tat ein Gelöbnis, fürder kein Tier mehr zu töten und sich mit allen Kräften für sie einzusetzen. Da ließen sie ihn los, und er erhielt noch einige Geheimrezepte, um ganz besonders gute Sachen zu bereiten. Seitdem kann man in dieser Wirtschaft haben, was man will: geröstete Schweinenieren, Haifischflossen, Schwalbennester, Fischkoteletten und hundert Dinge mehr, die alle trefflich munden, aber alle nur vegetarisch zubereitet sind. Mit großer Geschicklichkeit versteht es der Wirt, die Leute vergessen zu machen, daß sie im Grunde heilig sind und die Askese der Fleischenthaltung treiben.

So gibt es noch eine ganze Menge von Spezialitäten, mit denen man sich die Zeit vertreiben kann. Neben erlaubtem Zeitvertrieb ist auch der unerlaubte nicht ganz unbekannt. Gelegentlich tun sich in verborgenen Winkeln einige Bekannte zusammen zum Spiel. In der Regel ist es das »Majongspiel«, das auf chinesisch Ma Ts'üo P'ai heißt, und von dem die Sage geht, daß es ein General Ma im Felde erfunden habe, um einen Zeitvertreib für seine Soldaten zu haben. In China ist das Spiel, wie jedes Glücksspiel, verboten, da es viel Unglück ins Haus bringt; denn trotz aller Ruhe bei der Handhabung der hübschen harmlosen Dominosteine pflegt es die Leidenschaft der Spieler aufs heftigste zu erregen, und nicht selten ist es, daß die ganze Nacht beim Spiel verbracht wird und der Morgen durch die Fenster scheint, wenn der Verlierer seine Verluste zusammenrechnet. Die Industrie, die sich mit der Anfertigung solcher Spiele beschäftigt, ist neuerdings sehr in Blüte gekommen wegen der unglaublichen Menge von Majongspielen, die eine Zeitlang namentlich nach Amerika exportiert zu werden pflegten. So heftig war diese Leidenschaft, daß die Damen sogar eigene »Majonggowns« aus China bezogen. Das waren aus der Mode gekommene und daher abgelegte Kleider von Prostituierten, die nun im Westen zu Ehren kamen. Später wurden für den Export auch extra antike Gewänder hergestellt, die ganz reinlich und neu aussahen. Wie heftig die Leidenschaft für Majong war, dafür ist das beste Beispiel eine kleine Geschichte, wie ein Dienstmädchen ihrer Herrin kündigte. Als sie nach dem Grund gefragt wurde, sagte sie, sie habe sich im Hause über gar nichts zu beklagen, aber der Hausherr sei geisteskrank geworden, und sie fürchte sich. Als sie kürzlich morgens früh ins Gesellschaftszimmer gekommen sei, habe immer noch Licht gebrannt, und der Herr sei erschöpft und fluchend auf dem Boden herumgekrochen. Als sie gefragt, ob er etwas suche, habe er sich aufgerichtet, sie mit fürchterlichen Augen angeblickt und gesagt: »Ich suche den Ostwind [29]«.

Das Opiumrauchen ist zwar noch keineswegs ganz verschwunden, aber man kann doch bemerken, daß es sehr wesentlich zurückgegangen ist. Man scheut sich, es öffentlich zu betreiben, nicht nur, weil es gesetzlich verboten ist, sondern es ist nicht mehr gesellschaftsfähig. Namentlich in den gebildeten Kreisen Jung-Chinas sieht man mit unverhohlener Verachtung auf die »Opiumteufel« herab. Leider sind hauptsächlich aus Japan eine Menge von Mitteln eingeführt worden, die unter dem Vorwand, Arzneimittel zur Opiumentziehung zu sein, Morphiumpräparate und andere Gifte enthalten. Überhaupt, was unter dem Decknamen von Medizinen vom Ausland eingeführt und verkauft wird, ist empörend. Durch marktschreierische Anpreisungen werden Dinge verbreitet, deren man sich schämen sollte. Im besten Fall sind es wertlose Präparate, die nichts nützen, aber häufig wird die Angewöhnung aller möglichen Gifte auf diesem Wege betrieben, und das ganze Land wird entstellt durch eine gemein aufdringliche Reklame.

Von den Klubhäusern und Restaurants kommend, müssen wir noch einen kurzen Blick werfen auf die Teehäuser. Wie wir gesehen haben, ist die Gesellschaft in China im wesentlichen Männergesellschaft. Das bringt, ähnlich wie im alten Griechenland, die Sitte mit sich, während des Zusammenseins bei den Mahlzeiten gelegentlich kleine Sängerinnen kommen zu lassen. Die Mädchen waren ursprünglich junge Künstlerinnen. Sie beherrschten die Literatur, dichteten wohl selbst, spielten die Zither und sangen dazu. Sie waren gewöhnt an den Verkehr mit Männern, und während Damen aus der Gesellschaft errötend verstummten, oder wenn sie zu zweien waren, hinter dem vorgehaltenen Taschentuch kicherten beim Zusammentreffen mit einem fremden Mann, waren die kleinen Künstlerinnen frei und geistvoll in der Unterhaltung mit solchen fröhlichen Gesellschaften jüngerer Männer. Sie hatten ihre Standesehre: »Wir verkaufen unsere Stimme, nicht unsere Person.« Zum Schutz ihrer Tugend kam stets eine alte Dienerin mit, außerdem meist auch der Musiklehrer, der die Gesänge seiner Schülerinnen auf der Laute oder Geige begleitete. Doch wie es so zu gehen pflegt: das geistvolle, freie Beisammensein führte leicht zur erotischen Annäherung. Was dem Mann versagt war im Bereich des Ehelebens, dem so gut wie nie eine Zeit der jungen Liebe voranging, das fand er im Verkehr mit diesen Künstlerinnen. Die chinesische Lyrik ist voll von Gedichten über diese Mädchen, und viele Geschichten sind überliefert von treuer Liebe, Schmerzen der Trennung, Freuden des Wiedersehens, Verzicht und Sterben der Sehnsucht: kurz alles Pathos und alle Tragik des nicht durch gesellschaftliche Sitten geschützten, behüteten und gegängelten Eros liegt in diesen Beziehungen. Im Lauf der Zeit hat sich die Situation freilich etwas verschoben. Die Häuser, in denen die kleinen Künstlerinnen wohnen, sind meist im Besitz von Kupplerinnen. Die Dienerinnen, die die Tugend der Mädchen schützen sollten, sind meist finanziell an einem Lebenswandel ihrer Schutzbefohlenen interessiert, der weit abführt von aller Harmlosigkeit und Reinheit. Aber trotz allem ist der Schein noch recht gut gewahrt. Die Mädchen wohnen in Teehäusern. Man kann sie da besuchen, mit ihnen plaudern und Freundschaft schließen. Man trinkt seine Tasse Tee, ißt ein paar Melonenkerne oder Süßigkeiten, raucht eine Zigarette und bezahlt eine feste Summe, von der das Mädchen, das die Unterhaltung führt, die eine Hälfte mit ihrer »Tante« so heißen die alten Frauen, unter deren Hut die Mädchen stehen – zu teilen hat, während die andere Hälfte dem Besitzer des Lokals zukommt. Dabei geht alles ganz dezent zu. Man trifft sich etwa mit Freunden nach einem Gastmahl dort, plaudert eine Weile und entfernt sich, ohne irgendwie intimer geworden zu sein. Kommt man das erstemal in ein Teehaus, in dem man noch keines der Mädchen kennt, so werden sie der Reihe nach vorgestellt, und man nennt dem Diener den Namen der jungen Schönheit, mit der man sich gern unterhalten möchte. Die Mädchen sind stets in reizenden Gewändern, die meisten stammen aus Schanghai oder Sutschou. Sie sind munter, zutraulich und wissen dennoch jeden plumpen Annäherungsversuch mit Gewandtheit abzuwehren. Ein geschicktes Mädchen wird mehrere Gäste zugleich unterhalten können, die sie in verschiedenen Räumen unterbringt. Sie plaudert mit dem ersten eine Weile, entfernt sich unauffällig, um sich mit dem zweiten zu unterhalten, und so fort. Läßt einer der Gäste über ihre Abwesenheit Ungeduld merken, so ist sie im Augenblick mit der unschuldigsten Miene wieder da, weiß jedem den Eindruck zu geben, daß er der einzig ihr werte Gast ist, empfängt stets die Kommenden und geleitet die Gehenden. Die Unterhaltung bewegt sich um das künstlerische und literarische Leben des Tages. Auch politische Fragen werden besprochen. Gar manchem ernsten Mann ist es Bedürfnis, von den Sorgen des Tages sich zu erholen im harmlosen Gespräch mit seiner kleinen Freundin. Die Mädchen sind im allgemeinen diskret. Es gehört zu ihrer Erziehung, daß sie nie mit einem Gast über den anderen sprechen.

Mit der Zeit kann es dann auch zu intimeren Beziehungen kommen. Doch ist das keineswegs die Hauptsache, und das ganze Verhältnis behält auch in diesem Fall etwas Zartes und ist von den brutalen Massivitäten, wie sie in Europa mit der Prostitution verbunden sind, weit entfernt. Immer handelt es sich um ein Werben um die Gunst des Mädchens, und wenn das Mädchen dem Bewerber ihre Gunst gewährt, so ist stets die Fiktion einer Ehe für längere oder kürzere Zeit vorhanden. Es ist z. B. vollkommen unmöglich, daß ein Gast in einem Teehaus mit zwei Mädchen auch nur freundschaftlich verkehrt, da dies gegen den guten Geschmack verstieße.

In einem Punkt ist den armen kleinen Mädchen trotz des traurigen Schicksals, dem sie anheimgegeben sind, ein Rest von Freiheit gegeben. Sie kommen meist sehr jung in die Teehäuser und verweilen oft jahrelang darin, nur mit ihrer Musik und der Unterhaltung der Gäste beschäftigt. Keine Jungfrau wird gezwungen, ihre Reize zu verkaufen. Sie gibt sich das erstemal nur aus freiem Entschluß einem Mann zu eigen. Es ist auch schon vorgekommen, daß solche zarten Bande sich fest genug erwiesen, daß der Liebhaber seine Geliebte durch Zahlung einer Summe Geldes loskauft und sie als Nebenfrau oder selbst als Gattin für sich nimmt. Diese Mädchen sind dann meist nicht die schlechtesten Hausfrauen und wissen häufig ihrem Gatten infolge der Dankbarkeit und der Zuneigung, die sie gegen ihn als Retter empfinden, das Leben so friedlich und angenehm wie möglich zu machen. Freilich kann es auch vorkommen, daß ein intrigantes Frauenzimmer sich aus dem zarten Kind entwickelt, das die ganze Familie durcheinanderzubringen imstande ist. Es gibt eben hier wie anderswo Gute und Böse durcheinander.

Trotzdem eine gewisse Poesie über diesen Dingen schwebt, die dem Fremden alles in viel freundlicherem Licht erscheinen läßt, als ähnliche Verhältnisse anderwärts, ist das Los dieser kleinen Teehausmädchen meist ein unendlich trauriges, wie folgende Geschichte zeigt:

Die kleine Siu Ying war das Kind eines einfachen Kaufmanns in Schanghai. Harmlos verbrachte sie ihre Kindheit in Hongkew, dem Hafenviertel der Großstadt. Hoffnungen auf Glück und Schönheit belebten die Träume des Kindes. Einmal war eine Wahrsagerin gekommen und hatte ihr viel Schönes prophezeit. Nicht gewöhnlich werde ihr Schicksal sein. Entweder werde sie in einer Schule ausgebildet werden, oder werde sie sich als Künstlerin einen Namen machen. Siu Ying war ein schüchternes, sanftes Kind und spielte auf der Straße wie die anderen Kinder. Ein kleiner Bruder kam zur Welt; da wurde sie mit der Sorge um das kleine schreiende Ding betraut. Nun gab es ernste Stunden. Denn der Kleine war ein Tyrann, und die Schwester hatte genug zu tun, ihn zu hüten und ihn immer wieder zufriedenzustellen. Da starb der Vater plötzlich, als sie eben vom Kind zur Jungfrau heranzureifen begann. Es stellte sich heraus, daß er nicht nur nichts hinterließ, sondern sogar beträchtliche Schulden auf seinem Geschäft standen. Einst kam eine Bekannte zu Besuch. Sie sah gut und freundlich aus. Sie redete mit der Mutter über die kleine Siu Ying. Solche Mädchen hätten schon oft das Glück der ganzen Familie gemacht. Sie versprach, die Kleine als Künstlerin ausbilden zu lassen und mit nach der Hauptstadt zu nehmen. Sie werde da viel Geld verdienen, so daß sie die ganze Familie ernähren könne und mit der Zeit auch sicher noch imstande sein werde, die Schulden des verstorbenen Vaters zu tilgen und so sein Andenken vor der Nachwelt zu reinigen. Die gute Frau war sogar bereit, sofort ein paar hundert Dollar zu zahlen. Nur der Form wegen wurde ein Vertrag aufgesetzt: das Mädchen wurde der guten Frau zu eigen übergeben als Pfand für das geliehene Geld, das mit vier Prozent pro Monat zu verzinsen sei. Sobald sie Kapital und Zinsen zurückbezahlt habe, solle sie frei sein.

Siu Ying war selig, als sie von der Reise und all den goldenen Dingen hörte. Schöne seidene Kleider wurden für sie gekauft, in denen sie im Spiegel sehr niedlich aussah. Bald ging die Reise übers Meer nach Peking. Die Mutter schenkte ihr zum Abschied noch einen Ring mit grünen Chrysopras. Ihren kleinen Bruder nahm sie mit, um die Sorge für seine Erziehung der armen Mutter abzunehmen. Eine andere Tante, die auch ein wenig Geld vorgestreckt hatte, ging ebenfalls mit. Die erste Tante hatte noch ein ganz kleines Töchterchen. So war denn eine ganze Familie beisammen, als sie von ihrer Mutter voll froher Hoffnung Abschied nahm.

Sie hatte von Glück und Jugend Abschied genommen. In Peking wurde nun ein kleines dunkles Zimmer gemietet und außerdem in einem Teehaus erster Klasse ein Platz belegt. Die Ausstattung des Zimmers kostete wieder einige hundert Dollar. Ein Lehrer wurde gemietet, der der kleinen Siu Ying die Anfangsgründe des Singens beibrachte. Sie mußte Lieder in großer Zahl auswendig lernen und zu den schrillen Tönen der Geige des Lehrers mechanisch hersingen. Ein anderer Lehrer erteilte ihr und ihrem Bruder Unterricht im Lesen und Schreiben. Aber dieses Lernen war alles mühsame und harte Arbeit. Es war kein Gesang wie der Gesang des Vogels, frei und froh. Es war ein gequältes Nachsingen vorgespielter Noten, bei dem das

Herz nicht dabei war. Auch das Schreiben war für die ungeübten Fingerchen recht schwer und ungewohnt.

Das Schönste waren noch die Kleider, die waren nach dem neuesten Schnitt, und sie freute sich, hübsch zu sein, wenn sie ihr Gesichtchen vor dem Spiegel schminkte. Nun sollte sie Gäste unterhalten. Das war etwas Entsetzliches. Ein paarmal hatten einige übermütige junge Männer die Kleine zur Gesellschafterin gewählt. Aber sie sprachen so seltsame Dinge und sahen sie so fremd und furchtbar an, auch wenn sie lachten. Sie wußte nicht, was die Männer von ihr wollten. Sie bekam Angst und war ganz verschüchtert. Bei Nacht aber hatte sie Heimweh und weinte bitterlich.

Sie hatte es sehr schwer. Von dem geringen Verdienst, mit dem sie infolge ihrer Schüchternheit sich begnügen mußte, sollte sie die ganze Gesellschaft, die sich an sie gehängt hatte, ernähren und sollte noch dazu Zinsen zahlen für die Vorschüsse. Sie bekam nicht soviel Geld zusammen, und statt weniger wurden die Schulden immer mehr. Eine Zeitlang kam ein Lichtblick in ihr Leben. Mit einigen chinesischen Freunden kam ein Europäer einst ins Teehaus. Der konnte Chinesisch und redete mit ihr. Erst hatte sie namenlose Angst; denn sie hatte gehört, daß die Fremden Kinder fressen, und so wußte sie nicht, was alles Entsetzliches geschehen werde. Aber die Tante lachte sie aus: »Die Fremden sind auch Menschen gerade so wie wir, wozu Angst vor ihnen haben?« Allmählich merkte sie auch, daß der Fremde es gut mit ihr meinte. Er verlangte nichts Schlechtes von ihr. Manchmal brachte er ihr kleine Geschenke mit, oft erzählte er seltsame fremde Märchen. Sie mußte ihm auch Märchen erzählen. Da erzählte sie ihm alle Märchen, die sie von ihrer Kindheit her wußte, und als ihr Vorrat zu Ende war, ließ sie sich von der Tante Märchen sagen, die sie dann abends ihrem Freunde wieder erzählte. Auch ihre neugelernten Lieder sang sie ihm vor. Er erkundigte sich nach ihrem Lesen und Schreiben, und ihm zuliebe lernte sie auch ein Gedicht auswendig und sagte es ihm als Überraschung auf, als er wiederkam. Allmählich gewöhnte sie sich an ihn wie an einen guten Freund. Sie hat ihm zuliebe auch Nähen gelernt. Auf der Straße liefen im Winter so viele nackte Bettelkinder herum, ihr Freund kaufte deshalb schon lange vorher Tuch und Watte, und sie nähte tagsüber, wenn sie nichts zu tun hatte. Als der Winter kam, waren zwölf Anzüge fertig, und sie freute sich, daß die armen Kinder auf der Straße warme Kleider zum Anziehen von ihr bekommen sollten. Da sie nun schon nähen konnte, so nähte sie auch ihrem Freund ein Paar Hausschuhe, hübsch ordentlich, mit gestickten Mustern. Die Geschenke, die sie bekam, erwiderte sie immer durch irgendeine kleine Aufmerksamkeit, denn sie wollte nicht undankbar erscheinen. Der Freund half ihr auch manchmal aus der Not. Wenn der Geburtstag der Hausmutter war oder ein Festtag, an dem die Angestellten des Teehauses ein Trinkgeld wollten, lud er wohl Freunde ein, so daß ein richtiges kleines Fest in ihrem Zimmer gefeiert wurde, das ihr Ansehen gab vor den anderen Menschen. Denn es ist sehr wichtig, daß ein Mädchen an solchen Tagen Gäste hat, sonst wird sie schlecht behandelt, und ihr schönes Zimmer wird ihr genommen, und sie wird in einen ganz geringen Raum verwiesen. Manchmal hörte man draußen vor den Vorhängen leidenschaftliches bitteres Weinen eines Mädchens, das einsam war und vergeblich auf einen Gast wartete. Wenn keiner kam, wurde sie geschlagen und beschimpft, und alles war fürchterlich. Der kleinen Siu Ying ging es nicht schlecht, solange ihr Freund sie besuchte. Sie machte auch Gegenbesuche. Sie wollte sehen, wie es in einem europäischen Haus aussah. Die Tante nahm sie zum Schutz mit, da sie nicht wagte, allein in ein fremdes Haus zu gehen. Sie brachte ein paar Süßigkeiten zum Geschenk mit und war ziemlich ängstlich, denn alles war so groß und schön und seltsam in solch einer fremden Wohnung.

Im Sommer verreiste der Freund. Das war sehr traurig, denn nun kam sie bald in Geldnot. Ihre Schulden häuften sich immer mehr, und sie weinte oft Nächte lang, weil sie nicht wußte, wie sie alles abbezahlen sollte. Sie hätte die Möglichkeit gehabt zu entfliehen, und sich in einem Asyl zu melden, wo solche Mädchen Zuflucht finden und aus den Krallen ihrer Peiniger befreit werden. Aber sie hatte nicht den Mut dazu. Denn die Tante hatte ihr immer schon erzählt, daß der Mensch alle Schulden abbezahlen müsse, die er gemacht. Wenn er es nicht tue, so müsse er als Kuh oder Hund wieder auf die Welt kommen und seinem auch wiedergeborenen Gläubiger so lange dienen, bis auch der letzte Heller abgetragen sei. Deshalb hatte sie auch abgelehnt, als ihr Freund sie aus dem Teehaus retten wollte und versprach, sie in einer Mädchenschule unterzubringen, damit sie etwas Rechtes lernen und ein anständiges Leben beginnen könne. Sie hatte sich erst gefreut; denn keines dieser Mädchen würde sich auch nur einen Augenblick besinnen, wenn ihm ein Weg geöffnet würde, der zum Leben emporführt. Sie hatte sich dann mit ihrer Tante besprochen. Die hatte ihr aber mit ihren Schulden so entsetzliche Angst gemacht, daß sie nicht wagte, das Anerbieten anzunehmen.

Damit war ihr Schicksal entschieden. Der Freund war fern und konnte ihr nicht helfen. Sonst hatte sie niemand auf der weiten Welt. Da kam ein Student aus der Gegend von Yangtse. Er schien sie lieb zu haben und war todunglücklich, als sie seine Liebe nicht gleich erwiderte. Er schwur, bei seiner Mutter durchzusetzen, daß er sie heiraten dürfe. Die Tante drängte das Mädchen von Tag zu Tag. Endlich gab sie nach. Es folgten ein paar kurze Wochen einer süßen Liebeszeit, in der das Mädchen zur Tiefe der Seele und voller Schönheit heranreifte. Der Student reiste in seine Heimat zurück und versprach ehestens zu schreiben. Er hat nie wieder etwas von sich hören lassen.

In banger Erwartung harrte Siu Ying auf seine Wiederkehr. Sie fühlte Ungewohntes in ihrem Leib sich regen. Die Tante tröstete sie: das komme wohl von Geistern her, die manchmal Nachts die Mädchen quälen. Sie werde vielleicht eine Maus zur Welt bringen, das sei nicht schlimm. Gleichzeitig gab sie ihr allerlei Arzneien ein. Aber sie brachte keine Maus zur Welt. Schon begann es, wohin sie kam, leise zu tuscheln und zu zischeln. Schadenfroh lachten manche Freundinnen über das Pech, das ihr passiert sei. Andere hatten Mitleid mit ihr. Aber niemand konnte ihr helfen. Sie mußte aus dem Teehaus verschwinden und sich in die Verborgenheit zurückziehen. Was wohl aus ihr geworden ist? –

So spielen tragische Ereignisse sich hinter der bunten Außenseite der festlich erleuchteten acht Gassen ab, in denen Abend für Abend die Autos sich drängen und vornehme Gäste die kleinen Teehausmädchen besuchen.

In der Nähe dieser Straßen stehen die Theater, in denen bis spät in die Nacht hinein gespielt wird. Man unterscheidet verschiedene Gattungen von Theaterstücken: das große historische und das bürgerliche Drama. Das große historische Drama zeigt sich schon in dem Aussehen der Schauspieler. In prächtigen Rüstungen, mit Wimpeln umsteckt, erscheinen sie. Die Peitsche in der Hand deutet an, daß sie zu Pferde sind, und in wilden Sätzen tummeln sie ihre imaginären Pferde, bis sie etwa absteigen und sich zum Kriegsrat versammeln. Der Oberfeldherr sitzt dann auf einem erhabenen Thron, der durch einen Tisch dargestellt wird. Soll eine Stadt erobert werden, so wird ein auf blaues Tuch gemaltes Stadttor vorübergetragen. Kulissen in unserem Sinn gibt es auf dem chinesischen Theater nicht, sondern ähnlich wie auf der Shakespeare-Bühne werden der Phantasie des Zuhörers nur einige allgemeine Anhaltspunkte gegeben. Die Kämpfe der Helden mit ihren oft bewundernswerten akrobatischen Kunststücken, ihre Gesänge und majestätischen Bewegungen werden von einer rauschenden Musik begleitet, die namentlich durch ihren Rhythmus aufregend wirkt. Die Masken sind alle symbolisch. Mut und Tapferkeit wird durch bunte schreckliche Zeichnungen des Gesichts angedeutet. Treue Krieger zeigen in der Regel ein tiefes Rot der Gesichtsfarbe, während falsche Betrüger widerliche Flecken in einem verdächtig blassen Gesicht zeigen. Die Schauspieler schreiten auf hohen Kothurnen. Alles ist stark stilisiert und auf die Ferne berechnet, da ja die Stücke in der Regel vor einem vieltausendköpfigen Publikum gespielt werden.

Wesentlich feiner als diese kriegerischen Stücke sind die bürgerlichen Dramen. Auch sie enthalten einen Wechsel von gesprochener Rede und Gesang. Das Orchester ist aber weniger lärmend. An Stelle der vielen Schlaginstrumente und Trommeln, die an europäische Ohren oft allzu große Anforderungen stellen, werden mehr Geigen und Flöten verwandt. Auch im bürgerlichen Stück ist Handlung und Bewegung stark stilisiert. Jede Gemütsbewegung hat ihren festen Ausdruck. Eine Frau, die Angst hat, hält z. B. einen Arm vor das Gesicht und den anderen auf den Rücken; höchste Aufregung zeigt sich in einem Zittern des ganzen Körpers usw. Die festen symbolischen Ausdrucksformen erleichtern das Verständnis der Handlung ganz bedeutend, zumal da ein gesungener Text auch in China nicht leichter verständlich ist als in Europa.

Für gewöhnlich wird in den größeren Theatern nur selten ein ganzes Stück auf einmal gespielt. Vielmehr nimmt man einzelne Akte heraus. In der Regel werden Teile von fünf bis sieben verschiedenen Dramen an einem Abend zur Darstellung gebracht. Da der Gang der Handlung dem chinesischen Theaterbesucher bekannt ist, findet er sich in diese abgerissenen Teile jeweils rasch hinein.

Als dritte Gattung kennt man noch eine Art Possen, in denen nur gesprochen, nicht gesungen wird. In diesen Stücken, die meist durch ihre drastische Handlung auch dem Europäer ohne weiteres verständlich sind, zeigen sich die bedeutenden humoristischen Talente, die es in China gibt, von ihrer besten Seite.

Dem europäischen Zuhörer fällt beim chinesischen Drama die Art auf, wie die Schauspieler beim ersten Auftreten ihren Namen nennen und eine kurze Charakteristik von sich geben. Im Grunde ist diese Methode von den Monologen unserer älteren Dramen nicht allzu verschieden.

Bis vor kurzem gab es in China nur Schauspieler, keine Schauspielerinnen. Auch die Frauenrollen werden in diesem Fall von Männern gespielt, und zwar gibt es eine Reihe vorzüglicher Frauendarsteller. Seit einiger Zeit sind auch Mädchentheater vorhanden. In diesen Theatern werden dann auch die Männerrollen von Mädchen gegeben. Die Schauspielerinnen sind meist ziemlich jung. Sie haben ihren Höhepunkt mit sechzehn und siebzehn Jahren. Wenn sie zwanzig Jahre alt sind, haben sie in der Regel schon einen Freier gefunden. Die schauspielerischen Leistungen dieser jungen Damen sind zum Teil so, daß sie mit Recht unter die größten Künstler gezählt werden können. Eine Pekinger Schauspielerin, K'in Hsüo Fang, spielt z. B. die Szene, wie eine Frau ins Kloster geht, wie ihr die Haare abgeschnitten werden, und wie sie, als sie ihre schönen langen Haare abgeschnitten in der Hand hält, allmählich zur Erkenntnis des furchtbaren Abschieds kommt, den sie nun von der Welt genommen hat, mit solcher Größe, daß auch im chinesischen Theater die Augen der Hörer feucht werden und alles ganz still und aufmerksam wird, was um so mehr bedeuten will, als im chinesischen Theater, ähnlich wie in den südeuropäischen Theatern, das Publikum keineswegs die ernste Spannung kennt, die bei uns üblich ist, sondern beliebig plaudert, raucht und Tee trinkt. Dazwischen gehen Verkäufer mit Erfrischungen; heiße feuchte Tücher werden angeboten, die namentlich im Sommer sehr angenehm zum Abwischen des Gesichts sind. Aber dieses bunte Leben schweigt immer dann, wenn ganz große Kunst die Herzen rührt, und solche Augenblicke wirken dann besonders stark.

Die Schauspieler hatten bis vor kurzem ein ziemlich verachtetes Dasein. Erst in letzter Zeit, seit es gebildete Leute unter ihnen gibt, beginnen sie auch als Künstler geschätzt zu werden. Die Berühmten beziehen gegenwärtig auch fürstliche Gehälter. Es ist nicht selten, daß ein Stern für einen einzigen Abend zehntausend Dollar bekommt. Außerdem haben namentlich die Schauspielerinnen zur Ausstattung der Bühne eigene Vorhänge, Polster und Tischdecken, die ihnen von begeisterten Verehrern gestiftet sind. Dennoch ist es sehr selten, daß die Schauspieler größere Vermögen ansammeln. Die Spesen sind zu groß; die kostbaren, seidenen, gestickten Gewänder müssen alle aus eigener Kasse angeschafft, Diener und Gehilfen müssen bezahlt werden, und die bekannteren Größen haben auch ein eigenes kleines Orchester zu ihrer Begleitung.

Das Theater galt früher in China wohl als Volksbelustigung, nicht aber als eine ernste Sache. Auch die ganze dramatische Literatur, die sehr bedeutende Reichtümer enthält, wurde nicht als vollwertige Literatur anerkannt. Das hat sich jetzt geändert. Das Theater ist heute Gesprächsthema in der großstädtischen Gesellschaft Chinas. Man hört die großen Künstler mit ungeheurer Ausdauer. Denn da jeden Abend erst die geringeren Kräfte auftreten, ist es selten vor Mitternacht, daß man die eigentlichen Sterne zu sehen bekommt.

In Europa kennt man japanische Schauspielerinnen, aber die chinesische Theaterkunst ist noch völlig unbekannt. Das chinesische Drama ist jedoch in einer Entwicklung begriffen, die hoffen läßt, daß auch von hier aus der europäischen Kunst noch wertvolle Anregungen zufließen werden.

Zwanzigstes Kapitel. Ost und West

So der Westen wie der Osten
Geben Reines dir zu kosten.
Laß die Grillen, laß die Schale,
Setze dich zum großen Mahle.

Wir haben einen Gang durch China hinter uns. Wir sahen hinein in die alte Zeit, soweit sie in ihren Wirkungen noch in unser Jahrhundert hereinragt, wir sahen dem Prozeß der Umwandlung zu und gewannen einen Einblick in die Kräfte, die heute dort in der Auswirkung begriffen sind. Wir fragen uns nun, was sind die tiefsten, letzten Kräfte, auf denen China und der Osten gegründet sind? Was sind die maßgebenden Erkenntnisse, die uns der Osten zu geben hat? Welches Licht fällt dadurch auf den Westen und seine Entwicklung? Wir fragen ferner, was sind die Änderungen, die in dem alten Kulturbestand von China vor sich gehen, und welche Folgen und Wandlungen sind aus dem gegenwärtigen Zustand vorauszusehen? Kann der Westen für diese Wandlungen Richtlinien und Aufklärung geben?

Der Osten ist keine einheitliche Größe. Gewiß gibt es eine Art von Gemeinsamkeit, die für alle Kulturen von Konstantinopel bis Kalkutta und Tokio charakteristisch ist, wenn man sie Westeuropa und Amerika gegenüberstellt; diese Gemeinsamkeit läßt sich kurz bezeichnen als das Festhalten an naturgegebenen Seelentiefen gegenüber der konsequenten Mechanisierung und Rationalisierung des Lebens durch den Westen. Aber innerhalb dieser Sphäre finden wir eine Menge verschiedener Ausdrucksformen. Wir können für unsere Zwecke absehen von dem türkisch-arabischen Orient, da dieser durch Kulturverbundenheit zum Westen gehört und eine zwar zuweilen ausgeschaltete, aber dennoch notwendige Komponente des europäischen Kulturgeschehens bildet. Bis Mittelasien geht der Pendelschlag kulturellen Werdens hin und her.

Ein wesentlicher Unterschied ist ferner zwischen Indien und Ostasien. In Indien war das geistige Leben unkörperlich. Vor der Energie geistigen Eindringens in die Tiefen der Welt verschwanden immer wieder die Umrisse des äußeren Daseins. Es löste sich in gleichgültigen oder gefährlichen Schein auf. Wichtig war allein das ewige Innere. Das gibt der indischen Kultur das Widerspruchsvolle einer tropischen Fülle von Lebensgestaltungen, die doch alle ohne historische Bedeutung sind. So war Indien im Äußeren immer wieder das Objekt für die Politik umwohnender Völker, während seine Denker sich verzehrten in der Leidenschaft, den Schein des Daseins zu zerstreuen.

China dagegen, das eine zwar von außen befruchtete, aber im wesentlichen unbeirrt konsequente Kulturentwicklung hat, ist nie in seinem Denken losgelöst gewesen von dem Boden des Lebens. Sein Mittelpunkt verschob sich wohl innerhalb der Grenzen des ostasiatischen Kontinents – genau gesprochen können wir auch statt eines Mittelpunktes mehrere Brennpunkte beobachten – aber es ruhte immer in sich selbst, und die Strahlen seines Lebens beleuchteten die umliegenden Kulturen: im Westen und Norden die mongolische, turkestanische und tibetanische, im Osten und Süden die koreanische, japanische und südostasiatische.

Die alte chinesische Kultur gipfelt in einer nördlichen und einer südlichen Form, die sich befruchten und durchdringen und so eine Einheit von ungeheurer Dauer geschaffen haben. Die nördliche Kulturform gruppiert sich um das Stromgebiet des Gelben Flusses. Der Gelbe Fluß ist in seinem Unterlauf nicht schiffbar. Er wird immer schwieriger, je näher er der Küste kommt. So scheint diese Kultur kontinentalen Ursprungs zu sein. Der Osten und das Meer werden erst spät erreicht. Das Werk des großen Yü, eines der Kulturheroen dieses Kreises, war es, den Flüssen den Zugang nach dem Meer zu öffnen und so das Land vor ihren Überschwemmungen zu sichern und bewohnbar zu machen.

Der alte chinesische Staat ist ein religiöses Gebilde auf kosmischer, astrologisch bedingter Grundlage. Himmel, Erde und Mensch sind die drei Weltkräfte, und der Mensch ist es, der die beiden anderen: den Himmel, die schöpferische Kraft des zeitlichen Geschehens, und die Erde, die empfangende Kraft der räumlichen Ausdehnung, in Harmonie zu bringen hat. Der Himmel zeigt die Bilder, der Berufene verwirklicht sie. Das Buch der Wandlungen, in dem der Satz steht, ist auf der Erkenntnis aufgebaut, daß nicht die ruhenden Zustände die letzte Wirklichkeit sind, sondern das geistige Gesetz, von dem das Geschehen seinen Sinn und den Impuls dauernder Wandlung erhält. Will man wirken, so muß man die Keime beobachten und in das Feld der Zukunft säen.

Immer mehr befestigte sich von den gesellschaftlichen Formen die patriarchalische. Ums Jahr 1000 vor unserer Zeitrechnung haben die von Westen herkommenden Tschou diese patriarchalische Gesellschaftsform als Religion in ihrer Reinheit festgestellt und mit dem kosmischen Sternkult verknüpft. Beim großen Opfer auf dem Anger wird der Ahn des Geschlechts dem Herrn des Himmels zugesellt. Fünfhundert Jahre später kommt diese Welt zu ihrem Höhepunkt in Konfuzius und Laotse.

Konfuzius schafft ein Gebäude geistiger Kräfte, das imstande ist, die Kultur auf Jahrtausende hinaus zu tragen und zu umschließen. Sein tiefster Gedanke ist die letzte Harmonie der polaren Kräfte. Harmonie ist etwas Ewiges, Beharrendes nur im transzendentalen Wesen des Weltsinns.

Sobald das Ewige sich verwirklicht, gibt es Bewegung, Verwandlung. Wenn aber diese Wandlungen im rechten Sinn geleitet werden, so bilden sie die Harmonie des Werdenden. Man kann das Wandelnde im ewigen Sinne leiten durch die Magie des Wortes. Wenn die Namen gefunden werden, die das innerste Wesen des Seins ausdrücken, so läßt sich durch ihre Anwendung die Welt regieren. Wenn ich z. B. die Namen »Vater« oder »Sohn« so definiere, daß sie wirklich das Wesentliche, das ihnen zugrunde liegt, ausdrücken, so genügen sie zur Ordnung der durch sie zu bezeichnenden Wirklichkeit. Jeder Vater muß einfach in der richtigen Weise Vater sein und jeder Sohn ein wahrer Sohn, so sind die Beziehungen zwischen Vater und Sohn in Ordnung. Darum war das Grundbestreben des Konfuzius die Richtigstellung der Namen. Diese Namen – nicht aus der zufälligen Wirklichkeit geschöpft, sondern vom Sinn her erfaßt – können zur Kritik der Wirklichkeit und damit zu ihrer Richtigstellung dienen. Wenn ich alle Dinge in der Menschenwelt mit ihrem rechten Namen nenne, so sind sie dadurch gerichtet.

Dieses Werk der Gesellschaftskritik war aber nur die eine Seite vom Wirken des Konfuzius. Was er auf der anderen Seite erstrebte, war Harmonie zwischen Natur und Kultur. Die Kultur sollte die Natur des Menschen nicht vergewaltigen oder verzerren, sondern verklären und läutern. So begründete er die Sippe als Grundlage der Gesellschaft. Innerhalb der Sippe leben natürliche Gefühle der Zuneigung. Eltern und Kinder lieben einander aus freiem Instinkt, ebenso Mann und Frau und die Geschwister untereinander. Diese Nächstenliebe ist kein schweres Muß, sondern reiner selbstverständlicher Naturtrieb. Es gilt nur, diese Triebe zu formen, daß sie harmonisch ineinandergreifen, daß bei aller Gemeinsamkeit des Gefühls Ordnung und Zucht gewahrt bleibt. Es entspricht dem Namen Vater, daß er seine Liebe dem Sohn gegenüber anders gestaltet als der Sohn dem Vater gegenüber. Der rechte Vater hat eine zärtliche Fürsorge für seinen Sohn, der rechte Sohn einen verehrungsvollen Gehorsam gegen den Vater. Der rechte Gatte übt eine gütige Rücksicht gegen die Gattin, die rechte Gattin weiß sich ihrem Gatten in Grazie zu fügen. Der ältere Bruder hilft seinem jüngeren Bruder und schützt ihn, der jüngere ordnet sich unter und gibt nach. So gestaltet sich die Familie zur Harmonie ihrer Beziehungen, und die Liebe wird verklärt durch die sanfte Leitung der Sitte. Von der kultivierten Natur der Sippe ist dann der Übergang nicht schwer zur natürlichen Kultur des Staates. Das Gefühl der ehrfurchtsvollen Liebe zum Vater, der freundschaftlichen Unterordnung unter den älteren Bruder wird zur Pflicht der Treue gegenüber dem Fürsten und der Unterordnung unter die Vorgesetzten und umgekehrt. So wird die Pflicht zur erweiterten Liebe und der Staat zur erweiterten Familie. Aber der Blick bleibt bei keinem begrenzten Gebilde haften. Wie sich der Himmel allgegenwärtig über die Erde schützend breitet, so bleibt die letzte Einheit der Kultur die Menschheit, harmonisch geordnet durch die Auswirkung letzter Ideale.

Dies sind die Grundgedanken, die Konfuzius der chinesischen Kultur unverlierbar eingeimpft hat. Mit dem Gesetz der Wandlung alles Irdischen ist es gegeben, daß ein solcher Zustand des Friedens, da Himmel und Erde in Verbindung sind, Obere und Untere vereinigt sind, da die Edlen herrschen und die Gemeinen dienen, keine Dauer besitzt. »Keine Ebene, auf die nicht ein Absturz folgt, kein Hingang, auf den nicht die Wiederkehr folgt: das ist die Grenze von Himmel und Erde.« So kommen auf Zeiten der Ordnung und des Friedens notwendig Zeiten des Chaos und der Stockung. Aber in dieser Gesetzmäßigkeit liegt auch ein Trost. So oft auch die chinesische Welt in Revolution und Chaos gestürzt wurde, immer wieder haben sich Ordnungsmenschen gefunden, die den Frieden wiederhergestellt haben durch Anwendung der ewigen Gesetze der Harmonie. Man hat China oft mit einem in sich gefestigten Würfel verglichen: Er mag wohl umfallen; aber auf welche Seite er auch fällt, er kommt immer wieder ins stabile Gleichgewicht.

Die südliche Richtung der chinesischen Kultur zeigt andere Züge. Während der Norden auf die Organisation der Menschheit sich konzentriert, sein »Sinn« der Sinn des Edlen ist, sucht der Süden den Menschen zu verstehen im allgemeinen Naturzusammenhang. Laotses »Sinn« ist der Sinn des Himmels. Für ihn ist der Mensch einfach ein Teil der Natur. Alles, was die Natur beherrscht und vergewaltigt, ist vom Übel. Rückkehr zur Natur ist das einzige Heil. Laotse hat den Weg vorbereitet für die Einflüsse, die später durch den Buddhismus in China einge-

drungen sind. Diese Lebensform findet sich mehr im Stromsystem des Yangtse. Dort war von
jeher eine Verbindung mit maritimen Einflüssen. Der Yangtse ist ein wohlschiffbarer Fluß. So
waren denn seine Mündungsgebiete früher der Schauplatz von Kulturstaaten, die in losem Zu-
sammenhang mit der chinesischen Kultur standen, als sein Mittel- und Oberlauf. Es ist nicht
Zufall, daß die Sagen hier immer wieder vom »Südmeer« sprechen, aus dem Götterbilder und
Heilige angeschwommen kamen. Die Insel Putou, wo der »Heilige des Südmeers, der große
Meister« Kuanyin [30] verehrt wird, ist nur eine Instanz für diese Auffassung. Hierher gehören die
Sagen, daß geheime Offenbarungen, Pläne der Weltordnung von merkwürdigen drachenartigen
Tieren aus dem Wasser heraufgebracht wurden.

Man darf diese Linien natürlich nicht übertreiben. Die chinesische Kultur als solche setzt
sich aus beiden Elementen zusammen, und heute spielt der Norden oder Süden der Abstam-
mung keine wesentliche Rolle mehr, nur daß das Leben in Sutschou oder Hangtschou flüssiger,
leichter, naturgewandter erscheint als die strengere, trockenere Art des Nordens. Die südliche
Richtung des Denkens steht nicht im Gegensatz zur nördlichen. Sie umspinnt und umfaßt
deren Anschauungen. Konfuzius ist von der Sage zu einer Art von Schüler des Laotse gemacht
worden. Darin liegt eine Wahrheit, auch wenn die beiden sich nie gesehen haben sollten. Der
Taoismus in China ist trotz aller seiner mystischen Tiefen harmonischer als die indischen Ge-
dankenrichtungen. Gütig lächelnd läßt er das Leben der Natur bestehen. Es wird vom Sinn
getragen und verklärt. Nicht Übersteigerung der Natur und feindselige Abkehr, sondern gütige
Duldsamkeit und Vereinigung mit Himmel und Erde, Aufsteigen zu Sonne und Mond, Verewi-
gung des Einzellebens durch seine Vereinigung mit den kosmischen Kräften ist hier das Ziel.
Man kann sagen, daß die Naturzugewandtheit der Mystik des Südens ebenso wie die Naturzugewandtheit des Rationalismus des Nordens es bewirkt haben, daß der chinesische Mensch sich
nie vom Mutterboden des Irdischen gelöst und seine Harmonie gefunden hat in einer tiefen
Bejahung der Welt als Kosmos. Auch die erkannten Unzulänglichkeiten der Wirklichkeit wurden nicht Grund zum Pessimismus. Man ließ sie gelten in der Gewißheit, daß sich im großen
und ganzen doch letztlich alles zur Harmonie ausgleicht.

Diese Weltanschauung kennt weder den prinzipiellen Bruch zwischen Mensch und Weltall
noch den Zwiespalt zwischen Individuum und Gesellschaft. Der einzelne ist sicher eingebet-
tet in feste, tragende Zusammenhänge der übergreifenden Organismen von Sippe, Volk und
Menschheit, und ebenso hat die Menschheit ihre feste, harmonische Stellung im Weltall. Die
Ordnung der chinesischen Gesellschaft beruht darauf, daß jeder seinen natürlichen, ihm zu-
kommenden Platz hat, von dem aus er sich voll betätigen kann und über den hinauszugehen
weder recht noch erwünscht ist. So hat im chinesischen Weltbild der titanische Stolz keine
Stelle, denn da niemand dem Menschen seinen Platz streitig macht, ist es nicht heroisch, sondern verbrecherisch, darüber hinaus zu wollen. Darum findet man im chinesischen Wesen eine
ebenso unbedingte Hartnäckigkeit im Kampf um die Stellung, die einem mit Recht zukommt,
wie ein zufriedenes Bescheiden gegenüber dem Unerreichbaren. Das Untitanische der chinesischen Weltanschauung im Gegensatz z. B. zur deutschen drückt sich sehr gut darin aus, daß
das Unrechte bei uns ein »Fehler« ist, in China ein »Überschreiten«. Auch den himmlischen
Mächten gegenüber findet sich kein titanisches Aufbäumen: denn man sieht sich nicht einem
persönlichen Autokraten gegenüber, der die Welt mit Willkür und Ungerechtigkeit lenkt, sondern der tiefste Weltsinn ist überpersönlich. Gegen ihn kann es keine Auflehnung geben, da er
ja nicht etwas Fremdes ist, sondern mit den eigenen Tiefen des Menschen wesentlich eins. Was
von untergeordneten Instanzen der Weltregierung etwa verkehrt gemacht wird, das sucht man
nach Möglichkeit durch magische Mittel zu korrigieren, und wo alles versagt, herrscht eben
die unerbittliche Notwendigkeit, der man sich fügen muß. »Me yo fa tse« (mit Achselzucken
gesprochen), d. h. »es läßt sich nichts machen«, oder »pu yao kin«, d. h. »es tut nichts«, sind
die Auskünfte dem Unausweichlichen gegenüber.

Ebenso gibt es keine wesentliche Tragik. Es gibt traurige Dinge, furchtbare Dinge, Folgen
von Verfehlungen, die sich auswirken und die hätten vermieden werden können, wenn man
nicht falsch gehandelt hätte. Natürlich treffen solche Schicksalsschläge auch Unschuldige mit,

die mit dem Frevler schicksalsverbunden sind. Aber die innere Entzweiung des Weltgrunds, die im Helden und seinem Gegenspieler notwendige Verkettungen von Schuld und Sühne schafft, gibt es deshalb nicht, weil die Pflichtenskala nicht auf verschiedenen Grundlagen aufgebaut ist, sondern einen einheitlichen Zusammenhang bildet. Es gibt eine klare Reihe von Pflichten, die bei gutem Willen immer das Richtige zu wählen erlaubt.

»Ich esse gerne Fische, ich esse gerne Bärentatzen. Wenn ich nicht beides haben kann, verzichte ich auf die Fische und halte mich an die Bärentatzen. Ich liebe das Leben, ich liebe die Pflicht. Wenn ich nicht beides vereinigen kann, so verzichte ich auf das Leben und halte mich an meine Pflicht.« Mit diesem Wort hat Mongtse diese feste und darum beruhigende Wertskala am besten bezeichnet. Dieselbe positive Stellung zum Leben, die die Tragik ausschaltet, zeigt sich in der Allgewalt der Sitte. Es gibt für jede Situation ein richtiges Handeln. Wenn man es nicht trifft, so ist das nur die Sache der Unwissenheit, nicht eine tragische Notwendigkeit.

Äußeres und Inneres sind in Harmonie zu setzen. Eine Gesinnung, ein guter Wille, der sich nicht auf die rechte Weise äußert, ist nicht wirklich gut. Darum auch das strenge Achten darauf, daß man keinem anderen eine Beschämung bereitet, und daß man selbst nicht »das Gesicht verliert«. Denn »Gesichtsverlust«, d. h. Beschämung ist nicht etwas Äußerliches, von dem man sich innerlich in Freiheit absondern kann, sondern etwas Wesentliches, was den ganzen Menschen betrifft. Bezeichnend ist in dieser Hinsicht, daß dasselbe Wort den Leib und die Persönlichkeit bedeutet.

Fassen wir zusammen, so finden wir, daß die chinesische Kultur ein Ideal zeigt, das wesentlich auf Harmonie eingestellt ist im Zusammenhang mit der Vernunft der Organisation in Kosmos und Gesellschaft. Darum ist das Leben auch des Geringsten verhältnismäßig glücklich und zufrieden, nicht angekränkelt von des Gedankens Blässe.

Es ist selbstverständlich, daß diese Kultur gewisse wirtschaftliche, ja selbst geographische Verhältnisse zur Grundlage hat. Es ist die Kultur der Agrarform, und sie setzt voraus ein weites Gebiet, das bei richtiger Ansetzung der vorhandenen Produktionskräfte eine ausreichende Existenz ermöglicht. Sie setzt ferner voraus, daß die Spannungen innerhalb der Gesellschaft zwischen vornehm und gering, reich und arm nicht übermäßig sind, so daß sie durch Sitten und Standesordnungen geregelt werden können, indem die Reichen und Vornehmen soziale Verpflichtungen anerkennen und durch Familienbeziehung und Rücksichten mit den weiten Schichten des Volkes verbunden sind. Auch zwischen den Gesellschaftsschichten ist das Band nicht zerbrochen. Daher der instinktive Zusammenhalt aller Teile des Volkes, wenn es sich um Abwehr von Vergewaltigungen des Auslandes handelt. Wie diese Verpflichtung der Vornehmen sich auswirkt, davon konnte man anläßlich des großen japanischen Erdbebens ein schönes Beispiel sehen: die im chinesischen Denken erzogenen vornehmen Familien und Prinzen des kaiserlichen Hauses öffneten selbstverständlich ihre Parks und Paläste für die obdachlosen Flüchtlinge, die europäisch eingestellten Großkaufleute verrammelten ihre Türen und ließen sich durch Polizei bewachen.

Die chinesische Kultur hat schon einmal eine Krise durchgemacht vor ungefähr 2200 Jahren. Damals trat die alte chinesische Kultur in ihr mechanisches Zeitalter ein. Erfindungen technischer Art wurden gemacht, eine Art von Kapitalismus und Manufakturismus kam auf. Die alten Stände verfielen, eine neue Aristokratie des Besitzes und der Macht bildete sich. Das Denken begann sich zu atomisieren. In der Philosophie des Yang Tschu zeigte sich die Selbstherrlichkeit des Individuums, das nicht auf ein Haar oder einen Faden verzichtet hätte, und wenn es auch der ganzen Welt damit hätte nützen können, und das andererseits auch nicht einen Faden angenommen hätte, der ihm nicht von Rechts wegen zugehörte. Demgegenüber trat Mo Ti auf mit einem rationalen Glauben an einen anthropomorph gedachten persönlichen Gott, dessen Wille es sei, daß alle Menschen einander lieben sollen. Er wollte die Gesellschaft aufbauen auf dieser allgemeinen Menschenliebe, die er kirchlich organisierte, und auf einem rationalen Pragmatismus und Utilitarismus. Wahr ist für ihn, was sich in der Geschichte bewährt hat, was praktischen Nutzen bringt, was dem gesunden Menschenverstand entspricht.

Der Blick der Naturwissenschaft hatte sich kosmisch erweitert. Astronomische Anschauungen von der Unendlichkeit von Raum und Zeit, innerhalb derer die Menschenwelt nur als verschwindender Ausschnitt in Betracht kam, fanden sich. Auf der anderen Seite wurden in der Fachphilosophie die festen Maßstäbe von Recht und Unrecht von einer sophistischen Dialektik einer vernichtenden Kritik unterzogen. Der Mensch, und zwar das einzelne Individuum, wurde als Maß aller Dinge aufgestellt.

Die sozialen Bindungen der Familie und des Staates waren der Gefahr der Zersetzung verfallen. Gewiß kämpften derartigen Zeitströmungen gegenüber die Vertreter des Konfuzianismus für eine organische Gliederung der Gesellschaft. Aber auf der anderen Seite wurde die Tatsache der Kultur und ihres Wertes schlechthin in Frage gestellt. Die Rechtslehrer kamen, auch soweit sie den Konfuzianismus vertraten, immer mehr von dem humanistischen Ideal ab und wandten sich immer mehr dem Prinzip der Staatsregierung durch den Mechanismus von Gesetzen und Einrichtungen zu.

Allein diese Periode ging spurlos vorüber. Die Welt war noch nicht reif für ein richtiges Maschinenzeitalter mit den daran geknüpften Erscheinungen des Industrialismus und Kapitalismus. Außerdem wurden alle Ansatzpunkte einer mechanisierten Gesellschaftsordnung wieder zerstört durch entsetzliche Kriege, in denen die ganze Kultur Alt-Chinas überhaupt vernichtet wurde. Ähnlich wie auf den Trümmern des römischen Kulturstaates die Germanen mit einer neuen Barbarei begannen, so primitivisierten sich die Verhältnisse Chinas wieder unter der Handynastie. Die Bevölkerung wurde dezimiert, die Kulturdenkmäler wurden in weitem Ausmaß vernichtet. Aufs neue konstituierte sich das Patrimonialrecht auf agrarischer Grundlage. Damit kamen auch die alten Ideale wieder auf. Die Lehren des Konfuzius wurden aus dem Staub wieder hervorgezogen und kamen erst jetzt allmählich zu ihrer vollen Geltung.

Es würde zu weit führen, die ganzen Wandlungen der chinesischen Geschichte durchzugehen. Genug daß sich eine immer weitergehende Stabilisierung und damit freilich auch Erstarrung der chinesischen Lebensformen findet, die mit einzelnen Erschütterungen und Unterbrechungen bis in die neue Zeit herunterreicht.

Wenn wir nun fragen, was dieses China mit seinem reichen Erbe der Vergangenheit uns zu bieten hat, so kann man die Meinung kaum unterdrücken, daß die Erhaltung Chinas bis auf die moderne Zeit von geradezu providentieller Bedeutung für die Weiterentwicklung der Menschheit ist. Gewiß bedeutet der chinesische Geist in der eben gezeichneten Form einen, entwicklungsgeschichtlich gesprochen »älteren Typus des Genus Mensch« als das, was sich im Westen entwickelt hat. Aber es gibt gewisse Punkte, wo älter und jünger keine Beziehung zu höher oder niedriger mehr haben. So repräsentiert ja auch der Mensch in gewisser Hinsicht dem Affen gegenüber einen älteren Typus. Das Ältere ist oft sozusagen eine Ansammlung von Kraftquellen, die von der Zukunft direkt in den Strom des Geschehens übernommen werden können. So steht z. B. Laotse den Grundlagen der Welt des Matriarchats wesentlich näher als Konfuzius, der in China die spätere Stufe des Patriarchats repräsentiert. Dennoch kann man nicht sagen, daß Konfuzius den Laotse überholt habe. Im Gegenteil: er hat manche der wertvollsten Intuitionen direkt von Laotse übernommen, und der Taoismus bildet dauernd ein Regulativ, das den Konfuzianismus vor Verflachung und Utilitarismus bewahrt.

In diesem Sinn ist die chinesische Lebensweisheit Heilmittel und Rettung für das moderne Europa. Denn so seltsam es klingt: die alte chinesische Lebensweisheit besitzt die Kraft der Kindlichkeit. So alt das chinesische Volk auch ist, es hat nichts Greisenhaftes an sich, sondern lebt aus der Harmlosigkeit, wie sie Kindern eigen ist. Diese Harmlosigkeit ist weit entfernt von Unwissenheit oder Primitivität. Sie ist die Harmlosigkeit des Menschen, der ganz tief im Sein verankert ist, da wo die Quellen des Lebens sprudeln. Darum kommt für den Chinesen das, was er macht, was er nach außen hin leistet, gar nicht in erster Linie in Betracht, sondern das, was er als Wesenskraft ist. Dieses Sein ist nicht ein lebloses Vorhandensein, sondern eine kraftvolle, konkrete Wirklichkeit, von der Einflüsse ausgehen, die um so kräftiger wirken, weil sie nicht bewußt gewollt sind, sondern etwas Selbstverständliches, Unwillkürliches zum Ausdruck bringen. Das gibt eine große Ruhe und Gefaßtheit. Der Blick bleibt nicht hängen am eigenen kleinen Ich der zufälligen Persönlichkeit, sondern erweitert sich zu Menschheitstiefen. Man lebt schicksalshaft, und darum wird man den Oberflächenwellen gegenüber souverän. Ein chinesisches Sprichwort sagt: »Ein großer Mann hat die Kraft, große Schwierigkeiten in kleine zu verwandeln und kleine Schwierigkeiten zerschmelzen zu lassen, ehe er irgend etwas tut.« Für die Führerpersönlichkeiten kommt dazu noch die Geduld, daß sie nicht unmittelbar wirken wollen und äußeren Erfolg suchen, sondern daß sie die Keime des Werdens beeinflussen und die Magie des Gestaltens auf lange Fristen ausüben.

Das ist es, was wir brauchen und was Alt-China uns geben kann. Nicht Nachahmung kann uns nützen, nicht äußere Mode oder künstliches Anempfinden an Dinge, die uns fernstehen, sondern wir müssen zu uns selber kommen. Wir müssen unsere eigenen Tiefen finden und zu den Quellen vordringen, aus denen unser Leben quillt. Aber indem wir sehen, daß diese Ruhe möglich ist, daß der Zugang zu jenen tiefsten Regionen echter Magie offensteht, finden wir Mut, uns von dem Äußerlichen abzuwenden, zu verzichten auf Machen und Handeln in den Regionen der Schalen des Daseins. Wir werden es lernen, Kinder zu werden und die Mutter zu finden, die ihre Kinder nährt und ruhig macht und ihnen Kraft gibt, daß sie von innen her auf die Dinge wirken können, statt in der Jagd nach Erfolg sich an die Welt zu verlieren, die man zu beherrschen wähnt in dem Augenblick, da mit der erstrebten Wirkung zugleich schon deren Widerspiel einzusetzen beginnt nach den festen und ehernen Gesetzen der Wandlung alles Seins.

Allein während wir die alte chinesische Weisheit auf uns wirken lassen und die Quellen suchen, aus denen wir für unseren Bedarf schöpfen können, machen wir die Erfahrung, daß China, ja der ganze Osten in einer rapiden Verwandlung begriffen ist. Der Westen hat im letzten Jahrhundert eine mechanische Zivilisation geschaffen, die alles übertrifft, was seit Menschengedenken auf der Erde sich fand. Nicht nur eine einzelne Kultur, sondern die ganze Menschheit ist in diese Periode eingetreten. Zum erstenmal wirken Maschinen mit, die nicht mehr auf menschliche oder tierische Kraft angewiesen sind, sondern das mechanische Reich in ihren Dienst gezwungen haben. Höchstens die Zeit, da der Mensch die Kräfte des Tieres in seine Dienste zwang, ist in der Menschheitsentwicklung solch ein Einschnitt gewesen. Vielleicht hat dieser Umschwung das Patriarchat an die Stelle des Matriarchats gesetzt, weil zum Pflügen mit Stieren größere Kräfte nötig waren, als sie die Frau besaß, die bisher den Hackbau betrieben hatte. Heute ist der umgekehrte Fall eingetreten. Während das Zugtier das stärkere Geschlecht zur Herrschaft brachte, wirkt die Maschine nivellierend. Sie erspart Kräfte. Frauen und Kinder können sie nahezu ebensogut bedienen wie der Mann. Darum wirkt die Maschine proletarisierend. Damit aber hört nicht nur die patriarchalische Ehe auf, sondern auch der heroische Patrimonialstaat, und die Masse siegt.

Diese Eigenschaft der Maschinenzivilisation ist es auch, die ihr auf der ganzen Erde Eingang verschafft hat. Wo sie hinkommt, verschwinden die autochthonen Kulturen. Sie wirkt vernichtend auf alle anderen menschlichen Daseinsformen, wie das Vorhandensein der Wanderratte der Hausratte ein Ende bereitet. Der stolze federgeschmückte Indianerhäuptling mit seinem scharfen zur Jagd geeigneten Adlerauge, der prächtige Maori in seinem Schmuck von Kräuselhaar und Muscheln, der Negerfürst in seinem Kriegerschmuck: sie alle werden zu dürftigen Proletariern, wenn sie in der phantasielosen europäischen Kleidung einhergehen und alle Eigenart sich in Ungewandtheit des Benehmens verwandelt hat. Aber die Maschinenkultur vernichtet alles andere, weil sie zu einfach ist. Wenn man die Wahl hat, ob man sich Feuer bohren will aus wohlgewählten Hölzern oder ein Streichholz anstecken, so setzt sich das Streichholz mit absoluter Sicherheit durch; denn es hat die Logik des Gesetzes der Kraftersparnis für sich. So geht es schließlich mit fast allem Mechanischen; denn es bedarf weder der Weisheit noch der Kraft, sondern nur der Geschicklichkeit und der Übung.

Auch China ist daher von der westlichen mechanischen Kultur des Lebens überrannt worden. Aller Widerstand half nichts. Der Westen kam aber nach China in besonders unsympathischer Form, die aufreizend wirken mußte: mit bloßer Gewalt und Ausbeutung ohne jede moralische Überlegenheit oder Schönheit. Aber was er brachte, war praktisch und einfach. Es mußte sich durchsetzen. Es ist auf die Dauer eine Unmöglichkeit, sich mit dem Handspinnrad gegen eine Dampfspinnerei zu wehren. Das kann aus innerer Begeisterung vielleicht eine Zeitlang gelingen, auf die Dauer ist es zum Mißerfolg notwendig verurteilt. Gewiß, China ist ein ungeheures Agrarland, und es wird noch sehr lange dauern, bis es durchindustrialisiert sein wird, aber für das Prinzipielle an der Sache kommt alles darauf an, was in den führenden Großstädten geschieht; denn für die Kulturgestaltung ist maßgebend nicht das flache Land, sondern der kleine Kreis der Elite der Intellektuellen, und diese rezipieren die westliche Kultur in vollen Zügen.

Hieraus ergaben sich nun, wie wir gesehen haben, bedeutende Umgestaltungen des gesamten geistigen Lebens. Im Tosen der Maschinen gelten andere Relationen als in der Naturverbundenheit einer auf Handarbeit und Ackerbau gegründeten Kultur. Die Folgen für China blieben auch nicht aus. Langsam und widerstrebend im Anfang, in immer beschleunigterem Tempo im Fortgang, bröckelte ein Stück nach dem andern ab von dem imponierenden Bau, den alte Meisterschaft errichtet hatte. Die Jugend stürzte sich mit einem wahren Heißhunger auf das Westliche. Man begann sich des Alten, Chinesischen in allen Dingen zu schämen. In der Kleidung nicht minder wie in der Weltanschauung galt das Westliche für erstrebenswerter. Die Grundgedanken der chinesischen Philosophie wurden ebenso beiseite gesetzt wie der Zopf oder die heimische Kleidung. Man ging europäisch gekleidet, gab die Sitten und Gewohnheiten des täglichen Lebens auf und machte sich die pragmatisch utilitaristische Philosophie Amerikas für den Hausgebrauch zurecht. Alles schien auf eine Vereinfachung und Erleichterung herauszukommen. Während man z. B. zur Meisterschaft in der chinesischen Schrift wohl ein Jahrzehnt angestrengter Arbeit gebraucht hatte, lernte sich das europäische Alphabet bequem in vierzehn Tagen. Ähnlich ging es bei so vielen Reformen. Die alten, in der Mitte mit einem viereckigen Loch zum Aufreihen an einer Schnur versehenen Kupfermünzen waren gutes, vollwertiges Geld. Aber es war unmodern, eine Münze zu haben, die man an Schnüren aufreihte, und die zudem einen so geringen Nennwert besaß. Man schmolz die Münzen ein und goß aus je fünf von ihnen moderne, undurchlöcherte Geldstücke zu dem Nennwert von zehn Stück der früheren Art. Man wurde reich wie Hans im Glück. Die Folge war natürlich, daß sich allmählich die ganzen Preise entsprechend verteuerten, wodurch die Lebenshaltung des Volkes um ebensoviel herabgedrückt wurde. Dieser Hergang ist nur ein typisches Beispiel für die Erlebnisse, die China bei der Mechanisierung des Lebens machte. Man hörte auf; die chinesische Kultur in ihrer Höhenlage zu besitzen und drohte ein Europäer zweiten Ranges zu werden. Denn einerseits war die Seite der europäischen Kultur, die im abgekürzten Verfahren einer Schnellpresse angeeignet werden konnte, eben doch nur die oberflächlichste Außenseite. Andererseits hatte man übersehen, daß zwar eine große Zahl begeisterter Lobredner auf die europäische Kultur als Schrittmacher und Agenten dieser Kultur in China tätig waren, daß darum aber doch die alten europäischen Kulturstaaten keineswegs gewillt waren, das neue China als vollberechtigtes Mitglied in die Kulturgemeinschaft des Westens aufzunehmen. Es gab manche Einzelpersönlichkeiten und einzelne Staaten, die zu höflich waren, das unumwunden auszusprechen; aber die Tatsache blieb bestehen, daß z. B. in politischer Hinsicht kein Mensch etwa aus der Reform Chinas die Konsequenz zog, China die Gerichtshoheit oder die Zollautonomie zuzugestehen. Man trieb zwar ein frivoles Spiel mit Versprechungen, aber im Grunde behandelte man China trotz alledem wie einen Negerstaat zweiter Güte; denn es gehört zur Struktur der europäischen Kulturpsyche, daß man zwar aus allen Kräften und mit allen Mitteln in außereuropäischen Ländern die Bedürfnisse der europäischen Kultur zu wecken sucht, aber bloß zum Zweck des besseren Absatzes. So war es durchaus erwünscht, wenn Negerhäuptlinge Zylinder trugen oder Chinesen Schildmützen, denn das gab einen guten Absatz der entsprechenden Waren. Aber man schätzte den Neger im Zylinderhut oder den Chinesen in der Schildmütze darum noch lange nicht als voll ein. Der Grund dafür war das imperialistische Gewaltprinzip, durch das Europa seine Herrschaft der ganzen Welt aufzwängte, und auf der anderen Seite der primitive Instinkt jedes Kulturkreises, das Andersartige als barbarisch zu verachten. So haben es schon die Griechen gemacht und nicht minder die Chinesen, als sie noch festgewurzelt in ihrer alten Kultur lebten.

Aber für Jung-China ergab sich daraus eine tiefgehende Enttäuschung, die sich gerade der bedeutendsten Köpfe am stärksten bemächtigte. Japan hatte seinerzeit vor denselben Problemen gestanden. Dort hatte man die Zähne zusammengebissen, die Schmach erduldet und still, aber zäh am Ausbau einer starken Kriegsmacht zu Wasser und zu Lande gearbeitet, mit der man dann durch einige wuchtige Schläge der Welt eine wenigstens äußerliche Achtung abnötigte und den anderen asiatischen Staaten gegenüber sich aufs hohe Pferd setzen konnte. Aber Japans Psyche bekam dadurch etwas Verkrampftes, und es hat dabei einen sehr schweren, am Mark des Lebens zehrenden Schaden erlitten.

China blieb vor diesem Schicksal bewahrt. Gerade noch in elfter Stunde, bevor es zum letzten, furchtbaren Schicksal geworden war, sich mit Leib und Seele an die mechanische Zivilisation zu verkaufen, ereignete sich das schreckliche Schauspiel des Zusammenbruchs dieser Zivilisation. Die europäische Kultur brach nicht zusammen wie etwa frühere Kulturen untergegangen waren durch allmähliche Versandung, Erstarrung, Vergröberung. Im Gegenteil: das Mechanische entwickelte sich zu immer subtilerer Feinheit und raffinierterer Wirksamkeit. – Nie sind so genial ausgedachte Zerstörungsmaschinen erfunden worden wie die, mit denen Europa im Weltkrieg sich selbst zerfleischte. – Was zusammenbrach war der tragende seelische Untergrund. Der Mensch Europas hatte die Herrschaft über die Maschine aus der Hand verloren und war ihr zum Opfer gefallen. Die Technik hatte sich übersteigert. Die Menschen verarmten in primitiven

Seelenstimmungen fruchtlosen Hasses. So blieben die Kulturmittel erhalten – die Technik ist auch heute noch auf voller Höhe –, während die Kulturseele eine tödliche Wunde bekam.

Nichts hat China so sehr zur Selbstbesinnung gebracht auf seinem Gang nach dem Abgrund wie der Weltkrieg. Wo war jetzt die vielgerühmte Macht? Wozu diente der Reichtum und die Blüte der Technik? Und vor allem: was war aus dem Christentum geworden, das von den Missionaren doch immer als Seele dieser Kultur gerühmt worden war? –

Ungefähr gleichzeitig mit diesem Erwachen, das durch die Unwahrhaftigkeit, mit der China in Versailles um den Lohn seiner Bundesgenossenschaft gebracht worden war, noch besonders unsanft sich gestaltete, machten sich die Wirkungen der bolschewistischen Revolution geltend. Hier zeigte sich besonders deutlich, wie morsch die seelischen Grundlagen der europäischen bürgerlichen Kultur letzten Endes gewesen waren, da sie vor dem Terror einer verhältnismäßig kleinen Anzahl entschlossener Männer so vollständig zerbrachen. Das gab zu denken.

Rußland gab dann mit etwas lauter Geste seine Bereitwilligkeit zur Anerkennung Chinas als gleichberechtigter Macht zu erkennen. Deutschland hatte in aller Stille diese Anerkennung schon vorher vollzogen, und die ruhig überlegene Politik, die von deutscher Seite in Peking getrieben wird, zieht zum beiderseitigen Vorteil die Konsequenzen aus der neuen Stellung. Was die Politik Rußlands anlangt, so zeigt sie sich China gegenüber von ihren Sowjetprinzipien aus, d. h. sie erkennt die Berechtigung Chinas, seine Angelegenheiten selbst zu ordnen, an und unterstützt China moralisch in seinem Kampf gegen die Brutalität des Imperialismus des Westens. China hat die dargebotene Hand Rußlands ohne große Begeisterung angenommen. Die ungeduldige Art, mit der Rußland, mit dem Säbel in der Faust, seine Vergünstigungen anbot, hat die Verhandlungen eher verzögert als beschleunigt. Aber heute wird der Rückhalt, den man an Rußland hat, in China dankbar empfunden.

Was Chinas Stellung zum Westen anlangt, so ist es auf dem Wege der Rezeption der europäischen mechanischen Kultur schon zu weit vorgeschritten, als daß ein Zurück noch möglich wäre. Man will die Vorteile der Maschinenindustrie. Damit muß man aber auch den Kapitalismus und die Proletarisierung und Entwurzelung der Fabrikarbeiterbevölkerung bejahen. Mehr noch, der kommende Verkehr, die Ausnützung der Bodenschätze, die Industrialisierung weiter Gebiete wird ihre Konsequenzen für die Struktur der chinesischen Gesellschaft nicht vermeiden lassen. Der Organismus des konfuzianischen Familienstaates löst sich mit Notwendigkeit auf. Atomisierung der Gesellschaft wird eintreten.

Man ist in China nicht gewillt, durch alle Phasen des kapitalistischen Industrialismus, der so viel Not über Europa gebracht hat, in derselben Weise hindurchzugehen, wie Europa das mußte. Man hat die Gunst der zeitlichen Situation. Seit es ein bolschewistisches Rußland gibt, ist eine so grauenhafte Entmenschlichung des Proletariats, wie sie Europa im 19. Jahrhundert gesehen hat, moralisch nicht mehr möglich. Auch steht der Arbeiter in China der Ausbeutung durch das Unternehmertum nicht so wehrlos gegenüber, wie das in Europa beim unvorhergesehenen Hereinbrechen der Maschinen und ihrer Folgen der Fall gewesen war. China hat aus seiner Vergangenheit die Fähigkeit ererbt, sich zu organisieren. Die Kaufmanns- und Handwerkergilden der Städte sind etwas, was noch durchaus lebensvoll ist. Diese Organisationen sind eine Frucht der auf Familienzusammenschluß beruhenden dörflichen Verwaltungsorganisation. Sie bilden den Keim für eine gewerkschaftliche Organisation der Arbeiterschaft. Dazu kommt, daß die Arbeiter in China nicht wehrlos und verlassen in einem dumpfen Elend ringen müssen. Sie finden Leitung, Unterstützung und moralische Förderung durch die Studenten, deren Solidaritätsgefühl mit dem kämpfenden Proletariat so stark ist, daß sie mit ihm Schulter an Schulter stehen.

Für alle diese Aufgaben finden sich Lösungen im Geist der alten chinesischen Tradition. Je mehr man skeptisch geworden ist gegenüber dem alleinseligmachenden Evangelium Europas, desto mehr besinnt man sich auf das Gute, das die eigene Vergangenheit gezeitigt hat, und greift darauf zurück. Die Vertreter Jung-Chinas haben die Riesenaufgabe auf sich genommen, sachlich zu untersuchen und zu prüfen, was vom Eigenen, was vom Fremden gut und brauchbar ist, und sich zu einer neuen Kultursynthese zusammenschmelzen läßt.

Fragen wir nun, was Europa ihnen für ihre Lage zu bieten hat. Wir reden nicht vom Technischen. Das ist heute keine Frage mehr. Das ist auch nicht mehr europäisches Sondergut. Die Revolution, die heute von Tokio bis Fez gegen Europas Übermacht im Gange ist, stützt sich durchaus auf europäische Technik. Diese Technik würde wohl auch – wenn nicht schon heute, so doch sicher in zwanzig Jahren – Besitztum der Menschheit bleiben, auch wenn die europäische Rasse aus der Kulturarbeit der Menschheit ausschalten würde. Aber für unsere Fragestellung handelt es sich um etwas Tieferes. Wir sind der Überzeugung, daß Europa die übrigen intelligenten Rassen als vollkommen gleichberechtigte Glieder der Völkergesellschaft wird zulassen müssen, also seine bisherige praktische Alleinherrschaft verlieren wird. Worum es sich für uns handelt, das ist die Frage: Besitzt Europa in seiner Kultur geistige Kräfte, die ihm eigentümlich sind, und die für die anderen Rassen von ähnlichem Wert sein können bei der künftigen Gestaltung der Menschheit, wie es der tiefste Gehalt chinesischer Lebensweisheit für uns ist?

Wenn wir die Entwicklung des europäischen Geistes in Beziehung auf die voraussichtliche Gestaltung der Menschheitskultur betrachten, so zeigen sich in der Tat gewisse Erscheinungen, denen wir ohne Selbstüberhebung diese Bedeutung zugestehen dürfen. Was den Weg anlangt, auf dem die Menschheit gegenwärtig sich befindet, so werden wir ohne Bedenken die Richtung erkennen, daß die Zeit der besonderen, raumgebundenen Kulturen ihrem Ende entgegengeht. Diese Kulturen lösten in der Vergangenheit einander ab, sie durchliefen die Stufen der Kindheit, der Reife, der Vergreisung, um bei ihrem Absterben ihr Erbe neuaufwachsenden Kulturpflanzen zu hinterlassen. In dieser Beziehung sind die Möglichkeiten erschöpft. Das Urgestein der verschiedenen alten Kulturrichtungen hat sich vollkommen zerrieben. Seine Trümmer liegen umher. Der Siegeszug der Maschinentechnik gibt jedoch eine universale Grundlage für jede künftig mögliche Kultur. Die neue Kultur wird sozusagen eine Kultur zweiter Stufe werden, deren Elemente nicht mehr Naturprodukte, sondern Kulturprodukte sind: ein Oberbau über sämtlichen bisherigen Kulturen.

Damit hängt zusammen eine immer weitergehende Verselbständigung des einzelnen. Die naturhaften Bindungen des Individuums durch spontan gewachsene Gruppen treten immer mehr zurück. Die Organisation der Gesellschaft wird immer mehr bewußt, rationalisiert, frei werden. Träger der Kulturseele wird künftig nicht mehr die Gruppe, sondern der einzelne sein. Dies verträgt sich sehr wohl mit dem Erstarken eines bewußten Nationalismus, wie er sich heute im Sowjetgedanken ebenso zeigt wie im Faszismus.

Hierin liegt nun eine große Gefahr. Eine materialistische Zertrümmerung der bodenständigen und überindividuellen Kulturen würde eine Atomisierung der Menschheit herbeiführen, die aus dem Menschengeschlecht im besten Falle eine Maschine machen würde. Wir kämen damit tatsächlich nicht nur dem Untergang des Abendlandes, sondern dem Untergang der Menschheit bedenklich nahe.

Allein in diesem Stück zeigt sich das Providentielle in der Entwicklung des Westens. Als Griechenland sich durch seine überlegene Bewaffnungstechnik vom persischen Orient löste, begann Europa eigene Wege zu gehen, die immer aufs neue durch Machtentfaltung von der orientalischen Art zu sein, losgelöst wurden. Der Mensch trat in der griechischen Philosophie mit dem freien Geist des Titanen der übermächtigen Natur gegenüber und lauschte ihr – und ob er darüber von ihr zermalmt worden wäre – ein Geheimnis um das andere ab. Diese Haltung schuf ihm seine Selbständigkeit der Natur gegenüber, wie sie die Menschheit nirgends sonst besessen hatte. Wohl kam dadurch der verhängnisvolle Bruch zwischen Natur und Geist in die menschliche Brust, aber mit ihm zugleich die Freiheit der Menschenseele gegenüber der ganzen Welt.

Ins Religiöse gewandt hat Jesus von Nazareth diese neue Stellung des Menschen ausgesprochen mit dem Wort: »Was hülfe es dem Menschen, wenn er die ganze Welt gewänne und nähme doch Schaden an seiner Seele? Oder was kann der Mensch geben, daß er seine Seele wieder löse?« Jesus zertrümmerte die sämtlichen Bindungen übergreifender irdisch vergänglicher Kulturgebilde. Er nahm der Familie ihre wesentliche Bedeutung: »Wer Vater oder Mutter mehr liebt als mich, ist mein nicht wert.« Er schob den Staat als für die höchsten Fragen bedeutungslos beiseite: »Gebet dem Kaiser, was des Kaisers ist (nämlich den wertlosen Mammon, mit dem er die Menschen an sein Bild zu fesseln sucht), und Gott, was Gottes ist (nämlich die Seele, die er gebildet hat)«. Er löst den Menschen von allen Kulturbindungen des Besitzes, der Macht, der Kunst und wie immer die Kulturwerte heißen mögen. Wie sehr er vollends auf religiösem Gebiet revolutionär war, und nicht nur die Kirche mit zornigem Hohn aufhob, sondern auch in aller kindlichen Einfalt den richtenden Gott der Gerechtigkeit, der irgendwo draußen im Weltall sitzt, vom Thron stieß, das hat sich dadurch am deutlichsten gezeigt, daß er deshalb hingerichtet wurde unter einträchtigem Zusammenwirken der Verteidiger von Thron und Altar.

Wohl verkündigte er das Reich Gottes. Aber das Reich Gottes ist für ihn nicht von »dieser« Welt. Es ist aber auch nichts »Jenseitiges«, sondern »siehe, das Reich Gottes ist in euch«. Indem Jesus den Menschen ganz frei macht von allen Einzelerscheinungen des Lebens, und dabei doch das Leben bejahte, hat er die innere Haltung des Menschen geschaffen, die allein imstande ist, dem Menschen der ganzen äußeren Natur und Kultur gegenüber die absolut souveräne Stellung zu geben, wie sie für den Menschen der Zukunft, den universalen und doch zutiefst einsamen Menschen, nötig sein wird, damit er nicht erdrückt wird von der Wucht des Stoffes, den er beherrschen muß.

Natürlich mußte diese Freiheit zunächst mißverstanden werden. Alle die Kulturgüter, die Jesus, wenn nicht verneinte, so doch ihres unbedingten Wertes entkleidete, wurden christianisiert und in dieser Form geduldet. Aber trotz alledem sind alle originalen Geister Europas, welche der Menschheit neue Aussichten eröffneten, irgendwie auf diesem Wege teils bewußt, teils unbewußt weitergegangen. Alles, was in dem europäischen Geist zutiefst von Wert ist, liegt in der Richtung dieser autonomen Freiheit des Menschen, der das Göttliche in sich selbst erlebt.

Fassen wir zusammen! Indem die Menschheit sich loslöst von den zeitlich und räumlich bedingten Bindungen, braucht sie zwei Dinge: Das tiefe Eindringen in das eigene Unterbewußte, bis von hier aus der Weg frei wird zu allem Lebendigen, das in mystischer Einheitsschau intuitiv erlebt wird. Dies ist das Gut des Ostens. Auf der anderen Seite braucht sie die letzte Intensivierung des autonomen Individuums, bis es die Kraft gewinnt, dem ganzen Druck der Außenwelt gewachsen zu sein. Dies ist das Gut des Westens. Auf diesem Boden treffen sich Ost und West als einander unentbehrliche Geschwister.

Fußnoten

1.   D. h. die gesprochene chinesische Sprache, die aus lauter einsilbigen, unveränderlichen Worten besteht, die durch Stellung im Satz, Zusammensetzung, Tonfall ihre bestimmte Bedeutung bekommen. Man hat viel über die Töne im Chinesischen geredet und eine besondere Schwierigkeit in ihnen gesehen. In Wirklichkeit hat jede Sprache ihre Töne, durch die sie erst ganz verständlich wird. Wichtiger als theoretische Überlegungen ist zu ihrer Erlernung die praktische Übung. Es hat viele Studenten des Chinesischen gegeben, die ihre sauber gemalten chinesischen Wörter auf einzelnen Zetteln wie Kartenspiele mit sich herumtrugen und dauernd daran lernten – ohne Erfolg, während jedes Kind – auch das europäische – in China spielend Chinesisch lernt, leichter als jede andere Sprache. Der Grund ist, daß die Kinder mit dem Herzen lernen, nicht mit dem Kopf.

2.   Die einzige wirkliche Erziehungsanstalt, die auf Anregung des mandschurischen Ministers Wen Kiang in Peking begründet wurde, das T'ung Wen Kuan, ging unter der Leitung des von Sir Robert Hart empfohlenen Dr. Martin sehr bald von der beabsichtigten Höhe herunter. Ebenso fanden die damals ins Ausland geschickten Studenten später keine Verwendung.

3.   Vgl. Ku Hung Ming, Chinas Verteidigung gegen europäische Ideen. Jena, E. Diederichs 1921.

4.   Die Kaiserin-Witwe hatte durch die Ernennung des kleinen Prinzen nur die Tatsache bestätigt, daß sie die Thronfolge von der älteren Linie des Kaiserhauses auf die jüngere Linie verschob aus Rücksicht auf ihre eigene Familie Yehonala, die mit dieser jüngeren Linie durch ein System von Ehen verknüpft war. Demgegenüber kommt es kaum in Betracht, daß sie das alte Unrecht, das sie gegen ihren Sohn begangen hatte, indem sie niemand bestimmte, der ihm die Opfer darbringen konnte, dadurch auszugleichen suchte, daß der junge Kaiser nun gleichzeitig von den beiden verstorbenen Kaisern adoptiert wurde. Er hat somit drei Väter, einen wirklichen und zwei Adoptivväter. Ein durchaus singulärer Fall!

5.   Tschun ist ein Prinzentitel ähnlich wie Kung, der generationsweise verliehen wurde; so kam es, daß derselbe Titel später auf den Prinzregenten, den Vater des kaiserlichen Kindes, fiel.

6.   Vgl. J. O. P. Bland and E. Backhouse: China under the Empress Dowager. London, W. Heinemann 1912, S. 460. Das Buch ist in seinen von Backhouse herrührenden, auf Aktenmaterial gegründeten Teilen vorzüglich, während das, was Bland davon gemacht hat, nichts mehr ist als geschickter Journalismus.

7.   Li Yüan Hung, jetzt ein älterer Herr, ist der gutmütigste und unrevolutionärste Mensch, den man sich denken kann. Aber es ist eine Art von Humor der Weltgeschichte, daß gerade ihn ein Schicksal traf, dem er nicht gewachsen war. So wirkt denn dieses Schicksal grotesk. Er kam an die Spitze der Revolution, ohne daß er wußte wie. Er wurde dadurch Generalgouverneur von Wutsch'ang, später als Vizepräsident von Yüan Schï K'ai in intimen Gewahrsam gehalten und von seinen Truppen entfernt, nach Yüan Schï K'ais Tod Spielball der Militaristen, die ihn zum Präsidenten der Republik machten oder wegjagten, wie es ihnen gefiel. Zum letzten Male wurde er zum Präsidenten der Republik China gemacht im Jahre 1922, als sein klügerer Vorgänger Hsü Schï Tsch'ang erkannte, daß die Stellung eines friedlichen Präsidenten inmitten der feindlichen Wölfe und Tiger auf allen Seiten nicht wünschenswert sei, und abdankte. Li Yüan Hung wußte damals genau, was ihm drohte,

als eine Kommission der Heerführer kam, um ihn zum Präsidenten zu ernennen. Er stellte Bedingungen: Wiedereinführung des Parlaments und Abschaffung des Militarismus. Man erklärte ihm, das alles werde sich schon finden, wenn er erst Präsident sei. Er wollte nicht. Sie knieten vor ihm nieder. Er kniete mit. Sie blieben knien, bis er schließlich müde wurde und das Amt antrat, das er nicht wollte. Als dann Ts'ao K'un, der Marschall der Truppen des Nordens, soweit war, daß er für den Präsidentenstuhl sich reif fand, ließ er den Präsidenten Li Yüan Hung durch seine Kreaturen auf die schmählichste Weise – durch Unterbindung von Licht, Telephon, Fäkalienabfuhr usw. und Demonstrationen von gemietetem, zerlumptem »Volk« – aus dem Präsidentenpalast verscheuchen, nicht ohne daß ein Fluch der Lächerlichkeit auf den armen guten Mann fiel, von dem er sich in einem japanischen Kurort erholte.

8. Die »glorious revolution«, wie sie in der englischen Presse damals vielfach genannt wurde, ist keineswegs so unblutig verlaufen, wie man das wohl gesagt hat. Im Süden und in den großen Yangtsezentren sind furchtbare Blutbäder unter den dortigen Mandschugarnisonen angerichtet worden. Ganz systematisch wurden die Stadtteile, in denen Mandschus wohnten, verbrannt und dem Erdboden gleich gemacht, während die gesamte Bevölkerung, Männer, Frauen, Kinder und Greise, massakriert wurden. An manchen Orten sind sie in Scharen in den Yangtse gesprungen, um ihren Verfolgern durch den Tod zu entgehen. Im Norden blieben sie am Leben. Doch ist das Los dieser einst so stolzen und vornehmen Familien, die jetzt zu Bettelarmut herabgesunken sind und vielfach davon leben, daß sie ihre Töchter feilbieten, kaum glücklicher. Wir sehen hier ein sterbendes Geschlecht. Immer wieder kommt es vor, daß eine ganze Familie den Tod sucht. Nur wenige werden es sein, die durch die Anpassung an die neuen Verhältnisse und Arbeit sich aus dem Ruin retten. Das einzige, worin der edle Mandschugeist sich noch zeigt, ist, daß sie sterben, ohne zu klagen.

9. Bekanntlich war der Zopf die Tracht, die die Mandschus eingeführt hatten. Das Abschneiden des Zopfes bedeutete die Abkehr von alter Gepflogenheit.

10. Die fünf Farben der chinesischen Flagge bedeuten die fünf Stämme, die in der chinesischen Republik vereint sind: rot = Chinesen, gelb = Mandschus, blau = Mongolen, weiß = Mohammedaner, schwarz = Tibetaner; die frühere kaiserliche Flagge war ein blauer Drache auf gelbem Grund, meist in dreieckiger Form.

11. Tschang Hsün hat seine Rolle seitdem ausgespielt, er fand bis zu seinem kürzlich erfolgten Tod ein Unterkommen in der Armee Tschang Tso Lins. Auch die Aussichten der Mandschudynastie sind seither vollkommen auf den Nullpunkt gesunken.

12. Vgl. Sven Hedin, Von Peking nach Moskau.

13. Dieser Passus bezieht sich auf die Truppenführer, die als Erben Yüan Schï K'ais, den man bei Beginn der Revolution nicht entbehren konnte, mit ihren Söldnerheeren nun eine große Verlegenheit bilden.

14. Dieses Urteil, das bedenklich an das Wort: »Ich weiß deine Werke, daß du weder kalt noch warm bist« aus Apoc. 3, 15 erinnert, spricht z. B. ganz unbefangen Liang K'i Tsch'ao in seiner »Geschichte der Wissenschaft während der Ts'ingdynastie« aus.

15. Vgl. Schen Yi und Stadelmann, China und sein Weltprogramm.

16. Daß vereinzelte Europäer durch Unglücksfälle, Räuber oder durch eigene Schuld zu Schaden kamen, kann hier außer Betracht bleiben. Der ganze Geist der Bewegung ist ganz klar und eindeutig.

17. Ich hatte kurz vorher einen höheren chinesischen Beamtenrang erhalten, da ich einen Orden abgelehnt hatte. Die verschiedenen Rangstufen waren durch verschiedene

Kugeln gekennzeichnet, die auf der chinesischen Mütze getragen wurden: Rang 9-7 trugen vergoldete Kugeln aus Bronze, 6 eine milchweiße, 5 eine bergkristallene, 4 eine aus Lapislazuli, 3 eine aus Saphir, 2 eine aus Koralle, 1 eine aus Rosenquarz. Die Inhaber der höheren Rangstufen hatten ein Anrecht auf Reiseerleichterung durch die Ortsbeamten. Wenn auch dies Recht im Fall von Fremden nicht gesetzlich festgelegt war, so taten die Ortsbeamten doch aus Höflichkeit alles, um die fremden Gäste zu befriedigen.

18.   Die alten chinesischen Visitenkarten bestanden aus rotem Papier, auf dem meist in drei Zeichen die lautliche Umschreibung des Familiennamens, der voransteht, und des Rufnamens, der nachsteht, verzeichnet war. Mein chinesischer Name z. B. ist We Li Hsiän, wobei We als Familienname, Li Hsiän als Rufname gilt. Da jedoch jede Silbe im Chinesischen auch eine Bedeutung hat, ist es besonders wichtig, daß man bei der Wahl der chinesischen Zeichen gut beraten wird. Sonst können Dinge vorkommen wie die, daß eine Dame die Zeichen D Yu Ya mit der Bedeutung »Die Gans, die in Asien reist« oder ein Mann die Zeichen Pu tschi tao mit der Bedeutung »ich weiß nicht« auf die Karte bekommt, was natürlich immer etwas erheiternd wirkt. Manche Dolmetscher waren berühmt wegen der boshaften Wahl ihrer Namentranskriptionen.

19.   Gegenwärtig ist das alles anders. Moderne Gesetze und modernes Gerichtsverfahren sind in China eingeführt. Freilich ist die Durchführung noch gradweise verschieden. In den Städten mit fremder Bevölkerung kommt das chinesische Gerichtsverfahren dem europäischen sehr nahe, auf dem Lande ist es noch primitiver.

20.   In Peking hat sich eine konfuzianische Kirche gebildet, eine Mischung von archaistischen Riten, die von den meisten derer, die sie darstellen, selber nicht mehr ernst genommen werden, und von modernen Formen von der Art christlicher Jünglingsvereine amerikanischer Prägung. Der Begründer dieser Kirche, der auf ihren Bestand für seinen eigenen Lebensunterhalt angewiesen ist, hat Gelder gesammelt und auch ziemlich viel zusammenbekommen. Er wollte einen runden Turm nach Art der amerikanischen Wolkenkratzer in Peking errichten. Es sollten Vortragsräume, Kirchensäle, Bibliothekzimmer, Klubräume und Badezimmer darin untergebracht werden. Ein Dach von gelbglasierten Ziegeln sollte weithin die Gegend beherrschen. Leider ging das gute Geld, das gesammelt war, damit zu Ende, daß ein Eisenbetonfundament für diesen Turm in den Boden gebracht wurde. So hat der Begründer denn die Freude, einen sehr schönen und festen runden Betonplatz in seinem Garten zu haben, der allerdings während des Spätsommers überschwemmt ist und einen Teich bildet. Statt der Verkündung der Lehre ertönt das Quaken der Frösche im Teich, so daß auch hier der Humor nicht ganz fehlt.

21.   Wenigstens ist das die Fiktion. In Wirklichkeit hat auch noch unter den alten Bräuchen der Bräutigam wohl meist schon vorher einen Eindruck bekommen von der durch seine Eltern für ihn erwählten Gefährtin.

22.   Selbstverständlich gibt es auch für diese Erscheinungen, wie für alles, natürliche »Erklärungen«, die ich sehr wohl kenne. Aber was ich hier geben möchte, ist der Erlebniseindruck des Taischan, das, was er dem chinesischen Volk jahrtausendelang gewesen ist.

23.   Rotbärte, chinesisch Hung Hu Tse, ist der Name einer mandschurischen Räuberart, die auf ihren Zügen sich rote Barte umzubinden pflegten. Später wurde der Name allgemein für Straßenräuber gebraucht.

24.   Er ist inzwischen gestorben. Seine Bilder und Zeichnungen sind in China schon zu sehr begehrten Sammlungsgegenständen geworden.

25.   Vgl. Kap. 11.

26.   Es gibt auch ein junges Frankreich, von dem hier nicht geredet wird, das voll ist von
       Zukunft und Hoffnung.

27.   Das Hakenkreuz oder die Svastika ist seit alter Zeit schon im Buddhismus als Abzei-
       chen verwendet worden. Man hat dieses Symbol gewählt, um gleichzeitig die Annä-
       herung an das Christentum und den Unterschied vom Roten Kreuz zu betonen.

28.   Vgl. Lü Schï Ts'iu.

29.   Ostwind ist der Name eines der Steine im Spiel.

30.   Kuanyin ist die Übertragung des indischen Avalokiteshvara, der, ursprünglich männ-
       lich, in China wahrscheinlich im Anschluß an eine einheimische weibliche Gottheit
       allmählich zur Mutter der Barmherzigkeit wurde.

www.ingramcontent.com/pod-product-compliance
Lightning Source LLC
Chambersburg PA
CBHW050510160726
48003CB00001B/249